# 최신 인간행동과 사회환경

최신

# 인간행동과 사회환경

조미숙 저

# HUMAN BEHAVIOR & SOCIAL ENVIRONMENT

동문사

# 머리말

현대사회의 개인, 가족, 집단, 지역사회는 다양한 이유로 인해 외부로부터의 도움을 요청하게 된다. 때로는 신뢰할 수 있는 원조자의 투입 없이는 문제해결이 어려운 경우도 많이 발생하고 있다. 성폭력, 아동학대, 노인학대 등은 최근 들어 많이 발생하는 사회문제이다. 사회복지서비스에 있어 원조(help)란 도움을 주는 것, 보조하는 것, 구제하는 것, 편안함을 주는 것, 보다 나아지도록 변화시키는 것이라고 볼 때, 사회복지서비스를 통한 다양한 원조활동 및 기술은 그 어느 때보다 중요하게 되었다. 지난 50년간 정신보건, 사회복지서비스, 상담을 통한 원조가 급격히 증가했던 것도 사실이다. 문제를 가진 사람들은 전통적으로 첫 번째 해결 방법으로 친구나 이웃, 가족의 도움을 찾고, 그것이 충분하지 못할 때 사회복지서비스나 사회복지사를 찾는다. 왜 그 많은 사람이 위로나 도움, 새로운 해결 방법이 필요할 때 사회복지사를 찾는 것일까?

사회복지학은 '인간행동'으로 대표되는 '개인체계 내적 요소'에 대한 이해와 '사회환경'으로 대표되는 '사회환경적 요소'에 대한 이해 그리고 이들 간의 상호작용에 대한 이해와 불가분의 관계에 있다. 그러므로 사회복지학을 공부하기 위해서는 '인간행동과 사회환경'에 대한 이해가 필수적이라 할 수 있다. "환경 속의 인간(Person-in-Environment, PIE)"은 사회복지실천의 중요한 개념이 되어 왔다. 이는 사회복지사가 그 역할을 수행하는 데에 인간과 환경의 양면에 초점을 두어야 함을 의미한다. 사회복지학이 추구하는 환경 속의 인간이라는 기본 입장에 따라 사회복지사는 전 생애에 걸쳐 발달하며, 동시에 가족, 집단, 조직, 지역사회에 속하는 개인에 관한 지식과 인간행동에 영향을 미치는 생물학적 · 심리적 · 사회적 · 문화적 요소 간의 관계에 관한 지식을 갖추어야 한다. 인간의 행동과 발달, 개인을 둘러싼 사회환경에 속한 체계들, 그리고 이 둘 간의 상호작용에 관한 지식은 사회복지실천 현장에서 매우 필수적인 기초 지식인 것이다.

사회복지실천에서 개인의 문제에 대해 사정하고 개입하고자 할 때는 부적응과 같은 형태로 나타난 인간행동에 초점을 두게 된다. 즉, 인간행동에 대한 신체 · 심리 · 사회적 상호작용(bio-psycho-social interaction) 등을 고려해야 한다. 또한, 개인의 전체적 기능을 파악하기 위해 사회복지사는 이러한 모든 차원과 관련시켜 개인의 삶과 경험을 살펴보아야 한다. 사회환경은 개인을 둘러싸고 있는 여건, 상황, 사람들 간의 상호작용으로 이루어진다. 그러므로 인간행동을 이해하기 위해서는 상이한 규모의 사회적 체계가 개인의 행동에 미치는 영향에 대해서도 이해해야 한다.

이상의 측면을 고려하여 본서에서는 다음의 세 가지 측면, 즉 첫째, 인간행동을 설명하는 이론, 둘째, 개인을 둘러싼 사회적 체계들로 구성되며 인간행동에 영향을 미치는 사회환경, 셋째, 이러한 바탕에서 전 생애에 걸쳐 신체 · 심리 · 사회적 차원에서 전개되는 인간발달에 대하여 사회복지실천과의 관계를 검토하였다. 왜냐하면 사회복지전문직의 관심은 인간행동을 이해하여 체계적이고 과학적으로 원조하기 위한 목적이 있기 때문이다.

따라서 본서에서는 사회복지를 공부하는 전공생들로 하여금 사회복지실천과 관련된 다양한 이론과 가치를 형성하는 기초 지식을 학습하도록 하는 데 그 목적을 두고 한 학기의 수업 분량으로 총 13장으로 구성하였다.

사회복지의 기본 가치라고 할 수 있는 인권과 사회정의의 맥락에서 관련 이론들을 설명할 수 있도록 '제1장 인간행동과 사회환경 그리고 사회복지실천'을 구성함으로써 전인적 차원에서 인간행동과 관련된 주요 이론들을 설명할 수 있도록 안내하였다. 그리고 한 명의 개인을 전인적(holistic) 차원에서 이해하기 위하여 제2장부터 제6장에 걸쳐 인간의 행동을 설명하는 이론들, 즉 정신역동이론 I, 정신역동이론 II,

행동주의 이론, 인지이론, 인본주의 이론을 포함하였다. 뿐만 아니라 체계이론과 생태체계이론의 기본 가정들을 이해하고, '환경 속의 인간' 관점을 설명할 수 있도록 제7장을 구성하였다. 특히 전 생애 발달의 통합적 이해를 위해 제8장부터 제13장에 걸쳐 태아기/영아기/유아기(걸음마기), 아동기, 청소년기, 청년기/장년기, 노년기에 이르는 생애주기 전반의 인간의 행동과 발달, 그리고 사회환경과 관련된 제 이론이 사회복지실천과 어떠한 연관성을 가지는지를 설명할 수 있도록 하였다. 그리고 인간을 둘러싼 사회환경을 이해하기 위하여 사회의 구조와 변동을 설명하는 대표적 이론들을 확인하고, 사회복지의 주요 대상이라고 할 수 있는 사회적 차별과 억압 속에서 불평등을 경험하는 사람들을 이해하기 위해 내용을 할애하는 데 게을리하지 않았다.

한편 본서에서는 각 장에서 학습한 내용이 요약 정리되도록 하고, 국가고시에서 어떠한 문제 형식으로 출제되는지 연결성을 찾을 수 있도록 기출문제를 제시하여 1급 국가고시를 예측하고 학습하는 데 도움이 되도록 하였다.

이상과 같은 내용으로 본서는 다양한 교육과정에서 활용될 수 있을 것이며, 사회복지 실천현장에서도 유용하게 쓰일 수 있을 것으로 기대된다. 그러나 본서를 발간하는 시점에서 이것이 완성본이라고 절대로 생각하지 않는다. 앞으로 다양한 연구를 통하여 부족한 부분을 계속 보완해가면서 이 분야에 조금이나마 실실적인 기여를 할 수 있는 전공서로 발전시켜 나아가겠다는 약속을 드린다.

마지막으로 이 책이 나오기까지 적극적인 지원을 아끼지 않으신 동문사의 이중수 사장님과 유재영 상무님, 멋진 책이 나올 수 있도록 시종일관 배려와 세심함으로 함께 해주신 직원 여러분께 진심으로 감사드린다.

2021. 12.

저자 조미숙

# 차례

Chapter

01

# 인간행동과 사회환경 그리고 사회복지실천

1. 인간행동과 사회환경! 왜 중요할까?
2. 인간행동을 설명하는 이론과 사회복지
3. 사회환경을 이해하는 이론과 사회복지
4. '환경 속의 인간' 관점에서 전 생애의 통합적 이해
5. 사회복지실천과의 연관성

Chapter 01

# 인간행동과 사회환경 그리고 사회복지실천

**학습목표**

1. 인간을 바라보는 주요관점을 이해한다.
2. 사회복지 전공자로서 인간행동과 사회환경을 왜 공부해야 하는지를 이해한다.
3. 인간의 행동과 사회환경에 관한 지식이 사회복지실천과 어떠한 연관성을 갖는지에 대하여 이해한다.

## 1. 인간행동과 사회환경! 왜 중요할까?

사회복지의 중요한 목적은 인간의 안녕 상태를 추구하는 것이라고 할 수 있다. 인간의 안녕 상태를 결정하는 요인은 학자마다 다양하게 주장할 수 있지만, 체계론적 입장에서 볼 때, 개인의 안녕은 개인적 요소, 환경적 요소 및 개인적 요소와 환경적 요소 간의 상호작용에 의해서 결정된다(Dale et al., 2010; Zastrow & Kirst-Ashman, 2004). 따라서 개인의 안녕 상태는 개인체계 내적인 신체적 · 심리적 · 행동적 욕구가 충족되었을 때 달성될 수 있는데, 개인체계 내적 요인들은 개인이 속한 사회환경적 요소에 의해 영향을 받는다. 그러므로 사회복지학의 대상은 안녕 상태에 영향을 주는 '개인체계 내적 요소', '사회환경적 요소', 그리고 이들 간의 상호작용의 질 등이 사회복지학의 주요 대상영역이 된다(권중돈 · 김동배, 2005).

다시 말해, 사회복지학은 '인간행동'으로 대표되는 '개인체계 내적 요소'에 대한 이해와 '사회환경'으로 대표되는 '사회환경적 요소'에 대한 이해 그리고 이들 간의 상호작용에 대한 이해와 불가분의 관계에 있다고 볼 수 있다. 그러므로 사회복지학을 공부하기 위해서는 '인간행동과 사회환경'에 대한 이해가 필수적이라 할 수 있다(강상경, 2018).

한편, '인간행동과 사회환경'에 대한 이해를 위하여 다음과 같은 세 가지 질문을 해 볼 필요가 있다.

첫째, 인간은 왜 특정한 방식으로 행동하는 것일까? 둘째, 인간행동은 유전인자와 같은 개인적 요인에 의해서 결정되는가? 셋째, 아니면 개인을 둘러싼 가족, 집단, 지역사회와 같은 환경적 요인에 의해서 결정되는가? 이와 같이 인간행동을 결정하는 역동적 요인들에 대한 이해는 사회복지실천을 위한 중요한 기초지식이라 할 수 있다.

특히, "환경 속의 인간(Person-in-Environment, PIE)"은 사회복지실천의 중요한 개념이 되어 왔다. 이는 사회복지전문직 종사자가 그 역할을 수행하는 데에 인간과 환경의 양면에 초점을 두어야 함을 의미하는데 미국사회복지교육협의회의 교과과정에 관한 지침에도 이 관점은 잘 반영되어 있다(Greene, 1991).

> "사회복지학이 추구하는 환경 속의 인간이라는 기본 입장에 따라 사회복지사는 전 생애에 걸쳐 발달하며 동시에 가족, 집단, 조직, 지역사회에 속하는 개인에 관한 지식과 인간행동에 영향을 미치는 생물학적 · 심리적 · 사회적, 문화적 요소들 간의 관계에 관한 지식을 갖추어야 한다."

이와 같이 인간의 행동과 발달, 개인을 둘러싼 사회환경에 속한 체계들, 그리고 이 둘 간의 상호작용에 관한 지식은 사회복지실천현장에서 매우 필수적인 기초지식이라 할 수 있다.

인간행동과 사회환경에 관한 지식의 중요성은 사회복지실천 과정과 연결시켜서도 이해해 볼 수 있다. 사회복지실천의 기본과정은 첫째, 접수(in-take), 둘째, 문제에 대한 사정, 셋째, 개입을 위한 계획 수립, 넷째, 실제적 개입활동, 다섯째, 평가와 종결로 구성된다. 이 과정 중에서 문제에 대한 정확한 사정과 클라이언트의 문제해결에 필요한 계획을 선택하기 위해 인간행동과 사회환경에 관한 지식은 반드시 필요하다. 한 예로, 자살의 위험성이 있는 청소년을 돕기 위한 사회복지실천가는 청소년기의 특징, 자살행동에 관한 지식, 이 문제를 해결하기 위해 개입이 필요하거나 함께 활동하는 사회적 체계, 그 체계들로부터 활용할 수 있는 자원에 대해서 파악해야 한다.

사회복지실천에서 개인의 문제에 대해 사정하고 개입하고자 할 때는 부적응과 같은 형태로 나타난 인간행동에 초점을 두게 된다. 이때 인간행동은 겉으로 드러난 행동뿐만 아니라 사고, 감정 등 인지적 · 정서적 요소들까지 포함한다. 이러한 인간행동은 한 가지 요인에 의해 결정되지 않으며 복잡한 체계 내에서 다양한 요인들에 의해 특정한 행동이 유발된다. 즉, 인간행동에 대한 신체 · 심리 · 사회적 상호작용(bio-psycho-social interaction) 등을 고려해야 한다. 또한, 개인의 전체적 기능을 파악하기 위해 사회복지사는 이러한 모든 차원과 관련시켜 개인의 삶과 경험을 살펴보아야 한다.

사회환경은 개인을 둘러싸고 있는 여건, 상황, 사람들 간의 상호작용으로 이루어진다. 인간이 생존하고 성공하기 위해서는 사회환경과 효과적으로 상호작용하지 않으면 안 된다(Zastrow & Kirst-Ashman, 2007: 18).

사회환경은 거주공간(habitat), 주거환경 등 물리적 환경과 더불어 개인의 삶이 그 안에서 전개되는 가족, 집단, 지역사회, 조직, 문화와 같은 사회적 환경으로 구성된다. 사회적 환경은 흔히 개인이 접촉하는 사회적 세계에 존재하는 타인들에 의해 형성되며 인간행동의 중요한 요소들인 기대, 동기 등을 결정한다. 그러므로 인간행동을 이해하기 위해서는 상이한 규모의 사회적 체계(가족, 집단, 지역사회, 조직)가 개인의 행동에 미치는 영향에 대해서도 이해해야 한다(Ashford, LeCroy, & Lortie, 2006: 10).

이상의 측면을 고려하여 본서에서는 인간행동에 관한 지식을 다음의 세 가지 측면으로 접근해 보고자 한다.

첫째, 인간의 행동을 설명하는 이론

둘째, 개인을 둘러싼 사회적 체계들로 구성되며 인간행동에 영향을 미치는 사회환경

셋째, 이러한 맥락에서 전 생애에 걸쳐 신체적 · 심리적 · 사회적 차원에서 전개되는 인간발달에 대한 사회복지실천과의 관계를 검토하였다.

## 2. 인간행동을 설명하는 이론과 사회복지

인간행동을 설명하는 이론은 임상 사회복지실천의 중요한 지식기반이라 할 수 있다. 인간행동을 설명하는 이론에 관한 사회복지전문직의 관심은 인간행동을 이해하여 체계적 · 과학적으로 원조하기 위한 목적 때문이다. 레비(Levy)는 우리가 인간행동을 설명하는 이론에 관심을 갖는 것은 인간이 어떤 개체이고, 어떻게 해서 그렇게 되었으며, 무엇 때문에 그렇고, 어떻게 하면 그가 변할 것이며, 그들이 서로 어떻게 다르고, 현재와 미래의 행동은 이럴 것이라고 설명하기 위해서라고 하였다(Levy, 1970). 즉, 인간행동을 설명하는 이론을 이해하게 되면 어느 정도는 그 사람

이 왜 다른 방식이 아닌 바로 그 방식으로 행동하는지를 이해하게 된다는 것이다. 뿐만 아니라 인간행동을 설명하는 이론인 성격이론들은 인간행동을 수정하는 방법도 시사해 줄 수 있다는 것이다.

젤리와 지글러(Hjelle & Ziegler)는 인간행동을 설명하는 이론이 서술적(descriptive) 기능과 예측적(predictive) 기능을 갖는다고 보았다(이훈구 역, 1993: 13-14). 서술적 기능이란 인간행동을 체계적으로 정리해서 알기 쉽게 제시하는 것이며, 예측적 기능이란 아직 나타나지 않은 사건과 그 사건의 결말을 예언할 수 있도록 하는 것이다. 인간행동을 설명하는 이론이 갖는 서술적 기능과 예측적 기능은 다양한 형태의 인간행동에 대한 이해와 원조방법을 시사해 주므로 인간행동을 설명하는 이론에 관한 폭넓은 지식은 사회복지사에게 필수적이다.

인간행동을 설명하는 이론 중 심리역동적 관점은 아동기, 모자관계, 과거와 현재 경험과의 관계, 방어기제, 발달과업, 생활양식, 가족관계, 집단무의식 등에 초점을 두고 사회복지실천가에게 클라이언트의 행동을 이해할 수 있는 틀과 클라이언트가 자신의 문제에 대해 통찰하거나 해결할 수 있도록 돕는 개입기법을 제공하였다. 특히 프로이트(Freud)의 정신분석이론은 사회복지실천의 역사에서 최초로 인간행동을 설명하는 강력한 이론으로 기여했다고 평가된다. 정신분석이론을 확장하거나 수정한 정신역동적인 접근 이론인 에릭슨(Erikson)의 심리사회 이론, 아들러(Adler)의 개인심리학이론 등도 사회복지실천모델에 중요한 영향을 끼쳤다.

특히, 인간행동을 설명하는 이론 중 행동주의 관점은 사회복지실천의 효과성에 대한 사회적 요구가 높아지면서 그 중요성이 인정되었다. 행동주의이론의 주요 개념인 반응적 조건화, 조작적 조건화, 관찰학습 등은 클라이언트의 문제행동에 대한 사정평가, 목표설정, 개입기법에 활발하게 적용되었다.

뿐만 아니라, 인간행동을 설명하는 이론 중 인지적 관점은 사고의 획득과 기능에 초점을 두는 접근으로 인지체계의 발달과 단계별 특성을 설명하는 인지발달이론과 인지기능을 임상적 영역에서 치료적으로 적용한 인지치료이론 등이 있다. 인지발달이론은 인지구조의 발달을 통한 인간과 환경의 적응을 강조하고 인간을 사고하는 합리적 존재로 가정하는데, 이러한 전제는 인간이 환경에 능동적으로 대처할 수 있고 성장과 발달에 대한 잠재력을 가졌다고 보는 사회복지실천의 기본 가정과도 일치한다. 인지치료이론에서는 행동이 환경에 대한 지각이나 해석의 영향을 받는다고 가정하였고, 왜곡된 지각과 해석이 부적절한 행동을 낳는다고 본다. 따라서 인지치료이론은 아동의 행동문제, 불안과 우울 등 정서장애, 대인관계 문제, 약물남용과 같은 자기조절 장애에 대하여 사회복지실천현장에서 효과적으로 적용되었다.

무엇보다 인간행동을 설명하는 이론 중 인본주의적 관점은 인간의 존엄성, 자기결정권과 같은 사회복지실천 철학의 기반으로 간주될 수 있다. 이 이론들이 사회복지실천에 기여한 바는 크게 두 가지 측면에서 생각해 볼 수 있다. 첫째, 클라이언트를 전인적 존재로 보고 경험에 대한 클라이언트의 주관적 해석과 이해를 존중하는 사회복지실천의 가치관을 이론적으로 뒷받침하였다. 둘째, 클라이언트를 이해하는 데 있어서 비심판적이고 유연한 이해를 가능하게 하는 이론적 토대가 되었다. 클라이언트를 비난하지 않으면서 클라이언트의 사고, 정서, 행동을 설명하는 것이 가능해진 것이다.

이와 같이 어느 하나의 인간행동을 설명하는 이론으로 인간행동을 충분히 이해할 수 없으므로 인간행동을 설명하는 주요 관점들에 해당되는 이론들을 포괄적으로 학습하는 것이 필요하다. 따라서 첫째, 정신역동적 관점으로는 프로이트의 정신분석적 이론과 안나 프로이트의 방어기제이론, 에릭슨의 심리사회적 이론, 아들러의 개인 심리학적 이론, 융의 분석심리학적 이론 등을 살펴볼 것이다. 둘째, 행동주의적 관점으로는 스키너의 행동주의적 학습이론과 반두라의 사회학습이론을 살펴볼 것이다. 셋째, 인지적 관점으로는 피아제의 인지발달이론과 벡의 인지이론 그리고 엘리스의 합리적 정서행동이론을 넷째, 인본주의적 관점에서는 로저스의 현상학적 이론과 매슬로의 인본주의이론을 탐색해 볼 것이다.

# 3. 사회환경을 이해하는 이론과 사회복지

20세기 초에 인도의 정글에서 발견되었던 늑대소년의 이야기는 인간행동에 관해 생각해 보는 실마리가 될 수 있다. 그들은 인간으로 태어났고 인간의 모습을 갖고 있었지만 늑대에 의해 양육되었으므로 인간의 행동양식이 아닌 늑대의 행동양식을 지니고 있었다. 즉, 네 발로 걸었고, 생고기를 먹었으며, 언어를 사용하지 못했다. 발견된 후 그들을 양육한 목사 부부가 각고의 노력을 기울였음에도 불구하고 직립보행과 몇십 개의 단어를 배우는 데 그치고 말았다. 이는 인간행동이 생물학적 요소만으로 결정되지 않는다는 것을 증명하는 한 사례가 되었다.

늑대소년이 인간의 행동양식을 지니지 못했던 것은 인간사회와 단절된 채 성장한 탓이다. 인간은 사회와 분리되어서는 정상적인 인간발달이 불가능하다. 인간행동은 복잡한 사회적 관계망 속에서 상호작용하는 많은 요소들의 산물이라고 할 수 있다. 사회적 관계망 속에 대표적으로 포함될 수 있는 것은 가족, 집단, 조직, 그리고 지역공동체 등이다. 인간행동에 영향을 미치는 이러한 맥락, 즉 사회환경에 대한 이해는 인간행동을 이해하고 도움을 필요로 하는 사람들의 사회적 기능향상을 돕기 위해서는 반드시 필요한 기초지식이다.

인간과 사회환경의 관계를 조망하는 이론적 견해로는 사회체계론적 관점(Anderson & Carter, 1990; Martin & O'Connor, 1989)과 생태학적 관점(Bronfenbrenner, 1979; Germain, 1991)이 있다. 사회복지실천의 기초로서 인간행동에 관한 이해를 도울 수 있는 유용한 이론은 개인과 사회환경 상호관계의 본질을 조망하는 것이어야 하는데, 사회체계론적 관점과 생태학적 관점은 가장 적합하다고 평가되고 있다.

사회체계론적 관점과 생태학적 접근은 때때로 동일한 의미로 혼용된다. 그럴 정도로 두 관점은 공통점을 갖고 있는데 이들 이론은 개인들이 서로 상호작용하는 사회환경의 부분들인 다양한 요소들의 상호관련성에 관심이 있다. 또한 두 이론

모두 적응이 개인만을 변화시키는 것이 아니라 때로는 환경을 변화시키는 것까지 포함한다고 본다. 두 관점의 차이점은 생태학적 관점이 환경과 협상하는 개인의 능력에 초점을 두는 반면, 사회체계이론은 변화하는 체계의 능력을 강조한다.

20세기 후반부터 사회체계이론과 생태학이론은 사회복지실천의 가장 중요한 패러다임으로 기여해 왔다. 이 이론들은 사회복지실천가들이 인간행동을 이해하고 돕기 위한 개입을 할 때 단선론적 인과관계가 아닌 인간을 둘러싼 다양한 사회환경을 포함하여 사정하고 개입하도록 하였다. 사회복지실천가는 사회체계론적 관점과 생태학적 관점에서 사회환경을 파악하고 이해함으로써 문제의 진원지뿐만 아니라 클라이언트 체계를 돕는 데 동원 가능한 지원으로서 그리고 개입지점과 관련해서 개인, 가족, 집단, 조직, 그리고 지역사회를 함께 고려하게 된다. 클라이언트를 원조하는 전문직으로서 사회복지전문직은 인간의 사회적 기능향상을 도우며, 이러한 목표달성에 적합한 사회적 조건을 만들기 위한 전문적 활동을 수행한다.

인간은 그들이 속한 사회환경과의 상호작용을 통해서 발달이 이루어지고 행동특성이 형성되는 한편, 환경을 변화시키기도 하는 능동적이고 적극적인 존재이다. 이와 같은 인간관을 토대로 사회복지실천은 '환경 속의 인간(Person In Environment, PIE)'이라는 기본 전제하에 개인에 대한 접근 혹은 사회환경에 대한 접근으로 구분하지 않은 채 인간과 환경 간의 상호작용에 초점을 두고 있다. 사회복지실천가가 상호작용하는 사회체계 내에서 성장, 발달하는 개인과 사회환경의 불균형에서 비롯되는 문제들을 다루기 위해서는 다양한 사회환경에 관한 이론과 지식을 기반으로 접근해야 한다.

결국, 사회복지실천은 개인에 한정되지 않는 광의의 시각이 필요하다. 많은 경우 개인 클라이언트의 행동문제 차원이 아닌 환경에서 비롯되는 외부요인 혹은 개인과 환경 간의 상호작용 요인이 문제를 일으키며, 그 문제를 해결하는 기제로도 활용된다는 점을 간과해서는 안 된다.

# 4. '환경 속의 인간' 관점에서 전 생애의 통합적 이해

'환경 속의 인간(Person In Environment, PIE)' 관점에서 전 생애를 통합적으로 이해하는 것은 사회복지실천에 있어 매우 중요하다. 전 생애에 걸친 인간발달은 수정의 순간부터 죽음에 이르기까지 인간의 전 생애를 통해서 일어나는 발달과 변화를 가리킨다. 전 생애에 걸친 인간발달에 관한 연구는 다음과 같은 주제에 대하여 설명하고자 다양한 학문분야에서 연구가 이루어져 왔다.

첫째, 태아기로부터 노년기에 이르기까지 인간의 생애는 어떤 발달과정으로 이루어지는가?

둘째, 전 생애에 걸친 발달과 변화에 영향을 미치는 요소들은 무엇인가? 유전적 요소인가? 환경적 요소인가?

셋째, 인간발달에서 육체적 · 인지적 · 정서적 · 사회적 기능은 어떻게 상호작용하는가? 즉, 신체적 건강상태, 사고, 감정, 사회적 요소 간의 결합을 어떻게 설명할 수 있는가?

넷째, 각 단계에서 중요한 사회적 관계는 인간발달에 어떠한 영향을 미치는가?

이러한 주제와 관련하여 '환경 속의 인간(Person In Environment, PIE)' 관점에서 전 생애를 통합적으로 이해하는 것이 사회복지실천에 기여할 수 있다는 점에 대하여 다음과 같이 구체적으로 요약할 수 있다(Greene, 1991: 22).

① 생애주기(life cycle)를 순서대로 정리할 수 있게 해 준다.

② 각 단계에서 개인이 수행해야 할 과제들을 제시해 준다.

③ 각 단계에서 그 단계의 발달에 기여하는 요소들을 제시해 준다.
④ 각 단계에서 발달의 내용을 구성하는 신체적 · 심리적 · 사회적(bio-psycho-social interaction) 요소들과 그 요소들 간의 관계를 보여 준다.
⑤ 결혼, 퇴직과 같은 생활변천원에서 변화와 안정의 차원을 파악할 수 있게 해 준다.
⑥ 수태로부터 사망에 이를 때까지 변화하거나 지속되는 과정을 제시해 준다.
⑦ 이전 단계의 결과로서 출현하는 각 발달단계의 특징에 대해 설명해 준다.
⑧ 이전 단계의 결과가 각 발달단계의 성공이나 실패에 미치는 영향을 보여준다.
⑨ 발달에서 개인적 차이가 존재하는 것을 보여 준다.

재스트로와 커스트-애시만(Zastrow & Kirst-Ashman, 2007)은 이러한 인간발달에 관한 지식을 사회복지실천과정에 연결시켜 그 중요성을 강조하였다. 그들에 의하면 사회복지실천 과정 중에서 인간발달에 관한 지식은 특히 문제에 대한 사정과 관련된다. 사회복지실천에서 사정을 통해 클라이언트, 클라이언트의 문제 그리고 클라이언트의 문제가 놓여 있는 상황에 대해 정확하게 이해하고 평가하는 것은 효과적인 개입을 위해 매우 중요한데, 이것은 인간발달에 대한 기본적 지식과 이해를 필요로 한다.

만약 비행청소년을 도와주기 위해 접근하는 사회복지사는 우선 그의 문제를 파악하기 위해 청소년기 발달에 관한 지식을 갖추어야 하며, 청소년 비행문제와 비행을 시도하는 사람들의 특징 등에 관해서도 이해하고 있어야 한다. 또한 노인들을 위한 프로그램을 개발하려는 사회복지사는 노년기의 특징과 발달 과제에 대해서 잘 알아야 노인들의 욕구를 충족시킬 수 있는 효과적인 프로그램을 만들 수 있을 것이다.

재스트로와 커스트-애시만(Zastrow & Kirst-Ashman, 2007)은 사회복지실천에서 환경 속의 인간을 개념화하는 생태학적 관점에 입각하여 인간행동과 발달을 사정하기 위한 모델을 제시하였다. 이 모델은 한 단계에서 다음 단계로 이동하는 과정에서 전환적 문제나 욕구를 가진 개인과 환경 간의 관계를 관찰하고, 그러한 관계로부터 부적응 행동이나 역기능적 관계와 같은 문제의 원인을 파악하고자 하였다. 생태학적 관점에서 인간행동과 발달에 대해 사정하려면 다음과 같은 세 가지 차원에서 개인과 환경 간의 상호작용을 파악하는 것이 매우 중요하다.

첫째, 인간의 보편적 발달이다. 이것은 인간의 생애주기에 걸쳐서 보편적으로 일어나는 신체적 · 심리적 · 사회적 발달로 성장과정에서 누구나 일반적으로 경험하는 현상이다. 예를 들어, 아기가 한 살 정도 되면 걷기 시작하는 것, 청소년기에 추상적 사고가 가능한 것 등이다. 사회복지사는 문제가 있는 상태를 정상적 상태로부터 구분해 내기 위해 신체적 · 심리적 · 사회적 차원에서 삶의 각 단계에서 보편적 발달에 대한 이정표(milestones)를 잘 알고 있어야 한다.

둘째, 인생의 특정한 시기에 공통적으로 맞이하게 되는 삶의 사건들(life-events)로서 특정한 삶의 사건들은 대부분 특정한 삶의 단계에서 일어난다. 청년기의 결혼이나 노년기의 정년퇴직 등이 바로 그 예이다. 이러한 사건들은 그것이 일어나는 시기석 맥락에서 고려되어야 하며, 그 사건을 경험하는 사람들에게 갖는 개인적 의미에 관심이 주어져야 한다. 삶의 사건들 중에는 그에 직면한 사람들로 하여금 잘 대처하도록 돕기 위해 사회복지사들의 개입이 자주 요구되는 것들이 있다. 그러므로 사회복지사가 사회복지실천에서 이러한 사건들에 대해 이해하고 초점을 맞추는 것이 필요하다.

셋째, 신체적 특징, 사회적 계층 등에서 사회의 주류(majority)에서 벗어난 소수집단(minority)의 특징을 지닌 것이 인간행동과 발달에 영향을 미친다. 어떤 사람이 소수집단의 특징을 갖게 되면 사회가 그 사람의 개인적인 고유한 속성에 의해서가 아니라 소수집단에 대한 편견에 의해서 반응함으로써 그러한 특징을 가진 사람은 개인적 정체감을 상실하고 집단의 특징에 동화된다. 이러한 소수집단의 특징이 개인의 행동과 발달에 미치는 영향을 이해하는 것은 사회복지실천에서 중요한 의미를 갖는다.

이상에서 살펴본 인간발달에 대한 연구들은 공통적으로 개인의 행동과 발달에서 인간과 환경 간의 상호작용을 강조한다. 그리고 인간발달에 관한 지식은 사회복지 실천에서 직접적으로 사용되는 기술에 관한 것이라기보다는 올바른 실천을 하기 위해서 필수적으로 갖추어야 하는 기초지식이라고 할 수 있다.

## 5. 사회복지실천과의 연관성

현대사회의 개인, 가족, 집단, 지역사회는 다양한 이유로 인해 외부로부터의 도움을 요청하게 된다. 때로는 신뢰할 수 있는 원조자의 투입 없이는 문제해결이 어려운 경우도 많이 발생하고 있다. 성폭력, 아동학대, 노인학대 및 폭력 등은 최근 들어 많이 발생되는 사회문제이다. 지역사회 내의 노인 인구는 폭발적으로 증가하고 있으며, 탈시설화의 영향으로 시설에서 보호하기보다 지역사회에서 보호하는 정신장애인, 만성적 신체질환자 및 지체장애인이 늘고 있는 추세이다. 빈곤, 범죄, 폭력조직, 한부모가정도 이제 매우 흔한 사회문제이다(조미숙 외, 2020). 그러므로 이러한 상황에서 사회복지서비스를 통한 다양한 원조활동 및 기술은 그 어느 때보다 중요하게 되었다. 지난 30년간 정신보건, 사회복지서비스, 상담을 통한 원조가 급격히 증가하여 왔다. 전통적으로 문제를 가진 사람들은 첫 번째 해결방법으로 친구나 이웃, 가족의 도움을 찾고 그것이 충분하지 못할 때 사회복지서비스나 사회복지사를 찾는다(조미숙 외, 2020). 왜 그 많은 사람들이 위로나 도움, 새로운 해결방법이 필요할 때 다른 사람을 찾는 것인가?

인간은 사회적 동물이며 감정적 스트레스를 감소시킬 수 있는 수용적인 사회적 지지 속에서 안정감을 느낀다(Cohen & Stektee, 1998). 실제로 특수한 욕구를 가진 자녀를 돌보는 부모들은 개인의 자원 중 가장 중요한 자원으로 심리적 지지를 꼽았다(Wilson, 1987). 또한 사회적 지지망에 속해 있지 않은 경우보다 사회적 지지망 속의 관계에 있을 때 육체적 · 심리적 · 사회적 부적응이 감소한다고 밝혀졌다(Germain & Gitterman, 1996).

그러므로 사람들로부터 제공받는 "기꺼이 받아들일 만한(welcomed) 지지"는 개인에게 치료와 힘을 줄 수 있다는 차원에서 원조(help)를 생각해야 할 것이다. 다시 말해, 원조의 의미는 '기꺼이 받아들일 만한 사회적 지지'여야 한다는 점에 주목해야만 한다. 만약 개인, 가족, 집단, 지역사회가 사회복지서비스의 투입을 기꺼이 받아들이지 않는다면 그것은 진정한 원조라 할 수 없다(조미숙 외, 2020).

## 1) 기술의 전수성

사회복지실천가들이 실천에 그들의 지적 기반이 어떻게 영향을 미치고 있는지를 일관되고 포괄적이며 확신에 찬 방법으로 설명하고, 각 상황에서 보편적인 것과 특수한 것에 대한 평가를 통해 그들의 지식과 학습 내용을 새로운 상황에 적용할 수 있게 되는 것을 기술의 전수성(Transferability of Skills)이라고 한다. 그러나 사회복지 지식과 기술이 모든 사항에 적용될 수 있기 위해서는 특정 사회적 상황에서의 인간행동에 대한 이론적 이해가 전제되어 있어야 한다(조미숙 외, 2020). '타당성이 있고 전수될 수 있는 사회복지실천기술 발달의 최종 요인은 인간행동이론에 대한 이해로서, 이를 통해 사회복지실천기술이 개별 클라이언트와 관련될 수 있게 된다'.

다시 말해, 클라이언트가 공격적 혹은 위협적인 상황에 직면해 있을 경우, 어떤 개입기술을 사용해야 할지, 평가를 할 수 있기 위해서는 무엇이, 왜 일어나고 있는지를 설명해 주는 인간행동과 사회환경에 관한 지식체계가 사회복지실천가에게 있어야 한다.

사회복지실천가는 많은 문제에 직면한다. 문제가 복잡할수록 이론과 조사의 활용이 도움이 된다. 이론과 조사는 질문, 즉 '(서비스 이용자에게) 영향을 미치기 위해 우리는 무엇을 말하고 무엇을 할 수 있는가'라는 질문을 해결하게 한다. 이 문제와 관련하여, 인간행동에 관한 이론은 다음의 다섯 가지 주된 영역에서 인간과 그들 상황을 보다 잘 이해할 수 있게 한다(Meyer & Mattaini, 1995).

① 관찰: 우리가 보고 찾고 있는 것에 대해 말해 준다.

② 기술(묘사): 관찰한 것들을 배열하고 조직하는 개념적 어휘와 틀을 제공한다.

③ 설명: 서로 다른 관찰이 어떻게 연결되고 연관되는지를 보여 주며, 한 사건과 다른 사건 간에 있을 수 있는 인과적 관계를 제공한다.

④ 예측: 다음번에 어떤 일이 일어날 수 있는지를 지적한다.

⑤ 개입: 변화를 초래하기 위해 어떻게 해야 되는지를 제시한다.

## 2) 용어

사회복지실천 내에 존재하는 이론과 실천 간의 긴장은 이론, 가설, 방법, 모델, 실천접근, 관점, 개입, 기술과 같은 용어를 학자들마다 서로 다르게 사용하는 데 기인된다. 따라서 용어 사용의 차이를 확인하고, 그 개념과 정의를 분명히 하는 것은 매우 중요하다(조미숙 외, 2020).

### (1) 이론(Theory)

사회복지실천의 지적 기반은 그 출처가 다양하다. 그러나, 무엇이 이론인지, 특히 이론을 구성하는 것이 무엇인지는 여전히 논쟁거리이다. 이론을 정의하는 방법 중

하나는 '사실과 관찰에 기반하여 특정 현상을 설명하는 가설들, 개념들, 구성물들의 집합체'(Barker, 1995: 336)를 이론으로 보는 것이다. 세계 혹은 특정 사건에 대해 의미를 찾으려고 하는 모든 시도가 이론을 구성한다고 볼 수 있는데, 그 이유는 이론을 단순히 현상을 기술하는 차원을 넘어서 어떤 일이 왜 일어났는지에 대한 설명을 제공하기 때문이다. 이러한 설명은 이론과 이론화 작업은 누구나 할 수 있는 일로, 의도적이든 아니든 간에 우리 모두가 행하는 어떤 것으로 생각할 수 있게 한다. 이론은 다음과 같은 내용으로 이루어져야 한다(Meyer & Mattaini, 1995).

- 잠재적 논박 가능성
- 예측성
- 검증 가능성
- 논리적 일관성
- 표현의 명료성
- 적용 가능성
- 단순성
- '아직 알려지지 않은 중요한 것' 혹은 '어떤 확실한 설명도 가능하지 않는' 상황을 다루려고 시도하는 잠재력

### (2) 가설(Hypothesis)

이론과 실천 사이에는 작업가설을 세우고 그것을 검증하는 활동이 놓여 있다. 가설의 사전적 정의는 '더 입증되어야 할 기반으로서 수용되든 참일 것으로 수용되든 간에, 사실이나 현상에 대한 제안적 설명으로 아직 입증되지 않은 이론'이다. 이런 식의 정의는 가설이 합의된 행동과정에 도달할 목적으로 특정 사건들의 정의, 설명, 예측하려는 시도라는 측면을 강조한다. 가설을 정의하는 또 한 방법은 검증되어야 할 '비공식 이론의 형태'로 바라보는 것이다(Meyer & Mattaini, 1995).

가설을 입증하기 위해서는 '각각의 가설에서 나온 조건들이 관찰되지 않았음을

보여줌으로써' 각각의 가설을 확증 혹은 반박하는 반대 증거들을 '검증'하는 것이다 따라서 입증의 노력은 매우 중요한데, 직관이나 상식에 기초한 확증되지 않는 자료만으로는 실천에 충분하지 않다.

### (3) 방법 혹은 실천 지향(Method or Practice Orientation)

방법이란 용어 사용에서도 혼돈이 있다. 특히 미국에서의 방법은 다음의 4가지 일반적인 실천 형태를 의미하며 때로 방법은 적절한 행동계획을 수립하는 방식으로서 개입이란 용어와 상호교환적으로 사용되기도 한다.

- 개인활동
- 집단활동
- 가족사회복지실천
- 지역사회복지활동

### (4) 모델(Models)

모델은 현상에 대한 설명이라기보다 기술이며, 현상에 대한 완벽한 제시라기보다는 관찰된 현상이나 현상 간의 관계 유형을 조명하여 정보를 순서 짓거나 단순화시키려는 초보적인 시도라고 할 수 있다.

'유추물로서 작용하는 모델은 현상을 규정하고 기술하기 위해 사용될 수 있다. 모델은 보여진 것을 설명하지는 않는다. 그러나 모델은 뒤죽박죽된 정보들에 대해 낮은 수준의 순서를 부과하기 시작한다. 따라서 모델은 이론을 구축하는 데 사용되는 벽돌과 같다'(Barker, 1995). 그러나 모델이라는 용어 또한 학자들마다 다르게 사용되기도 한다.

### (5) 실천접근(Practice Approach)

실천접근이란 용어는 때로 이론적 접근으로도 불리며, 일반적으로 교과서에서 사용될 때는 실천에 대한 체계적 접근을 의미한다. 실천접근은 하나의 분명한 이론에 기반하고 있으며, 그 자체의 특정 실천 용어와 개입들을 갖고 있다. 사회복지실천에서 활용되는 주요한 실천접근에는 다음과 같은 것들이 있다.

- 클라이언트 중심 접근
- 인지행동적 접근
- 심리역동적 혹은 심리사회적 접근
- 생태체계적 접근

### (6) 절충적 접근(An Eclectic Approach)

절충주의는 문제의 복잡성과 다양성에 대한 반응의 결과이다. 절충주의는 다음과 같은 중요한 장점을 가진다. '절충주의는 유사한 제안을 하는 사회복지실천이론들을 합병시킬 수 있게 하며, 복잡한 상황을 더 잘 다룰 수 있게 하고, 특정 이론이 갖는 부적절성을 보완할 수 있게 한다'(Payne & Patton, 1981). 많은 실천가들은 그들 자신을 '절충주의자'라고 생각한다. 그러나 모두가 그들이 실제 활용하는 특정 실천 접근, 특정 실천 용어, 개입, 그리고 그것을 활용하는 이유에 대해 다 잘 알고 있는 것은 아니다. 사실, 절충주의는 실천에 관련된 것을 명확하게 해 주기보다는 오히려 혼란만 더 가중시키는 경향이 있다. 왜냐하면, 현실적으로 수많은 실천 접근들을 깊이 있게 알 수 있을 정도의 전문성을 갖춘 실천가들은 거의 없기 때문이다(Thompson, 1998: 304). 따라서 사회복지실천은 항상 어느 정도 절충주의와 관련되며, 일부 실천가들은 실제로 다양한 실천 접근과 방법들을 활용한다.

### (7) 관점(Perspective)

관점은 현상 및 그 현상이 전체로서의 사회와 어떻게 관계 맺고 있는지에 대한 중요한 생각, 관찰, 순서 정하는 방식을 의미하는 것으로 사용된다. 사회복지실천에 관련된 대표적인 관점들을 소개하면 다음과 같다.

- 반 차별적 관점(anti-discriminatory perspective)
- 반 억압적 관점(anti-oppressive perspective)
- 반 인종차별적 관점(anti-racist perspective)
- 페미니스트 관점(feminist perspective)
- 이용자 관점(user's perspective)
- 급진주의적 사회복지실천 관점(radical social work perspective)

그 외 다른 관점들은 윤리, 가치, 기관, 경제 등과 같이 하나의 특정 관점에서 사실들을 바라본다. 대부분의 실천가들은 하나 이상의 관점으로 사정한다. 때로 그 과정에서 상이한 관점이 충돌하기도 한다.

### (8) 개입(Intervention)

사회복지실천에서 개입을 할 것인지 말 것인지, 언제, 어떻게 개입할 것인지는 복잡한 문제이다. 개입에 앞서 분명히 해두어야 할 것은 사회복지사가 개입의 권한을 위임받았다는 사실로, 클라이언트가 자발적으로 요청하지 않았을 때는 특히 이 점을 분명히 해야 한다. 사회복지실천에서 개입은 '의사들이 사용하는 치료라는 용어에 비유'(Barker, 1995: 195)되는데, '사건 혹은 사건의 결과를 수정하거나 정하기 위해 결정적인 역할'을 취하는 것으로 정의된다. 개입은 상황 및 제시된 문제에 대한 이해에 기반하여 이루어지는 직접적 활동 혹은 특정 사회복지실천 투입으로, '클라이언트의 편에서 사회환경 내의 힘의 균형을'(Kadushin, 1990: 14) 변화시키기 위해 조직 등 사회환경에서의 변화를 초래하려는 노력과 직접적 서비스를 제공하는 것을 포함할 수 있다. 여기에는 서비스 이용자를 대신하는 옹호자 혹은 중재자의 역할도 포함된다.

이때 고려되어야 할 요인들은 다음과 같다.

- 문제의 위급성
- 문제를 경감시키지 않았을 때의 결과
- 문제를 줄이는 데 성공할 기회
- 문제와 관련해 워커와 기관이 도움을 줄 수 있는 능력
- 문제해결에 참여하려는 클라이언트의 동기
- 클라이언트가 다른 사람으로부터 받을 수 있는 지지
- 문제의 구체적 특성

## 3) 사회복지실천 준거 틀

클라이언트들은 자신에게 다가온 어려움이나 도전을 해결하기 위해 사회복지사를 찾게 된다. 따라서 사회복지사들은 그들에게 정서적이고 실질적인 도움을 주기 위하여 훈련을 받아야만 한다. 사회복지사들은 다양한 시설에서 다양한 활동을 하고 있다. 정신장애인의 보호시설에서 활동하기도 하고, 성폭력이나 학대를 당하고 경찰이나 시설에 보호된 어린아이들을 돌보기도 한다. 육체적 질병을 앓고 있는 사람들을 관리해 주기도 하고 폭력을 당한 가정을 돌보기도 한다. 보육센터나 주간보호센터 등에서 활동하기도 한다. 또는 학교에 나가 부모와 자녀 간의 의사소통을 돕기 위해 상담과 교육을 하기도 하고, 자살과 같은 위기에 개입하기도 한다(조미숙 외, 2020).

어떤 사회복지사는 석·박사학위를 획득하여 보다 전문성을 살려 일하기도 한다. 여러분의 미래 계획이 어떻든 간에 여러분의 최대 목적은 도움이 필요한 이에게

여러분이 가진 인간에 대한 존경과 신뢰를 가지고 비심판적이고 친절하게 도움을 주는 것이다. 사회복지실천가들은 "마음으로부터의 언어"로 말하는 기술이 있어야 한다(Borkman, 1990). 여러분들은 서비스를 주는 사람(사회복지사)과 서비스를 찾고 있는 사람(클라이언트), 서비스를 주는 사람과 서비스를 원하는 사람, 모두가 문제해결에 있어 중요한 파트너란 사실을 다시 한번 강조하고 싶다.

특히 다음의 네 가지 준거 틀, 즉 첫째, 인간 - 첫 번째 언어, 둘째, 진실한 자아의 사용, 셋째, 다양성에 대한 존중, 넷째, 강점의 발견 등은 사회복지실천을 하는 데 있어서 기본적인 준거 틀이 되어야 할 것이다(조미숙 외, 2020).

### (1) 인간 - 첫 번째 언어

개인 또는 집단을 일컬을 때는 항상 휴머니티가 조건, 이슈, 문제, 질병 이전에 먼저 고려되어야 한다. 정신지체 여성(mentally retarded woman), 혈우병환자(hemophiliac), AIDS아동(AIDS babies)이라는 용어보다는 정신지체를 가진 여성(woman with mental retardation), 혈우병을 가진 사람(person with hemophilia), HIV를 가지고 있는 아동(children living with HIV)과 같은 용어를 사용하는 것을 볼 수 있을 것이다. 낙인은 강력한 사회적 정치적 결과를 가져온다. 따라서 사회복지사는 그런 용어의 사용에 있어 사람을 우선으로 하고 그의 특성을 부차적으로 보아야 한다고 제안한다. 이것은 사회복지사에게 중요한 가치이고, 동시에 사회복지사는 언어 사용에 있어서도 사회복지의 신념을 표현해야만 한다(조미숙 외, 2020).

### (2) 진실한 자아의 사용

사회복지실천기술이나 과업만큼 원조관계, 의사소통, 존경과 라포를 강조한다. 지금까지 살펴본 바와 같이 진정한 사회복지실천은 사려 깊고 적절한 의사소통을 하며 진실하게 염려하는 사회복지사와 함께 동반자 관계를 형성한 클라이언트 사이에서만 일어난다. 인간을 대상으로 하는 서비스 분야에서, 관심은 치료만큼 중요하다. 여러분은 항상 입장을 바꾸어, 자신이 도움이 필요할 경우 어떻게 대접받기를 원하는지, 여러분이 사랑하는 사람이 어떻게 대접받기를 원할 것인지를 늘 기억해야 한다. 그리고 도움을 받는다는 것이 어떻게 느껴질 것인지를 기억해야 한다. 적절하게 행해질 때 사회복지실천기술은 더욱 풍성해질 것이다(조미숙 외, 2020).

### (3) 다양성에 대한 존중

도움을 찾는 사람들 간의 보편성과 다양성은 매우 중요하다. 개인들 사이의 공통적인 욕구나 유형을 파악하는 것은 실천가에게 유용한 정보를 주는 것이 사실이다. 그러나 보편성(commonalities)만 추구하는 것은 개인, 그룹 또는 문화를 고정관념화할 수 있고, 일반적 차원에 근거하여 이해하려는 한계를 가진다. 다시 말해 개인들 간의 다양성이 규명되고 이해되고 확인되어야 한다는 점이다. 따라서 도움을 요청하게 될 사람들 간에는 무엇이 공통적이며 다른지를 제시해 보아야 한다. 다양성에 대한 존중과 이해는 사회복지실천기술에서 매우 중요한 가치로 자리매김되고 있다(조미숙 외, 2020).

### (4) 강점의 발견

개인, 부부, 가족, 그룹 그리고 지역사회의 자원과 강점에 우선적으로 초점을 맞추는 것이 부족한 부분, 장애, 약점에 초점을 맞추는 것보다 문제해결과정을 보다 활기차게 한다. 사람들이 자신의 강점을 깨달을수록 자신의 강점을 보다 잘 강화시켜 나갈 수 있다. 더욱이 강점이 규명되고, 인정되면서 사람들은 자신에 대해 좋은 느낌을 갖게 되고 장애와 약점을 극복할 수 있게 된다. 사회복지사는 사람들이 자신의 강점을 깨닫도록 도와주어야 하며, 내적 · 외적 자원을 규명하도록 노력해야 한다. 문제나 위기를 가진 사람들은 자신들의 장애나 실패를 깨닫는 데만 익숙해져 있다. 그런 사람들에게 성공과 강점에 대해 인지할 수 있도록 돕는 사람이 바로 사회복지사라 할 수 있다. 사회복지사는 사람들로 하여금 자신들이 가지고 있으리라고는 전혀 인지하지 못했던 강점을 규명해내야 한다(조미숙 외, 2020).

## 4) 사회복지실천 사정

전문적 수준에 이른 실천가들은 독립적인 실천이 가능하다. 즉, 그들은 자신의 클라이언트를 어떻게 치료할지 결정할 수 있으며 가장 효과적이라고 믿는 접근방식을 활용할 수 있다. 그런데 이런 결정은 어떻게 내려지는 걸까? 사회복지사들은 자신이 선택한 접근법이 클라이언트와 잘 맞는다는 것을 어떻게 아는가? 이런 결정에 영향을 주는 요소는 무엇인가? 구체적인 선택을 하는 데 도움이 되는 모델과 지침은 있는가? 이러한 질문에 대한 답을 모색해 보기 위해 클라이언트와 사회복지사의 연결, 선택에 영향을 주는 요인들, 그리고 개입방법의 선택을 위한 지침 등에 대해 살펴볼 것이다(조미숙 외, 2020).

### (1) 클라이언트와 사회복지사의 연결

사회복지사에게 필수적인 요소는 치료자와 클라이언트의 속성을 분리하여 독립적으로 사정하는 것이다. 그 속성에는 고려해야 할 치료의 유형뿐만 아니라, 사회복지사와 클라이언트 모두의 환경, 생활사건, 태도 및 행동이 포함된다. 그럼에도 불구하고 사회복지사들은 어떤 것이 자신의 클라이언트에게 정말 최선인지를 찾는 일에 어려움을 느끼곤 한다.

방법론적으로 엄밀한 조사연구의 사정을 통해, 사회복지사와 클라이언트가 어떻게 만나는 것이 좋은지 다음과 같은 결과들이 제시되어왔다(조미숙 외, 2020).

- **연령**: 나이 차이가 어떤 클라이언트에게는 문제가 될 수 있다. 조사 연구에 의하면, 나이가 많은 클라이언트는 좀 더 성숙한 사회복지사를 선호하며, 적어도 나이어린 사회복지사는 만나지 않기를 바란다고 한다. 단, 다소 젊더라도 높은 지위에 있거나 신뢰성을 인정받은 사회복지사는 좀 더 받아들여지기가 쉬운 것으로 나타나고 있다. 이와 대조적으로 어린 클라이언트는 상대적으로 젊은 사회복지사를 선호한다고 한다.
- **성별**: 성별은 최근에 좀 더 많은 주목을 받게 된 영역이다. 다양한 연구들이 성별에 대한 다양한 결과들을 제시하고 있다. 그 이유는 성별과 관련된 경험, 환경적 요인들, 인구학적 요소들 또한 상당히 다양하기 때문이다. 그러나 성별이 환자의 선택이나 치료의 성격 그리고 그 결과에 어느 정도 영향을 미친다는 의견에는 동의가 이루어지고 있다. 일반적으로 동성으로 이루어진 치료적 관계가 이성과 짝을 이루어 치료를 하는 경우보다 좀 더 도움이 되는 것으로 나타나고 있다. 특히 여성 클라이언트는 여성 치료자들에게 좀 더 긍정적으로 반응한다고 보고하는 연구들이 있다.
- **민속과 인송**: 이 요소 역시 집중적으로 연구되어 온 부분이나. 아마도 가장 주목을 끄는 발견은 조사연구자의 인종이 결과에 대한 많은 부분을 설명하고 있다는 것이다. 따라서 인종, 민족 그리고 이런 결과가 분명한 차이에 대한 민감성은 사회복지실천 개입의 핵심요소로 보고 있다(Craig & Baucum, 1999).
- **사회경제적 지위(SES)**: 사회경제적 지위와 관련된 부분은 덜 명료하다. 현재의 사회경제적 지위와 수입, 교육, 전문적 지위를 역사적 배경이나 문화 및 계층의 이슈와 분리하는 것이 어렵기 때문이다. 따라서 이 영역에 대한 결과는 어떤 결론에 이르지 못하고 있다.
- **성격**: 성격유형 역시 아직 결정적인 요소로 취급되지는 않는다. 어떤 연구에서는 성격이나 인지 스타일이 서로 다른 경우에 가장 효과가 좋다고 제안한다. 이와 관련된 이슈로는 치료자가 치료를 받는 것이다. 역사적으로 사회복지사들

이 정신치료를 받는 것에 대해 호의적이었으며, 특히 정신분석학파에서는 이를 더욱 지지하였다. 그러나 최근 조사연구들은 단순히 치료나 분석 자체가 사회복지사를 좀 더 유능한 치료자로 발전시킨다는 견해를 지지하지는 않는다.

- **태도와 가치:** 태도와 가치를 치료에서 별도의 요소로 구분하거나 규명하기는 어렵다. 이 요소들은 사람에 따라 변화하며, 치료의 상호과정 속에서도 바뀔 수 있기 때문이다. 환자 선택의 측면에서 특별히 종교적인 경우를 제외하고, 클라이언트가 유사한 가치를 가진 치료자를 원한다는 증거를 찾아보긴 어렵다. 단, 일단 치료가 시작되면, 클라이언트는 도덕, 종교에 대해 치료자의 신념체계를 수용하는 경향이 지속적으로 발견되고 있다. 치료자가 최대의 효과를 가져오기 위해 클라이언트의 가치를 수용하고, 클라이언트의 신념과 가치에 맞춰서 치료를 제공하는 것이 바람직하다는 조사 연구도 있다.
- **관계 태도:** 여기에는 1950년대 후반부터 1960년대에 거쳐 수행된 인본주의와 클라이언트 중심 치료에 대한 다양한 연구들이 많은 영향을 미쳤다. 이 당시에 훈련받은 치료자들은 한 조사연구에 따라 치료자의 감정이입, 진실, 따뜻한 또는 무조건적·긍정적 관심 등과 같은 태도가 클라이언트의 긍정적인 결과를 성취하기 위한 '필요충분조건'이라고 교육받았다. 그러나 후속 연구들은 이런 요소들이 로저스의 인본주의 치료가 아닌 경우에는 그렇게 유용하지 않다는 것을 가리키고 있다. 그럼에도 불구하고 자신의 치료자가 긍정적이고 도와주려는 태도를 갖고 있다고 인식하는 클라이언트는 그렇게 인식하지 않은 클라이언트에 비해 더 좋은 결과를 나타낸다고 보고되고 있다.
- **사회적 영향:** 임상조사연구 영역에서 사회적 영향요소는 사회심리학적으로부터 채택된 것이다. 이 속성들에는 전문성, 진실성, 매력, 신뢰성, 설득력이 포함된다. 전문성에 대한 지각은 계속해서 긍정적인 것으로 드러나고 있다. 예를 들어, 통제된 연구에서 클라이언트에게 어떤 사회복지실천가들이 다른 사회복지실천가들에 비해 훨씬 더 전문성을 갖추고 있다는 말을 해 주었을 때, 그 결

과에 영향을 미쳤다. 설득력과 신뢰성도 몇몇 연구에서 긍정적인 결과가 유사하게 나타났다.

- 사회복지사의 기대: 클라이언트와 사회복지사가 결과에 대한 기대에 있어서 의견일치가 이루어지지 않았다 하더라도, 사회복지사는 클라이언트가 결과에 대해 좀 더 긍정적인 기대를 하도록 설득할 수 있으며, 클라이언트의 이런 변화는 유의한 영향을 미칠 수 있다는 것이다(조미숙 외, 2020).

**Tip 사회복지사 1급 시험 기출 문제**

**01 다음의 이론과 그 기본 가정의 연결이 옳은 것은? [16회]**

① 피아제(J. Piaget)의 인지발달이론 - 정신결정론
② 프로이드(S. Freud)의 정신분석이론 - 상호결정론
③ 스키너(B. F. Skinner)의 행동주의이론 - 환경결정론
④ 반두라(A. Bandura)의 사회학습이론 - 정신결정론
⑤ 매슬로우(A. Maslow)의 인본주의이론 - 환경결정론

**02. 인간발달이론이 사회복지실천에 기여한 내용으로 옳지 않은 것은? [14회]**

① 클라이언트의 요구와 문제를 파악하는 데 도움이 된다.
② 클라이언트의 사회환경보다 생물학적 요소가 더 중요함을 이해하게 한다.
③ 사회복지사가 파악해야 할 클라이언트에 관한 사항을 사정할 수 있게 한다.
④ 클라이언트의 발달과업 수행에 필요한 서비스 무엇인지 파악할 수 있게 한다.
⑤ 사회복지사가 모든 연령층의 클라이언트를 이해하고 그들과 함께 일할 수 있게 한다.

정답: 01 ③ 02 ②

Chapter 02

# 인간행동에 관한 주요 이론: 정신역동이론 I

1. 프로이트의 정신분석이론
2. 안나 프로이트의 방어기제 이론

Chapter 02

# 인간행동에 관한 주요 이론: 정신역동이론 I

학습목표

1. 정신역동이론의 주요 개념을 이해한다.
2. 정신역동이론의 방어기제를 알 수 있다.
3. 정신역동이론을 사회복지실천에 적용할 수 있는 방안을 이해한다.

## 1. 프로이트의 정신분석이론

### 1) 프로이트(Sigmund Freud, 1856~1939)의 생애

지그문트 프로이트는 1856년 5월 6일, 현재는 체코의 영토가 된 모라비아의 프라이버그에서 8남매 중 맏아들로 출생하였으며, 생애의 대부분을 빈에서 보낸 것으로 알려져 있다. 어릴 적부터 재능이 뛰어났던 프로이트는 특히 어머니의 지지와 격려를 많이 받고 자랐다고 한다. 고급관료가 되기를 희망했지만, 유대인으로서의 한계

를 깨닫고 1873년 오스트리아 빈 의과대학에 진학하게 된다. 프로이트의 가족 배경은 그의 정신분석이론을 이해하는 데 자주 거론될 만큼 그의 이론형성에 매우 큰 영향을 미쳤다. 프로이트의 아버지는 그 시대의 보통사람들이 그러하듯 엄격하고 권위적인 사람이었으며, 어머니는 매력적이고 정이 깊었으며 사려 깊은 사람이었다. 프로이트는 아버지가 세상을 떠났을 때 자신이 느낀 혼란스러운 감정으로 인해 자신의 꿈, 기억, 어릴 때 경험 등을 분석하면서 아동기 성욕에 관해 확신을 얻고, 오이디푸스 콤플렉스(Oedipus complex)를 발견했다고 한다. 즉 그는 꿈의 의미를 탐색하면서 성격발달의 역동성에 대한 통찰력을 얻었으며, 아동기 기억을 검토하면서 아버지에 대해 느꼈던 강한 적대감과 어머니에 대한 성적 감정을 깨달은 것이다.

몹시 질투했던 갓 난 동생이 죽은 후 일생 동안 느껴야 했던 죄책감, 어린 시절에 목격한 어머니의 나체에 대한 강한 성적 흥분, 가부장적이던 아버지에 대한 증오와 반발 등과 같은 가족 내에서의 경험들이 프로이트로 하여금 인간의 심층심리에 관심을 갖게 했으며, 무의식을 인간행동과 성격의 결정요인으로 중시하게 되었다.

이후 신경과 의사가 되어 활동하던 중 스승 브로이어(Josef Breuer)의 영향으로 파리 유학을 떠나 신경의학과 최면을 연구하게 된다. 프로이트는 히스테리 증상에 관한 연구와 신경증 분석을 통해, 인간행동에 있어 문제의 원인이 성적 긴장의 누적 때문이라 주장했지만, 다른 학자들로부터 많은 비판을 받고 끝내 스승 브로이어와도 결별하게 된다. 이후 〈꿈의 해석〉이라는 저서를 발표하며 점차 일반 대중과 세계 의료인들에게 명성이 높아지면서 인정을 받게 되었고, 1902년 정신분석학회를 창립하게 되면서 최고의 명성을 누리게 된다.

프로이트의 일생 중 가장 창조적인 시기는 그가 심한 정서적 갈등을 경험한 시기와 일치하는데, 40대 초반에 프로이트는 죽음에 대한 공포와 그 밖의 다른 공포증과 더불어 다양한 정신신체적 장애를 겪으면서 이 시기 동안 자기분석이라는 어려운 과제를 수행하였다. 프로이트는 나치를 피해 1938년 영국으로 이주한 다음 해인 1939년 9월 23일 런던에서 사망하였다.

## 2) 주요 개념

### (1) 리비도

프로이트는 성욕이라는 용어를 '빠는 것부터 성교'에 이르기까지 타인과 친밀하고 유쾌한 신체적 접촉을 갖고자 하는 모든 욕구를 총망라하는 매우 광범위한 의미로 사용하였다(Freud, 1905: 610-612). 정신분석이론에서는 인간의 모든 행동은 생물학적 욕구가 밑바탕이 된다고 가정한다. 이러한 생리학적 욕구를 정신분석이론에서는 '리비도(libido)'로 표현되는 '생물학적 성적 에너지'로 이해될 수 있다(유상우 역, 2010). 리비도는 정신적 에너지 또는 본능적 충동으로, 의식적으로 또는 무의식적으로 개인의 성격과 행동에 좋게 또는 나쁘게 영향을 미친다. 처음에 리비도는 협의의 성적 에너지로 생각되었다가 점차 그 개념이 넓혀져 사랑과 쾌감의 모든 표현이 포함되었다. 즉 리비도는 심리적 혹은 생리적 의미에서 성적 에너지를 지칭한다.

### (2) 인간의 본능

프로이트의 말년에 가서는 리비도의 개념을 생의 본능인 에로스(Eros)뿐만 아니라 죽음의 본능인 타나토스(Thanatos)까지 포함하는 것으로 설명하였다(Freud, 1938). 첫째, 에로스는 생명을 유지, 발전시키고 사랑을 하게 하는 본능을 일컫는다. 이 본능 때문에 인간은 자기를 사랑하고, 생명을 지속하며, 종족을 보존시킨다. 배고픔, 갈증, 성욕 등이 생의 본능에 해당된다. 둘째, 타나토스는 생물체가 무생물체로 환원하려는 본능을 말한다. 죽음의 본능 때문에 생명은 결국 사멸되고, 살아 있는 동안에도 자기를 파괴하거나 처벌하며, 타인이나 환경을 파괴하는 공격적 행동을 한다. 죽음의 본능은 종종 공격적·파괴적 성향의 근원이 된다. 그런데 본능적 욕구의 표현은 흔히 성적인 것과 공격적인 것이 혼합되어 있다. 예를 들어, 성행위는 가장 친밀한 결합을 위한 공격적 행동이라 볼 수 있다.

### 3) 마음의 지형학적 모형

프로이트는 마음을 일종의 지도로 개념화해서 마음의 다양한 현상들을 단순화하고 명료화시켰다. 즉, 마음을 무의식, 전의식, 의식이라는 세 부분으로 나뉜 조직으로 가정한 것이다.

첫째, 의식(consciousness)은 지금 이 순간 본인이 자각하고 있는 마음의 작용을 말한다. 경험과 감각, 지각, 기억 등을 인식하고 있는 것으로, 새로운 생각이 들어오면 의식의 내용은 계속해 변화한다.

둘째, 전의식(preconsciousness)은 지금 의식하고 있지 않지만, 전에 의식했던 것으로 이용 가능한 기억을 말한다. 저장되어 있는 기억이나 생각 등으로 노력하면 접근이 가능한 영역이다.

셋째, 무의식(unconsciousness)은 인간이 지각하지 못한 경험과 기억, 정신 내용의 대부분으로, 충족되지 못한 본능적 소망이나 억압된 욕구들이 저장되어 있다. 무의식 영역은 일반 사람들은 접근할 수 없는 영역으로 나의 삶에 대한 총체적인 기억이 저장되어 있다고도 할 수 있다. 무의식은 정신분석의 초점이 되는 영역으로 인간행동의 동기로 작용한다고 알려져 있다. 인간의 방어기제도 무의식 영역에서 일어나는 심리적 기제이다.

## 4) 마음의 구조적 모형

프로이트는 환자들과의 임상적 경험에서 충동이 의식에 도달하는 것이 방해받는 것에 주목하였다. 그는 이를 억압이라 일컬었고 의식 혹은 의식의 가까운 데에 억압과정이 있다고 보았다. 이를 설명하기 위해 프로이트는 구조적 가설이라는 체계를 구성했다(Freud, 1923: 23-39). 즉 프로이트는 마음과 정신의 구조를 원초아(id), 자아(ego), 초자아(superego)로 모형화하였다. 이 세 가지는 서로 관련되며 영향을 미친다고 하였는데, 원초아는 생물학적으로, 자아는 심리적으로, 초자아는 사회적으로 작용한다고 이해할 수 있다.

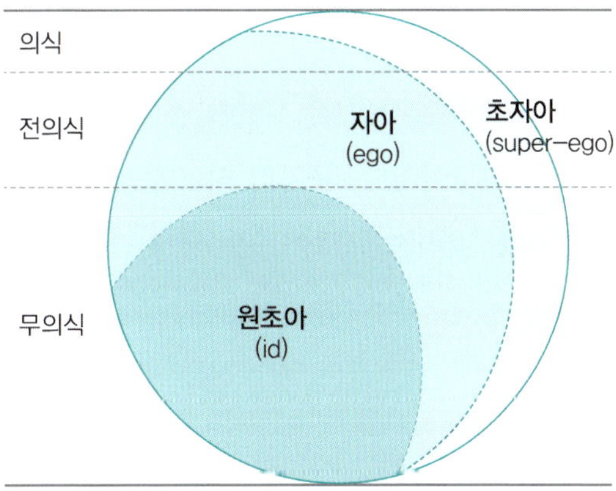


[그림 2-1] 마음의 지형학적 수준과 구조적 모형

### (1) 원초아(id)

원초아(id)는 본능적 욕구와 관련되며, 리비도(libido)라는 성적 에너지를 방출한다. 긴장을 감소하려는 쾌락의 원리하에 움직이며, 인간의 1차적 사고와 관련된다. 즉, 원초아는 쾌락을 추구하고 고통을 회피하는 방향으로 쾌락원칙(pleasure principle)에 따라 움직인다(Freud, 1920: 365). 여기서 쾌락이란 긴장 감소를 뜻한다. 그러므로 원초아는 충동적이고 비합리적으로 표현된다. 원초아에는 긴장을 해소시키는 두 가지 기제가 있는데, 반사행동과 일차과정 사고(primary process thinking)가 그것이다(Freud, 1900: 565-567, 598-609). 반사행동은 선천적이고 자동적인 행동이다. 재채기나 눈을 깜빡이는 것과 같이 유기체는 긴장을 즉각적으로 처리할 수 있는 여러 가지 반사행동을 선천적으로 할 수 있다. 일차과정 사고는 욕구를 만족시키는 대상의 심상(image)을 기억 속에서 만들어내는 것이다. 신생아는 배가 고프다가 그 배고픔이 해결되면 긴장이 감소하고 쾌감을 경험한다. 배고픔, 섭취, 긴장 감소의 주기가 반복되면서 맛, 냄새, 우유병, 어머니의 외모 등이 점차 유아의 기억에 심상으로 남는다. 따라서 배고프다는 긴장이 발생하면 이를 해소시켜 주는 물체의 심상을 마음속에 떠올림으로써 욕구를 충족한다. 원초아는 정신적 에너지를 가지고 이를 시도하는데, 이 환각적 경험을 '소망실현'이라고 일컬어진다. 그외 일차과정 사고가 작용하는 것은 꿈, 환상, 공상 등이다.

원초아는 객관성이나 합리성이 없는 유아적 사고패턴으로 참을성이 없고 즉각적인 요구를 원하는 영역이다. 따라서 프로이트는 생애 만족감의 원천이며 정신에너지의 원천이라고 하였다.

### (2) 자아

자아(ego)는 본능과 외부의 현실세계를 적절히 조절하여 환경에 적응하도록 하는 현실원리에 의해 작동한다. 유아는 서서히 외부세계가 있다는 것을 배움으로써 만족을 지연시키는 능력이 발달한다. 이러한 인식이 싹트면서 자아가 발달한다. 즉, 일차과정 사고만으론 실제적 긴장해소가 어렵기 때문에 쾌락원칙을 일시 중단시키고 현실적 사고를 해서 욕구충족의 계획을 세우고 검증하게 되는데, 이것이 자아의 현실검증(reality testing)이다. 자아는 원초아와 초자아 간의 이성적 균형을 조정하며, 사고와 행동을 통제하는 기능을 한다. 따라서 2차적 사고와 관련되는데. 현실검증과정을 통해 주관적 욕구와 외부의 현실을 구별한다. 욕구와 양심 사이에서 중간 역할을 하며 원초아 혹은 초자아 쪽으로 이동하면서 개인의 갈등을 해소한다. 이러한 자아의 근본적인 힘은 원초아에서 나온다(Freud, 1938: 77). 프로이트는 동일시가 원초아에서 자아를 형성해 가는 기제라고 보았다. 자아는 원초아뿐만 아니라 초자아도 통제한다. 어릴 때는 자아의 힘이 약하지만 성장하면서 현실과의 접촉이 많아짐에 따라 자아는 점점 강해진다.

### (3) 초자아

초자아(superego)는 정신구조의 최고 단계로 옳고 그름을 판단하며, 도덕적이고 양심적인 작용으로 행동을 조절하거나 통제하는 역할을 한다. 현실보다는 자아의 이상을 추구하고 쾌락보다는 완전함을 추구한다. 초자아는 부모세대나 주변으로부터 물려받은 사회적 가치와 도덕, 윤리나 양심의 영향을 받아 사회적 원리를 따르는데, 3~4세부터 발달한다. 따라서 초자아의 일부는 사회의 도덕률이나 금기로 구성되고, 일부는 부모에게서 받은 도덕교육을 토대로 형성된 도덕관념으로 구성된다. 즉, 초자아는 외부세계의 대변자인 것이다. 따라서 초자아는 사회적 원리(social principle)에 따른다고 볼 수 있다. 초자아의 주요 기능 중 한 가지는 자아가 지향하는 현실원리에 의한 이기적 행동을 통제하는 것이다.

초자아는 양심과 자아이상이라는 두 가지 하부체계를 발달시킨다(Freud, 1938: 28). 첫째, 양심은 미음의 도덕적 가르침이며, 둘째, 자아이상은 긍정적 이상형을 뜻한다. 양심은 벌을 통해 발달하는 것으로 자아가 죄책감을 느끼도록 작용하는 반면, 자아이상은 상을 통해 발달하는 것으로 자아가 긍지를 느끼도록 작용한다. 초자아의 기능은 원초아와 자아를 비판하여 사회규범에 맞는 생활을 하게 하는 것이다. 이를 위해 초자아는 자아로 하여금 원초아를 억제하도록 압력을 가한다.

프로이트는 인간의 성격을 에너지체계로 가정했는데 원초아, 자아, 초자아라는 세 구조의 에너지 보유량에 따라 성격의 특질이 결정된다는 것이다. 원초이기 에너지를 장악하는 사람은 성격이 충동적이기 쉽고 초자아가 에너지를 장악하는 사람은 이상적 · 도덕적 측면이 강하다. 자아는 성격의 집행자이므로 자아의 강도가 원초아의 욕구를 충족하고, 초자아의 요구를 조정하며, 현실의 요구에 대처하는 능력을 결정한다. 자아가 강하고 원초아, 초자아, 환경의 요구 간에 균형을 취할 수 있는 사람은 만족을 느끼기 쉬우며, 죄책감이나 무가치하다는 느낌이 없다. 그러나 원초아나 초자아가 자아보다 강할 때, 그는 쾌락에 대한 강한 욕구로 인해 고통을 겪거나 그 욕구를 성취하는 것에 대한 죄책감 때문에 심리적으로 시달릴 수 있다.

한편 환경의 압력이 강하고 자아가 약할 때, 그 개인은 압도당할 수 있다. 이러한 자아의 붕괴는 정신장애를 낳는다.

## 5) 심리성적 발달단계

프로이트는 성격발달의 세 가지 기본원칙으로 정신적 결정론, 무의식의 중요성, 성적 에너지인 리비도를 제시하였다(Freud, 1923, 1938).

첫째, 정신적 결정론은 인간의 정신적 활동이 이전의 행동이나 사건에 의해 결정된다고 보는 것이다.

둘째, 인간의 행동이 의식적 과정이라기보다는 인식할 수 없는 무의식에 의해 동기가 유발된다고 보았다.

셋째, 본능적인 성적 에너지가 행동과 사고의 동기가 된다고 간주하였다. 특히, 프로이트는 모든 본능이 근본적으로 성적인 것이라고 믿었기 때문에 인간의 성격발달이 성적 욕구와 밀접한 관련이 있다고 보아 이를 심리성적 발달이라 일컬었다. 그는 성적 충동이 정신적 활동에 미치는 영향과 생식기능에 미치는 영향을 구별하여 아동이 생식을 할 수는 없을지라도 아동의 성적 충동이 환상, 문제해결, 사회적 상호작용 등에 작용한다고 보았다.

프로이트에 의하면 성격의 발달은 유아기부터 청소년기까지 다섯 단계에 걸쳐 이루어지는데 이 단계들 중 앞의 세 단계가 성격형성에 결정적 역할을 하게 된다. 이 시기에 리비도는 신체의 특정 부위에 자리 잡고 그 특정 부위에서 만족을 추구한다. 만족을 추구하는 특정 부위는 연령에 따라 변화하며, 리비도가 지향해서 욕구충족을 추구하는 대상도 연령에 따라 변화한다.

따라서 심리성적 발달을 단계를 정리해 보면 다음과 같다(이훈구 역, 1993; Crain, 1985; Thomas, 1985).

### (1) 구강기(출생~18개월)

구강기(oral stage)는 출생부터 118개월까지로 유아는 입에서 쾌락을 얻는다. 이 시기 동안은 입이 성적, 공격적 욕구충족을 하는 신체 부위가 된다. 이 시기에는 입, 입술, 혀, 잇몸 등을 자극하는 데서 만족을 느끼기 때문에 빨고, 삼키고, 깨물면서 만족을 얻는다. 출생 후 6개월 동안은 음식을 빨고 삼키는 데서 쾌감을 느끼지만 6개월 후 이가 나면서부터는 이유의 좌절감을 깨무는 것으로 해소하며 쾌감을 얻는다.

구강기에는 수동적으로 어머니의 보살핌을 받으며 생활하기 때문에 유아는 의존적이고 다른 사람으로부터 분화되지 않은 상태이다. 특히 구강기 전반에는 유일한 접촉대상이 어머니이므로 어머니에게 합일하고 접근하려는 경향이 있다. 그러나 구강기 후반에는 이유로 인한 욕구불만 때문에 어머니에게 우호적 태도를 갖는 동시에 적대적인 태도를 갖게 된다. 이때 유아는 최초의 양가감정(ambivalence)을 경험하게 된다. 구강기 동안 신체적으로나 정서적으로 무시당하거나 박탈당한 아이는 성인이 된 후 충족되지 못한 사랑과 보살핌에 대한 강한 갈망을 경험하기 쉬우며 타인에 대한 강한 불신으로 대인관계가 어려울 수 있다.

프로이트에 의하면 구강기 전반기에 좌절 혹은 방임을 경험하면 구강 수동적 성격이 된다. 이 성격은 낙천적이고, 타인에게 의존적이며, 모든 걸 희생해서라도 인정을 받고 싶어 한다. 이 유형의 사람이 심리적으로 적응하는 양식은 수동적이고,

미성숙하며, 과도한 의타심을 보이고, 잘 속는다. 반면 구강기 후반기에 고착되는 구강공격적 혹은 구강가학적 성격의 특징은 논쟁적이고, 비꼬길 잘하며, 타인을 이용하거나 지배하려 한다.

### (2) 항문기(18개월~3세)

항문기(anal stage)는 리비도의 방향이 항문으로 이동하는 발달단계로 대소변을 가리는 훈련이 시작되는 18개월부터 3세까지를 말한다. 이 시기에 아이들은 신경계의 발달로 괄약근을 수의적으로 조절할 수 있으므로 부모들은 대소변을 가리게끔 청결습관을 기르는 배변훈련을 시작한다. 괄약근의 발달로 아동은 자기가 원하는 대로 배설하거나 보유할 수 있는데, 배변훈련이 시작되면서 아이의 본능적 충동은 외부에 의해, 즉 양육자인 어머니에 의해 통제된다.

유아는 항문의 긴장을 즉각 해소하는 데서 오는 쾌감을 늦추고 적절한 시점에 적절한 장소에 배설하도록 요구되는 것이다. 이때 리비도를 항문영역으로 향한 아이와 대소변을 가려 청결습관을 기르려고 하는 부모 간에 일종의 싸움이 전개되고 아이는 부모의 현실적 요구에 대응하면서 자아가 발달한다. 배변훈련의 전형적 방식은 두 가지이다. 한 방법은 아동에게 알맞은 시간과 장소에서 배설하도록 촉구하고 성공하면 칭찬하는 것이다. 이 경험을 통해 유아는 알맞은 때와 장소에서 생산하는 것의 가치를 터득하게 된다. 또 다른 방법은 실패하면 벌을 주고 조롱하거나 수치심이 들게 하는 것이다.

부모는 배변훈련을 시킬 때 옳고 그름에 대해 말하면서 아이가 부모에 동조하며 부모의 의견을 내면화시켜서 이에 따르는 행동을 하도록 기대한다. 배변훈련이 성공하면 아이는 사회적 승인을 얻는 쾌감을 경험하며 창조적이고 생산적인 성격특성이 발달한다. 어떤 아이는 본능적 충동의 만족을 방해하는 외적 통제에 반항하기 위해 부적절한 때 혹은 장소에 배설하거나 몇 시간씩 변기에 앉아 애를 태우게 하는 식으로 부모를 조종하는 행동을 한다. 따라서 항문기는 아이가 처음으로 사회의 기대에 순응하라는 요구에 직면하는 단계이다. 항문기에 이르러서는 타인에게 의존하는 것이 줄어들고 스스로 활동하며 환경을 조절할 수 있으며 운동력과 판단력도 발달하게 된다. 언어발달로 이제 예측할 수도 있고 생각도 하게 되어 타인과 의사소통이 가능해진다. 이 시기에 유아는 외부세계만 잘 다루게 되는 것이 아니라 자기 자신에 대해서도 통제할 수 있게 된다. 항문기의 경험을 통해 아이는 의존에서 벗어나 자기조절, 자립, 자부, 자존 등을 배우게 된다.

한편 항문기와 관련해 문제가 발생하기 쉬운 경우는 지나치게 엄격하고, 전적으로 통제하려 하며, 감정적으로 억압되어 있는 가정환경이다. 이런 가정에서는 아이가 자신의 주장이나 공격성을 표현하면 제재가 가해진다. 이와 같이 자신의 감정을 마음대로 표현할 수 없는 좌절감과 분노를 반복 경험하면서 성인이 되면 감정적으로 완고하고 냉정한 특성을 갖기 쉽다. 부모가 너무 일찍 혹은 너무 심한 배변훈련을 시켜 항문기에 고착되면 고집이 세고, 인색하며, 복종적이고, 시간을 엄수하며, 지나치게 청결한 특징을 가진다. 또는 정반대로 잔인하고, 파괴적이며, 난폭하고, 적개심이 강하며, 불결한 특징을 보이기도 한다.

### (3) 남근기(3~6세)

3~6세까지 지속되는 남근기(phallic stage)에는 리비도가 성기에 집중된다. 이 시기에 유아는 자신의 성기를 관찰하고 남녀 간의 성적인 차이와 생식기의 유무도 알아가며, 출생과 성에 관해 질문을 하기도 한다. 또한 성적 감각과 쾌감도 느끼는데, 성인 같은 성적 감각과는 차이가 있다. 그러므로 부모의 성행위를 목격한 남근기의 유아는 아버지가 어머니를 공격하는 것으로 간주하기도 한다.

프로이트는 이 단계에서 아이와 부모 간에 생기는 삼각관계를 오이디푸스 콤플렉스(Oedipus complex)와 엘렉트라 콤플렉스(Electra complex)로 설명하고 있다. 오이디푸스 콤플렉스는 남자아이가 엄마의 사랑을 독차지하고자 하는 과정에서 무의식적으로 성적 욕망과 애착을 느끼고 갈등하면서, 아버지를 자신의 경쟁자로 생각하고 그 보복으로 거세불안을 느낀다는 것이다. 이 감정을 극복하기 위해 아버지의 도덕관이나 가치관을 수용해 남성적 성역할을 습득하며 초자아가 형성되기 시작한다.

반대로 엘렉트라 콤플렉스는 여자아이가 아버지를 이성적으로 사랑하면서, 어머니에 대해 경쟁의식을 느끼고 증오하는 심리상태를 말한다. 이 시기에 여자아이는 아버지의 남근이 자신에게 없다는 것을 깨닫고 남근을 선망하게 된다. 그리고, 동시에 자신에게 남근을 주지 않은 어머니를 원망한다. 그러나 시간이 지나 자연스럽게 어머니에 대한 애정을 되찾고 어머니의 여성성과 자신을 동일시하는 초자아가 형성되며 성적 특성을 닮아가기 시작한다.

이 시기에 아동의 성적 충동에 대한 부모의 과잉 통제는 죄책감을 갖게 하거나 유아적 양심의 발달로 낮은 자존감이나 자기비난 등의 심한 갈등을 경험하게 할 수 있다.

### (4) 잠복기(6~12세)

잠복기(latency stage)는 6세에서 12세까지의 시기이다. 리비도의 신체적 부위는 특별히 한정된 데가 없고 따라서 성적인 힘도 잠재된다. 이 시기에는 오이디푸스적 근심으로부터 비교적 자유롭지만, 그 감정은 무의식 속에 계속 존재한다. 다시 말해 이 시기에 원초아는 약해지지만 자아와 초자아는 더 강력해진다. 성격에서 이루어지는 주요 발달은 초자아의 기능이다. 리비도의 지향대상은 친구, 특히 동성의 친구에게로 향하고 동일시의 대상도 주로 친구가 된다. 잠복기 아동의 에너지는 지적인 활동, 운동, 친구와의 우정 등에 집중된다. 특히 잠복기에는 신체의 발육과 성장에 에너지가 집중되므로 리비도의 본능적 욕구 형태인 성적 관심이 약하다. 그런데 이 시기에 과도한 성적 억압을 하면 수치심, 도덕적 반동형성, 혐오감에 빠질 수 있다. 잠복기에 고착되면 성인이 되어서도 이성에 대한 정상적 친밀감을 갖지 못한다. 예를 들어, 동성 간의 우정에 고착되면 생식기에 가서도 분리되지 못하고 동성

애로 발전할 수 있다는 점이다. 또한 이성과의 성적 관계를 회피하고 정서적 감정 없이 단지 공격적 방식으로 성적 행동을 하기도 한다.

### (5) 생식기(사춘기~성인기 이전)

생식기(genital stage)는 사춘기부터 성적으로 성숙되는 성인기 이전까지의 시기로서 심한 생리적 변화가 특징이며, 격동적 단계로 불린다. 호르몬과 생리적 요인들로 인해 그동안 억압되었던 성적 감정들이 크게 강화되면서 잠복기 동안 억제되었던 성적, 공격적 충동이 자아와 자아의 방어를 압도할 정도로 강해진다. 따라서 이전의 방어방식들이 부적절해지면서 광범위한 재적응이 요구된다.

생식기는 사춘기 전기와 사춘기로 나뉜다. 사춘기 전기는 12, 13세부터 시작되며 성적 성숙을 준비하는 시기이다. 이 시기의 리비도는 다시 유아기의 애정 대상을 지향한다. 소녀나 소년이 중년 남성이나 중년 여성에게 끌리는 심리를 프로이트는 제2의 오이디푸스 콤플렉스 현상이라 보았다.

사춘기 전기 청소년은 동물적 쾌락추구에 몰두하거나 자아를 지나치게 표면에 내세우는 경향을 보인다. 즉, 원초아가 우세할 때는 지나치게 쾌락추구에 몰두해 사춘기 특유의 공격성, 야수성 등이 왕성해지며, 반대로 자아가 너무 표면화되면 불인이 심해지고 금욕주의, 지성화의 경향이 강해져서 원초아를 억제하고 자아를 방어하려고 애쓰게 된다.

사춘기는 성적 성숙이 다 이루어지는 때이므로 사춘기 전기의 불안정성이 사라진다. 성적 대상으로서 부모에 대한 관심이 사라져 사춘기 전기까지 있었던 오이디푸스 콤플렉스적 공상에서 벗어나며, 관심이 가족으로부터 멀어지고 가족 밖에서 연장자와 친교를 갖게 되며, 이성을 향한 성욕 충족을 추구한다. 이성에 대한 성적 욕구는 다른 활동을 통해서 승화되기도 한다. 독서, 운동, 자원봉사 등은 흔히 도덕적 규범이 강한 사회의 청소년들이 성욕을 승화시키는 대체활동이 된다.

이상적인 생식기적 성격발달을 위해서는 근면을 배워야 하고, 즉각적 만족을 지연시켜야 하며, 책임감이 있어야 한다. 아동기 초기에 경험한 심각한 외상(trauma)으로 인해 성적 에너지의 고착이 있으면 생식기에 적응하기 어렵다.

## 2. 안나 프로이트의 방어기제 이론

정신분석자로서 안나 프로이트(Anna Freud)의 가장 큰 공헌은 정신역동적 방어기제의 규명과 분석이라 할 수 있다. 안나 프로이트는 아버지 지그문트 프로이트가 제기한 자아의 방어기능에 대한 관점들을 정리하여 방어기제에 관한 최초의 체계적 이론을 수립하여, 성격발달에서 방어기제의 역할에 관한 이해를 확대시켰다.

자아의 발달에 따라 욕구 간의 갈등을 조정하기 위한 기술이나 습관이 생기기 때문에 성숙하고 강한 자아는 본능적 욕구, 환경의 요구, 초자아의 명령을 그대로 인정하여 각각의 욕구를 충족시키기 위한 합리적 방법을 지시할 수 있다. 그러나 약하고 미성숙한 자아를 가진 사람은 불안으로부터 자신을 보호하고 부분적으로라도 욕구를 충족시킬 방법으로 일종의 적응기술인 방어기제를 사용한다.

방어기제는 다음과 같이 속성을 가진다. 첫째, 모든 방어기제는 무의식적으로 작용할 수 있다. 둘째, 모든 방어기제는 여러 가지 방식으로 현실을 왜곡하고 변형하며 속인다. 성격의 변화는 일면 방어기제의 재배치 또는 재조정이라고 할 수도 있다.

사회복지분야에서 안나 프로이트의 방어기제 이론이 직접적으로 주목을 받은 적은 없었지만 그녀의 방어기제 이론은 인간행동과 인간발달에 관한 사회복지사의 이해를 넓히는 데 크게 기여한 것으로 평가되고 있다.

### 1) 안나 프로이트(Anna Freud, 1895~1982)의 생애

안나 프로이트는 방어기제 이론, 아동발달, 유아기 모자관계의 중요성 등을 주로 연구한 아동 정신분석학자로, 1895년 12월 3일에 지그문트 프로이트의 막내딸로 태어나 1982년 사망하였다. 자녀들을 편애하지 않고 모두 사랑한 프로이트였지만 막내인 안나에 대해서만은 일생 동안 특별한 애착을 보였다고 한다. 안나 프로이트 역시 배우자를 찾는 데 방해가 될 만큼 아버지에 대해 각별한 애정을 가졌던 것으로 알려졌다. 병약했던 안나 프로이트가 앓은 통증 같은 대부분의 질환은 프로이트에 의해 정신생리학적인(psychosomatic) 것으로 진단되었다. 예를 들면, 언니인 소피(Sophie)의 결혼 때는 형부가 될 막스 하버스타트(Max Halberstadt)에 대한 혼란스러운 감정으로 병이 난 적도 있었다.

20대 초반에 교사로 일했으나 1920년에 교사직을 그만두고 정신분석학 연구에 입문하게 되었다. 그녀가 다룬 최초의 환자는 언니 소피의 아들인 조카들이었다. 그녀는 아동들을 분석하면서 1922년 빈(Vienna, Wien) 정신분석협회의 회원이 되었다. 그녀의 저서 〈자아와 방어기제(The Ego and the Mechanisms of Defense)〉는 자신의 일상경험에 근거했으나 이론적 통찰의 주된 출처는 아버지의 저서에 의존하였으며, 아버지의 이론에 대한 안나 프로이트의 의존은 오랫동안 지속되었다.

### 2) 주요 개념

#### (1) 불안

방어기제와 관련된 불안의 개념은 지그문트 프로이트에 의해 수립되었다. 처음에는 불안이 내적인 호르몬 축적과 외적인 성적 자극으로 생긴 긴장에서 비롯되는 것으로 가정하였으나(Freud, 1895), 나중에는 성적 감정이 충족되지 않으면 넘쳐서 불안으로 방출된다고 보아 불안이 원초아에서 야기되는 것으로 설명하였다. 이후 불안이 원초아에서 생기는 것이 아니라 그 근원이 자아에 있는 것으로 크게 수정되었다(Freud, 1926). 다시 말해 용납할 수 없는 본능적 충동이 자아의 영역을 침범하려고 위협할 때 자아는 위험을 느끼게 되지만 그 위험이 내적인 것이기 때문에 자아는 도망칠 수 없으며, 이에 따라 정신이 위협받고 있다는 것을 알리는 신호인 불안이 생기게 된다는 것이다. 그러므로 불안의 기능은 위험을 경고하는 것이 된다. 따라서 프로이트의 정신분석이론에서의 불안을 정의하면, 불안(anxiety)이란 지나친 원초아적 욕구나 초자아의 규제로 인한 의식 수준이나 성격구조 간의 갈등으로 인해서 자아가 과도한 부담을 느낄 때 발생하는 부정적 감정으로 이해할 수 있다.

프로이트는 자아를 위협하는 근원인 외부환경, 원초아, 초자아로 인해 각기 야기되는 세 가지 유형의 불안을 설명했다(유상우 역, 2010)

첫째, 현실적 불안(realistic anxiety)은 외부세계에 객관적 공포대상이 현존하고 있을 때 무서워하는 것으로 정상인의 타당한 불안이라고 할 수 있다.

둘째, 신경증적 불안(neurotic anxiety)은 원초아의 충동이 의식될지도 모른다는 위협을 느낄 때 생기는 정서적 반응이다.

셋째, 도덕적 불안(moral anxiety)이란 자아가 초자아로부터 처벌을 예감할 때 생기게 된다. 강한 자아를 가진 사람은 현실적 불안에 효율적으로 대처할 수 있으며, 본능적 충동을 통제해 적절하게 그 충동을 방출할 수 있고, 가치관과 규범을 조화롭게 적용할 수 있으므로 불안은 높은 수준에 도달하기 전에 감소한다. 따라서 자아방어란 자아가 불안에 대처할 때 작용하는 심리적 메커니즘이다.

### (2) 자아방어기제

인간은 늘 마음의 평정을 원하지만, 내적 · 외적 사건들이 흔히 이를 깨뜨리게 된다. 방어기제는 이럴 때 나타나는데 불안이 지속되고 강하면 자아가 불안을 감소시키려고 내적 · 외적 현실에 대한 인식을 달리하려는 시도를 하게 된다. 충동이나 주위환경의 요구에 비현실적 방식으로 대처할 때 방어기제가 주로 사용된다. 따라서 방어기제를 사용한다는 것은 일반적으로 자아가 약하다는 의미이다.

프로이트는 인간이 고통스러운 상황이나 불안에 대처하고 적응하려는 무의식적인 심리적 노력으로 방어기제를 언급하였는데, 방어기제는 과한 불안 상황에서 자아를 보호하기 위해 작동하는 심리적 전략이기도 하다.

방어기제는 인간의 발달 수준과 불안 정도에 따라 다르게 나타난다. 그러나 방어기제의 사용이 정신이상과 관련된다고 볼 수는 없다. 그러므로 방어기제의 수나 강도, 사용 연령의 적절성, 안전한 경우의 방어기제 철회 가능성 등을 종합적으로 고려해 방어의 균형 여부를 판단하는 것이 중요하다. 특히, 방어가 정상적인지 혹은 병리적인지에 관한 논의에서 안나 프로이트는 ① 한 가지 방어를 사용하는지 혹은 여러 가지 상이한 방어들을 사용하는지로 살펴보는 균형, ② 방어의 강도, ③ 사용된 방어의 연령 적절성, ④ 자아가 위험에 빠지는 것을 막기 위해 사용된 방어가 그 위험이 사라져도 사용되는지 혹은 사용되지 않는지와 같은 철회 가능성 등 네 가지 요소를 고려해야 한다고 제시했다(A. Freud, 1978). 이들 네가지 요소에 근거하여 정상적 성격 혹은 병리적 성격이 결정된다는 것이다.

따라서 방어기제의 특성은 다음과 같이 정리할 수 있다.

첫째, 내적 긴장을 완화하기 위해 무의식적 수준에서 행해지므로 실제로는 의식하지 못한다.

둘째, 방어기제는 성격의 발달과 관련되며 성숙 수준을 나타낸다.

셋째, 갈등을 해결하기 위해 동원되는 방어기제가 여러 개일 수 있다.

넷째, 지나치게 방어기제에 의존하거나 무분별하게 사용할 때에는 병리적 증상을 초래할 수 있다.

- 억압(repression): 억압은 방어의 기본적 기제이다. 의식에서 수용하기 어려운 고통스럽고 충격적인 생각과 욕망, 충동 등을 무의식적으로 억눌러 버리는 것

이다. 죄책감이나 수치심이 드는 경험일수록 억압의 대상이 된다. 억압을 통해 자아는 위협적 요소들이 의식화되는 것을 막는다. 1차적인 방어기제로 갈등 시 가장 많이 사용되는데 신경증적 증상의 기초가 된다. 너무나 부담되는 어려운 시험이 있을 때 그 시험을 아예 잊어버리는 경우가 그 예이다.

- 반동형성(reaction formation): 무의식적으로 받아들이기 어려운 생각, 욕구, 감정, 충동 등을 반대로 표현하는 것이다. 원래의 생각이나 욕구 등을 의식하지 못하게 하는 기제로 가짜 자아가 형성되도록 한다. 미운 놈 떡 하나 더 준다는 속담이 유사하게 적용될 수 있으며, 좋아하는 여학생을 오히려 괴롭히는 남학생 등이 그 예이다.
- 퇴행(regression): 실패나 좌절을 경험해 불안한 상황에 놓일 때 갈등을 피하기 위해 이전 발달단계나 행동 양식을 보이며 후퇴하는 기제를 말한다. 새로 태어난 동생에게 부모의 사랑이 집중되자 갑자기 대소변을 가리지 못하는 유아의 모습이 그 예라 할 수 있다.
- 격리(isolation): 과거의 고통스러운 기억과 연관된 감정을 의식에서 떼어내는 것이 격리이다. 즉, 감정이 사고와 분리된다. 아버지와 관련되어 해결되지 않은 감정이 무의식에 남아있는 한 청년이 자기 아버지의 갑작스러운 죽음에 대해 말할 때는 슬픈 감정을 전혀 보이지 않으면서 아버지를 연상시키는 권위적인 남자가 죽는 영화를 볼 때 비통하게 우는 것은 격리의 한 예가 된다.
- 취소(undoing): 취소는 보상과 속죄의 행위를 통해 용납할 수 없거나 죄책감을 일으키는 충동이나 행동을 중화 또는 무효화하는 것으로 심리적 말살이라고 불리기도 한다. 예를 들면, 여비서에게 성적으로 끌리는 것을 느낀 남자가 부인에게 줄 비싼 선물을 사는 것이나 기도문을 되풀이하는 마술적 방법으로 죄책감에서 벗어나려고 하는 것이 취소에 해당된다. 취소과정에 의해 현실은 왜곡되는데, 의식 수준에서는 용납할 수 없거나 죄책감을 일으키는 충동이나 행동이 없었다고 여긴다.

- 투사(projection): 스스로 용납할 수 없는 생각, 충동, 행동 등을 무의식적으로 다른 사람이 느끼거나 행동한다고 믿는 것이다. 나의 마음과 상태를 상대방에게 그대로 투사하는 것으로 화가 나 있는 자신을 의식하지 못하고, 상대방이 자신에게 화를 내고 있다고 생각하는 것이 그 예이다. 투사는 착각이나 망상을 형성할 수 있는 기제로 관계망상이나 피해망상으로 발전할 수 있다.
- 투입(introjection): 투입은 외부의 대상을 자기 내면의 자아체계로 받아들이는 것을 뜻한다. 특히 애증(愛憎)과 같은 강한 감정을 직접적으로 표현하는 것을 하기 위해 다른 사람을 자기로 간주하는 것을 의미한다. 외부대상에 대한 적대적이거나 부정적인 감정을 자신에게로 지향시킨다는 점에서 투입은 우울증을 야기하는 중요한 기제로 간주된다. 예를 들어, 어머니를 미워하는 것이 자아에 수용될 수 없기 때문에 나 자신이 미운 것으로 대치된다. 투사와 반대되는 개념이다.
- 자기로의 전향(turning against self): 공격성 같은 본능적 충동이 자기에게 향하는 것을 의미한다. 예를 들면, 부부싸움을 한 남편이 화가 나서 자기 머리를 벽에 부딪치는 것은 부인에 대한 분노를 자기한테로 향한 것이다.
- 역전(reversal): 감정, 태도, 특징, 관계, 방향을 반대로 변경하는 것을 뜻한다. 역전과 반동형성의 구별은 어렵다. 엄밀히 의미로 반동형성은 감정의 역전에 해당되기 때문이다. 그러나 반동형성보다 역전이 더 일반적 기제이며, 더 광범위한 행동을 포함한다. 역전의 예로는 극도로 수동적이며 무력한 어머니에게 무의식적으로 반항하면서 성장해 자신만만하고 유능하게 된 여성이 자신의 성공에 대해 죄책감과 불안을 경험하는 것을 들 수 있다.
- 승화(sublimation): 리비도를 성적 목표로부터 더욱 고상한 사회적 목표로 전환하는 것이다. 승화란 용납할 수 없는 소원들을 사회적으로 바람직한 행동으로 표출하는 가장 성숙한 방어로 간주된다. 창조적 예술작품은 성적 또는 공격적인 본능의 승화로 여겨진다. 경쟁적인 운동을 즐기는 것도 공격적 본능의 승화

에 해당한다.

- 치환(전치, displacement): 자신의 감정과 충동들을 위협적인 대상이 아닌, 보다 안전한 대상에게 이동시켜 발산하는 것이다. 아버지에게 야단을 맞은 아이가 집에 있는 강아지를 발로 차 버리는 것, 무의식적인 공격성을 욕설 등으로 표현하는 것이 예에 속한다.
- 합리화(rationalization): 상처받은 자아를 설명하기 위해 무의식적으로 그럴듯한 이유를 붙이는 것을 말한다. 현실에 더 이상의 실망을 느끼지 않으려 합리적이고 이성적이며 자아가 수용할 수 있는 내용으로 꾸며대는 것이다. 이솝우화의 여우와 신포도 이야기에서 여우가 결국 신포도를 단념하면서 생각한 내용이 그 예라 할 수 있다.
- 내면화(internalization): 다른 사람의 가치나 기준을 자신의 것으로 수용하는 것이다. 부모나 멘토 등 상대방에 대한 강한 감정을 직접적으로 표현하는 것을 피하기 위해 그 대상을 자신이 그대로 받아들이는 기제로, 긍정적 내면화와 부정적 내면화가 모두 존재한다. 너무나 좋아하는 아이돌 그룹 멤버가 추구하는 가치와 그가 지닌 속성을 그대로 받아들여 통합하는 것은 긍정적 내면화의 예이며, 어머니가 너무 미운데 그 감정을 수용하기도 표현하기도 어려워 자신을 미워하는 경우가 부정적 내면화의 예이다. 부정적 내면화는 우울감을 증가시킬 수 있다.
- 동일시(identification): 주위의 중요한 인물들의 태도와 행동을 닮는 것을 말한다. 무의식적으로 자신의 불안을 제거하기 위해 불안의 원인이 되는 당사자와 똑같이 되려 하는 것이다. 무서운 아버지의 말투와 행동을 아들이 닮아가는 경우가 해당된다.
- 보상(compensation): 실제이거나 상상 속에 존재하는 자신의 결점 혹은 약점을 감추기 위해 자신의 강점을 과하게 강조하는 것을 말한다. 자신의 외모에 콤플렉스를 느끼는 사람이 화장에 지나치게 신경을 쓰는 경우, 키가 작은 사람이

배우자로 키가 큰 상대를 찾는 경우가 그 예이다.

- 의식화(ritualization): 무의식적으로 의례적인 행동을 보이며 불안감과 긴장감을 해소하려 하는 것이다. 말하기 전에 하는 기침이나, 유아의 취침 전 의식이 의식화 기제에 속한다.
- 무효화(undoing): 용납할 수 없는 자신의 행동을 무효화하여 자기를 보호하고, 자신의 행동 동기를 위장해 정교하게 의식화함으로써 사회적 승인을 얻으려는 것이다. 자녀에게 폭언과 폭행을 한 후 미안하다며 과한 선물을 하는 것 등이 해당된다.
- 전환(conversion): 심리적 갈등과 불안, 긴장이 지속적으로 작용해 감각기관, 수의근계(자신의 의지로 움직일 수 있는 근육)에 그 증상이 전환되어 나타나는 경우를 말한다. 큰 충격으로 실어증에 걸리는 경우, 긴장이나 불안감 해소를 위해 지나친 과식을 하게 되는 거식증 등이 속한다.
- 해리(dissociation): 수용하기 어려운 현실로 인해 일시적으로 정신이 마비되거나 성격의 일부가 의식 수준을 벗어나는 경우를 말한다. 몽유병, 잠꼬대 등이 해당될 수 있으며, '지킬 & 하이드' 작품의 주인공에서 나타나는 성격을 그 예로 들 수 있다.

## 3) 방어기제의 위계서열

정신분석적 자아심리학은 방어가 성격의 성숙 수준을 나타내며, 일반적으로 성격발달에 밀년하게 연관된다고 본다. 예를 들면, 투사와 부정은 억압과 승화보다 이른 발달단계에 관련 있는 것으로 간주된다. 따라서 부정과 투사를 자주 사용하는 사람은 억압과 승화에 의존하는 사람보다 전반적인 성격기능에서 미성숙한 사람으로 간주된다. 안나 프로이트는 특징적 방어기제들이 특정 발달단계에서 생긴다고 하였다(A. Freud, 1978).

안나 프로이트가 시도한 방어기제의 연대기적 분류는 두 가지 관점에 근거한다. 첫째는 각 방어기제가 특정한 본능적 충동과 연관이 있다고 보았다. 예를 들면, 억압은 성적 소망을 방어하기 위해 주로 사용되므로 심리성적 발달단계 중 남근기와 관련된다. 둘째는 정신의 구조분화에 근거한 분류이다. 예를 들어, 억압은 생각을 의식적 자아에 노출되지 않게 하는 것을 의미하므로 자아와 원초아 간의 분화가 생긴 후에야 억압이 일어날 수 있다. 이와 유사하게 투사와 투입은 자아를 외부세계로부터 분화시키는 것과 관련된 방어기제이다. 자아로부터 생각이나 정서를 추방하는 것이나 외부세계에 이관하는 것은 자아가 외부세계로부터 자기를 구분하는 것을 배웠을 때만 가능한 것이다. 또한 승화는 적어도 초자아가 발달해 있어야 사용 가능하다. 일반적으로 억압과 승화는 발달과정상 후기에 사용되는 방어기제이다. 반면 투사, 퇴행, 역전, 자기로의 전향 등은 어릴 때부터 나타나는 방어기제이다.

**〈표 2-1〉 방어기제의 위계서열**

| |
|---|
| 1. 합리화 |
| 2. 억압 |
| 3. 전치 |
| 4. 동일시 |
| 5. 전환 |
| 6. 격리 혹은 지성화 |
| 7. 반동형성 혹은 과잉보상 |
| 8. 취소 |
| 9. 내면화 |
| 10. 투사 |
| 11. 부정 |

〈표 2-1〉은 많은 임상가들이 동의를 표시한 방어기제의 위계서열이다(Giovacchini, 1977: 29). 좀 더 정교한 방어기제들이 위에 있으며, 아래로 내려갈수록 더 원시적이며 초기발달단계에서 사용되는 방어기제이다. 방어기제가 상대적으로 정교한지 또는 원시적인지를 결정짓는 가장 중요한 기준은 그 방어기제가 보유하는 현실검증의 정도이다.

합리화는 현실을 최소한도로 왜곡하는 반면, 부정은 전적으로 현실을 부인한다. 합리화를 사용하는 사람은 자존심을 유지하기 위해 사회적으로 용납될 수 있는 방식으로 그의 행동을 설명한다. 예를 들어, 대학에 들어갈 자신이 없는 고등학교 3학년 학생이 자기의 이상에 맞는 대학이 우리나라엔 없는 것 같다며 수학능력시험을 포기하고 취업반으로 옮기는 것은 현실왜곡의 정도가 크지 않다.

반면 부정은 현실의 전면 부인까지 포함한다. 이 방어를 사용하는 사람은 현실을 전적으로 인정하지 않는다. 예를 들면, 부정의 방어기제를 사용하는 어머니는 죽은 아이를 마치 살아 있는 것처럼 계속 돌볼 수 있다.

## *Tip* 프로이트 이론의 평가

### 1) 긍정적 평가

정신분석이론에 대한 긍정적 평가의 첫 번째는 프로이트가 무의식의 세계라는 것이 존재한다는 것을 보여 주고, 이를 바탕으로 이론을 구체화했다는 점이다. 프로이트 이전에는 인간의 심리에 대한 과학적 접근이 거의 없다가 프로이트의 무의식 결정론적 관점에서 인간심리를 이해하고 분석할 수 있는 기틀을 마련하였기 때문에 프로이트의 정신분석이론은 긍정적 평가를 받는다. 프로이트 이론은 이후 심리학의 발전과정에서 단단한 출발점을 제공하였다(강상경, 2018).

정신분석이론은 방어기제라는 개념을 만들어내고, 이러한 방어기제가 실제로 존재한다는 것을 보여주었다. 앞에서 살펴본 것처럼 방어기제란 자아를 보호하기 위해 무의식적으로 일어나는 적응과정이다. 이러한 자아 방어의 과정은 주로 심리내적인 변화를 통해서 외부적 갈등상황에 대처하는 형식으로 나타난다. 실제로 인간은 현실적 갈등이 외부적으로 부여되었을 때, 외부세계를 바꾸려는 실제적 노력을 기울이기보다는 현실적 상황에 적응한다는 점을 고려하면 방어기제는 실제 존재한다는 것을 알 수 있다. 예를 들어, A와 B를 선택해야 하는 상황에서 자의든 타의든 간에 A를 선택했을 때 대부분의 사람은 B보다는 A가 나을 것이라고 합리화하게 된다.

프로이트 이론의 또 다른 긍정적 측면은 5세 미만의 영유아를 대상으로 경험적으로 연구하였다는 점이고, 인생에 있어 어린 시절의 경험이 중요한 영향을 미친다는 점을 보여주었다는 점이다. 프로이트 이전에는 인간에 대한 연구에서 실증적 관찰을 통한 연구는 부재하였다. 프로이트는 제한적이긴 하지만 실제 인간의 성장과정을 관찰하면서 이론을 전개했다는 점에서 프로이트 이전의 학문적 접근에 비해 과학적인 접근법을 시도했다. 최근의 실증적 연구들에서도 증명되는 것처럼 불행한 어른의 경우 어린 시절 아동학대 등의 부정적 경험을 한 사람이 많다는 것을 보여준다.

프로이트 이론은 관찰을 통한 과학적 방법을 통해서 영유아시절의 중요성을 일깨워 주었다는 점에서 그 가치가 있다. 프로이트 이론은 광범위하고 논리적으로 체계적이다. 정신분석이론의 내용인 의식의 수준, 성격구조, 방어기제, 성적 발달단계 등은 아마도 단일 이론으로서는 가장 광범위하고 논리적으로 체계적인 이론들 중의 하나일 것이다. 프로이트의 이론은 정서장애나 행동장애를 설명할 수 있다. 즉, 정서적 불안이나 행동장애는 해결되지 못한 무의식의 발로라고 이해할 수 있다. 인간의 결혼 등 생산적인 행위는 삶의 에너지인 에로스의 발로이고, 전쟁이나 자살 등의 파괴적 행위는 죽음 본능의 표현이라고 해석된다. 이처럼 프로이트의 이론은 인간이나 사회에서 일어나는 대부분의 현상들을 이해하고 설명할 수 있을 만큼 포괄적이고 광범위하여 무엇보다도 중요한 것은 프로이트의 정신분석이론이 심리치료의 기본이 되었다는 점이다. 정신분석이론은 정신치료의 모형을 제시함으로써 이후 다양한 심리치료의 기법들은 정신분석이론에서 파생하게 된다. 정신분석이론에서 파생되지 않은 대부분의 심리 치료적 접근은 정신분석적 접근에 도전하는 과정에서 발달한 것으로 이해할 수 있다(강상경, 2018).

### 2) 부정적 평가

위와 같은 긍정적 평가에도 불구하고 프로이트의 정신분석이론은 다음과 같은 몇 가지 한계를 가지고 있어서 현대사회에 적용할 때 유의할 필요가 있다. 프로이트 이론은 지나치게 결정론적이고, 비합리적이고, 비관론적 인간관을 가지고 있다고 비판받았다. 프로이트는 성격의 대부분은 5세 이전에 결정된다고 보았는데, 과연 인간의 성격이, 5세 이전에 결정이 되는가? 앞으로 배우게 될 전 생애적 발달론적 관점을 가진 학자들은 이러한 조기

결정적 관점에 대해서 비판하면서 인간의 성격은 전 생애를 거쳐서 발달한다고 이해한다. 프로이트 이론은 인간은 무의식적 본능에 의해서 지배를 받는다고 이해한다. 이러한 점은 프로이트가 자연 과학자로서 인간의 생물학적 욕구(성, 공격성)를 인정하고, 욕구 그 자체는 선악의 판단 대상이 아니라 자연스러운 것으로 이해한 점을 고려하면 왜 무의식 결정론적 관점을 취하게 되었는지는 수긍이 간다. 하지만 인간은 무의식적 본능뿐만 아니라 장차 내가 무엇이 되고 싶은가 등의 미래지향적 판단에 따라서 행동을 결정할 때도 있다. 프로이트의 무의식 결정론은 이처럼 인간의 성장 잠재력, 사회적 관계에 대한 욕구, 인간의 문제해결능력 등을 무시하거나 과소평가하고 있다는 비판을 받았다(강상경, 2018).

또한 프로이트 이론은 지나치게 성차별적 관점을 지니고 있다는 비판을 받았다. 정신분석이론의 대부분은 남성 성격을 원형으로 하고 이러한 이론에 기초하여 여성 성격이론을 전개하였다. 예를 들어서 남성 성격을 설명하는 오이디푸스 콤플렉스 이론을 기반으로 여성 성격을 설명하는 엘렉트라 콤플렉스 이론을 폈쳤고, 남성 성격을 설명하는 거세불안을 기반으로 여성 성격을 설명하는 남근선망 이론을 전개하였다. 또한 프로이트 이론은 부분적으로 여성의 열등성을 전제로 하고 있다고 비판받았다. 예를 들어서 '여성은 거세당했다'는 것은 해부학적으로 남성성의 우월성을 내포한다.

정신분석이론에 대한 또 다른 비판은 '정신분석이 과연 과학인가?' 하는 점이다. 과학적이라는 것은 가설검증 가능성, 객관성, 일반성, 보편성, 반복측정 가능성 등이 전제되어야 한다. 하지만 프로이트 이론이 과연 과학적인가? 프로이트 이론은 인간행동의 원인을 무의식적 본능으로 이해하고 사용하는 대부분의 용어들은 개념적으로 명확하지 않은 경우가 많다. 사회현상을 과학적으로 관찰하고 분석하기 위해서는 의식적 수준에서 이해되어야 한다. 하지만 무의식의 세계를 개념적 정의와 조작적 정의를 내리는 것이 어렵기 때문에 과학적으로 접근하는 데 한계가 있다. 이러한 연유로 정신분석이론은 실증적 데이터에 기반을 둔 이론 전개보다는 개념적 차원에서 이론을 전개하고 있다는 한계가 있다

그러면 과연 정신분석이론을 현대사회에 일반화할 수 있는가? 정신분석이론은 100여 년 전에 유럽사회에서 소수에 대한 관찰을 바탕으로 발달된 이론이다. 그러면 100여 년이 지난 오늘날 한국사회에도 이 이론을 적용하는 것이 타당한가? 심리적 문제에 대한 정의는 시대적으로 역사적으로 문화적으로 다양하게 나타날 수 있다. 부분적으로 정신분석이론을 상황과 목적에 맞게 적용시킬 수는 있겠지만, 모든 이론적 개념이나 내용이 현대 한국사회에 그대로 적용되기에는 한계가 있다(강상경, 2018).

**Tip 프로이트의 정신분석이론과 사회복지실천**

**[사회복지실천에 미친 영향]**

1. 인간의 과거 경험을 중심으로 개별적으로 접근하는 개별사회사업 발달에 많은 영향을 주었다.
2. 문제에는 어떠한 원인이 존재한다는 직선적 원인론(linear casuality)을 취하여 사회복지 실천이론의 과학적 토대가 되었다.
3. 인간의 불안을 해결하기 위해서는 무의식 수준에서 근원이 되고 있는 원인이 무엇인지를 이해해야 한다는 사실을 깨닫게 하였다.
4. 인간의 정신 내적 현상에 지나친 관심을 두어 기계론적, 결정론적 인간관을 강조함으로써 비판을 받기도 했지만, 다른 인간관을 지닌 이론 개발에 영향을 주었다.

**[사회복지실천 기법의 예]**

- 자유연상: 마음에 떠오르는 생각, 느낌을 자유롭게 말하도록 하는 방법
- 해석: 행동이 지닌 의미를 설명하고 때로는 가르치기도 하는 것
- 꿈의 분석: 꿈을 통해 무의식적 욕구를 찾아내고 미해결 문제를 통찰하는 것
- 전이와 역전이 분석: 치료과정에서 내담자가 치료자를 과거 속 중요한 인물로 느끼거나(전이), 반대로 역전이가 생길 경우 이를 분석하고 해석하는 기법
- 저항 해석: 내담자의 변화를 막는 생각, 태도, 감정, 의식/무의식적 행동을 다루어 직면하도록 하고 저항의 이유를 인식하도록 돕는 것
- 훈습: 내면의 갈등과 역동을 통찰하여 정서적 갈등 수용과 해결을 돕는 과정

## Tip 사회복지사 1급 시험 기출 문제

**01 방어기제에 관한 설명으로 옳지 않은 것은? [17회]**

① 반동형성(reaction formation): 어떤 충동이나 감정을 반대로 표현하는 것이다.
② 전치(displacement): 본능적 충동의 대상을 원래의 대상에서 덜 위협적인 대상으로 옮겨서 발산하는 것이다.
③ 전환(conversion): 심리적 갈등이 감각기관 또는 수의근계 기관의 증상으로 표출되는 것이다.
④ 투사(projection): 용납할 수 없는 자신의 충동, 생각, 행동을 무의식적으로 다른 사람의 탓으로 돌리는 것이다.
⑤ 해리(dissociation): 어떤 대상에 피해를 주었을 경우, 취소 또는 무효화하는 것이다.

**02 프로이드(S. Freud)의 정신분석이론에 관한 설명으로 옳지 않은 것은? [16회]**

① 어린 시절에 겪었던 과거 경험의 중요성을 강조한다.
② 엄격한 배변훈련으로 항문보유적 성격이 형성될 수 있다.
③ 초자아는 성격의 실행자이자 마음의 이성적인 부분이다.
④ 생식기에는 이성에 대한 관심과 호기심이 높아진다.
⑤ 남자아이는 남근기에 오이디푸스 콤플렉스(Oedipus complex)로 인한 거세불안을 경험한다.

**03 프로이드(S. Freud) 이론에 관한 설명으로 옳은 것은? [13회]**

① 거세불안과 남근선망은 주로 생식기에 나타난다
② 이 치료의 주요 목표는 개성화(individuation)를 완성하는 것이다.
③ 자아(ego)는 의식, 전의식, 무의식의 세 측면을 모두 가지고 있다.
④ 리비도는 인생 전반에 걸쳐 작동하는 일반적인 생활에너지를 말한다.
⑤ 초자아(superego)는 방어기제를 작동하여 갈등과 불안에 대처한다.

정답: 01 ⑤ 02 ③ 03 ③

Chapter
# 03

# 인간행동에 관한 주요 이론: 정신역동이론 Ⅱ

1. 에릭슨의 심리사회이론
2. 아들러의 개인심리이론
3. 융의 분석심리이론

Chapter

# 03 인간행동에 관한 주요 이론: 정신역동이론 II

**학습목표**

1. 정신역동이론의 주요 개념을 이해한다.
2. 심리사회이론, 개인심리이론, 분석심리이론을 이해한다.
3. 심리사회이론, 개인심리이론, 분석심리이론을 사회복지실천에 적용할 수 있는 방안을 이해한다.

## 1. 에릭슨의 심리사회이론

### 1) 에릭슨(Erik Homburger Erikson, 1902~1994)의 생애

에릭 에릭슨은 1902년 독일 프랑크푸르트 근교에서 태어났다. 어머니는 유대인, 아버지는 덴마크인이었는데, 그가 태어나기 전 부모는 이혼하였고, 그가 태어난 지 얼마 되지 않아 아버지는 사망했다고 한다. 에릭슨이 3세가 되면서 어머니가 유대인인 소아과 의사와 결혼하며 새아버지와 함께 생활하게 되는데, 에릭슨은 이러한

사실을 성인이 된 후 알게 되었다. 에릭슨은 어렸을 때 자신의 외모가 다름으로 인해 또래로부터 이방인이라는 별명으로 불렸다. 고교 졸업 후에는 부모로부터 진학을 권유받았지만 따르지 않고 유럽 등 각지를 돌며 방황하는 유예기를 보냈다. 1927년 에릭슨은 프로이트의 딸 안나 프로이트와 아동 정신분석에 관해 훈련받고 연구하며 학교에서 아동교사로 활동하게 되는데, 빈 정신분석 연구소를 졸업한 후에는 미국으로 건너가 연구를 계속했다. 미국 보스턴에서 그는 최초의 아동정신분석학자가 되어 활동했으며 하버드대, 예일대, 캘리포니아대에 재직하면서 강의와 연구를 하였으며 인디언을 대상으로 정상 아동과 문화 배경이 다른 아동의 삶을 연구하기도 했다.

에릭슨은 프로이트의 정신분석에 많은 영향을 받았던 학자로, 신프로이트 학파라고도 불린다. 에릭슨은 스스로 정신분석적 사고의 주류라고 주장하지만 다음과 같이 세 가지 측면에서 근본적으로 프로이트의 정신분석적 성격이론과 구별된다(Maier, 1969: 17-19). 첫째, 인간의 행동과 기능의 기초로 원초아보다 자아를 강조하였다. 자아를 성격의 자율적 구조로 간주한 것이다. 둘째, 가족상황 속에서 개인과 그 부모의 관계뿐만 아니라 그 가족이 위치한 역사적 · 문화적 상황 속의 사회적 관계에 관심을 가졌다. 즉, 자아가 형성되는 심리역사적 환경을 중요하게 여겨 자아발달이 사회제도와 변화하는 가치체계에 밀접하게 연관되어 있음을 강조하였다. 셋째, 삶의 심리사회적 위험을 극복할 수 있는 인간능력에 관심을 기울였다. 에릭슨은 모든 개인적 · 사회적 위기가 성장으로 이끄는 요소를 제공한다고 보았다. 위기가 새로운 경험을 할 기회를 제공하고, 자신과 세상에 대한 관점의 변화를 요구하기 때문이다. 특히 그는 문화와 사회, 역사적 상황이 인간발달에 미치는 영향을 강조하며 심리사회적 위기와 극복의 결과를 설명하였다. 그의 이론에는 주로 자아의 성장, 자아의 기능이 강조되어 있는데, 인간이 자아정체감을 발전시키는 과정에 중점을 두어 노년기까지를 포함한 총 8단계의 심리사회적 발달을 제시하였다.

## 2) 주요 개념

### (1) 자아

프로이트는 자아가 원초아와 초자아의 세력 중간에 있다고 보았으나, 에릭슨은 이 두 세력을 어느 정도 무시하고 자아가 자율적 기능을 하는 것으로 간주했다(Erikson, 1963: 189-234). 이 차이는 성격이 어떻게 기능하는지에 관한 에릭슨의 관점을 암시한다. 즉, 성격이 주로 본능이나 부모의 영향을 받는 것으로 생각하는 대신 에릭슨은 부모, 형제자매, 다른 사람들을 포함한 사회의 모든 구성원의 영향을 받는다고 보았다. 또한 성격이 아동기 초기에 거의 형성된다고 믿는 대신 지속적으로 사회와 관계되어 발달한다고 보았다.

### (2) 자아정체감

에릭슨은 자아정체감(ego identity)이 두 측면을 가지고 있는 것으로 보았다. 제1의 측면인 내적 측면은 시간적 자기동일성과 자기연속성의 인식이다(Erikson, 1959: 23). 이는 시간이 경과하면서 자기 자신을 이제까지의 자신과 같은 존재로 지각하고 수용하는 것이다. 제2의 측면인 외적 측면은 문화의 이상과 본질적 패턴을 인식하면서 그것과 동일시하는 것이다(Erikson, 1968: 104). 즉, 타자와 본질적 특징을 공유한다는 점이다.

에릭슨은 자아정체감이 없는 상태에서 자아정체감의 상태로 이동하는 인간발달을 '내적 · 외적 갈등 과정이며 인간이 위기를 극복하면서 통합감, 판단력, 자기 자신과 주위 사람들의 판단기준에 적합한 대처방식을 익히면서 성장하는 과정'이라고 설명했다(Erikson, 1968: 92).

### (3) 위기

에릭슨은 인간의 발달이 전 생애에 걸쳐 일어나며, 각 단계별로 개인이 직면하는 위기(crisis)의 발달 과업이 있고, 성격은 그 위기를 해결한 결과에 따라 자아의 특질이 달라지면서 나타난다고 하였다. 위기는 각 발달단계마다 개인에게 사회가 요구하는 어떠한 심리적 요구이다. 이러한 위기는 위험하지만, 새로운 기회이며 인간의 잠재능력의 방향 전환기가 될 수도 있지만, 위기를 성공적으로 해결하지 못하고 사회관계에서 소외되면 자아정체감에 혼란이 발생할 수도 있다.

### (4) 점성원칙

에릭슨은 심리사회적 자아발달이 점성원칙(epigenetic principle)을 토대로 한다고 주장하였다. 점성원칙이란 성장하는 모든 것은 기초안을 가지며 이 기초안으로부터 부분이 발생하고, 각 부분이 특별히 우세해지는 시기가 있으며, 이 모든 부분이 발생하여 기능하는 전체를 이루게 된다는 것이다(Erikson, 1968: 92). 각 요소는 결정적 시기가 정상적으로 도달하기 전에도 어떤 형태로든 존재한다. 이와 같이 생물학적으로 인간은 수태되면서 이미 기본적 요소들을 가지며 시간의 경과에 따라 이 요소들이 결합, 재결합하여 새로운 구조를 형성하듯이 심리사회적 성장도 이 원리를 따른다는 것이다(Erikson, 1968: 92-95). 즉, 건강한 성격은 각 요소가 다른 모든 요소에 체계적으로 관련되면서 적절하게 연속적으로 발달하게 된다.

## 3) 심리 · 사회적 발달단계

에릭슨의 심리 · 사회적 자아발달이론은 이전의 다른 이론들과 구별되는 세 가지 특징을 가진다. ① 일생에 걸친 성장을 논하고 있다. 유아기부터 노년기까지 주된 쟁점들을 규명하고 구별하였다. ② 인간이 생물학적 혹은 환경적 영향에 전적으로 좌우되지 않는다고 가정하고 있다. 즉, 인간은 매 단계의 심리적 발달을 주도하는 능력을 가지고 있으며, 자신을 보호하고 자신의 삶의 과정을 지시함으로써 경험을 통합하며 조직화한다고 가정하였다. ③ 개인의 성장에 문화가 기여하는 것을 주목하였다. 매 단계마다 문화적 목표와 동경, 사회적 기대와 요건, 문화가 개인에게 제공하는 기회들이 있다는 것이다. 다시 말해 사회가 양육의 패턴을 전수하고 교육 기회를 제공하며 성욕, 친밀, 일에 대한 가치와 태도를 전달한다고 보았다.

인간의 심리발달은 생물학적 성숙과정의 요구와 일상생활 중에 직면하는 사회의 요구 및 사회적 압력 간의 상호작용에서 비롯되는 것으로 간주되었다(Erikson, 1963). 즉, 심리 · 사회적 위기는 생물학적 성숙과정의 요구인 개인의 내적 욕구와 사회에서의 기대가 상충되는 것을 말한다. 다시 말해 성숙의 힘에 의해 지배되는 일련의 발달단계가 있는데 이 단계의 시작을 자극하는 힘은 생물학적 성숙이며, 이 단계를 이끄는 것은 사회의 요구로 이 요구가 심리 · 사회적 위기를 낳는다고 보았다. 이와 같이 각 단계가 어느 정도는 생물학적으로 결정되나 생물학적 요구 또는 사회환경에 의해 전적으로 결정되는 것은 아니다. 이는 생물학적 요구와 환경 두 측면이 각 단계의 출현에 관계 있으나 위기의 해결은 전적으로 개인에게 달려 있다는 가정이다. 성격은 심리 · 사회적 위기가 어떻게 해결되었는지 그 결과에 의해 결정된다. 특히, 각 단계의 주된 심리 · 사회적 자아갈등과 각 위기를 성공적으로 극복하여 생긴 심리 · 사회적 능력을 나타낸다.

심리 · 사회적 갈등은 개인이 매 단계마다 사회환경의 요구에 적응하기 위해 심리적 노력을 해야 하기 때문에 일어난다. 단계별 심리 · 사회적 위기는 각각의 단계에서 해결해야 하는 발달과업으로 볼 수 있다. 각 단계에 내재하는 심리 · 사회적 위기는 긍정적 요소와 부정적 요소를 다 포함한다. 즉, 각 단계의 갈등은 심리기능의 연속선상에 존재하는 것이다.

그러나 사실상 연속선상의 양극단은 비현실적이다. 예를 들어, 어떤 아동도 완전한 신뢰감 또는 완전한 불신감을 갖고 있지는 않다. 자아갈등은 새로운 심리 · 사회적 능력을 낳게 된다. 유아기의 갈등이 만족스럽게 해결되면, 기본적 신뢰감 같은 긍정적 요소가 자아에 반영되어 보다 건전한 발달이 보장된다. 반대로 유아기의 갈등이 불만스럽게 해결되면, 자아발달은 손상을 입고 불신 같은 부정적 요소가 자아에 크게 반영된다.

에릭슨은 심리 · 사회적 발달단계를 거치는 것을 인간발달의 보편적 현상으로 간주하는 한편 개인이 각 단계의 문제를 처리하는 방법과 가능한 해결책은 문화적 차이가 있다고 보았다. 〈표 3-1〉을 토대로 여덟 개의 심리 · 사회적 발달단계를 단계별로 설명하면 다음과 같다(Erikson, 1963: 247-269; 1982: 55-80).

**〈표 3-1〉 에릭슨의 심리사회적 발달 8단계**

| 단계 | 심리사회적 위기 | 주요과제 | 주요 관계 범위 | 자아의 특질 | 주요 병리 | 심리성적 발달단계 |
|---|---|---|---|---|---|---|
| 영아기 (출생~2세) | 신뢰감 대 불신감 | 세상은 안전하고 살만한 곳이라는 느낌을 갖는 것 | 어머니 또는 양육자 | 희망 | 철회 | 구강기 |
| 유아기 (2~4세) | 자율성 대 수치심과 의심 | 스스로 결정할 수 있는 독립된 인간이라고 인식하기(배변훈련, 옷 입기 등) | 부모 | 의지 | 강박 | 항문기 |
| 학령전기 (4~6세) | 자기주도성 대 죄책감 | 새로운 것을 시도하고 실패를 처리할 수 있는 능력을 개발하는 것 | 가족 | 목적 | 억제 | 남근기 |
| 학령기 (6~12세) | 근면성 대 열등감 | 기본적 기술을 배우고 타인과 함께 일하는 것을 배우는 것, 인정과 격려가 필요함 | 이웃, 학교의 구성원 | 유능성 | 비 활동성 | 잠재기 |
| 청소년기 (12~22세) | 정체감 대 정체감 혼란 | 지속적이고 통합된 자아감을 개발하는 것. 자기의 위치, 능력, 역할, 책임에 대해 명확한 인식으로 스스로 결정할 수 있어야 함 | 또래집단, 외집단 | 성실 | 거절 | 생식기 |
| 성인 초기 (22~34세) | 친밀감 대 고립감 | 사랑과 우정을 나누는 관계 형성하기. 타인과 감정이나 생각을 주고받고 공유하기 | 우정, 애정, 경쟁, 협동의 대상들 | 사랑 | 배타성 | |
| 중 · 장년기 (34~65세) | 생산성 대 침체성 | 자녀 양육과 보호, 다음 세대 혹은 타인을 위해 생산적인 일 수행하기 | 직장, 확대가족 | 배려 | 거부 | |
| 노년기 (65세 이상) | 자아통합 대 절망감 | 자신의 인생을 만족스럽고 가치 있는 삶으로 조망하기 | 인류, 동족 | 지혜 | 경멸 | |

출처: 권중돈(2014) 재구성.

### (1) 영아기(출생~2세): 신뢰감 대 불신감

이 시기에 영아는 평안하게 지내고, 충분한 영양을 섭취하고, 편안하게 배설할 수 있어야 한다. 에릭슨은 이 시기의 영아는 양육하는 보호자와 사회적 상호작용을 하려는 강한 욕구를 지닌다고 하였다. 이 시기 영아가 신뢰를 형성할 수 있는 정도는 보호자가 제공하는 양육의 질에 의해 결정된다. 양육하는 보호자를 통한 따스한 눈길, 웃어주고, 먹여주고, 어루만져 주는 보살핌을 통해 영아는 신뢰감을 형성하게 된다. 반대로 보호자의 보살핌이 적절하지 못해 일관성이 없고 거부적인 경우에 영아는 불신감을 형성하게 된다. 이 시기의 심리·사회적 위기를 해결하게 되면, 자신의 기본적 소원을 성취할 수 있는 신념으로 '희망'이라는 자아의 특질을 형성한다. 그렇지 않을 경우, 사회관계로부터 '철퇴'의 경향을 지니며 인생 후기의 낮은 자존감, 우울증, 사회적 철회로 이어진다.

### (2) 유아기(2~4세): 자율성 대 수치심과 의심

이 단계는 유아기의 신체발달과 인지발달이 빠르게 일어나는 시기로, 언어가 발달하며 사회적으로 수용될 수 있는 행동을 인식할 수 있게 되고, 독립적으로 주변 환경을 탐색한다. 특히 생리적 성숙으로 인해 배변의 보유와 방출, 혼자 옷 입기 등에서 스스로 하려는 경향이 강해진다.

이 시기 유아는 자기 통제와 주위 사람으로부터의 통제라는 두 가지 요구에 직면하게 되는데, 이때 자존감을 상실하지 않고 자기 통제가 가능한 상황이 되거나 타인의 통제에 적응할 수 있게 되면 자율성의 방향으로 위기가 해결된다. 그러나 한편으로 다른 사람의 눈에 자신이 좋지 않게 보이지 않을까 하는 두려움도 갖게 되는데 이것이 바로 수치심이다. 부모가 배변훈련 등에서 아이를 훈육하기 위해 지나치게 수치스럽게 만드는 경우, 아이는 부모와 소원한 감정을 갖게 되고 자기 확신을 얻는 데 실패하게 되므로 수치심이 강화된다. 따라서 부모는 생활 공간 내에서 지녀의 선택권과 자율성 경험을 위해 인내심을 갖고 도와야 한다.

이 시기 심리 · 사회적 위기를 잘 해결하게 되면 '의지'라는 긍정적 자아의 특질이 형성되고 성인기의 정의감으로 확대 발전한다. 그렇지 않을 경우에는 충동을 제한하기 위해 반복적 행동을 하는 등의 강박증을 갖게 되고, 나아가 자신을 싫어하거나 지나친 수치심과 의심을 가지고 살아갈 수도 있다.

### (3) 학령전기(4~6세): 주도성 대 죄책감

이 시기 발달적 위기의 결과는 유아의 놀이나 탐구, 시도 및 실패, 장난감을 사용한 연습 등과 관련된다. 부모가 유아 스스로 환경을 탐색하고 스스로 행동할 수 있도록 격려하면 유아는 자기주도성을 형성하게 된다. 그러나 유아 스스로 어떠한 일을 완수하도록 기회를 주지 않고 꾸지람을 하게 되면 죄책감을 갖게 되어 다른 사람이 자신의 결정을 대신해 주길 기대하게 된다.

이 시기의 위기를 성공적으로 극복하게 되면, 유아는 목적의식을 발전시킬 수 있지만, 그렇지 않을 경우 목표달성에 대한 의지와 용기가 부족하고, 생각과 표현의 자유를 방해하는 금지의 감정 혹은 억제하려는 경향이 강하게 나타난다.

이 단계를 성공적으로 극복한 성인은 세계의 다양한 측면에 열정을 갖고 관여하는 반면, 죄책감이 깊은 성인은 소극적 성향을 나타내거나, 성적 무기력 등의 정신병리를 유발하게 된다.

### (4) 학령기(6~12세): 근면성 대 열등감

이 시기 중요한 관계의 범위는 가족 외에 이웃, 학교의 구성원으로 확대된다. 이 시기 아동은 인지적 기술과 사회적 기술을 습득해야 하며, 놀이 규칙에 따라 또래와 협동하고 어울릴 수 있는 능력을 기르고, 연역적 추리, 자기 통제 등의 능력을 발전시켜야 한다. 이러한 발달 과업을 잘 완수하게 되면 주변 사람을 통해 보상과 강화가 뒤따르게 되어 근면성이 발달하며, 그렇지 않을 경우에는 학습 추구에 대한 자신감을 잃고, 부모나 교사로부터 요구받은 과업을 성취할 수 없다고 느끼는 열등감을 갖게 된다. 이 단계의 위기를 긍정적으로 잘 해결할 경우 유능감을 갖게 되며, 그렇지 않을 경우에는 생산적 작업을 방해하는 사고와 행동으로 이어져 비활동적 성향을 나타낼 수 있다.

### (5) 청소년기(12~22세): 정체감 대 정체감 혼란

에릭슨은 이 시기의 청소년은 자신이 어떠해야 하며, 다른 사람과 어떻게 공유할 것인가라는 문제로 고민하면서 또래집단과의 상호작용이 초점의 주 영역이 된다고 하였다. 이 시기의 자아정체감은 내적 충동, 타고난 재능, 기회, 아동기에 획득한 자아의 가치가 모두 합쳐져 내적 동일성을 이루고, 이에 자신이 타인에게 주는 의미에 대한 확신감과 연속성을 통해 형성된다.

청소년기에는 이상적 가정, 종교, 철학, 사회를 동경하지만, 현실적 조건이 이상향을 충족시키지 못하기 때문에 고민을 하게 된다. 이러한 상황에서 청소년은 중요한 결정을 해야 한다고 생각하니, 그러한 결정을 내릴 수 없어 역할 혼란이나 정체감 혼란을 경험하게 된다. 청소년기의 고민에는 다른 사람의 눈에 좋지 않게 보이거나 기대에 어긋날지 모른다는 두려움, 현재 자신의 존재에 대한 불확신, 자신이 앞으로 사회에서 어떠한 지위와 역할을 갖게 될지에 대한 불안감 등이 있다. 이러한 자기 확신의 결여로 대부분의 청소년은 편협하고 배타적인 소속집단과 자신을 동일시하여 파벌집단을 형성하기도 하고, 기존 문화나 권위에 도전하고 반항하며 비행이나 폭동 등의 비사회적 혹은 반사회적 행동에 가담하기도 한다. 이 시기의 위기를 성공적으로 극복하게 되면, '성실'을 유지할 수 있는 능력이 형성되는 반면, 심한 갈등은 생소한 역할과 가치를 거부하는 '거절'이라는 자아의 특질로 이어진다.

### (6) 성인 초기(22~34세): 친밀감 대 고립감: 사랑

이 시기는 22~34세에 해당하는 시기로 진정한 친밀감은 합리적인 자아정체감이 확립되었을 때만 가능한데 에릭슨이 말하는 친밀감은 성적인 것 이상을 의미하며 사회적 친밀감을 포함한다. 자아정체감이 확립된 후에야 이성과 진정으로 친해지는 것이 가능하며 우정, 지도력 등도 마찬가지이다. 그러므로 이 시기에는 개인적 정체감과 더불어 사랑, 친교, 안정된 관계를 맺는 능력이 발달한다. 이 단계의 위험은 자아도취에 빠지거나 혹은 친밀감과 사회적 관계를 맺기를 회피하는 것이다. 자아정체감을 확립하는 과제에서 실패한 사람은 친밀감을 가질 수 없어 고립에 빠지거나 진지한 관계가 못 되는 난잡하고 일시적인 관계들을 통해 거짓된 친밀관계를 만들어낸다. 이와 같은 부적절하거나 미성숙한 반응은 다른 사람으로부터 멀어지게 하며 깊은 인간관계를 유지할 수 없게 한다. 자아도취에 빠진 사람은 직업도 소용없다고 여기므로 직업에서도 소외감을 갖기 쉽다. 이는 다음 단계로의 진행을 방해하기 마련이다.

친밀감 대 고립감의 갈등을 성공적으로 해결하면 사랑의 능력이 생긴다. 사랑은 자신을 타인에게 관여시키고 이 관여를 유지하는 능력이다. 이러한 사랑은 다른 사람에 대한 보호, 존경, 책임으로 나타난다. 이 단계의 실패는 난잡함을 낳는다.

### (7) 중 · 장년기(34~65세): 생산성 대 침체: 배려

34~65세 이전에 해당하는 성인기에는 다음 세대를 양육하는 것이 가장 중요한 과업이다. 여기서 중요한 것은 다른 사람에게 필요한 사람이 되고 싶은 소망이다. 이러한 생산성이 결핍되면 성격이 침체되고 황폐해진다. 즉, 혼자라고 느끼거나 피상적이고 위장된 친밀감으로 퇴행하는 자기중심성 또는 자아도취에 빠진다. 침체는 이기적으로 자기 자신에 대해서만 관심을 갖는 것을 뜻한다. 과도한 자기애를 가진 사람은 다른 사람을 보살필 능력이 없다. 자녀가 있거나 자녀를 원하는 것만

으로 생산성을 성취하지는 못한다. 사실상 일부 젊은 부모들은 이 단계를 발달시킬 능력부족으로 고통을 겪는다.

이 단계에서 성공한 사람은 다른 사람을 배려할 줄 안다. 배려는 심리적 무관심의 반대 개념이다. 생산성의 확립에 실패한 사람은 개인적 욕구나 안위를 주된 관심으로 하는 자아도취의 상태에 빠지므로 이 단계의 실패는 이기주의를 낳는다.

### (8) 노년기(65세 이후): 자아완성 대 절망: 지혜

65세 이후가 해당되는 노년기는 신체적 · 사회적 상실에 직면하는 시기이다. 자아완성을 성취하기 위해서는 이전 단계들을 성공적으로 통과해야만 한다. 노년기에는 내적인 투쟁이 강조된다. 노인은 죽음에 직면하여 지나온 생을 음미하게 되는데, 이 과정에서 후회나 회한 같은 절망에 부딪힐 수 있다. 이 절망에 직면하면서 지나온 단계들의 경험을 다져 최종적인 자아완성을 이룰 수 있는 기회를 갖게 된다. 지나온 일들이 어쩔 수 없었다는 것을 인정함으로써 그것들을 용납하고 가치 있다고 여길 수 있다. 또한 지나온 삶을 돌아보고 많은 것이 좋았다는 것을 발견할 수 있어야 한다. 이 단계에서 지혜, 자기수용, 지나온 생이 옳았고 적합했다는 느낌, 죽음을 위엄과 용기로 직면할 능력을 갖게 된다.

그러나 자아완성에 실패할 경우에는 궁극적으로 절망에 빠지게 된다. 절망은 현재 남은 시간이 얼마 없고 다른 인생을 시작하기엔 너무 늦었다는 느낌을 나타낸다. 자아완성의 부재나 상실은 죽음에 대한 공포로 나타난다. 죽음에 대한 공포, 실망, 분노 때문에 삶을 돌아보기가 고통스럽고 현재가 불만스러운 것이다. 절망은 인생을 돌이킬 수 없다는 후회 그리고 자신의 부족과 결함을 외부세계로 투사하는 것으로 흔히 표현된다.

이 단계를 성공적으로 극복한 결과가 지혜이다. 지혜는 한 시대를 살면서 얻은 지식으로 인생에 대한 초연하면서도 적극적인 관심을 갖는 것을 의미한다. 이 단계에서 실패한 결과는 인생이 무의미하다고 느끼는 것이다.

## 4) 중요한 관계의 범위

에릭슨은 발달단계에 따른 중요한 인간관계의 범위를 제시하였다(Erikson, 1982: 32). 생애 초기엔 적은 수의 관계에 집중되어 있다. 학령기, 청소년기, 성인 초기 동안 관계의 범위가 확대되면서 그 관계의 깊이와 강도가 다양해진다. 성인기와 노년기의 인간관계는 다시 깊이와 친밀의 기회를 주는 소수의 극도로 중요한 관계에 집중되면서 동시에 지역사회 내의 관계, 인류애로 확대된다.

영아기에 중요한 사회적 관계는 어머니 또는 양육자와의 관계이다. 주로 어머니가 유아기에 중요한 사람이 된다. 유아기에는 어머니뿐만 아니라 아버지 혹은 대체 양육자도 중요한 관계를 제공한다. 유아기에 대부분의 아동은 광범위한 양육자들과의 관계를 수립한다. 학령전기엔 부모뿐만 아니라 형제, 조부모를 포함한 가족들과 관계가 강해지고 깊어진다. 학령기에는 이와 더불어 친구 및 교사와의 관계가 중요해진다.

청소년기에는 이웃과 학교의 지인을 포함하여 더 넓은 범위의 사람들과 중요한 관계를 수립하게 된다. 초기 청소년기에는 또래집단, 클럽 및 조직, 종교집단이 자아정체감을 확립하는 데 유익한 새로운 관계를 제공한다. 후기 청소년기에는 통합된 정체감을 갖기 위해 애쓰는 데 중요한 관계의 반경이 교사, 지도자, 지도력의 모범을 보이는 사람을 포함하도록 확대된다.

성인 초기에는 우정, 애정, 경쟁 및 협동 상대들이 중요한 관계를 제공한다. 그런데 이 시기에는 관계의 깊이가 새로운 초점이 된다. 대부분의 사람들에게 자녀는 이 시기에 중요한 관계로 등장한다. 중・장년기의 중요한 관계는 가족, 일, 지역사회에 토대를 둔다. 이 관계는 다른 도시와 나라들에서 맺는 우정으로까지 확대될 수 있다. 성인들은 자신의 삶뿐만 아니라 자기 자녀와 부모의 삶에 영향을 미치는 사회적 관계의 영향을 받는다.

노년기에는 인간에 대한 더 일반적인 관계를 발전시키게 되면서 인간관계가 피상적으로 되는 한편 어느 측면에서는 도움이 필요한 가까운 친척과 친구를 보살펴야 하므로 더 집중된다.

앞에서 말했듯이 각 단계마다 존재하는 중요한 관계망이 그 사람에게 가해질 요구와 보살핌을 받게 될 방식과 그가 관계로부터 부여받을 의미를 결정한다 이 관계망은 사람마다 다르며 발달단계가 진행되면서 각자는 중요한 관계망과 더 넓은 사회적 영역에 참여할 기회를 갖는다(Duck, 1988; Higgins, Ruble, & Hartup, 1985).

### Tip 에릭 에릭슨 이론의 평가

심리 · 사회이론은 에릭 에릭슨(Erik H. Erikson)에 의해서 형성 발전되었다. 에릭슨은 프로이트와 직접적으로 실질적 교류가 이루어지지는 않았지만, 안나 프로이트(Anna Freud)가 설립한 어린이 연구소에 참석해서 관계하였다는 점에서 프로이트의 정신분석이론의 영향을 직간접적으로 받았다고 할 수 있다(Friedman, 1999).

에릭 에릭슨은 인간은 일생동안 여러 단계의 심리 · 사회적 위기를 경험하는데, 그 위기의 결과로 성격이 발달한다고 보았다. 다시 말해서 에릭슨의 이론은 사회가 개인에게 미치는 영향과 개인이 개인적 · 사회적 위기를 극복하면서 '나는 누구인가?', '내가 무엇을 해야 하는가?'에 대한 답을 발견하는 과정에 초점을 두고 있다.

따라서, 에릭슨의 심리사회이론은 ① 인간은 합리적이고, 이성적이며, 창조적인 존재이고, ② 인간행동은 무의식에 의해서 결정되는 것이 아니라 의식의 수준에서 통제 가능한 자아에 의해서 동기화되며, ③ 인간을 총체적이고 환경 속의 존재로 인식하면서 프로이트의 생물학적 무의식 결정론과는 상이하게 인간을 생리 · 심리 · 사회적 존재로 인식한다.

에릭슨의 이론은 인간의 합리성, 창조성, 이성에 초점을 두고 있으므로 인간을 가변성을 지닌 존재로 인식하였고, 성장에 따라서 새로운 발달과업이 나타나면 이를 달성하려고 투쟁하는 과정에서 인간은 더 나은 자아를 발전시킨다고 이해한다. 외부 환경에 대처하고 적응하는 과정에서 형성되는 역동적 힘으로 겪는 자아의 신체 · 심리 · 사회적 발달은 전 생애에 걸쳐 이뤄지며. 에릭슨에 의하면 자아발달단계는 인생 주기의 8단계로 구성된다. 각 단계는 그 단계에서 우세하게 출현하는 발달과업이 있고, 자아가 기능적으로 적응하여 그 과업을 성공적으로 해결할 때 균형 잡힌 성격이 형성된다. 정신분석이론에 비해 에릭슨의 심리사회이론은 자아를 중심으로 이론을 전개하고 있고 발달을 전 생애에 걸쳐서 논하고 있다는 점에서 특징적이다. 하지만 이러한 강점에도 불구하고 이러한 이론적 주장들을 경험적 증거나 실험을 통해서 증명해내지 못했다는 점은 에릭슨 이론의 한계로 지적된다.

정신분석학에 반기를 들고 나름대로 독자적 이론을 형성한 이러한 학자들의 공헌은 향후 전개될 심리학적 이론들이 프로이트를 승화하여 발전할 수 있는 기틀을 마련하였고, 사회복지학이 심리 · 사회적 현상을 이해하는 데 기본적 패러다임으로 수용하고 있는 '환경 속의 인간(PIE)'의 관점을 형성하는 밑거름이 되었다.

### Tip 에릭슨의 심리사회이론과 사회복지실천

**[사회복지실천에 미친 영향]**

1. 사회문화적 요인을 배경으로 인간의 발달을 이해하게 함으로써 정신분석학을 확대 발전시켰다.
2. 생애주기를 통한 전 생애의 발달 변화를 강조하여 인간의 건강한 발달에 새로운 통찰력을 갖게 하였다.
3. 이론의 과학적 근거 제시가 부족하다는 비판은 있지만, 자아의 성장가능성을 제시하여 인간의 발달 과정을 폭넓게 이해하고 활용하도록 하였다.

**[사회복지실천 기법의 예]**

- 인생 회고 기법: 과거의 경험으로 점진적으로 되돌아가면서 과거의 왜곡된 경험을 해결하고 통합하는 것
- 심리 · 사회적 사정: 개인의 상황, 환경 간의 상호작용 속에서 많은 요소들이 어떠한 관련성이 있는지를 파악하여 실천의 방향을 결정하는 것

# 2. 아들러의 개인심리이론

## 1) 아들러(Alfred Adler, 1870~1937)의 생애

알프레드 아들러는 1870년 오스트리아 빈 인근 지역에서 5남 2녀 중 셋째로 태어났다. 어린 시절 병약해 어머니의 애정과 돌봄이 집중되었다고 알려져 있으며, 동생의 탄생으로 사랑과 애정을 빼앗기면서 형과 친구들 사이에서 열등감을 경험하며 자랐다고 한다. 그러나 아버지의 격려와 지지로 자신의 열등감 극복을 위해 노력한 결과, 우수한 학교 성적을 올리면서 이후 빈 대학에서 의학 학위를 취득하여 정신과 의사가 된다. 정신과 의사로서 아들러는 프로이트와 같이 활동하였으나 아들러 역시 프로이트의 리비도에 대한 거부감으로 프로이트와 결별하게 된다. 아들러는 정신과 의사가 된 후 1902년부터 1911년까지 프로이트와 같이 활동했으나 점차 프로이트의 이론적 입장과 대립하게 되어, 1911년 빈 정신분석학회를 떠나 자유정신분석학회를 창설해 1912년 학회 명칭을 개인심리학회로 변경했다. 1926년부터 아들러는 미국을 정기적으로 방문하여 다양한 청중을 대상으로 강연했고, 1932년 뉴욕의 롱아일랜드 의과대학의 교수로 임명되었다.

아들러는 사회적 관심을 중요시하며 1922년 지역 사회에 있는 아동보호센터에 처음으로 지역공동체 아웃리치(Community Outreach) 프로그램을 만들기도 했다. 그는 강연 여행 도중 1937년 5월 28일 심장마비로 사망하기까지 300여 권의 책과 논문을 발표하는 왕성한 활동을 하였다. 아들러의 가족경험이 그의 이론형성에 영향을 미친 것은 분명한데 그는 자신의 성장과정에서 직접 경험한 열등감과 보상추구, 출생순위, 사회적 관심 등을 토대로 오늘날까지도 적용될 수 있는 훌륭한 이론을 만들어냈다는 평가를 받고 있다.

## 2) 주요 개념

### (1) 가상적 목적론

개인들이 추구하는 궁극적 목적은 현실에서는 검증되지 않은 가상의 목적이다(Carver & Scheier, 2000: 506). 즉, 인간의 모든 행동은 어떠한 목표를 지향한다는 개념이다. 인간은 누구나 자신의 삶에서 무언가 이루고자 하는 목표를 갖고 있는데, 이것이 가상적 목표이다. 가상적 목표는 자신의 강한 신념이나 가치로, 현실에 효과적으로 대처하도록 하며, 성격통합의 원리로 작용한다. 그러나 다수의 사람들이 그것을 명확히 인지하지는 못한다. 가상적 목표는 현재의 행동에 영향을 미치는 이상으로 주관적이고 정신적인 면과 연결되어 있다. 어떠한 상황에서는 개인이 추구하는 안전한 상태의 자기상이라고도 할 수 있다. 따라서 인간은 진실에 의해 행동하는 것이 아니라, 진실이라고 믿는 그 무엇에 의해 동기가 유발되어 현실에서는 아무런 근거가 없는데도 믿고 행동한다. 아들러는 인간은 스스로 가상적 목표를 형성할 수 있으므로 창조적이면서도 독특한 개성을 지닌다고 하였다. 따라서 어떠한 사람의 가상적 목표를 이해하면 그 사람에게서 나타나는 행동의 의미와 생활양식도 이해할 수 있다고 하였다.

### (2) 우월성 추구

우월성 추구는 열등감에 대한 보상과 관련된 개념이다. 아들러는 우월성 추구가 인간에게 공통된 기본적 동기라고 보았다(Adler, 1986: 398). 인간은 태어난 이후 평생 우월감을 추구하려고 노력한다. 열등감을 보상하려는 욕구를 해결하기 위한 과정에서 자신의 잠재력을 발휘하며, 나아가 자기를 완성하기 위해 혹은 자아를 실현하기 위해 노력한다. 아들러는 인간의 우월성 추구 경향을 선천적 기본 동기라 하였으며, 모두가 공통적으로 가지고 있고, 출생 시에는 잠재력으로 존재하다가 5세 정도에 자신의 목표가 생기기 시작하면서 실현된다고 하였다. 우월성 추구의 경향은 개인적 수준만이 아니라 사회적 수준에서도 나타나며, 부정적인 경향을 취할 수도, 긍정적인 경향을 취할 수도 있다고 했는데, 그 완성을 위해 상당한 에너지가 투입된다고 하였다.

### (3) 열등감과 보상

열등감은 개인이 잘 적응하지 못하거나 준비가 안 되어 해결할 수 없는 문제에 부딪혔을 때 생긴다. 아들러는 어떤 사람이 왜 특정의 병에 걸리며, 왜 신체의 특정한 영역이 영향받는지를 연구하면서 열등감에 관심을 갖게 되었다. 그는 처음에는 어느 한 부분이 기본적으로 열등하거나 약하기 때문에 병에 걸린다고 보았다(Adler, 1986). 그 후 아들러의 연구는 신체기관 혹은 신체적 결함에서 유래하는 열등상태뿐만 아니라 심리적 혹은 사회적 열등상태도 열등감의 범주에 포함시켰다(Adler, 1986).

한편 아들러는 심한 신체적 약점이나 결함이 있는 사람이 연습이나 훈련을 통해 이를 보상하려는 노력을 하며, 이들 중 일부는 결국 그 약점을 보상하는 것을 주목하였다(Adler, 1986: 246-248). 보상은 잠재력을 발휘하도록 인간을 자극하는 건전한 반응이다. 아들러는 인간의 열등감은 무엇을 추구하는 데 동기가 되며, 누구에게나 존재하고, 자기완성, 성숙, 잠재력의 실현 등에 필수 요인으로 보았다. 한편 보상은 열등감을 극복하여 보다 나아지려고 부족한 것을 채우려 하는 인간의 정신적이고 신체적인 시도로, 열등감을 긍정적으로 해결하려는 과정에서 잠재력을 이끌어내는 건전한 자극이고 반응이다.

### (4) 사회적 관심

아들러는 프로이트와 달리 인간이 성적 충동보다 사회적 충동에 의해 주로 동기화된다고 주장하면서, 사회적 관심이란 각 개인이 이상적 공동사회의 목표를 달성하고자 사회에 공헌하려는 성향을 의미한다고 했다(Adler, 1986: 34-35). 사회적 관심은 협동심, 연대의식, 동료 의식, 공동체 의식과 유사한 개념으로, 공동체에 대한 공감능력, 이상적 사회에 공헌하려는 노력을 말한다. 아들러는 인간의 사회적 관심은 심리적 건강을 측정하는 중요한 척도로, 선천적으로 타고나나 의식적인 노력으로 개발되는 것이라 하였다. 사회적 관심에 영향을 미치는 요인으로 가장 중요하게 거론되는 사람은 어머니이고 다음은 아버지이다. 아들러는 자녀의 사회적 관심을 발달시킬 수 있는 부모의 능력은 일, 우정, 사랑과 결혼이라는 세 가지 중요한 생활과업에서 만족을 느끼는 사람들이 지닌다고 했으며, 부모의 부부관계 또한 자녀의 사회적 관심에 많은 영향을 미친다고 하였다(Adler, 1986).

### (5) 생활양식

아들러의 생활양식 개념은 자기 혹은 자아, 성격, 성격의 통일성, 개성, 문제들에 대처하는 방법, 삶에 공헌하려는 소망 등으로 정의된다. 생활양식은 개인이 어떻게 인생의 장애물을 극복하고, 문제의 해결방법을 찾으며, 어떤 방법으로 목표를 추구하는지를 결정한다(Adler, 1986). 결국 생활양식이란 인간의 삶에 대한 목표, 직업, 우정, 사랑과 결혼이라는 5가지 중요한 생활과업에 대한 개인의 가치와 태도, 생활의 전략 등을 포괄하는 개념으로 개인을 구분하는 독특한 특징을 말한다. 생활양식은 개인이 가지고 있는 열등감을 극복하며 이를 보상하려는 과정에서 형성된다. 아들러는 인간의 생활양식이 생애 초기(4~5세경) 경험에 의해 거의 형성되며, 이후에는 큰 변화가 일어나지 않고 기본 구조에서 수정되거나 확대된다고 하였다. 그러므로 생애 초기의 가족 내 경험이 중요하다. 아들러는 많은 사람이 신체기관의 열등, 허약한 체질, 혹은 환경적 요인에서 비롯되는 사회적 결핍상태 때문에 잘못된 생활양식을 가지는 것으로 보았다. 그들은 미래에 대한 불안이나 두려움, 일상생활에서 일어날지도 모르는 문제들에 대응하려는 목적을 갖는다.

### (6) 창조적 자아

인간은 스스로 자신의 생활양식을 창조할 자유를 지니며, 인생의 목표와 그 목표를 이루기 위한 방법을 결정할 수 있는 존재다. 아들러는 인간은 창조적 자아를 통해 자신의 유전적 조건과 환경, 경험에 대해 주관적으로 해석하고 이를 토대로 자신의 생활양식을 만들어 간다고 했으며, 어려운 상황에 처할 경우 자신에게 적합한 환경으로 만들어가며 극복할 수 있다고 했다. 개인심리이론에서 창조적 자아는 인간에게 생의 의미를 제공하는 중요한 원리로도 간주된다.

## 3) 출생순위와 성격의 발달

아들러는 유아기의 성격 발달에 가족원의 관계가 중요한 역할을 한다고 하였다. 또한 아들러는 부모가 같고 거의 동일한 가족환경에서 자란 아동이라 하더라도 동일한 사회적 환경을 갖는 것은 아니라고 했다. 가족원들의 관계는 자녀 양육에 대한 부모의 태도와 양육의 질을 결정하며, 부모의 양육태도와 질에 의해 자녀가 경험하는 열등감은 달라질 수 있다. 그러면서 자녀는 부모의 개인적 특성을 통합하고 그들을 관찰하며, 그들과의 상호작용을 통해 생활의 모든 것들을 배운다. 그 과정을 통해 부모의 행동 특성에 따라 자녀의 사회적 관심도는 달라지게 되는 것이다.

아들러는 가족의 형상으로 가족구성원 간의 정서적 유대, 가족의 크기, 가족의 성별 구성, 가족에서의 역할 모델, 출생순위 등이 생활양식의 토대를 형성하고 대인관계의 기술을 학습하도록 하며 이후 성인기 성격 발달에 영향을 미친다고 설명하고 있다. 그중 출생순위를 매우 중시하였는데, 출생순위에 따른 상황을 개인이 어떻게 지각하는가가 중요하다고 하였다. 그러면서 인간은 출생순위에 따라 유사한 특징을 보인다고 하였는데, 그 내용을 설명하면 다음과 같다(권중돈, 2014).

첫째 아이는 부모의 많은 관심과 사랑을 받으며 안전하고 평화스러운 생활을 하게 된다. 그러나 둘째가 태어나면서 부모의 관심과 사랑을 빼앗기게 되는데, 아들러는 이러한 형상을 폐위된 왕의 모습으로 비유하며 마음의 상처를 갖게 될 수도 있다고 하였다. 둘째 자녀와 경쟁에서 지는 경우 과거 자신의 위치로 되돌리기 위해 저항하기도 하는데 결국 실패로 이어지며, 스스로 고립되어 독자적인 적응과 생존법을 습득하게 된다. 결국 타인의 애정과 인정을 얻고자 하는 욕구에 초연해진다(권중돈, 2014). 첫째 아이는 그 과정 속에 열등감, 협동심, 책임감이 발달하며, 힘과 권위, 규칙이나 법을 중시하는 경향을 갖게 된다. 한편으로 부담과 심리적 압박으로 일탈의 경향도 지닌다.

둘째 아이는 태어날 때부터 첫째 아이와 관심과 사랑을 나눠 가지며, 경쟁 속에서 자라난다. 그렇기에 첫째 아이의 장점을 능가하기 위해 자극과 도전을 받으며 보다 빠르게 발전하기도 한다. 경쟁심이 많고 자립과 독립이 이른 편으로, 성공지향적 성향을 지니며 야망을 가진 성격이 된다.

중간 아이는 위아래로 형제자매를 두고 있어 윗 형제자매를 따라잡으려는 노력과 아래 형제자매보다 앞서기 위한 노력을 해야 하므로 압박감을 느끼게 된다. 중간 아이는 자신의 능력에 대한 확신이 부족해 무력감을 느낄 수 있으며 다른 형제자매에게 의존하는 태도를 보일 수도 있다. 그러나 친구를 사귀거나 사회관계를 맺는 일에는 장점을 지니며, 가족 갈등 시 조정자의 역할을 담당하기도 한다.

막내 아이는 많은 관심을 받고 응석받이, 귀염둥이로 자란다. 그러나 경제적으로 어려운 형편에서 살아가게 되는 경우, 손위 형제자매로부터 자기의 것은 아무것도 없는 모두 물려받아야 하는 상황에 처하면서 천덕꾸러기로 취급당할 수 있다. 자신보다 힘도 세고 특권을 지닌 형제자매들에게 둘러싸여 있어 독립심이 부족하고 열등감을 쉽게 경험한다. 이를 극복하기 위해 강한 동기가 작용하거나 자유롭게 자기의 길을 추구하면서 특정 영역에서 탁월한 능력을 나타내기도 한다. 아들러는 도전적인 막내일 경우 혁명가로 성장할 가능성이 많다고 하였다. 외자녀는 경쟁할 형제자매가 없는 위치에서 어머니에게 응석받이로 자라면서 자기중심적이 되거나 혹은 소심하고 의존성이 많은 사람으로 성장할 수 있다. 경쟁의 경험이 부족한 상황에서, 별 노력 없이 관심을 많이 받고 자라 자신의 중요성에 대해 과장된 생각을 지닐 수도 있다. 어린 시절 계속해서 가족의 관심에 초점이 되기는 하나, 나중에 자신이 관심의 주 대상이 아니라는 것을 인식하게 된다.

## 4) 성격의 유형

개인의 독특한 생활양식은 사고하고, 느끼며, 행동하는 모든 것의 기반이 된다. 따라서 생활양식에 기초하여 기본 성격구조는 일생 동안 일관성이 유지된다. 아들러는 인생문제에 접근하고 해결하는 방법을 통해 생활양식의 형태를 알 수 있다고 보았다. 직업, 우정, 사랑과 결혼의 문제가 모든 사람이 해결해야 하는 세 가지 중요한 인생과업이다. 아들러는 이 인생과업이 서로 관련되어 있으며, 그 해결방법이 생활양식에 달려 있음을 강조하였다(Adler, 1986: 133).

아들러는 생활양식 태도의 유형으로 성격을 유형화하였다(Ansbacher & Ansbacher, 1995: 139; Dreikurs, 1950: 91-108). 이 유형론은 사회적 관심과 활동수준을 기준으로 하였다. 사회적 관심은 개인적 이익보다 사회발전을 위해 다른 사람과 협력하는 것을 의미한다. 활동수준은 삶의 문제를 해결하려는 개인의 에너지 수준을 말한다. 활동수준은 무기력한 사람부터 원기왕성하게 활동하는 사람에 이르기까지 매우 다양하며 활동수준이 건설적일지 혹은 파괴적일지는 사회적 관심과 결합될 때 결정된다. 따라서 아들러는 인간의 사회적 관심 수준과 활동 수준에 따라 생활양식을 유형화하여 지배형, 획득형, 회피형, 사회적으로 유용한 유형으로 구분하였다. 이때 사회적 관심은 타인에 대한 감정이입으로, 개인의 이익보다는 사회발전을 위해 다른 사람과 협력하는 것을 말하며, 활동 수준은 생활과업과 문제를 해결하려는 개인의 움직임으로, 그 에너지의 수준을 의미한다(권중돈, 2014).

지배형은 활동수준은 높으나 사회적 관심은 낮은 유형으로 독선적이고 공격적이며, 활동적이지만 사회적인 관심이 거의 없는 사람이다. 이 유형은 사회적 관심 외의 측면에서 활동적이며 외부세계를 지배하려는 태도를 가진다. 그러므로 인생과업에 공격적, 비사회적인 방법으로 대처해 나간다.

획득형은 활동수준은 중간이고 사회적 관심은 낮은 유형으로, 기생적인 방식으로 외부세계와 관계를 맺으며 다른 사람에게 의존하여 자신의 욕구를 충족한다. 인생의 주된 관심은 가능한 한 많은 것을 다른 사람에게서 얻어내는 것이다. 활동수준이 높지 않아 다른 사람에게 의존하는 것이 위험한 정도는 아니다.

회피형은 참여하려는 사회적 관심도 적고 활동수준도 낮은 유형으로 성공하려는 욕구보다 실패에 대한 두려움이 더 강하기 때문에 인생과 업으로부터 도피하는 행동을 주로 한다. 인생의 모든 문제에서 회피함으로써 실패를 면하려 하고 사회적으로는 무익한 행동이 대부분이다.

사회적으로 유용한 유형은 사회적 관심과 활동수준이 모두 높은 유형으로 사회적 관심이 커 지신과 타인의 욕구를 동시에 충족시키면서 인생과업을 완수하기 위해 다른 사람과 협력한다. 사회적 유용형은 사회문제가 해결되기 위해서는 협력, 개인적 용기, 다른 사람의 안녕에 기여하려는 의지가 필수적이라는 것을 잘 알고 있다.

한편 아들러는 아동기 실패의 성격유형을 수동적 유형과 능동적 유형으로 설명하였다(Adler, 1986: 127-143). 수동적 유형은 게으르고, 나태하며, 복종적이면서 의존적이고, 소심하며, 불안하고, 성실하지 못하다. 능동적 유형은 지배적이고, 성급하며, 흥분하기 쉽고, 정에 이끌리며, 다루기 힘들고, 잔인하며, 허풍이 심하고, 달

아나기 쉬우며, 도벽이 있고, 성적으로 쉽게 흥분한다. 일반적으로 신경증 환자 중에는 아동기의 수동적 유형의 실패자 비율이 훨씬 높고 범죄자 중에는 능동적 유형의 실패자가 훨씬 많다. 아동기의 실패는 오줌싸기, 식사장애, 밤에 고함지르기, 헐떡거리기, 기침, 변비, 말 더듬기 등이 수반되는 응석받이인 의존적 아동에게 발생하기 쉽다. 이 증상들은 독립성과 협동을 요구받는 것에 대한 일종의 저항인 것이다.

### Tip 아들러 이론의 평가

개인심리학(individual psychology)이라 명명된 알프레드 아들러(Alfred Adler)의 성격 이론은 인간을 전체적으로 보는 관점을 갖고 있다. 개인심리학의 첫 번째 전제는 인간이 통일된, 자아 일치된 유기체라는 것이다(Adler, 1986: 5-7). 아들러는 이 통일되고 자아일치된 성격구조를 생활양식이라 일컬었고 인간을 전체적 관점에서 보았다.

두 번째 전제는 인간은 역동적으로 완성을 추구하며, 개인적으로 중요한 인생목표를 향해 전진한다는 것이다(Adler, 1986: 85-86).

세 번째 전제는 개인이 창조적인 힘을 가지고 자기 삶을 결정할 수 있다는 것이다(Adler, 1986: 86-87). 인간은 환경에 의해 지배되는 존재가 아니라 자신의 생활양식에 의해 자신의 미래의 삶을 결정한다고 보았다.

네 번째 전제는 모든 사람은 협동하고 상호작용하는 사회적 관계를 맺을 수 있는 선천적 능력을 타고난다고 보았다(Adler, 1986: 2).

다섯 번째 전제는 개인이 자신을 어떻게 주관적으로 지각하느냐에 따라 행동이 결정된다고 보았다(Ansbacher, 1971: 57-58). 경험이 인간에 중요한 영향을 미치는 측면에 관해 아들러는 과거의 사건 그 자체가 아니라 그 사건에 대한 개인의 지각과 해석이 인간행동에 영향을 미치는 것으로 보았다.

아들러의 개인심리이론에서는 인간을 합리적이고 창조적인 존재로 본다. 유전적 요인과 환경적 요인의 중요성을 배제하지는 않지만 개인심리이론에서는 개인이 지닌 창조적 힘이 인간의 본성을 결정하는 요체라고 인식한다. 이 관점에서 심리적 건강은 개인이 우월성을 추구하는 과정에서 환경적 방해를 어느 정도 극복하느냐와 개인의 노력을 지지해 줄 수 있는 사회적 관심에 달려 있다고 보았다. 실제로 제1차 세계대전에 참전하여 전쟁을 경험한 아들러는 빈 공립학교에 수많은 아동상담 클리닉을 열었으며, 전문가 훈련을 시도하였다. 아들러는 상담을 통해 더 나은 생활양식을 만들고, 부정적인 생활양식을 긍정적인 것으로 대체하며, 사회적 관심을 발달시킬 수 있다고 믿었다. 아들러는 열등감과 우월성 추구라는 개념을 정신건강에 적용하였는데, 격려를 통해 클라이언트의 자존감을 향상시키고 사회적 관심을 강화하는 접근이다. 출생순위 등 클라이언트의 생활양식을 이해하는 데 도움을 주는 개념들도 널리 알려지게 되었다. 가족분위기, 가족형태, 가족구성원의 생활양식 등에 초점을 둔 아들러의 이론은 개인상담뿐만 아니라 가족상담에 유용한 지식기반이 될 수 있다. 또한 열등감은 집단 내에서 효과적으로 도전받고 극복될 수 있으며, 사회적 · 정서적 문제의 근원인 잘못된 생활양식은 집단경험을 통해 변화가 가능하므로 아들러 이론의 주요 개념은 집단사회사업(group work)에서도 유용하게 활용될 수 있다.

아들러는 프로이트의 정신분석이론의 무의식결정론을 비판하면서 개인의 합리성과 창조성을 강조한 점에서 독창성이 있으나 프로이트의 의식수준이나 성격구조 또는 융의 정신구조와 같은 통합적 이론체계는 부족하여 이론이 분절적이다. 개인심리이론에서는 목표를 직시하고, 결정하고, 선택하고, 개인의 목표와 가치관에 부합하는 모든 종류의 배려를 나타내는 능력인 '창조적 자아'를 중요한 개념으로 여기는데, 이는 개인의 유전적 특성과 경험적 축적의 종합체이다. 성격형성에서 프로이트가 무의식만을 중시하고, 융이 의식의 중요성을 지적했다면, 아들러의 개인심리이론은 개인의 창조적 자아의 중요성을 강조한 점이다. 창조적 자아가 개인의 무의식 수준에서만 결정되는 것이 아니라 개인의 기억이나 사회적 경험을 통하여 형성될 수 있다고 가정한 점에서 이 이론은 사회적 영향요소의 중요성을 강조했다고 할 수 있으며, 이러한 사회적 영향의 중요성에 대한 인식은 향후 집단 내에서 개인을 치료하고자 시도하는 집단치료의 원동력이 되었다.

이러한 긍정적 측면에도 불구하고 아들러의 이론은 상식심리학처럼 지나치게 간결하고, 이론을 구성하는 개념들을 개념적 · 조작적 정의가 충분하지 못하여 경험적으로 검증해내는 연구는 빈약하였다는 점에서 한계가 있다.

**Tip 아들러의 개인심리이론과 사회복지실천**

[사회복지실천에 미친 영향]

1. 가족의 형태, 가족의 분위기, 가족구성원의 생활양식에 초점을 두고 있어 가족을 대상으로 한 상담에 유용한 지식기반을 제공한다.
2. 집단 경험을 통해 잘못된 생활양식을 변화시킬 수 있다는 이론의 주요 개념은 집단 사회사업에 활용되고 있다.

[사회복지실천 기법의 예]

- 역설적 개입: 내담자의 의도와 반대되는 방향으로 개입하는 기법
- 마치 ~처럼(as if) 행동하기: 그런 상황에 있는 것처럼 상상하고 행동하는 역할극 기법
- 단추 누르기: 의도적으로 유쾌 감정이나 불유쾌 감정을 갖도록 하고, 그 경험에 수반되는 감정을 토론하는 기법
- 과제부여: 특정 과제를 개발해 부과하고 이행하게 하여 성취감을 맛보게 하고, 자신감을 갖고 새로운 일에 도전할 수 있도록 하는 기법

# 3. 융의 분석심리이론

## 1) 칼 구스타프 융(Carl G. Jung, 1875~1961)의 생애

칼 융은 1875년 7월 26일 스위스의 케스빌에서 개혁파 목사의 맏아들로 태어났다. 부모의 결혼생활이 원만치 못해 그의 유년시절은 늘 고독하고 불행했다. 아버지는 짜증이 심하고 까다로웠으며, 어머니는 정서장애와 우울증이 심하였다고 한다. 어린 시절부터 고독하게 지낸 경험은 이후 자기분석에 큰 도움이 되었다. 아버

지가 목사였으나 융은 교회를 싫어해 아버지와 종교적 논쟁을 자주 벌일 정도였다. 그런데 융의 가계에는 목사가 많았는데 아버지, 친삼촌 두 명, 외조부와 외삼촌 여섯 명이 전부 목사였다. 어머니와 외조부, 외삼촌이 초자연적인 것에 대한 믿음을 가지고 있었으며, 특히 융의 사촌 중 한 명은 자신이 영매(靈媒)라고 주장하였다. 융이 종교와 초자연적인 현상에 조예가 깊은 것은 이런 가정 배경과 관련이 있다.

아홉 살이 되어서야 누이동생이 태어났으므로 아홉 살까지 융은 외동아이였고, 누이동생이 태어난 후에도 동생에게 무관심한 내향적 성격이었으며, 그 내향성은 일생 동안 지속되었다. 내향성으로 인해 융은 주로 개인의 정신범위 내에서 이루어지는 성격의 발달과정에 주된 관심이 있었고 개인 간의 관계인 대인관계에 대해서는 무관심하였다.

융은 전공분야를 결정해야 할 때 식탁이 쪼개져 있고 빵 자르는 칼이 산산조각이 나는 신비로운 현상을 경험한 것이 계기가 되어 정신의학을 하겠다고 결정하였다. 융의 일생에서는 특히 중요한 결정을 내려야 할 때 꿈, 공상, 초심리학적 현상이 항상 결정적 역할을 하였다.

1907년 교분이 시작된 후 6년 동안 계속된 프로이트와의 개인적 · 직업적 관계를 학문적 관점의 차이로 결별한 후 융은 혼란과 내적 불안정으로 상징적 꿈과 환상을 경험하는 정도가 정신병적 상태에 가까웠다. 그러나 그는 이러한 혼란을 새로운 개인적 통합으로 이끄는 내적 여행으로 보았고, 자신의 체험에 근거해 무의식과 상징에 대한 탐구를 계속하였다. 그뿐만 아니라 융은 연금술, 점성술, 예언, 텔레파시, 투시, 요가, 강신술(降神術), 영매, 강령술, 종교적 상징, 환상, 꿈 등에 대한 관심이 지대했다. 융은 1961년 사망하였다.

## 2) 주요 개념

### (1) 정신

융은 퍼스낼리티(personality) 전체를 정신이라 일컬었으며, 정신을 생리적 충동에 예속되지 않은 독자적 실체로 보았다(Jung, 1961: 30). 즉, 인간이 퍼스낼리티의 전체성을 가지고 태어나는 것으로 간주했다. 여기서 정신은 의식적 · 무의식적인 모든 생각, 감정, 행동을 포함한다. 정신적 에너지는 인간정신에 깊이 근원하는 모든 상이한 충동을 만족시키는 많은 형태를 가진다고 가정되었다. 예를 들면, 예술의 목적은 사회적 · 종교적 목적을 충족시킬 뿐만 아니라 권력, 성적 충족, 상징적 죽음과 부활, 파괴적-공격적 충동의 방출, 또는 창조력이라고 보았다(Maduro & Wheelwright, 1977: 103-104).

### (2) 리비도

융은 프로이트의 리비도 개념을 넓혀서 리비도(libido)가 생물학적 · 성적 · 사회적 · 문화적 · 창조적인 모든 형태의 활동에 에너지를 제공하는 전반적인 생명력을 의미한다고 보았다(Maduro & Wheelwright, 1977: 103). 다시 말해 융의 리비도는 영적인 특질을 가진 창조적 생명력으로 개념화되었다(홍숙기 역, 1992: 92).

### (3) 콤플렉스

융에 의하면 콤플렉스(complex)는 특수한 종류의 감정으로 이루어진 무의식 속의 관념 덩어리이다(김형섭 역, 1997). 즉, 인간의 무의식 속에 내재된 기억, 사고, 정서의 집단으로 특정 감정으로 이루어진 관념 덩어리, 행동적 충동을 말한다. 콤플렉스는 사고의 흐름, 의식의 질서를 방해하거나, 때로는 당황하게 하고, 때로는 화를 내게도 한다. 개인 무의식에 많은 기억이 쌓여가는 과정에서 생겨나는 것으로, 반드시 열등감과 관련되어 있다고 볼 수는 없으며, 인간의 희로애락 모두와 관련되어, 영감이나 충동의 근원으로도 작용한다. 외모나 성격, 죽음에 관한 콤플렉스가 그 예이다. 융은 콤플렉스를 의식화하는 것이 인격성숙의 과제라 하였다.

### (4) 원형

원형(archetype)은 표상 불가능한 무의식적이고 선험적인 이미지를 의미한다(Jung, 1961: 380). 원형은 모든 인간에게 보편적으로 나타나는 인간 정신의 가장 보편적이고 근원적인 행동유형이나 이미지, 형상을 말한다. 원형에는 의식과 무의식 모두가 포함되는데, 융은 출산, 죽음, 권력, 마법, 영웅, 신, 악마, 대지, 거인, 나무, 태양, 달, 바람, 강 같은 무수히 많은 원형을 설명했다. 그리고 "인생의 전형적인 장면과 같은 수만큼 무수히 많은 원형이 있다."라고 하였다. 원형은 그 시작을 알 수 없으며 이미 형성되어 있는 것으로, 인간 내면 깊은 곳의 무의식적 경향과 열망이 표현된 꿈이나 신화, 예술, 환상 등을 통해 발견할 수 있다고 하였다. 인간의 행동과 인격을 형상화하는 대표적인 원형으로는 페르소나(persona), 아니마(anima), 아니무스(animus), 그림자(shadow), 자기(self)가 있다.

### (5) 자아

자아(ego)는 의식의 개성화(individuation) 과정에서 생기는 것으로 보았다. 개성화란 개인의 의식이 다른 사람으로부터 분리되는 과정을 말한다(Jung, 1961: 275). 따라서 의식의 시작이 곧 개성화의 시작이며, 의식이 증가하면 개성화도 증가하게 된다. 자아란 의식의 견해를 나타내므로 의식적인 지각, 기억, 사고, 감정이 자아를 이루게 된다. 이때 자아가 의식의 문지기 역할을 하므로 감각이든 관념이든 기억이든 자아에 의해 의식으로 인지되고 받아들여지지 않으면 보이지도 들리지도 생각나지도 않는다. 그러므로 자아는 선택적이다. 무수히 많은 체험을 해도 대부분은 의식에 도달하기 전에 자아에 의해 제거된다.

융은 자아가 의식 여부를 결정하는 것은 부분적으로 심적 기능에 의해 좌우된다고 보았다. 예를 들면, 감정적 유형인 사람의 자아는 정서적 경험이 의식되는 것을 허용하기 쉽다. 의식화 여부는 부분적으로 그 경험이 자아에게 얼마만큼 불안을 일으키느냐에 따라 결정된다. 즉, 불안을 일으키는 경험은 의식되기가 어렵다. 융은 강하고 잘 구조화된 자아가 이상적인 발달의 결과라고 주장한다.

### (6) 페르소나

페르소나(persona)는 무대에서 배우가 썼던 가면을 뜻하는 라틴어로, 성격(personality)이나 인물(person)이라는 단어와 같은 어원을 갖는다. 인간이 외부에 표출하는 이미지 혹은 가면을 의미하는 것으로, 사회에서 주어진 자신에 대한 역할과 기대에 부응하는 태도나 모습을 말한다. 인간은 사회 적응과 원만한 인간관계를 위해 어느 정도로 페르소나를 발달시킬 필요가 있다. 그러나 지나치게 되면 사회적 역할과 기대에 부응하기 위한 삶에만 갇혀, 성격의 다른 면을 발달시키지 못해 자신을 억압하거나 내면의 세계를 왜곡하여 부작용이 발생할 수 있다. 중년 남성이 사회적으로는 성공했으나 갑자기 자신의 삶을 허무하다고 느끼는 것, 중년 여성이 결혼해 출산과 자녀 양육에 힘써 모든 자녀를 대학까지 보낸 후 공허함을 느끼는 것 등은 중년기에 팽창된 페르소나를 경험하는 예라 할 수 있다.

### (7) 아니마와 아니무스

융은 양육, 감정, 예술 및 자연과의 일치 등에 대한 역량은 여성적 원리이고, 사고, 영웅적 주장, 자연의 정복은 남성적 원리로 간주하였다(Jung, 1961: 379-380). 아니마(anima)는 남성의 억압된 여성성을, 아니무스(animus)는 여성의 억압된 남성성을 말한다. 융은 인간이 사회화 과정을 통해 남성은 자신의 여성성을 무의식으로 억압하여 보다 남성다워지고, 여성은 자신의 남성성을 무의식으로 억압해 보다 여성다워지게 되는 것이라 말했다. 또한 자신의 본성을 억압하고 경멸하면 창조성과 전체성이 드러나지 못한다고 하면서, 성숙한 인간이 되기 위해서는 자신의 내부에 잠재해 있는 이성을 이해하고 개발하는 것이 필요하다고 하였다.

### (8) 음영

인간이 사회생활을 무리 없이 하기 위해서는 음영(shadow)에 포함된 동물적 본성을 자제해야 하므로 페르소나를 발달시키게 된다. 음영이란 의식의 이면으로 무시되고 도외시되는 마음의 측면이다. 음영은 인간의 동물적 본성을 크게 포함하고 있어 용납하기 어려운 특질과 감정으로 구성되어 있다. 그러나 음영은 동물적 본능의 근원일 뿐만 아니라 자발성, 창의력, 통찰력 등 완전한 인간성에 필수적 요소의 원천이기도 하다. 인간에게는 개인의 무의식 속에 존재하는 자아와 상충되는, 의식하기 싫은 자신의 부정적인 측면이 있다. 이때 그 내용이 사회적으로 수용된다면 자아가 되고, 그렇지 않으면 그림자와 관련된다. 그림자는 대부분 인간의 동물적 본성을 포함해 어두운 면, 부정적인 면을 나타내는 원형이라 할 수 있지만, 자발성이나 창의성, 통찰력 등과도 관련되기 때문에 그림자를 너무 억압하면 본성이 희생될 수 있다. 그러나 자아보다 그림자가 더 많은 힘을 갖게 되면 통제가 어려운 상황에 처해 지배당하고 혼돈에 빠질 수 있다. 보다 활력이 넘치는 삶을 위해서는 자신의 그림자에 대한 통찰이 필요하며 자아와 그림자의 적절한 조화가 필요하다.

### (9) 자기

자기(self)는 중심성, 전체성, 의미를 무의식적으로 추구하는 원형이다(Jung, 1961: 386). 의식과 무의식을 포함한 전체 정신의 중심인 자기는 태어날 때부터 존재하는 원형이므로, 의식의 중심인 자아(ego)는 의식의 영역밖에 볼 수 없지만 자기는 모든 것을 볼 수 있고 통합시킬 수 있다. 자아가 의식과 관련된 개념이라면, 자기는 의식과 무의식 영역을 모두 포함하는 인격과 정신의 중심이 되는 개념으로 '본래의 나', '선험적 나'를 의미한다. 자기는 콤플렉스와 원형을 끌어들여 성격의 조화와 안정성, 통합성을 이루도록 하는데 타고난 정신적 소인이기는 하지만, 다른 정신세계가 충분히 발달할 때까지 나타나지 않아 중년기까지 거의 드러나지 않는다. 즉, 자기실현(self-actualization)은 성격 발달의 궁극적 목표이지만 이에 도달한 사람은 극소수에 불과하다.

#### (10) 개인 무의식

개인 무의식은 인간의 의식 속에는 존재하지 않지만 의식 영역으로 불러들일 수 있는 저장소로, 과거의 경험으로 형성되어 있다. 그리고 삶 속에서 억압했던 모든 감정과 성향이 담겨 있다. 개인 무의식은 무의식의 표면에 위치하며 프로이트가 언급한 전의식의 내용도 포함된다.

#### (11) 집단 무의식

모든 인류에게 공통적으로 유전되어 태어날 때부터 이미 가지고 나오는 무의식층을 융은 집단 무의식(collective unconscious)이라 하였다. 개인적 경험이나 특성과는 관계없이 누구에게나 발견되는 보편적인 내용으로 조상이나 종족 전체의 경험, 생각, 감정과 관련된 사고, 공포, 원시적 성향을 의미한다. 예를 들어, 동양이나 서양에서 지역이 다름에도 유사한 신화가 존재하는 것은 인간의 집단 무의식과 관련된다고 볼 수 있다. 집단 무의식은 꿈, 예술 등을 통해서도 표현되며 인간의 행동에 많은 영향을 미친다. 집단 무의식은 매우 깊은 성격구조에 위치하는데 융은 집단 무의식을 중요한 개념으로 간주하였다.

### 3) 무의식의 구성

융은 무의식이 개인 무의식(personal unconscious)과 집단 무의식이라는 두 층으로 구성되어 있다고 보았다. [그림 3-1]에서(서봉연 역, 1983: 315) 보듯이 융은 무의식의 세계는 상징을 통해서만 접근할 수 있다고 생각했다. 융은 무의식의 창조성을 절대적으로 신봉하였으므로, 그의 무의식은 프로이트식의 위험한 무의식 개념과 뚜렷이 구별된다.

자기보다 상층부에 있는 것이 개인 무의식이다. 자아에 의해 인정받지 못한 체험이라고 해서 정신에서 소멸되지는 않는다. 융은 이 체험들이 개인 무의식에 저장된다고 보았다. 개인 무의식은 살면서 의식이 억압하고 망각한 모든 성향과 감정을 포함한다(Jung, 1961: 389). 음영의 대부분은 개인 무의식이며, 아니마와 아니무스도 부분적으로는 개인 무의식이다. 개인 무의식 중 일부는 프로이트의 억압된 무의식과 거의 같아서 자아와 초자아에 의해 용납될 수 없는 고통스러운 경험과 심한 불안으로 인한 환상, 감정, 사고가 자아에 의해 억압, 억제, 격리, 부정, 망각되어 인식되지 못한 것이다. 그러나 어떤 개인 무의식의 내용은 필요할 때 쉽게 의식에 접근할 수 있다. 즉, 자아에 의미 있는 인상을 주지 못한 경험은 프로이트의 전의식처럼 쉽게 의식에 도달할 수 있다.

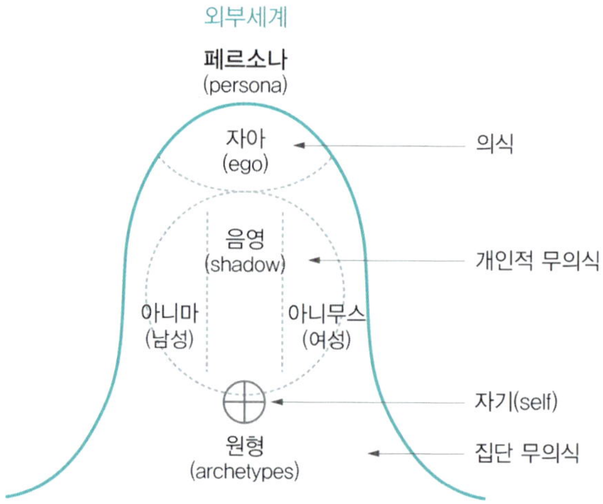


**[그림 3-1] 융 이론의 정신구조**

예를 들면, 전혀 흥미 없이 배웠던 것을 몇 년 지나서 그것이 필요할 때 개인 무의식으로부터 상기시킬 수 있다. 개인 무의식은 꿈의 형성에 중요한 역할을 한다.

개인 무의식에는 하나의 공통된 주제와 관련된 정서, 기억, 사고가 집합을 이루는 경우가 있는데, 이것이 콤플렉스이다(Jung, 1961: 40). 콤플렉스는 무의식이므로 자아는 콤플렉스의 지배를 받고 있는지를 깨닫지 못한다. 자아의 저항이 콤플렉스와 관련되어 신경증을 일으키는 정서나 원형을 의식하지 못하게 하므로 콤플렉스는 자율적이다. 콤플렉스는 부정적 요소와 긍정적 요소를 가지므로 성장을 방해 또는 촉진한다(Maduro & Wheelwright, 1977: 90). 또한 콤플렉스는 항상 다른 콤플렉스에 구조적으로 관련되어 작용한다. 예를 들면, 모성 콤플렉스는 자녀 콤플렉스, 부성 콤플렉스와 상호작용한다. 콤플렉스는 통합적 자아로부터 독립적으로 분리되어 있으므로 유해할 수 있다.

융이 관찰한 콤플렉스의 대부분은 환자의 콤플렉스였다. 후에 융은 콤플렉스가 반드시 적응을 방해하지만은 않는다는 것을 깨달았는데 콤플렉스가 뛰어난 업적을 이루는 데 꼭 필요한 영감과 충동의 근원이 될 수 있음을 발견한 것이다.

프로이트의 영향을 받은 융은 처음에는 콤플렉스가 아동기 초기의 외상(trauma) 경험에서 비롯된다고 믿었으나, 프로이트의 영향에서 벗어난 후에는 아동기 초기의 체험보다 더 심오한 것으로부터 생기는 것임을 깨닫기 시작했다. 그 결과 콤플렉스는 종의 진화사에서 겪은 어떤 경험, 즉 유전이라는 기제를 통해 한 세대에서 다음 세대로 계승되는 경험이라고 간주되었는데, 이것이 정신의 또 다른 수준인 집단 무의식이다.

집단 무의식의 구조적 요소는 인간의 근원적 행동조건인 원형이다. 원형들은 집단 무의식 속에서 별개의 구조를 이루고 있지만 서로 결합하기도 한다. 예를 들면, 영웅의 원형이 악마의 원형과 결합하면 '무자비한 지도자' 유형의 성격이 나온다. 따라서 모든 원형이 여러 가지 형태로 결합되어서 작용하는 점이 개인마다 성격이 다르게 되는 한 요인이 된다.

한편 융은 무의식으로부터 나오는 원형적 활동을 작동시키고 상징적으로 구조화하는 데 있어 문화의 역할을 강조하였다. 그러므로 동일한 환경에서의 경험이 상이한 원형적 반응을 일으킬 수도 있고, 다양한 환경적 요인들이 동일하거나 유사한 원형적 반응을 일으킬 수도 있다는 것이다.

## 4) 성격의 발달

융의 견해에 의하면 성격은 자아, 개인 무의식, 집단 무의식의 세 가지로 분리되어 있으나 서로 교류하는 체계로 구성되어 있다. 그는 이 성격의 발달이 일생에 걸친 연속적 과정이라고 보면서도 두드러지는 변화가 일어나는 네 단계로 성격의 발달을 설명하였다(Jacobi, 1959; Jung, 1961).

### (1) 아동기

이 단계는 출생부터 사춘기까지이다. 출생 후 몇 년 동안은 정신이 완전히 본능에 의해 지배되므로, 이 시기 동안 아동은 전적으로 부모에게 의존한다. 의식적 자아가 발달하기 전이므로, 지각된 것은 조직화되지 못하며 의식적 기억도 쓸모가 없다. 생활 속의 질서의 대부분을 부모가 결정한다. 유아의 행동은 본능에 의해 지배되므로 심리적 문제는 있을 수 없고 사실상 있지도 않다. 심리적 문제란 의식부에 자아가 존재해야 생기는 것인데 이 시기에 자아는 아직 형성되지 않았기 때문이다. 따라서 의식의 연속성도, 자아정체감의 감각도 없다. 아동기 후반부에 가서 기억이 지속되면서 또 자아정체감의 감각과 관련된 지각이 축적되면서 자아가 형성된다. 학교에 들어가면서 아동은 부모로부터 점차 분리되기 시작한다.

### (2) 청소년기와 성인기

이 단계는 사춘기에 일어나는 생리적 변화로 시작되어 35~40세 사이에 끝난다. 융은 청소년기를 정신적 탄생(psychic birth)이라 불렀다. 정신적 탄생과 부모로부터 자아의 의식적 분리는 청소년기에 일어난다. 생리적 변화가 이러한 정신적 혁명을 수반한다. 청소년기는 본인도 부모도 어려운 시기이다. 물론 개인의 각오, 자각, 적응이 충분히 발달해 있으면 청소년기에 큰 어려움이 없다. 그러나 청소년기에 현실과 모순되는 환상에 집착하면 많은 문제에 부딪히게 된다. 예를 들면, 어른이 되는 것보다 어린이로 머무르기를 좋아하는 어린이의 원형이 청소년기의 문제를 낳을 수 있다.

성인기는 외양적으로 팽창하는 시기이며, 성숙의 힘에 이끌려 자아가 발달하고 외부세계에 대처하는 능력이 발달한다. 따라서 경력을 쌓고 가정을 이루며 사회적 성공을 얻기 위해 노력한다. 즉, 활력은 외부로 향하고 외향적 태도를 취하기 쉽다. 대개 남자는 남성적 원리를, 여자는 여성적 원리를 발달시킨다.

### (3) 중년기

35세부터 40세를 전후해 정신적 변화가 오게 되며, 외향적 목표와 야망은 중년이 되면 그 의미를 잃기 쉽다. 융은 그러한 변화가 일어나는 것은 사회가 보상한 성취가 성격의 어떤 측면들을 희생시킨 대가로 얻어진 것이기 때문이라고 보았다. 그러나 중년기 위기에서 정신은 인간으로 하여금 내면으로 시선을 돌려 생의 의미를 음미하도록 촉구하여 위기에서 벗어날 출구를 제시하는데, 무의식이 정신의 균형과 조화를 위해 억압된 측면을 인식할 것을 요구한다. 즉, 중년기에는 외부세계를 정복하는 데 쏟았던 에너지를 자신의 내부에 초점을 맞추도록 자극을 받으며 자신의 잠재력에 깊은 관심을 갖게 된다. 이에 따라 남자는 여성적 측면을 여자는 남성적 측면을 표현하게 된다. 이는 성격의 태도 면에서 내향적으로 되면서 의식에만 집중하던 경향이 무의식의 세계를 깨달음으로써 바뀌기 때문이다.

중년기 변화는 처음부터 의식되는 현저한 변화가 아니며 오히려 무의식에서 야기되는 것 같은 간접적인 변화이다. 성격의 변화 같은 것이기도 하고 어떤 사람에게는 아동기에 사라졌던 특질들을 나타내는 것이기도 하다. 중년기에 청소년기나 성인기의 가치와 목표에 여전히 매달려 있으면 더는 발달하지 못한다. 그 가치들은 이미 의미를 상실했으므로 새로 의미를 찾아야 하는데 그러지 못하면 절망에 빠지게 되는 것이다.

### (4) 노년기

노인들은 자신의 삶이 더는 상승할 수 없으며 인생의 마감을 앞두고 있다는 것을 알아야 한다. 내적 과정에 있어 청소년기에는 자기 자신에게 지나치게 몰두하는 것이 좋지 않으나 노년기에는 자신에 대해 진지한 관심을 가지는 것이 의무이고 필수이다. 그런데 많은 노인들은 그렇게 하는 대신 지나치게 건강을 염려하고, 인색하며, 공리공론과 과거에 대한 찬양만 하면서 인생의 후반부도 전반부의 원리로 살려는 환상을 가진다.

융은 "사람이 나이가 들어 명상과 회고를 많이 하면 자연적으로 내적 이미지가 이전과 달리 큰 비중을 차지하게 된다."고 보았으며, "노인은 죽음 앞에서 생의 본질을 이해하려고 애쓴다."고 말하였다(Jung, 1961: 309). 그는 노인이 내세의 이미지를 갖고 있지 않다면 건전하게 죽음에 직면할 수 없다고 믿었다. 나이든 사람에게도 미래를 향한 목표는 필요하며 죽음의 불가피성은 어느 정도 죽음 자체가 하나의 목표로 간주되어야 함을 시사한다. 죽음에서 인간이 추구할 수 있는 목표를 발견하는 것이 건전하며, 죽음을 회피하는 것은 인생 후반부의 목적을 빼앗는 것으로 불건전하고 비정상적이라는 의미이다.

융의 관점에서 죽은 사람의 영혼은 새로 죽은 사람에게서 생의 의미에 대한 진리를 깨닫기 위해 넋을 잃고 귀 기울이는 청중과 같다(Crain, 1985: 204). 융의 관점에서는 사후의 삶도 인생의 연속인 것이다. 따라서 노인처럼 죽은 사람도 존재의 의문에 대해 계속 씨름하고 있다고 가정된다(Crain, 1985: 205).

## 5) 심리적 유형

융은 심리적 유형에 관한 연구에서 자아의 기본적 태도와 기능들을 제시하였으며, 이들이 여러 가지 결합으로 개인의 성격을 결정하는 방식에 대하여 설명했다(Jung, 1959).

### (1) 자아의 태도

융은 자아의 기본적 태도를 외향성과 내향성의 두 가지로 구분했다. 자아의 기본적 태도는 태어날 때부터 결정되는 것으로 간주된다. 외향성은 정신에너지 리비도가 객관적 외계의 표상으로 향하며, 객관적 사실과 조건에 관한 지각, 사고, 감정에 의해 좌우되는 것을 의미한다. 따라서 외향적인 사람은 사람, 사물, 사건들에 무한히 흥미를 느끼며 환경에 쉽게 적응한다. 그의 마음은 외부대상에 의해 자극되고 특정하게 반응한다. 외향적인 사람은 자기 안에서 일어나는 변화를 바깥에서 영향을 미치는 외부대상 탓으로 여긴다.

내향성은 리비도가 주관적 정신구조와 과정으로 향해 있다. 그래서 내향적인 사람은 외부대상에 대한 자신의 성찰로부터 영향을 받는다. 내향적인 사람에게서 대상의 중요성은 대상 그 자체가 아니라 그것이 어떻게 자신의 심리에 관계되는지에 달려 있다. 그러므로 외향적인 사람은 외부세계가 제공하는 정보로 판단하나 내향적인 사람은 자신의 주관에 의해 판단한다. 예를 들어, 어떤 사람은 밖이 춥기 때문에 외투를 입도록 설득되나 밖이 아무리 추워도 추위를 느끼고 싶은 다른 사람은 외투가 불필요하다고 여긴다. 어떤 사람은 세상 사람들이 찬양하기 때문에 그 테너 가수를 찬양하나 다른 사람은 그 테너 가수가 아무리 명성이 높아도 자기 취향에 맞지 않으면 높이 평가하지 않는다. 전자는 객관적 정보로 판단하나 후자는 자신과 객관적 사실 간에 삽입되는 자기 나름의 주관적 견해를 가지고 판단하는 것이다.

모든 사람은 외향성과 내향성을 양쪽 다 가지고 있으나 어느 한쪽의 상대적 우세가 그 유형을 결정한다. 외부환경과 내적 성향이 어느 한쪽을 지지하고 다른 쪽을 제한하여 한쪽의 우세가 자연히 발생하게 된다. 결국 일반적으로 외향성과 내향성 중 어느 한쪽의 태도가 개인의 일생에 걸쳐 우위에 있다. 객관적 지향이 우세하면 외향적이라 간주되며, 주관적 지향이 우세하면 내향적이라 불린다. 외향적인 사람은 다른 사람과의 상호작용에 관심을 가진다. 그는 활동적이고 사교적이며 주위의 일들에 흥미를 가진다. 내향적인 사람은 자신의 내적 세계에 대해 사색하고 분석하는 일에 흥미를 갖는다. 그는 고독하고 비사교적이며 자기 일에만 관심을 가진다. 이 두 태도는 번갈아 나타날 수도 있지만 동시에 의식에 공존하지는 못한다.

자아의 태도유형은 성별, 연령, 직업, 계층 등과 상관이 없다. 예를 들어, 동일 가족 내에서 한 자녀는 내향성이나 다른 자녀는 외향성일 수 있다. 이러한 사실에 비추어 자아의 태도유형은 의식적 판단이나 의도일 수 없으며, 무의식적인 본능적 동기에 의해 결정된다.

한편 의식에 표현되는 것과 반대되는 태도가 무의식에 존재한다. 이것이 개인 무의식의 일부가 되어 그 속에서 행동에 영향을 미칠 수 있다. 예를 들면, 외향적인 사람이 갑자기 우울해하고 비사교적으로 행동할 때 그는 일시적으로 무의식 속에 억압된 자신의 내향성을 표현한 것이다. 보통은 의식의 태도를 무의식의 태도가 적절히 보완하므로 문제가 없으나 의식의 태도가 너무 지나치면 정반대의 무의식의 태도에 의해 때로 의식이 지배되기도 한다.

### (2) 자아의 기능

융은 의식에 외향성과 내향성 외에 자아의 기본적인 심리적 기능이 있다는 것을 이후 추가하였다. 그는 외향성과 내향성이라고 해서 모두 똑같지 않음을 발견했는데, 특히 합리적 혹은 비합리적인 차원에서 다른 점을 주목하였다. 융은 그 심리적 기능을 ① 사고, ② 감정, ③ 감각, ④ 직관이라는 네 가지로 보았다. 이들 네 기능 중 어떤 한 기능이 우세하면 그에 상응하는 유형이 된다. 즉, 자아의 기능은 사고형, 감정형, 감각형, 직관형으로 분류된다.

#### ※ 사고 · 감정

평가 혹은 판단에 사용되는 기능인 사고와 감정은 합리적 기능이라고 하는데, 이 두 기능이 판단행위를 필요로 하기 때문이다. 사고와 감정은 실제로 정반대 기능이지만 양쪽 모두 경험에 대해 판단하고 평가하며, 체계화하고 분류하는 속성을 갖고 있다. 사고는 여러 가지 생각을 연결시켜서 일반적 생각 또는 문제해결에 도달하는 기능이다. 즉, 사물을 이해하고자 하는 지적 기능이다. 감정은 내적 혹은 외적 실체에 대한 인정 혹은 경시를 포함한다. 사고형은 모든 중요한 행동이 지적인 동기로부터 나온다. 사고형은 감정을 누르는 경향이 있다. 주로 사고를 통해 외부세계'에 적응하는 사람은 감정의 문제는 잘 다루지 못한다. 감정형은 평가할 때 어떤 생각이 유쾌한지 불쾌한지, 흥미 있는지 없는지 등에 의해 그 생각을 받아들이거나 거부한다. 감정형은 주로 감정판단에 근거해 생활을 영위하며 사고기능이 열등하다.

#### ※ 감각 · 직관

지각의 두 형태인 감각과 직관은 이성을 필요로 하지 않으므로 비합리적 기능이다. 감각과 직관이 이성을 필요로 하지 않는 것은 두 기능이 모두 개인에게 작용하는 자극으로 인해 발생하는 심적 상태이기 때문이다. 이 상태는 방향이 없을 뿐만 아니라 사고나 감정과 달리 목표도 없다. 감각은 감각기관을 통해 현실을 경험하는 것인 반면, 직관은 일종의 초감각적 경험이나 육감을 토대로 한다는 점에서 상반되는 기능이다. 즉, 감각이란 감각기관의 자극에 의해 생기는 모든 의식적 경험을 포함하지만 직관은 직접적으로 주어진 경험이라는 점에서 감각과 같으나 그것이 어디에서 왔는지 어떻게 생겼는지 당사자가 모르는 점이 다르다. 직관은 내용을 모르는 채 전체적 형태를 즉각 깨닫는 것이므로 갑자기 나타난다. 감각형은 사물의 현재 있는 그대로에 관심이 있으나 직관형은 사물을 가능한 모습으로 바라본다. 즉, 감각형은 나무는 보나 숲을 보지 못하며 직관형은 숲은 보나 나무를 보지 못한다. 감각형은 직관기능이 열등하여 분방한 예측을 주로 한다. 반면 직관을 통해 미래의 가능성을 잘 감지하는 사람은 감각을 통해 구체적 현실을 파악하는 것은 잘 하지 못한다.

의식적 주의는 사고, 감정, 감각, 직관이라는 네 가지 심적 기능의 작용으로 발달한다. 사람은 성장하면서 네 가지 심적 기능을 같은 비중으로 똑같이 사용하지는 않는다. 일반적으로 특정 기능을 다른 기능들 보다 많이 사용한다. 이 네 기능 중 어느 기능을 많이 사용했느냐에 따라 기본적 성격이 달라진다. 예를 들면, 사고기능이 뛰어난 아동의 성격은 감정기능이 뛰어난 아동의 성격과 상당히 다르게 된다. 결국 심리적 기능에서도 한 가지 기능만이 의식에서 지배적이고 나머지 세 기능은 개인 무의식의 일부가 되는 것이다.

### (3) 심리적 유형: 태도와 기능의 조합

융은 모든 사람이 자아의 태도와 기능을 활용해 생활을 영위한다고 주장하였다. 즉, 자아의 두 태도 중 하나와 자아의 기능들 가운데 상대적으로 발달한 기능이 일반적으로 그 사람의 내적 · 외적 생활에 관계하는 방식을 결정한다는 것이다. 두 가지 태도와 네 가지 기능의 결합으로 여덟가지의 심리적 유형이 형성된다. 즉, 외향적인 사고, 감정, 감각, 직관과 내향적인 사고, 감정, 감각, 직관이 그것이다. 심리적 유형을 기계적으로 적용해 인간이해를 하면 위험하지만, 이러한 유형화가 인간의 다양성과 개성을 보여주는 측면이 있으므로 인간이해를 도울 수 있는 일종의 가설이라 할 수 있다. 각 유형을 살펴보면 다음과 같다.

### ※ 외향적 사고

외향적 사고는 자극에 의해 뇌에 전달되는 정보를 이용하는 것을 일컫는다. 따라서 외향적 사고를 하는 사람은 실천적이며 실제적이다. 외향적 사고형은 객관적 사고를 일생의 과제로 삼는다. 그 표본은 객관적 세계에 관해 배우는 데 전력을 다하는 과학자이다. 외향적으로 사고하는 사람은 자기의 감성적 측면을 억압하기 쉬우므로 냉정하며 오만하게 보이기 쉽다. 그 억압이 너무 심하면 감정이 결핍되어 사고가 빈약하고 메마르기 쉽다.

### ※ 내향적 사고

주관적으로 생각하는 내향적 사고는 내적 심리세계에 관해 주로 생각한다. 그러므로 내향적 사고형은 생각이 내면으로 향해 있다. 자신의 실존을 이해하고자 하는 철학자가 그 표본이다. 극단적인 경우에는 현실을 완전히 떠나게 된다. 이 유형은 흔히 완고하고, 분별없으며, 거만하고, 쌀쌀하게 보인다.

### ※ 외향적 감정

외향적 감정은 외적 또는 객관적인 기준에 의해 지배된다. 이에 따라 외향적 감정형은 사고보다 감정을 상위에 놓는 유형이다. 여성에게 많은 이 유형은 상황이 변하면 감정도 변하기 때문에 변덕이 심하고 감정적이며 기분파로 보인다.

### ※ 내향적 감정

내향적 감정은 주관적 조건, 특히 원형에서 생기는 원시적 이미지에로 사로잡힌다. 내향적 감정은 독창적 · 비정상적인 경향이 있다. 내향적 감정형은 자기의 감정을 감춘다. 여성에게 많은 이 유형은 말수가 적고, 접근하기 어려우며, 우울해 보이고, 깊고 열렬한 감정이 감추어져 있다.

### ※ 외향적 감각

외향적 감각은 개인이 어떤 객관적 현실에 직면해 있는가에 의해 결정된다. 따라서 외향적 감각형은 외계에 관한 사실들을 파악하는 데 관심을 가진다. 주로 남성에게 많은 이 유형은 현실적이며 앞뒤를 계산하지 않고 있는 그대로 받아들인다. 극단적인 경우 호색가 또는 탐미주의자가 된다.

※ 내향적 감각

내향적 감각은 특정 시점에서의 주관적 현실에 의해 지배된다. 따라서 내향적 감각형은 외적 대상과 거리를 두고 자신의 정신적 감각에 몰두한다.

※ 외향적 직관

외향적 직관은 객관적 상황에서 모든 가능성들을 발견하고자 하며, 외적 대상에서 가능성을 찾는다. 그러므로 외향적 직관형은 외계에서 새로운 가능성을 발견하기 위해 여기저기 뛰어다닌다. 일반적으로 여성들에게 많은 이 유형은 경솔함과 불안정이 특징이다. 신기한 일들만 쫓아다니기 때문에 흥미를 장기간 유지할 수 없다.

※내향적 직관

내향적 직관은 심적 현상의 가능성을 특히 원형의 이미지에서 찾는다. 내향적 직관형은 원형의 이미지 속에 고립되어 있는데, 그 이미지의 의미를 자신도 모른다. 예술가가 이 유형의 표본이다.

이후 마이어스와 브릭스(Myers & Briggs)는 융의 이론에 인식과 판단을 부가하여 네 가지 선호 경향에 따라 인간의 성격유형을 16가지로 분류한 MBTI(Myers-Briggs Type Indicator)를 개발하였다.

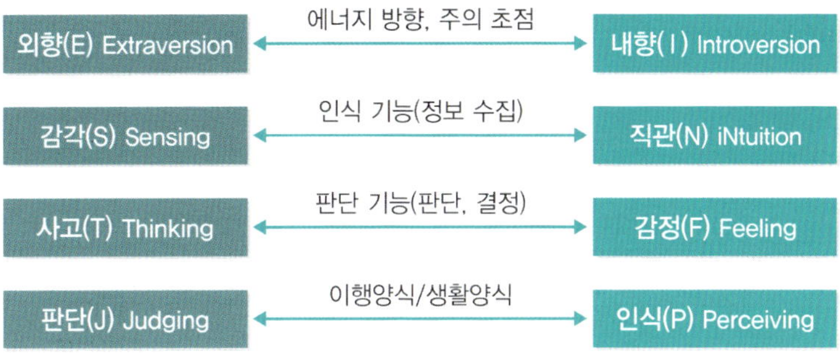


**[그림 3-2]** MBTI의 네 가지 선호 경향

출처: 한국 MBTI 연구소 홈페이지(2021). http://www.mbti.co

〈표 3-2〉 MBTI의 16개 성격유형

| 성격유형 | | 성격의 특성 |
|---|---|---|
| 세상의 소금형 | ISTJ | 조용하고 신중하며 집중력이 강하다. 매사에 철저하고 사리분별력이 뛰어나다. |
| 임금 뒤편의 권력형 | ISFJ | 차분하고 조용하며 친근하다. 책임감이 강하고 헌신적이다. |
| 예언자형 | INFJ | 인내심이 강하고 통찰력과 직관력이 뛰어나 신념을 갖고 열정적으로 구현시켜 나간다. |
| 과학자형 | INTJ | 사고가 독창적이며 창의력이 뛰어나다. 비판적 분석력이 뛰어나며 내적 신념이 강하다. |
| 백과사전형 | ISTP | 조용하며 절제된 호기심으로 인생을 관찰한다. 상황을 민첩히 파악하며 도구를 잘 다룬다. |
| 성인군자형 | ISFP | 말없이 다정하고 온화하다. 친절하고 연기력이 뛰어나며 겸손하다. |
| 잔다르크형 | INFP | 정열적이고 충실하다. 목가적이며 낭만적이며 내적 신념이 강하다. |
| 아이디어뱅크형 | INTP | 조용하고 과묵하다. 문제를 논리적이고 분석적으로 해결하는 것을 좋아한다. |
| 수완 좋은 활동가형 | ESTP | 현실적인 문제해결에 능하다. 적응력이 뛰어나고 관용적이다. |
| 사교적인 유형 | ESFP | 사교적이고 활동적이다. 수용적이고 친절하며 낙천적이다. |
| 스파크형 | ENFP | 따뜻하고 정열적이며 활기가 넘친다. 재능이 많고 상상력이 풍부하다. |

| 성격유형 | | 성격의 특성 |
|---|---|---|
| 발명가형 | ENTP | 민첩하고 독창적이다. 넓은 안목을 갖고 있으며, 다방면에 관심과 재능이 많다. |
| 사업가형 | ESTJ | 구체적이고 현실적이며 사실적이다. 일을 조직화시켜 처리해 나가며 지도력이 있다. |
| 친선도모형 | ESFJ | 마음이 따뜻하고 이야기하는 것을 좋아한다. 다른 사람과의 인화를 중요하게 여긴다. |
| 언변능숙형 | ENFJ | 따뜻하고 적극적이며 책임감이 강하다. 사교성이 좋고 동정심이 많다. |
| 지도자형 | ENTJ | 활동적이고 솔직하다. 단호한 결단력과 통솔력이 있다. |

출처: ASSESTA 심리평가연구소(2021). http://www.career4u.net/tester/mbti_intro.asp

### Tip 융 이론의 평가

인간정신의 구조와 정신역동을 설명하면서 프로이트의 성욕 및 정신 생물학적 결정론을 거부한 칼 구스타프 융(Carl Gustav Jung)은 심리적 건강의 이상형은 의식이 무의식을 감독하고 지도하는 것이라고 보았다(이혜성 역, 1982: 137). 이는 의식과 무의식의 세계가 융화되어 양쪽이 모두 자유롭게 발달되도록 허용되어야 한다는 관점이다.

융의 분석심리이론에서 정신분석이론과의 가장 큰 차이점은 프로이트가 인간은 무의식에 의해서 결정되는 불변적 존재라고 가정한 반면, 융은 인간을 무의식의 영향을 받지만 의식에 의해 조절할 수 있는 가변적 존재라고 가정한다는 것이다. 분석심리이론에서는 인간을 의식과 무의식 간의 대립을 극복하고 의식에 의한 조절을 통해서 의식과 무의식을 통일해나가는 생물학적 · 심리학적 · 사회문화적 특성을 반영한 전체적 존재로 인식한다. 이러한 의미에서 인간은 역사적이면서 미래지향적 존재이고, 목표달성을 위해서 노력하고 행동을 조절할 수 있는 존재이다. 그는 또한 개인적 · 사회문화적 원형이 갖는 힘의 상호작용을 고려하지 않고는 정신을 이해할 수 없다고 믿었다. 이에 따라 융의 분석심리학은 고고학, 연금술, 점성술, 신화, 동서양 철학, 천문학, 종교에 대한 광범위한 관심을 반영하였다. 또한 융의 내향성-외향성(introversion-extroversion) 개념은 성격을 구체적인 특질(traits)로 조명하여 성격에 대한 이해를 확대시켰다. 융은 정신을 성격 전체를 포괄하는 개념으로 의식 및 무의식적 사고, 감장 행동을 내포하는 포괄적 개념으로 본다. 정신은 자아와 페르소나가 있는 의식, 그림자와 콤플렉스가 있는 개인무의식 원형과 아니마 및 아니무스가 있는 집단무의식으로 구성된다. 분석심리이론에서 성격발달은 개성화의 과정을 통한 자기실현 과정이다.

분석심리이론의 강점은 ① 이 이론이 프로이트의 정신분석이론에 바탕을 두지만, 의식을 강조하고 인간을 가변적으로 인식하고 있다는 점, ② 치료과정에서 치료자와 내담자의 관계가 정신분석이론보다 권위적이지 않다는 점, ③ 성격형성이 생애 전반에 걸쳐서 일어날 수 있다고 가정한 점 등을 들 수 있다. 이러한 강점에도 불구하고 ① 원형, 집단무의식 등은 개념적으로는 이해가 가지만 현실적으로 관찰 불가능한 부분이 많아서 이론이 지나치게 신비주의적이고, ② 이러한 비합리적인 개념들이 적용되어 치료과정이나 효과를 객관적으로 관찰하는 데 한계가 있다고 평가된다.

융 이론에 대해 사회복지분야에서 직접적 관심을 가진 적은 없었지만 인간행동과 인간발달에 관한 이해를 넓히는 데 그의 이론의 주요 개념, 심리적 유형, 중년기의 미음에 관한 연구는 매우 유용하다.

## Tip 융의 분석심리이론과 사회복지실천

### [사회복지실천에 미친 영향]

1. 신비로움, 초자연적인 것과 관련된 내용은 모호하여 개념을 이해하기 쉽지 않으며 검증도 어렵다는 비판이 있지만, 인간의 내적 경험의 중요성, 인간 본성의 양면성 등의 내용은 인간의 싱격과 행동 발달을 이해하는 데 도움을 주었다.
2. 중년기의 변화와 위기를 설명한 내용들은 중년의 잠재력 개발, 사회의 능동적 참여, 현실 상황에 대한 새로운 대처방식의 발견과 삶의 수용의 측면에서 사회복지사들이 어떻게 접근해야 하는지 유용한 지침을 제공한다.

### [사회복지실천 기법의 예]

- 단어연상 검사: 100개의 자극단어를 불러주고, 가장 먼저 떠오르는 단어를 답하게 하여 반응시간을 기록한 후 느낀 감정을 공유하는 기법
- 생애사 재구성기법: 과거 경험에 대해 회상하게 하여 증상이나 병리를 일으킨 발달 유형을 파악해 생애를 재구성하는 기법
- 확충법(amplification): 어떤 주제가 탐색될 때까지 같은 상징들을 계속해 재평가하고 재해석하는 기법

## Tip 사회복지사 1급 시험 기출 문제

**01 융(C. Jung)의 분석심리이론에 관한 설명으로 옳지 않은 것은? [16회]**

① 인간은 생물학적 · 심리적 · 사회문화적 존재이다.
② 인간은 자신의 일부를 받아들이기 꺼리는 그림자(shadow)를 가지고 있다.
③ 집단무의식을 '조상대대로의 경험의 침전물'로 보았다.
④ 남자의 여성적인 면은 '아니무스(animus)', 여자의 남성적인 면은 '아니마(anima)'이다.
⑤ 페르소나(persona)는 개인이 외부에 표출하는 이미지 혹은 가면을 의미한다.

**02 에릭슨(E. Erikson)의 이론에 관한 설명으로 옳은 것을 모두 고른 것은? [16회]**

ㄱ. 각 단계의 발달은 이전 단계의 발달을 토대로 이루어진다.
ㄴ. 사회문화적 환경이 성격발달에 영향을 미친다.
ㄷ. 청소년기의 주요 발달과업은 자아정체감 형성이다.
ㄹ. 인간의 발달은 전 생애에 걸쳐 일어난다.

① ㄱ, ㄴ　② ㄱ, ㄷ　③ ㄷ, ㄹ
④ ㄱ, ㄴ, ㄹ　⑤ ㄱ, ㄴ, ㄷ, ㄹ

**03 에릭슨(E. Erikson)의 심리 · 사회적 발달단계에서 긍정적 결과와 주요 관계의 연결이 옳지 않은 것은? [17회]**

① 영아기(0~2세, 신뢰감 대 불신감): 지혜 - 어머니
② 유아기(2~4세, 자율성 대 수치심과 의심): 의지 - 부모
③ 학령전기(4~6세, 주도성 대 죄의식): 목적 - 가족
④ 아동기(6~12세, 근면성 대 열등감): 능력 - 이웃, 학교,
⑤ 청소년기(12~19세, 자아정체감 대 정체감 혼란): 성실 – 또래집단

**04 아들러(A. Adler) 이론에 관한 설명으로 옳지 않은 것은? [13회]**

① 인간행동의 객관성과 보편성을 강조한다.
② 인간을 하나의 통합된 유기체로 인식한다.
③ 출생순위는 생활양식 형성에 영향을 미친다.
④ 사회적 관심은 선천적이지만 의식적인 개발을 필요로 한다.
⑤ 개인의 성장과 발달은 열등감을 극복하려는 시도에서 나온다.

**05 아들러(A. Adler)의 개인심리이론에 관한 설명으로 옳지 않은 것은? [16회]**

① 열등감은 보다 나은 자기완성의 의지를 약화시키는 요소이다.
② 인간은 우월성을 추구하려는 동기를 가지고 있다.
③ 사회적 관심은 가족관계 및 아동기 경험의 맥락에서 발달한다.
④ 인간은 자신의 삶을 스스로 창조해갈 수 있는 능동적인 존재이다.
⑤ 출생순위, 가족의 크기 등은 개인의 성격발달과 생활양식에 영향을 미친다.

**06 융(C. Jung)의 분석심리이론에 관한 설명으로 옳지 않은 것은? [15회]**

① 자아(ego): 의식과 무의식을 결합시키는 원형적인 심상이며, 의식은 자아에 의해 지배된다.
② 페르소나(persona): '자아의 가면'이라고 하며 부와의 적응에서 생긴 기능 콤플렉스이다.
③ 음영/그림자(shadow): 자신이 모르는 무의식측면에 있는 부정적인 또 다른 나의 모습으로 모순된 행동을 하게 만든다.
④ 집단무의식(collective unconscious): 인류 역사를 통해 조상으로부터 물려받은 정서적 소인으로 개인마다 그 원형은 다르다.
⑤ 개성화(individuation): 자기실현이라고도 하며, 모든 콤플렉스와 원형을 끌어들여 성격을 조화하고 안정성을 유지하는 것이다.

**07 융(C. Jung)이 제시한 성격특성에 관한 설명으로 옳은 것을 모두 고른 것은? [17회]**

ㄱ. 외향형: 정신에너지(리비도)가 외부세계를 향하고 있다.
ㄴ. 감정형: 구체적이고 사실적인 측면에 초점을 두고 매우 일관성 있는 현실수용을 중시한다.
ㄷ. 사고형: 객관적인 진실과 원리원칙에 의해 판단하며 논리적, 분석적이고 규범과 기준을 중시한다.
ㄹ. 직관형: 미래의 가능성과 육감에 초점을 두어 변화와 다양성을 중시하며 이성을 필요로 한다.

① ㄱ, ㄴ　② ㄴ, ㄹ　③ ㄱ, ㄴ, ㄷ
④ ㄴ, ㄷ, ㄹ　⑤ ㄱ, ㄴ, ㄷ, ㄹ

정답: 01 ④ 02 ⑤ 03 ① 04 ① 05 ① 06 ④ 07 ①

Chapter 04

# 인간행동에 관한 주요 이론: 행동주의 이론

1. 스키너의 행동주의적 학습이론
2. 반두라의 사회학습이론

Chapter

# 인간행동에 관한 주요 이론: 행동주의 이론 04

학습목표

1. 행동주의이론과 사회학습이론의 주요 개념을 이해한다.
2. 행동주의이론과 사회학습이론이 인간행동에 미치는 영향을 이해한다.
3. 행동주의이론과 사회학습이론을 사회복지실천에 적용할 수 있는 방안을 이해한다.

## 1. 스키너의 행동주의적 학습이론

### 1) 스키너(Burrhus Frederic Skinner, 1904~1990)의 생애

스키너는 1904년 3월 2일 펜실베이니아주의 서스퀘하나(Susquehanna)에서 태어났다. 변호사인 아버지 슬하의 안정되고 유복한 가정환경 속에서 보상과 벌이 주어지는 적절한 훈육을 받으면서 스키너는 학습을 중시하게 되었다. 롤러스케이트, 스쿠터, 연, 모형비행기 같은 움직이는 기계를 디자인하고 만들어보는 데 열중했던

스키너의 관심이 후에 관찰한 행동을 변형시키는 데에 대한 관심으로 연결되었다. 그는 뉴욕의 해밀턴대학에서 영문학을 전공한 후 작가가 되려 했으나, 1927년 뉴욕타임스 지에 실린 파블로프의 업적을 통해 심리학을 공부하기로 결심한다. 이후 하버드대학 심리학과 대학원에서 동물행동을 전공해서 1931년 박사학위를 받고 여러 대학에서 교수와 연구자로 탁월한 업적을 남겼다.

스키너가 가장 중요하게 강조한 것은 행동을 이해하는 데 있어 경험적인 접근방법이었다. 학습분야에서의 실험적 공헌 외에도 이상향 소설인 〈월든 투(Walden Two)〉와 행동주의 원칙을 〈자유와 존엄을 넘어서(Beyond Freedom and Dignity)〉에서의 사회비판으로 확대시킨 것은 행동을 결정하고 통제하는 데 있어 환경의 강력한 역할을 입증하려는 스키너의 시도였다. 스키너는 1990년 사망하였다.

## 2) 주요 개념

### (1) 반응적 행동

반응적 행동은 구체적 자극에 의해 유발되는 구체적 행동을 일컫는다. 자극은 발생순서상 반응에 선행한다. 옆에 지나가는 사람이 어깨를 부딪치면 움찔하며 피하는 반사행동이나 의견을 말하도록 지목을 받은 후 당황하는 행동 등이 반응행동의 예라고 할 수 있다. 반응적 행동으로는 눈 깜박임, 타액분비 반응, 공포 반응 등이 있다.

### (2) 조작적 행동

조작적 행동은 환경을 조작해서 어떤 결과를 낳게 되는 행동이다. 즉, 조작적 조건화에 의해 습득된 행동을 일컫는다. 예를 들어, 아들이 진로문제를 상의하려고 할 때 계속 딴청을 부리는 아버지는 아들로 하여금 앞으로 진로문제를 상의할 가능성을 없게 만들 것이다. 조작적 조건화는 학습하는 사람으로 하여금 어떤 행동패턴을 발달하게 한다(Davey & Cullen, 1988). 조작적 조건화는 모든 나이에 발생할 수 있으며 일상생활에서 중요한 행동은 대부분 조작적 행동이다. 직장, 배우자, 또는 자신이 만든 강화 스케줄 등이 많은 성인행동에 작용한다.

### (3) 일반화의 변별

어떤 반응양식이 여러 가지 조건들에서 똑같이 보상을 받으면 일반화가 발생한다. 일반화는 자극상황들의 유사성에 달려 있다. 즉, 일반화는 조건화된 자극과 유사하지만 동일하지 않은 자극들에 조건화된 반응을 나타내는 것을 의미한다. 자극이 유사할수록 그 자극에 대한 반응률이 증가하여 일반화의 정도가 높아진다.

변별은 사물을 구별하는 것으로 상이한 자극에 상이한 반응을 보이는 것을 의미한다. 변별자극은 특정한 반응이 보상되거나 보상되지 않을 것이라는 단서 혹은 신호로 작용하는 자극을 말한다(Skinner, 1953: 107-109). 변별은 어떤 상황에서는 그 행동이 강화를 받지만 다른 상황에서는 그렇지 않은 데서 생긴다. 강화 받을 것이라고 생각하는 상황에서는 그 행동을 할 가능성이 더 커진다. 변별자극은 바람직한 결과를 얻기 위해 어떤 행동을 선택해야 할지를 암시한다. 벽에 색칠을 했을 때 어머니의 무서운 얼굴은 처벌을 받는다는 신호로 일종의 변별자극이 된다. 변별자극이 존재하지 않으면 부적절한 반응을 자주 하게 된다. 변별자극은 반응적 조건화에서는 자동적 통제를 하지만 조작적 조건화에서는 반응이 일어날 가능성만을 좌우할 뿐이다. 변별자극을 통해 인간은 외부세계를 예측하고 통제하는 것이 가능하다.

### (4) 강화

강화는 행동재현의 가능성을 높이는 것을 일컫는다. 강화는 정적 강화(positive reinforcement)와 부적 강화(negative reinforcement)로 구분되는데, 정적이라는 것과 부적이라는 것은 단지 그 상황에 자극을 더하거나 자극을 줄이는 것을 뜻한다. 즉, 정적 강화는 행동에 대한 보상을 수반하고 부적 강화는 불쾌한 경험으로부터의 구제를 의미한다. 정적 강화나 부적 강화 모두 그 결과는 반응률의 증가이다(Skinner, 1953: 93).

### (5) 행동 형성

행동형성은 복잡한 행동이나 기술을 학습시키는 과정이다. 기존의 행동목록에 포함되지 않은 행동은 강화시킬 수가 없다. 이런 경우 목표가 되는 행동을 만들어 가는 것이 행동형성이다. 행동형성은 이미 일어나고 있는 행동 중 목표로 삼고 있는 바람직한 행동에 가까운 것을 찾아내는 데서 시작된다. 목표하는 행동을 학습할 수 있도록 기대에 부응하는 행동에 대해 강화를 함으로써 행동을 점차 만든다.

## 3) 파블로프의 고전적 조건화

파블로프(Pavlov)는 원래 생리·의학자로 실험대상은 주로 동물이었고 연구의 목적이 인간의 행동을 설명하기 위한 것은 아니었다. 파블로프는 실험 도중 우연히 개가 음식물을 보고 침을 분비하는 반응을 발견하고 이에 대해 연구하기 시작하였다. 즉, 동물은 음식물을 보고 침을 분비한다. 이 반응은 의식이 작용하지 않고 무의식적으로 나타나는 것으로 음식물을 '무조건자극'이라고 하고 침의 분비를 '무조건반응'이라고 한다. 이러한 무조건반응은 무조건자극을 주기 이전에 조건자극을 주면 나중에는 무조건자극이 없어도 반응이 나타나게 되는데 이러한 것을 조건반응이라고 한다.

고전적 조건화 혹은 반응적 조건화는 인간이 환경적 자극에 수동적으로 반응하여 형성되는 행동인 반응적 행동을 설명하는 개념으로 파블로프의 고전적 조건반사 연구에 근거한다. 생리학자인 파블로프는 소화생리 연구를 통해 반응행동이 조건화되는 것을 처음 발견하였다(Pavlov, 1927: 16-32). 즉, 타액분비를 이끌어내는 자극을 반복함으로써 이전에 중립적이던 자극이 반사적 반응을 유도한다는 사실을 발견하였다. 배고픈 개의 입에 넣어준 고기조각은 항상 침을 분비시키는데, 여기서 침의 분비는 무조건적 반응이다. 그리고 고기조각의 모습과 냄새는 침이라는 무조건적 반응을 유도하는 무조건적 자극이다.

그런데 개에게 고기조각을 주기 직전에 매번 종을 울리면 점차 그 개는 종소리를 듣고 침을 흘리게 된다. 조건화 이전의 종소리는 중립적 자극이며, 단지 관심을 끌어낼 뿐이었다. 조건화 시행 동안 종소리는 고기조각이 나오기 직전에 울리는데, 음식이 나오기 전인데도 종소리를 듣고 침이 감돌면, 개는 조건화된 것이다. 여기서 종소리는 전에는 중립적이었으나 무조건적 자극과 반복해서 짝지어진 후에는 침샘 반응을 통제하는 조건화된 자극이 된다. 종소리만으로 반응을 일으키는 침은 조건화된 반응이다. 추후 실험에서 종소리가 울린 후 고기조각을 규칙적으로 생략하면 반응하는 침의 양은 점차 줄어 조건자극(종소리)이 주어져도 침이 나오지 않게 되는데 이는 조건반응이 소거되었기 때문이다.

고전적 조건반응이 동물실험의 결과이기 때문에 인간행동에도 이 법칙이 적용될 수 있는지 많은 의문이 제기되었으나, 왓슨(Watson)을 비롯한 고전적 조건화 이론가들은 정서적 측면을 포함한 모든 인간행동이 고전적 조건화 원리로 학습되는 것이라고 주장한다. 왓슨의 연구에서 꼬마 앨버트는 흰쥐를 보았을 때 처음엔 접근해서 만질 만큼 전혀 공포반응을 보이지 않았으나 쇠막대를 세게 치면서 쥐를 보여주자 놀라는 반응을 보였는데 반복된 실험을 통해 조건화가 된 후 앨버트는 쥐를 보면 울고 피하게 되었다.

고전적 조건화는 인간의 일생에 걸쳐 발생하는 많은 연상적 학습(associational learning)을 설명해 주는데, 고전적 조건화를 통해 수립되는 연상은 분류나 개념 같은 것이다. 특정한 상징이 한 이미지, 정서적 반응, 또는 대상과 짝지어질 때 그 상징은 새로운 의미를 갖게 된다. 예를 들어, 물에 대한 공포의 연상은 일생 동안 물을 체계적으로 회피하도록 이끌 수 있다. 즉, 특정한 대상에 대한 공포 혹은 고통의 연상은 그 대상에 대한 체계적 회피를 낳는다.

고전적 조건화로 인한 행동은 지속될 뿐만 아니라 확산될 수 있다. 자신의 성기를 만지는 것이 나쁜 짓이라고 심하게 처벌받았던 아동은 심한 성적 죄의식이 발달한 결과 성인이 된 후에 정상적인 성적 호기심조차 과도하게 억제하고 성기능장애 문제를 가질 수 있다는 것이다.

## 4) 스키너의 조작적 조건화

스키너의 조작적 조건화는 손다이크(Thorndike)의 도구적 조건화 실험을 기초로 수립되었다. 음식물을 얻으려면 지렛대를 움직여 미로상자에서 빠져나와야 하는 실험결과, 동물들은 지렛대를 조작해 미로상자에서 빠져나오는 방법을 학습하였다. 손다이크는 실험결과에 근거해 모든 행동의 효과가 그 유기체가 앞으로 나타낼 그 행동의 원인이 된다는 효과의 법칙을 제시하였다. 스키너는 이러한 도구적 조건화에 의해 습득된 행동을 조작적 행동으로 명명하였다. 조작적 조건화는 인간이 환경적 자극에 능동적으로 반응하여 나타내는 행동인 조작적 행동을 설명한다.

스키너는 반응을 유도하는 구체적 자극을 설정하는 것보다 반응의 가능성을 증가 또는 감소시키는 요소에 초점을 두는 것이 행동의 기능적 법칙을 수립하는 데 더 적절하므로 가장 중요한 것은 유기체의 반응률이라고 보았다. 강화물은 한 반응에 뒤따르는 자극으로 그 반응이 다시 발생할 가능성을 증가시키는 것이다. 강화물

인지 아닌지는 다음과 같은 절차로 확인된다.

먼저 잠재적 강화물을 도입하기 전에 시간 간격당 문제되는 반응이 몇 번 나왔는지를 측정한다(기준선 단계). 잠재적 강화물을 도입하고 동일한 시간 간격 동안에 그 반응이 발생하는 빈도를 측정한다(조건화 단계). 마지막으로 반응의 빈도를 변화시킨 것이 강화물이라는 것을 다시 확인하기 위해 그 잠재적 강화물을 주지 않은 상태에서 반응의 빈도를 측정한다(역전 단계). 역전 단계에서 반응률이 기준선 수준으로 돌아가면 잠재적 강화물이 효과적이었음이 입증되는 것이다.

강화는 어떠한 행동이나 반응에 보상을 제공하여 보다 강하게 나타나도록 하는 것으로, 행동의 빈도를 증가시키거나 행동이 다시 발생할 확률을 높인다. 강화에는 2가지 유형이 있다.

### (1) 정적 강화

행동이나 반응에 대해 보상함으로써 행동의 발생 확률을 증가시키는 것이다. 정적 강화를 위해서는 정적 강화물을 제시하게 되는데, 정적 강화에는 사회적 강화와 물질적 강화가 있다. 학급 청소를 한 학생에게 칭찬하기, 인정하기, 미소짓기, 안아주기 등을 한다면 사회적 강화라 할 수 있으며, 간식이나 선물을 준다면 물질적 강화라 할 수 있다.

### (2) 부적 강화

행동이나 반응에 대해 불쾌하거나 혐오스러운 자극을 주지 않음으로써 특정 행동이나 반응의 빈도를 증가시키는 것이다. 부적 강화물을 제거하는 방법으로 행동이나 반응의 빈도를 감소시키는 처벌과는 다른 개념이다. 등교시간을 잘 지키면 청소를 면제해 준다거나, 안전벨트를 착용하면 시끄러운 소음이 그치는 것 등을 예로 들 수 있다.

### (3) 강화계획

강화계획은 행동 증가를 목적으로 한다. 강화물 제시 간격과 빈도로 다음과 같이 강화계획을 세울 수 있는데, 결국 조작적 행동이 학습되고 유지되는 비율은 강화스케줄이 좌우한다.

- 연속적 강화계획: 행동이 일어날 때마다 강화물을 제시하는 것
- 간헐적 강화계획: 간헐적으로 강화물을 제시하는 것
  - 고정간격 강화계획: 강화들 사이에 시간 간격이 일정함
    예) 50분 수업 후 10분간 휴식
  - 가변간격 강화계획: 강화들 사이에 시간 간격이 일정하지 않음
    예) 2시간 내 10분 휴식, 하루 2번의 간식 제공
  - 고정비율 강화계획: 특정 행동이 일정 수만큼 일어났을 때 강화를 제공
    예) 귤 한 상자당 1만 원의 보수를 지급하는 것
  - 가변비율 강화계획: 평균 몇 번의 반응이나 행동이 일어난 후 강화를 제공. 다음 강화가 언제 제공될지는 예측할 수 없음
    예) 도박장의 슬롯머신

따라서 반응률이 높은 강화스케줄은 가변비율, 고정비율, 가변간격, 고정간격 스케줄 순이다.

## 5) 성격의 발달

행동주의적 학습이론은 인간의 성격과 행동을 형성하는 데 환경의 역할을 강조한다. 스키너는 성격의 발달이 조건화가 이루어진 행동이 연속적으로 증가하는 것이라고 간주하고, 성격을 이러한 행동패턴들의 집합으로 보았다. 즉, 강화된 행동이 습관이 되고 이 습관이 성격의 일부가 된다는 것이다. 따라서 스키너는 성격을 유

기체의 행동과 그 행동이 강화된 결과 사이의 독특한 관계양식이라고 설명했다(Skinner, 1974: 167-168).

이와 같은 스키너의 행동적 접근은 다른 성격이론의 가정과는 근본적으로 다르다. 다른 성격이론에서 가정하는 관찰 불가능한 자아, 본성 등의 개념은 인간행동의 과학적 분석을 추구하는 스키너의 이론체계에서는 거부되었다. 인간이 갖는 경향성을 무시한 채 오직 어떤 상황에서 비롯되는 행동과 그것의 결과를 강조하는 스키너 이론을 성격 없는 성격이론으로 일컫기도 한다(노안영 · 강영신, 2003: 371).

### (1) 건전한 성격

스키너는 건전한 성격은 자극의 일반화와 변별능력이 적절하게 발달된 결과라고 주장하였다. 강화된 행동이 다양한 관련 상황으로 확장되는 것이 자극의 일반화이다. 각각의 새로운 사회적 환경에서 어떻게 행동해야 하는지를 일일이 학습할 필요는 없다. 예를 들면, 가정에서 예절바른 태도를 학습할 때 보상이 주어진 아동은 가정 밖의 비슷한 상황에서도 예절 바르게 행동한다. 한편 자극의 변별화는 다양한 자극에 적절하게 구별된 반응을 하는 것이다. 길을 묻는 사람에게는 친절한 반응을 보여야 하지만 공연히 지나가는 사람을 희롱하기 위해 길을 물어보는 척하는 사람에게까지 친절한 반응을 보일 필요는 없다. 변별할 수 있는 능력의 개인차는 개인마다 독특한 차별적 강화 경험에 의해 좌우된다.

### (2) 월든 투(Walden Two)

스키너는 행동주의적 원리를 적용시킨 이상적 공동사회를 그린 〈월든 투: walden two〉라는 소설에서 조작적 조건화를 통한 성격의 발달을 제시하였다(Skinner, 1953). 〈월든 투〉에서 양육의 기본방침은 인생의 초기에는 아동의 욕구를 가능한 한 빨리 그리고 완전히 충족시켜 주고 그후에는 서서히 인생의 어려움이나 복잡함을 아동이 자연스럽게 습득하도록 이를 과학적으로 통제된 비율로 도입하는 것이다. 이러한 통제된 조작적 조건화는 사랑이나 기쁨 같은 생산적 감정을 습득시키는 것을 의도하는 반면 슬픔, 증오, 분노, 공포와 같은 감정은 무익하므로 피하게 한다. 〈월든 투〉에서의 단계별 환경조작은 다음과 같다.

출생부터 1세까지 유아는 가정에서 어머니에 의해 양육되는 것이 아니라 초급육아실에서 양육된다. 유아는 공기조절이 되는 유리상자에서 크는데 이 유리상자는 유아에게 옷이나 이불의 속박이 없고 먼지나 균이 없는 알맞은 기온의 환경이 된다. 유아는 기저귀만 찬 상태로 깨끗한 매트에서 위에 매달린 장난감으로 놀며 유리상자 밖의 사람을 바라볼 수 있다. 부모는 매일 아이와 놀아주며, 부모뿐만 아니라 양육하는 사람들이 충분한 애정을 아이에게 준다. 이러한 양육법으로 유아는 부모로부터 특별한 영향을 받는 것을 피할 수 있다.

유아는 1세 전후에 유리상자에서 상급육아실로 이동한다. 상급육아실에는 작은 놀이실, 세면실과 탈의실, 공기조절이 되는 침실이 있다. 발육과 연령, 전염병 감염 여부, 교육적 목적에 따라 아이들을 분류할 수 있도록 많은 침대가 있다. 유아는 여전히 기저귀만 착용한 상태로 활동한다. 양육의 원리는 초급육아실과 같다. 유아의 욕구는 가능한 한 빨리 완전히 충족되기 때문에 유아는 좌절, 불안, 공포를 알지 못한다. 아픈 경우를 제외하고는 유아들은 모든 것에 흥미를 보인다. 이 단계에서 유아에게 인내심을 키우는 것을 목적으로 하는 장난감이 제공된다. 좌절을 해결할 수 있는 나이가 되면 서서히 장애물을 제시해 좌절에 대한 인내를 길러준다. 어머니에 편향된 관계에서 생기는 문제를 제거하기 위해 상급육아실의 직원구성은 남녀 동수이다.

3~4세경에는 침대가 하나씩 주어지고 옷 입는 교육이 시작된다. 5~6세경에 아동은 3, 4명의 아동침대와 소지품이 있는 작은 방으로 옮겨진다. 아동에게는 방사용에 대한 약간의 책임이 부여되고, 이때부터 도덕적 행동을 위한 조건반사 스케줄이 실시된다. 6세경이면 도덕적 훈련이 완결된다. 이러한 훈련을 통해 결국 아이들은 자기통제를 할 수 있게 된다.

7세가 되면 아동은 서너 명이 같이 쓰는 방으로 옮긴다. 방을 같이 쓰는 아동은 자주 바뀐다. 그리고 어른 식당에서 식사를 한다. 7세 이전에는 거처하는 건물에서 식사하게 되어 있다. 아동은 할 일을 부여받고 사회에 기여하는 일에 자기 책임을 다하도록 기대된다. 교육에서는 학년제를 채택하지 않는다. 아동은 학습과 사고의 기술을 배운다. 그런 후 지리, 문학, 과학 등을 혼자 학습할 기회가 주어진다.

13세가 되면 성인들이 거처하는 건물로 옮겨 방 하나에 두 명이 사용한다. 그리고 모든 감독이 없어진다. 생물학적 성능력이 생기는 사춘기 이후에는 자유롭게 결혼이 가능하며 성적 쾌락을 억제하도록 요구하지 않는다. 10대가 연애하면 그들은 약혼한다. 두 사람 사이에 지적 능력이나 성격에 큰 차이가 있는 경우 결혼상담원이 결혼하지 말거나 연기할 것을 충고한다. 그러나 두 사람이 잘 맞는 경우엔 15~16세에도 결혼해 출산할 수 있다. 10대 후반에 청소년들은 어른으로서 지위를 확립하게 된다.

어른들은 공동사회의 이익을 위해 하루 4시간 정도 극대화된 작업동기에 의해 일을 한다. 일은 노동점수로 평가되는데 〈월든 투〉에서는 성질이 다른 여러 종류의 일에 각기 다른 점수를 배정하고 일에 대한 수요를 반영해 때때로 그 점수를 조정한다. 이미 결혼한 성인들 간에도 자유롭게 애정이 허용된다. 비록 〈월든 투〉가 가상적 소설형태로 씌어졌을지라도, 이는 인간의 행동과 성격이 환경에 의해 조작 가능하다는 스키너의 행동주의적 학습이론이 주장하는 바를 기본전제로 하고 있어 성격의 발달에 관한 스키너의 관점을 잘 드러내고 있다. 그는 정적 강화에 의해 행동은 물론 동기, 욕망, 희망 등 행동의 성향까지도 통제된다고 보았다.

## Tip 스키너 이론의 평가

초창기 행동주의 이론은 주로 동물을 대상으로 한 실험과정에서 환경적 자극에 따라서 변화가 가능한 행동을 관찰하면서 발달하기 시작했다. 특히 파블로프는 실험 도중에 우연히 동물이 음식물을 주면 타액을 분비하는 것을 관찰하였다. 음식물이라는 무조건자극이 타액이라는 무조건반응을 나타내게 된다. 이러한 과정은 동물이면 일반적으로 나타나는 본능적 행동이다. 여기서 한 걸음 더 나아가 파블로프는 무조건반응을 무조건자극이 없이 조건자극만으로 생성할 수 있는지를 조건반사 실험을 통해서 연구하였다.

동물을 대상으로 한 실험결과를 토대로 형성된 이론은 파블로프의 고전적 조건화 이론과 손다이크의 시행착오설이 있다. 이러한 동물 대상의 실험결과를 바탕으로 이론을 형성한 학자들과 더불어 인간을 대상으로 실험과 관찰을 통해서 행동주의 이론을 전개한 학자들도 있는데, 이러한 학자들로는 동물실험 결과를 인간에게 확대 적용하여 인간을 대상으로 조작적 조건화 이론을 전개한 스키너와 사회학습이론을 전개한 반두라가 있다.

부르스 프레드릭 스키너(Burrhus F. Skinner)의 행동주의적 학습이론은 당시의 지배적 이론이었던 정신분석에 반대되는 관점을 내세우며 성격이론의 확대에 지대한 기여를 하였다. 스키너에 의하면 인간은 내적인 창조적 힘에 의해 행동하는 것이 아니라 유전적 요인과 환경에 따라 조건지어진다. 특히 그는 대부분의 인간행동이 내적 충동보다 외적 자극에 의해 동기화된다고 보았다(Skinner, 1953: 65-66).

이 주장은 인간행동이 그 결과에 의해, 즉 보상과 처벌에 의해 유지된다는 것으로 스키너가 보는 인간은 기계적 존재라고 할 수 있다. 이 관점에 따르면 모든 인간행동은 법칙적으로 결정되고, 예측이 가능하며, 통제될 수 있다(Skinner, 1974).

스키너는 인간의 인지적 기능을 전혀 고려하지 않았고 무의식, 자아, 내면적 동기 등으로 인간행동을 설명하는 것을 거부하였으며, 행동에 대한 과학적 분석을 위해서는 자율적 인간의 성격, 심리상태, 느낌, 성격의 특징, 계획, 목적·의도 같은 경험적 실증이 불가능한 것은 연구될 필요가 없다고 주장하였다(Skinner, 1990: 12-13). 그는 또한 어떤 행동의 양상이 유전적 소질에 의한 것이라 해도 이것이 행동의 예측에는 유용하나 조작이 불가능하므로 실험적 분석이나 통제에는 무가치하기 때문에 유전적 설명이 쓸모없다고 주장하였다(Skinner, 1974). 이에 따라 스키너의 학문적 관심은 인간행동 중 조직이 가능한 행동에 한정되었다.

행동주의적 학습이론은 상당수 사회복지전문직으로 하여금 원조의 초점을 정신 내적 갈등에서 외현적 행동으로 이동시키는 영향을 미쳤다. 또한 이 이론은 인간의 신체적·심리적 발달에 환경이 얼마나 중요한지를 뒷받침하는 사회복지분야의 지식기반이 되었다. 사회복지실천의 목표 중 하나가 바람직한 행동을 증가시키고 바람직하지 않은 행동을 완화 혹은 소멸시켜 사람들이 적절하게 행동하도록 원조하는 것이라 할 때 행동주의적 학습이론이 사회복지실천 면에서 이론적으로 기여한 바는 상당하다. 행동수정이나 행동치료에서는 고전적 조건화와 조작적 조건화의 원리에 근거한 개입기법을 주로 사용한다. 뿐만 아니라 상세한 행동관찰을 필요로 하는 클라이언트에 대한 면접기록과 사정(assessment)에서도 행동주의적 학습이론은 중요한 지식기반이 된다.

## Tip 스키너의 행동주의이론과 사회복지실천

### [사회복지실천에 미친 영향]

1. 개입의 중심을 인간의 정신 내면적 갈등에서 외적 행동으로 이동시켰다.
2. 인간의 신체와 심리발달에 환경의 중요성을 강조하여 사회복지실천에 중요한 관점을 제공했다.
3. 주요 원리와 기법 적용으로 인간의 행동수정이 가능해져 실천 개입에 다양한 방법을 제공했다.

### [사회복지실천 기법의 예]

- 토큰경제: 바람직한 행동을 했을 때 그에 상응하는 징표(토큰, 쿠폰)를 주어 후에 내담자가 원하는 다양한 물건이나 기회와 교환하도록 하는 기법
- 타임아웃: 특정 행동의 발생 빈도를 줄이기 위해 이전의 강화를 철회하는 것
- 이완훈련: 불안 수준을 낮추기 위해 4~8시간 근육이완 교육을 받은 후, 조용한 환경 속에서 깊고 규칙적인 호흡으로 근육을 이완시키며 동시에 즐거운 상상이나 생각을 하게 함. 이 절차를 반복하도록 하여 점진적으로 근육이 이완되도록 돕는 기법
- 체계적 둔감화: 불안 유발상황에 대해 위계목록을 작성해 이완훈련을 시키고 불안을 유발하는 상황을 상상하게 해 불안이나 공포로 인한 부적응적 행동이나 회피행동을 수정하는 것
- 반응대가: 부적응적 행동을 했을 때 자신에게 이익이 되는 물건이나 권리를 내놓게 하여 대가를 치르게 하는 기법. 예) 토큰 회수
- 혐오기법: 특정 행동이 나타날 때마다 고통스러운 혐오자극을 주어 문제 행동을 소거하는 기법. 예) 전기충격, 화학적/시각적 혐오자극
- 인지적 행동수정기법: 역기능적 행동을 유도하는 사고를 수정하도록 하는 기법.
  예) 인지적 재구조화, 인지적 자기지시, 인지적 심상기법 등
- 자기주장훈련법: 어떠한 상황에서 자신의 의사를 정확히 표현할 수 있도록 훈련하는 것. 타인의 감정이나 권리에 민감하게 반응하면서 훈련을 통해 자신을 표현할 수 있는 행동 목록을 증가시킴. 예) 지시, 환류, 모델링, 행동연습, 사회적 강화 등

# 2. 반두라의 사회학습이론

## 1) 반두라(Albert Bandura, 1925~2021)의 생애

앨버트 반두라는 1925년 12월 4일 캐나다 앨버타주의 먼다에서 폴란드계 농부의 아들로 태어났다. 캐나다의 브리티시 콜롬비아대학을 졸업한 후 미국으로 이주해 아이오와대학에서 박사학위를 받았고, 스탠퍼드대학 심리학과 교수로 재직하였다. 반두라에 의하면 복잡한 행동의 패턴은 강화에 의해 서서히 학습되는 것이 아니고 오히려 전체적으로 학습된다(Bandura, 1977: 12).

사실상 부모가 자녀에게 모든 행동을 일일이 가르치는 것은 불가능하며, 아동은 다른 사람들을 관찰하고 모방하여 많은 것을 배우기 마련이다. 어른들은 감정을 표현하고, 태도를 말로 표현하며, 일을 수행하고, 도덕적 가치들을 행동으로 보여주어 아동이 수행하는 활동의 모델이 된다. 이 행동들을 관찰하고 모방함으로써 아동은 가족과 지역사회의 생활방식으로 사회화되는 것이다.

반두라는 개인중심적 성격이론이 지배적 상황에서 인간이 환경과의 접촉을 통해 행동유형을 어떻게 발달시켜 나가는지를 보여주는 선구적 연구들을 하였다. 반두라는 임상가로 훈련을 받은 사람이어서 기본 성격기능에 대한 이론을 개발하는 데 초점을 두었지만 부적응 기능을 이해하고 치료변화를 위한 절차를 구성하는 데에도 관심이 높았다(정영숙 · 안현의 · 유순화 공역, 2005: 472). 반두라는 인간행동의 근원이 환경의 자극에 있다는 것을 부정하지 않았다는 점에서 행동주의자이나, 인간관이나 기본가정에 있어서는 기계론적 환경결정론이 아닌 인간의 주관성 및 능동성을 인정하는 상호작용론적 관점에서 사회학습이론(social learning theory)을 전개했다(Bandura, 1977). 사회 학습이론에 대한 연구는 반두라의 관찰학습에 대한 연구에 의하여 비로소 경험적이고 실증적인 이론으로 발전할 수 있었다. 반두라는 2021년 사망하였다.

## 2) 주요 개념

### (1) 모델링

모델링(modeling)은 다른 사람이 행동하는 것을 보고 들으면서 그 행동을 따라서 하는 것이다(Bandura, 1969: 118-120). 흔히 공격적 행동, 이타적 행동, 불쾌감을 주는 행동이 관찰을 통해 학습된다. 반두라의 실험적 연구에 따르면 아동은 ① 위대하다고 생각하는 사람의 행동을 위대하다고 생각하지 않는 사람의 행동보다 더 잘 모방하고, ② 자기와 동성인 모델의 행동을 이성인 모델의 행동보다 더 잘 모방하며, ③ 돈, 명성, 높은 사회경제적 지위 등을 지닌 모델을 더 잘 모방하고, ④ 벌을 받은 모델을 거의 모방하지 않으며, ⑤ 연령이나 지위에서 자기와 비슷한 모델을 상이한 모델보다 더 잘 모방한다(Bandura & Walters, 1963: 10-11).

### (2) 인지

사회적 학습은 주로 인지적 활동이다(Bandura & Walters, 1963). 인간은 심상, 사고, 계획 등을 할 수 있는 생각하고 인식하는 존재이므로 장래를 계획하고, 내적 표준에 근거해 자신의 행동을 조정하며, 자기 행동의 결과를 예측할 수 있다. 학습된 반응을 수행할 의지는 인지적 통제하에 있다. 고전적 조건화, 조작적 조건화, 관찰학습을 통해 인간은 장래의 학습과 수행에 영향을 미치는 인지적 구조를 획득한다.

### (3) 자기조절

자기조절(self-regulation)은 세 가지 요소, 즉 수행과정, 판단과정, 자기반응과정으로 이루어진다(Bandura, 1977: 130-133). 수행된 행동은 여러 보조적 과정들을 포함하는 판단과정을 통해 자기반응을 낳는다. 자기조절은 성과를 평가하는 개인적 기준에 따라 좌우되며 또한 자기평가적 반응에 관계된다. 어떤 행동이 보상을 받을지 처벌을 받을지는 개인적 기준에 의해 평가된다. 적절성에 대한 절대적 기준이 있을 수 없는 활동은 다른 사람들의 활동과 비교해 상대적으로 평가된다. 또한 자기조절의 판단요소 중 하나는 활동의 가치이다. 사람들은 높은 가치를 두지 않는 활동에 대해서는 어떻게 하든지 큰 관심이 없다. 내적 표준은 자기의 행동에 대해 중요한 타인들이 부과한 보상 및 처벌을 통해 학습된다. 타인들로부터 습득된 이 표준이 자기조절체계의 토대가 된다.

반두라는 내적 표준이 대리로도 습득될 수 있다고 보았다. 예를 들면, 낮은 내적 표준을 가진 모델의 행동을 관찰하는 아동은 후에 수행이 요구될 때 자신의 행동에 대해 낮은 내적 표준을 부과한다(Bandura & Kupers, 1965: 7-8). 결국 인간행동은 외부환경의 보상 및 처벌에 의해서뿐만 아니라 스스로 정한 내적 표준에 의해 조절되므로 인간의 행동 및 인지가 일관성이 있는 것이다. 인간이 외적 강화에 의해 완전히 좌우된다면 이러한 일관성이 존재하지 않을 것이다.

사람들은 자신의 행동이 자기의 기대나 기준에 얼마나 잘 맞는가에 따라 자신을 비판하거나 만족하는 반응을 보인다. 기대 혹은 기준과 불일치가 되면 불일치를 줄이거나 더 낮은 수준으로 기대 혹은 기준을 재설정하도록 동기화된다. 반두라는 바라는 결과를 얻은 후에 사람들이 사용하는 자기보상 혹은 자기칭찬이 자기조절의 핵심적 측면이라고 주장하였다(Bandura, 1989).

### (4) 자기강화와 자기효능감

자기강화(self-reinforcement)는 자신이 통제할 수 있는 보상을 자기 스스로에게 주어서 자신의 행동을 유지하거나 변화시키는 과정을 의미한다(Bandura, 1989). 자기강화는 수행 또는 성취와 관련된 내적 기준에 근거해 보상 여부가 결정된다. 영화감상이 취미인 고등학생은 하루 4시간 이하로 잠을 자면서 학기 말 시험공부를 열심히 한 보상으로 시험이 끝난 후 자신에게 새로 개봉한 영화를 보는 것을 상으로 줄 수 있다.

내적 표준과 자기강화에 의해 형성되는 자기효능감은 어떤 행동을 성공적으로 수행할 수 있다는 신념이다(Bandura, 1989). 자기효능감(self-efficacy)은 특정 시기에 특정 유형의 과제를 자신이 성공적으로 수행할 수 있다는 능력에 대한 판단과 신념이다. 자기효능감은 행동의 동기로 작용하며, 행동의 질을 결정하는 요인이 되기도 한다. 자신의 능력에 대한 신뢰는 도전 정신이나 모험심을 유발하게도 하는데, 그 과정에서 어떠한 일에 대한 수행 결과가 성공적일 경우 자기효능감 수준은 더 크게 향상된다. 이와 같이 자기효능감은 인간의 사고와 동기, 행동에 중요한 영향을 미친다. 따라서 자기효능감 개념은 사람들이 새로운 역할이나 새로운 상황에 들어갈 때 어떻게 적응하는지를 설명해 준다.

### (5) 상호결정론

상호결정론은 환경으로부터의 자극이 인간행동에 영향을 주지만 신념, 기대와 같은 인지 요인 또한 인간행동에 영향을 미친다는 가정이다(Bandura, 1989). 이 가정에 따르면 인간은 단순히 환경 속에서의 사건에 반응하는 것이 아니라 적극적으로 자신의 환경을 창조하고 변화시키기 위해 행동한다. 인지요인은 환경 사건의 지각과 그 사건이 어떻게 해석되고, 조직화되며, 다루어질 것인지에 영향을 미친다. 행동으로부터의 피드백도 인지 요인과 환경을 변화시키려고 행동하는 방식에 영향을 미친다.

## 3) 모델로부터 학습하는 과정

### (1) 관찰학습

인간은 환경에 대한 단순한 자극을 통해 반응하는 것이 아니라, 타인의 행동을 관찰하고 학습하여 행동한다는 것이다. TV에 출연한 아이돌이 춤을 추는 모습을 보고 청소년들이 동작을 따라 하는 행동은 관찰학습의 예라 할 수 있다. 반두라는 인간의 관찰학습은 기계적 모방에 그치지 않고 필요에 따라 창의적인 아이디어를 더하여 새로운 행동으로 이어질 수도 있다고 하였다.

이에 관찰학습의 과정을 4단계로 구분하였는데, 어떠한 상황을 주의 집중하는 과정, 그 기억을 보존하는 과정, 모방을 위해 기억하고 있는 것을 외형적 행동으로 나타내는 운동재생과정, 강화를 통해 행동의 동기를 높이고 수행가능성을 높이는 동기유발과정으로 설명하였다.

#### ① 1단계: 주의집중과정

관찰 대상을 선택하는 단계로 관찰 대상과 관련된 자극에 주의를 집중하여 중요한 특징, 행동 등을 지각하기 위해 노력한다.

#### ② 2단계: 보존(보유/기억)과정

관찰한 내용이나 모방한 행동을 이미지나 언어, 운동 등 인지적으로 구조화하여 기억에 담는 과정이다.

#### ③ 3단계: 운동재생과정

이미지나 언어 등으로 기억된 내용을 외형적인 행동으로 전환하는 과정이다. 반응을 선택하는 단계와 자신의 관찰과 타인의 피드백을 통해 행동을 조정하는 단계를 포함한다.

④ 4단계: 동기유발과정

관찰한 내용이 적절하게 수행되도록 동기를 유발하여 행동으로 이어지도록 하는 과정이다. 강화를 통해 혹은 강화를 예측하도록 하여 동기를 유발시킬 수 있으며, 행동의 수행 가능성도 높일 수 있다.

### (2) 대리적 강화 및 대리적 조건화

반두라는 학습이 직접적 강화보다 대리적 경험을 통해 이루어진다고 보았다. 대리적 강화에는 강화에 대한 기대라는 인지적 요소가 작용한다. 아동의 모델 모방 여부를 결정하는 조건을 규명하려는 많은 연구들에서(Bandura, 1989; Bandura, Ross, & Ross, 1961), 아동은 공격적 · 이타적 · 원조적인 모델을 모방하기 쉽다고 밝혀졌다. 아동은 존경받는, 자원을 통제할 위치에 있는, 또는 보상받는 모델들을 가장 모방하기 쉽다는 것이다. 한 모델이 어떤 행동에 대해 강화를 받는 것을 보는 것이 그 관찰자에게도 강화로 작용한다. 예를 들면, 친구가 심부름을 하고 선생님의 칭찬을 듣는 것을 한 아동이 보았다면 그 아동은 대리로 보상을 체험하게 된다. 벌도 마찬가지이다. 친구가 학교규칙을 위반해 벌을 서는 것을 목격하면, 친구의 처벌을 대리로 경험할 수 있으므로 그 아동은 학교규칙을 준수하게 된다. 새로운 동일시는 생의 어느 단계에서나 일어날 수 있고 모방과정을 통한 새로운 학습은 항상 가능하다.

인간은 공감하는 능력이 있으므로 대리적 조건화도 발생한다. 어떤 사람에게 벨소리에 이어 고통스러운 전기충격을 주는 고전적 조건화를 통해 벨소리를 무서워하는 반응을 학습시킬 수 있는데, 관찰자도 이 모델을 관찰하는 동안 대리적인 고전적 조건화가 되어 벨소리에 대해 공포반응을 보이게 된다(Bandura & Rosenthal, 1966).

### 4) 성격의 발달

반두라는 일생 동안 갖게 되는 습관의 대부분이 다른 사람을 관찰하고 모방함으로써 배우는 것이라고 생각하고, 사회학습의 경험이 성격을 형성한다고 주장하였다(Bandura, 1989). 관찰학습이 그러한 역할을 하게 되는 이유들이 있는데 우선 관찰학습은 시행착오 방법보다 훨씬 더 효과적이다. 만일 아동이 모방대상인 사람들과 접촉하지 않으면 많은 복잡한 행동들이 결코 학습되지 않는다. 또한 관찰대상들이 특별히 아동을 가르치려고 하지 않는 상황에서 흔히 아동은 관찰을 통해 새로운 반응들을 획득한다. 그러나 반두라는 관찰을 통해 학습하는 것이 성격발달의 유일한 방법이라고 주장하지는 않았다. 그는 성격형성에 가장 중요한 것은 의미 있다고 여겨지는 타자의 행동을 모방하는 것이라는 관점을 가졌으나 유전된 소질, 보상과 벌도 성격에 영향을 미친다고 인정하였다.

사회학습이론은 성격발달에 있어 상징적 환경에 대해 특별히 강조하고 있다. 특히 텔레비전 시청이 아동이나 청소년에게 미치는 영향은 사회적 관찰학습의 중요성을 잘 말해 준다. 또한 부모들이 자녀가 좋은 영향에 노출되도록 평판이 좋은 학교가 있는 동네로 이사 가길 원하는 것도 사회적 관찰학습이 성격발달에 중요하기 때문이다. 반두라에 의하면 정서적 반응은 다른 사람의 정서적 반응을 관찰함으로써 대리로 전파될 수 있다.

대리적인 정서적 학습에 관한 연구에서(Bandura, 1989), 반응의 차이는 결과에 대한 각자의 추정에 기인한다. 관찰자는 모델을 관찰하는 가운데 규칙을 배우는데, 판단방식, 언어양식, 개념적 도식, 정보처리 전략, 행동기준 등이 그것이다. 사람이 누구로부터 배우고 얼마나 많이 배우는지는 모델이 된 사람의 지위 또는 영향의 강도에 의해 좌우된다. 이러한 행동패턴들은 상황 속에서 학습되므로 아동은 무차별적으로 행동을 단순히 배우지 않고, 그 상황의 적절성을 해석하게 된다.

반두라는 인간행동이 직접강화나 대리강화와 같은 외적 통제에 의해서만 결정되는 것이 아니라 내적 통제, 즉 자기 스스로 중재하는 것이 가능하다고 보았다. 많은 인간행동이 자기강화에 의해 규제된다고 간주한 것이다. 자기강화의 방법으로는 스스로 평가함으로써 자기보상과 자기처벌을 할 수 있다. 자기반응은 행동의 결정 요소를 어떻게 지각하는지에 따라 다르다. 즉, 사람들은 성공이 자신의 능력과 노력에 기인할 때 그 성취에 긍지를 느끼나 성공이 외적 요인에 기인한다면 크게 자기만족을 느끼지 못한다. 똑같은 원리가 실패에 대한 판단에도 적용된다. 자기 스스로 책임이 있다고 여기는 부적절한 행동수행에 대해서는 자책하지만 예외적 상황이나 성공할 가능성이 없는 상황에서 실패한 경우에는 자책하지 않는다.

다시 말해 사람들은 많은 부분에서 자신에 대한 수행기준을 세우고 스스로 부과한 요구에 비추어 긍정적 또는 부정적으로 그들의 성취에 대해 반응하고 있다. 이는 행동이 외적 보상 및 처벌의 지배를 받기도 하지만 내적 표준의 지배도 받는다는 것을 의미하는 것이다. 이와 같이 인간의 사고, 행동, 정서는 스스로 주는 강화의 영향을 받는다.

자기강화 수준은 직접적 경험과 관찰학습을 통해 획득된다. 100점 맞을 때마다 용돈을 주거나 장난감을 사주는 물질적 강화물을 자기 부모가 사용하거나 친구 부모가 친구에게 물질적 강화물을 사용하는 것을 관찰하면 이 강화의 결과 아동은 100점을 잘한 일의 표시로 간주하며 이것이 기준이 된다.

반두라는 자기강화의 기준이 자아개념 형성에 주된 역할을 한다고 보았다. 그는 자아존중감을 개인의 실제 행동과 개인적 우수함의 표시로 선택한 기준 간의 일치에 비추어 정의하여 자아존중감이 개인이 자신을 얼마나 수용하며 가치 있는 존재로 보는지를 나타내는 것으로 설명하였다. 즉, 자기가 부과한 행동상 요구를 계속 만족시킬 수 없는 사람은 자신을 부정적으로 평가하며 자아존중감이 낮다. 수행에 대한 긍정적 자기평가는 보상적 자기반응을 낳으며, 부정적 자기평가는 응징적 자기반응을 일으킨다. 개인적 의미가 없는 것으로 간주되는 수행은 어떤 반응도 일으키지 않는다. 따라서 반두라는 자아개념이 자아존중감에 기초하여 구성된다고 간주했다. 부정적 자아개념은 빈번한 부정적 자기평가, 즉 낮은 자아존중감을 반영하는 것이며, 긍정적 자아개념은 긍정적 자기평가, 즉 높은 자아존중감을 반영한다.

한편 반두라는 자기효율성이 성격발달에 결정적이라고 보았다. 자기효율성은 개인적으로 자신의 행동을 책임질 수 있고 통제할 수 있으며, 긍정적 결과를 도출할 수 있다는 믿음이다(Bandura, 1989). 즉, 자신이 얼마나 잘 수행하리라고 기대하는지 또는 훈련을 통해 자신의 기술수준이 얼마나 향상되리라고 기대하는지가 행동수행에 영향을 미친다. 반두라는 자기효능감(self-efficacy)을 행동의 인지적 기본원리의 핵심요소로 규정하였다(Bandura, 1989). 그리고 성공에 관한 확신은 그 상황에 들이는 노력의 강도뿐만 아니라 그 상황에 관여할지 여부도 결정한다(Bandura, 1989: 731).

### Tip 반두라 이론의 평가

사회학습이론이란 명칭은 행동 또는 성격의 결정요인으로서 사회적 요소를 중요시하기 때문에 붙여졌다. 스키너의 기계론적 결정론과는 달리 반두라의 사회학습이론은 인간의 내적, 특히 인지과정을 중요시한다. 반두라에 따르면 학습이란 기계론적이고 일방적으로 이루어지는 것이 아니라 사람, 환경 및 행동의 상호작용에 의해서 이루어지며, 환경적 자극에 반응하는 인간의 자기조절에 의해서 행동이 결정된다(Bandura, 1989). 즉, 학습은 환경적 자극에 일방적으로 인간이 반응하여 일어나는 것이 아니라 사람, 환경, 그리고 행동의 상호작용에 의해서 일어난다고 이해하고 있으므로 반두라의 이론을 상호작용적 행동결정이론이라고도 한다. 앨버트 반두라(Albert Bandura)의 사회적 학습개념은 대부분의 학습이 다른 사람의 행동을 관찰하고 모방한 결과 일어난다는 인식에서 비롯되었다(Bandura & Walters, 1963: 4). 이처럼 인간은 종종 다른 사람을 보고 배운다. 그런데 인간은 자신이 어떤 행동을 했을 때 그 결과가 어떠할지 생각을 하고 행동할지 여부를 결정한다. 반두라는 외부자극이 대부분의 인간행동을 통제한다는 스키너의 가정을 비판하면서 스키너의 행동주의 이론이 스스로 계기를 만들고 자기강화를 가능하게 하는 인간의 능력인 인지능력을 고려하지 않은 점에 반론을 제기하였다. 인간의 상징적 회상능력이 예측을 가능하게 하기 때문에 인간은 자신의 경험을 토대로 생각하고, 계획하며, 예상할 수 있다. 또한 인간은 결과를 상징적으로 경험할 수 있는 인지능력이 있어, 이에 의해 미래의 결과가 잠재적 결과로서 행동에 영향을 미치는 동기가 될 수 있다. 다시 말해 강화가 많은 인간행동을 통제하긴 하나 절대적으로 통제하지는 못하며, 강화의 효과는 행동과 그 결과 간의 관계에 대한 인간의 의식에 의해 좌우된다는 것이다.

사회학습이론은 사회복지실천에 많은 기여를 하였다. 예컨대, 사회복지사가 클라이언트를 비롯해 다른 사람들의 행동을 명확하게 인지하고 이 행동들이 서로 어떻게 연관되는지 파악하는 것을 가능하게 하였다. 또한 사회학습이론은 어떤 행동이 있을 때와 없을 때 어떻게 다른지 관찰하는 사정평가(assessment)의 중요성을 강조하고 있다. 모델링을 통한 관찰과 모방이 클라이언트의 문제행동을 제거하는 데 유용하다는 것이 임상적으로 입증되었으므로 사회학습이론은 치료적 측면에도 중요한 공헌을 하였다.

## Tip 보보인형 실험!!

보보인형 실험은 1960년대 심리학자 앨버트 반두라에 의해 고안되었으며, 공격적인 행동을 하는 모델을 본 아동들이 폭력적인 행동을 더 많이 한다는 모방학습 효과를 보여주는 실험이다. 당시 스탠퍼드대학 심리학 교수로 있던 그는 '모방'이라는 요소 역시 학습에 중요한 요소라고 주장하며, 3세에서 6세 사이의 미취학 아동을 대상으로 한 실험의 결과를 발표했다.

피험자가 된 아이는 연구원과 함께 놀이방에 들어가는데, 이 안에서 연구원은 한쪽 구석에 놓여 있는 보보인형을 장난감 망치로 두들기거나 손으로 집어 던지는 등 공격적인 행동을 보인다. 이후 아이를 혼자 놀게 했는데, 이들은 공격적 행동을 보지 않은 아이에 비해서 훨씬 더 빈번하게 장난감을 공격적으로 다루는 모습을 보였고, 특히 아이와 연구원이 같은 성(sex)이었을 때 그 정도는 더욱 심했다.

*출처: 네이버 지식백과(2020). 보보인형실험 내용 일부 발췌 및 재정리.

### Tip 반두라의 사회학습이론과 사회복지실천

**[사회복지실천에 미친 영향]**

1. 관찰과 모방이 내담자의 문제 행동을 제거하거나 감소시키는 데 유용하다는 사실을 입증함으로써 실천적 개입에 중요한 근거가 되었다.
2. 인간의 행동에는 자극과 반응이라는 유형을 넘어 복합적인 사회적 상호작용으로 영향을 받을 수 있음을 깨닫게 하여 사회적 환경의 중요성을 부각시켰다.

**[실천에서의 적용 예]**

- 자기효능감과 자기강화의 적용
  개인의 신념이나 가치형성에 기여하는 자기효능감 증진을 위한 상담과 교육, 그리고 자기강화 전략은 불안감이나 우울감을 지닌 내담자의 변화 과정에 필수적으로 적용할 수 있는 방법이다.
- 사회적 모델링을 통한 부모교육
  자녀 양육에 바람직한 의사소통과 반응 양식을 부모에게 보여주고 자녀에게 적용하도록 하여 긍정적인 상호작용이 이루어지도록 교육한다.
- 진로 탐색과정에서의 모델링 적용
  아동이나 청소년들에게 희망하는 미래 직업군에서 뛰어난 업적을 보인 사람이나 닮고 싶은 사람에 대해 모델링을 부여하고 모방과 학습을 유도하는 방법을 적용할 수 있다.

## Tip 사회복지사 1급 시험 기출 문제

**01 반두라(A. Bandura)의 사회학습이론의 주요 개념으로 옳지 않은 것은? [16회]**

① 모델링 ② 관찰학습 ③ 자기강화
④ 자기효능감 ⑤ 논박?

**02 행동주의이론이 사회복지실천에 미친 영향은? [9회]**

① 가족관계의 역동을 이해할 수 있는 틀을 제시하였다.
② 인간의 내면적인 문제를 정확히 사정할 수 있게 하였다.
③ 환경의 변화를 통해 문제를 해결할 수 있는 기반을 제공하였다.
④ 중년기의 위기와 문제를 정확히 사정할 수 있게 하였다.
⑤ 청소년의 정체감 확립 과정을 이해할 수 있게 하였다

**03 파블로프(I. Pavlov)의 이론에 관한 설명으로 옳은 것은? [11회]**

① 환경적 자극에 능동적으로 반응하여 나타나는 행동에 관심을 가진다.
② 인간행동은 학습되거나 학습에 의해 수정된다고 가정한다.
③ 관찰학습의 중요성을 강조한다.
④ 개인의 사고와 인지적 역할을 강조한다.
⑤ 강화와 처벌을 중요시한다.

**04 스키너의 강화에 관한 설명으로 옳은 것은? [10회]**

① 부적 강화의 예로 처벌을 들 수 있다.
② 일차적 강화물은 미소, 칭찬, 점수 등이다.
③ 가변비율 강화계획의 예로 월급을 들 수 있다.
④ 고정간격 강화계획은 반응에 대해 일정한 시간이 지난 후 강화를 주는 것이다.
⑤ 반응률이 높은 강화계획 순서는 가변간격, 고정간격, 가변비율, 고정비율 순이다.

**05 반두라(A. Bandura)가 설명한 자기효능감의 형성요인이 아닌 것은? [17회]**

① 대리경험 ② 언어적 설득 ③ 정서적 각성
④ 행동조성 ⑤ 성취경험

정답: 01 ⑤ 02 ③ 03 ② 04 ④ 05 ④

Chapter

05

# 인간행동에 관한 주요 이론: 인지이론

1. 피아제의 인지발달이론
2. 콜버그의 도덕성 발달이론
3. 아론 벡의 인지이론
4. 엘리스의 합리적 정서행동이론

Chapter 05

# 인간행동에 관한 주요 이론: 인지이론

**학습목표**

1. 인지이론의 주요 개념을 이해한다.
2. 인지발달이 인간행동에 미치는 영향을 이해한다.
3. 인지이론을 사회복지실천에 적용할 수 있는 방안을 이해한다.

## 1. 피아제의 인지발달이론

### 1) 장 피아제(Jean Piaget, 1896~1980)의 생애

피아제는 1896년 스위스의 뉴채틀에서 출생하여 1980년 사망할 때까지 인지이론의 발달에 큰 업적을 남긴 것으로 평가된다. 중세역사학자인 아버지의 학구열을 이어받은 피아제는 매우 학구적이어서 그의 나이 21세에 생물학으로 박사학위를 받을 정도였다. 피아제는 1920년 파리의 비넷 실험실에서 아동용 지능검사 사료를

만드는 연구과제를 통해 지능검사에서의 아동의 답, 특히 틀린 답이 일관성 있는 유형을 나타내고 있음을 발견하였다. 이 발견으로 그는 아동의 사고가 어른들과는 다르게 나름대로 독특한 특성을 가지고 있다고 여기게 되었다.

피아제는 아동이 얼마나 많이 아는지 보다 어떻게 사고하는지에 관심의 초점을 두었다. 이러한 아동의 사고 특성을 알기 위해 지능검사 같은 표준화된 검사가 아닌 개방적인 임상적 면담과 관찰방법을 택하였다. 이 방법으로 그는 아동의 꿈, 도덕성, 아동이 일상생활에서 흥미를 느끼는 주제에 관한 연구를 주로 하였다. 1925년 첫딸 재클린의 출생 후부터 자기 자녀들을 대상으로 아동의 인지적 행동에 관한 본격적인 관찰에 들어갔으며, 1940년대부터는 아동의 수학적 · 과학적 개념이해에 초점을 둔 연구를 주로 하였다.

## 2) 주요 개념

인지이론은 교육과정 계획, 학령 전 프로그램, 오늘날의 심리학 및 교육학 등의 많은 영역에 영향을 미치고 있다. 정신분석이론이 무의식적 사고의 중요성을 강조하는 것이라면, 인지이론은 의식적 사고를 강조하는 것이다. 인지이론에서는 정신구조가 매우 중요한 의미를 가진다. 정신구조를 강조한다는 점에서는 정신분석이론과 유사한 점이 있으나, 인지이론은 무의식적 정신구조나 사고과정에는 전혀 관심이 없고 합리적 사고과정을 강조한다는 점에서 큰 차이가 있다.

인지이론은 또한 사람의 능동적 역할을 중시한다. 인지이론에서 성격이나 행동은 환경적 요인에 의해서만 결정되는 것이 아니라, 사람이 환경적 요인들을 어떻게 받아들이고 해석하느냐 하는 주관적 경험에 의해 결정된다고 본다. 인지이론은 '지능'이란 것이 단지 지능지수만으로 요약되는 것이 아니라, 사람이 환경과의 상호작용을 통해 습득하는 다양하고 복잡한 능력을 반영하는 복합적 요인이라는 것을 강조한다. 특히 인지발달에 대한 장 피아제의 연구는 우리로 하여금 아동에게 무엇을 기대할 것이며, 연령에 따라 아동이 그 주변 세계를 어떻게 지각하며, 성인에게는 이상하게 여겨지는 방법으로 질문하고 정보를 해석하는 이유가 무엇인지 이해하도록 돕는다(이인전 외, 2017).

### (1) 도식

도식(schema)은 어원으로는 형태라는 의미이며, 일반적으로 사물이나 사건 또는 사실에 대한 전체적 윤곽이나 개념을 말한다. 피아제는 개념보다 도식이란 용어를 선호했는데, 도식이 언어와 그외 다른 상징적 체계들이 발달하기 전인 유아기의 개념 및 개념적 연결에 해당되는 것이라고 보았다. 도식은 인간의 마음속에 어떠한 사물이나 개념의 가장 중요한 측면이나 특징을 인식하고 표현하는 능력으로, 사건이나 사물의 자극을 지각하고 반응하며 사실에 대해 이해하는 틀을 의미한다. 도식은 환경과 계속 접촉하며 반복되는 행동을 통해 지속적으로 변화하고 세분화되며 통합되는데, 그 과정 속에서 수많은 도식이 생겨나고 수정되면서 복합적이고 고차원적인 도식이 만들어지게 된다. 즉, 도식은 사고를 조직화하고 환경에 적응하도록 하는 심리적 구조라 할 수 있다.

그는 도식을 행동이 유사한 상황 속에서 반복되면서 전승되거나 일반화되는 행동의 구조 또는 조직으로 정의했다(Piaget, 1985). 그리고 도식이 사건, 감정, 관련된 심상, 행동, 또는 생각들의 의미 있는 배치임과 동시에 자료나 정보가 투입될 때 일종의 준거 틀로 기능한다고 보았다. 이에 따르면 도식은 정신적 조직화의 일차적 단위로 인간은 도식을 통해 환경에 적응한다

### (2) 조직화

조직화(organization)는 신체적 또는 심리적 과정을 일관된 전체로 종합하는 식으로 배우는 것이 아니라, 성숙해지면서 상이한 도식들을 결합시키는 것이다(Piaget, 1963: 7). 즉, 서로 다른 감각의 입력정보들을 상호 관련시키는 것이다. 예를 들면, 출생 후 몇 달이 지나면 유아는 어떤 대상을 쳐다보고 그것을 잡을 수 있게 된다. 보이는 것을 잡는다는 것은 보는 것과 잡는 것을 결합한 행동이다. 사람은 관찰한 것이나 정보들을 재구성하는 식으로, 도식들의 논리적 결합을 추구하는 경향이 있다. 따라서 심리적 측면에서 조직화는 떠오르는 생각들을 이치에 맞게 종합하는 것을 말한다.

### (3) 적응 과정

인간이 자신의 주변 환경과 상호작용을 통해 도식을 변화시키고 환경의 조건을 조정하는 과정을 적응이라 한다. 적응(adaptation) 과정에는 동화와 조절이 있으며, 동화와 조절이 어려운 상황에서는 인지구조를 다시 평형화하려는 노력을 하게 된다.

#### ① 동화

동화(assimilation)는 기존의 개념 안에 새로운 경험이나 사건, 정보를 통합하는 과정을 말한다. 기존의 사고방식에 융합을 해 나가게 되므로 인지구조의 양적 변화를 가져오게 된다. 유아가 손으로 잡을 수 있는 모든 것을 입으로 가져가 빠는 모습은 모유나 젖병을 통해 음식을 섭취하는 기존 도식을 사용하는 동화의 예라 할 수 있다.

#### ② 조절

조절(accommodation)은 외부의 자극이나 정보에 맞게 자신이 도식을 변화시키는 과정을 말한다. 자신의 인지구조를 변화시켜 인지구조의 질적 변화를 가져오게 된다. 유아가 털이 긴 동물을 처음에는 강아지로만 알고 있다가 울음소리가 다른 고양

이를 알게 되고, 생김새와 울음소리, 특징이 조금씩 다른 호랑이, 원숭이 등을 알게 되면서 있는 동물에 대한 개념을 넓히게 되는데 이 과정은 조절의 예라 할 수 있다.

③ 평형화

동화와 조절이 균형을 이루고 있다가 시간이 지난 후 자신과 환경의 변화로 동화하기 어렵고 조절할 수 없는 새로운 경험이나 정보가 들어오게 되면 인지구조에 갈등이 생기고 불균형이 야기된다. 이때, 다시 새롭게 평형 상태를 유지하기 위해 노력하는 것을 평형화(equilibration)라 한다. 평형화를 통해 인간은 보다 나은 수준의 심리구조를 획득하게 되는데, 피아제는 이를 인지발달의 주요 원리로 보았다. 특히 피아제는 인간은 자신의 심리적 구조를 일관성 있고 안정된 행동양식으로 조직하려는 경향이 있다고 이해하였다. 즉, 인간 유기체의 심리구조는 평형상태를 유지하려는 경향이 있다는 말이다. 여기에서 평형이란 개인의 정신적 활동과 환경 간의 균형의 상태를 의미한다. 쉽게 동화될 수 없고, 조절할 수 없는 새로운 정보가 들어왔을 때, 개인의 심리구조는 평형을 잃어버리게 된다. 평형을 잃어버린 상태의 개인 심리구조가 다시 평형화되었을 때는 보다 높은 차원의 심리구조가 획득된 상태이다. 다시 말해 평형화를 통한 심리구조의 재구성이 이루어졌다는 뜻이다. 이런 평형화의 원리는 인지발달의 주요 원리이며 피아제의 인지발달이론의 핵심이다.

### (4) 자아중심성

자아중심성은 자신과 대상을 서로 구분하지 못하는 것으로 정의된다. 단계별로 이러한 분화의 결핍상태는 각기 다르다. 예를 들면, 유아기 초기에는 자신과 주변의 대상들을 구별하지 못하며, 청소년기에는 현실과 환상을 구별하지 못한다. 그런데 어느 단계의 자아 중심성이든 공통된 점은 조절보다 동화를 주축으로 하는데, 이는 자기 자신의 사고와 감정에 초점을 맞추고 조작의 근거로 자신의 지식을 이용하기 때문이다(Flavell, 1963: 60). 특히 어린 아동은 다른 사람의 관점을 받아들이지 못한다. 아동은 모든 것을 자신과 관련지어 생각하며, 일반적 세계에서 얻은 경험을 자신의 제한된 세계로부터 발전한 도식에 동화시킨다(Beard, 1969: 9).

### 3) 인지발달의 단계

피아제는 4단계의 인지발달을 소개하고 있는데, 발달에는 다음과 같은 원칙이 존재한다(Piaget, 1985).

첫째, 발달단계에 있어 각 단계에 도달하는 개인 간 연령 차이는 있을 수 있으나 발달 순서는 바뀌지 않는다.

둘째, 모든 아동은 단계를 순서대로 통과하여 발달하며 단계를 뛰어넘을 수는 없다.

셋째, 다음 단계로 이동하는 과도기에는 두 단계의 인지적 특징이 함께 나타날 수 있다.

넷째, 형식적 조작기에 도달한 아동이나 고도로 인지발달이 된 성인도 때로는 낮은 단계의 사고를 보일 수 있다.

피아제는 인간발달의 기본적 요인은 다음의 네 가지 ① 유전(내적 성숙), ② 신체적 경험, ③ 사회적 전달(교육), ④ 평형으로 보았다(Piaget, 1973: 2). 첫째, 유전적 요인은 신생아가 외부세계의 문제에 적응하는 최초의 상태를 결정할 뿐만 아니라 성장, 발달의 각 시점에서 어떤 새로운 발달 가능성을 전개할 것인지 결정한다. 그러나 유전 혹은 내적 성숙이 발달을 촉진하는 데 필요하지만 그것만으로 충분하지는 않으며, 직접적 경험으로부터 논리나 지능이 발달한다. 둘째, 신체적 경험은 자발적 · 심리적인 지적 발달에 기여한다. 그러나 신체적 경험이 정신발달에 본질적이지만 그것만으로는 지적 발달에 불충분하다. 셋째, 사회적 전달은 외부로부터 지식을 전수받는 것이다. 부모, 학교, 사회가 전달하려는 것에 동화될 수 있는 도식을 준비하는 것은 내적 성숙과 신체적 경험에 달려 있기 때문에 사회적 전달만으로 정신발달을 기대할 수는 없다. 사회적 전달은 인지발달의 심리적·사회적 측면에 기여한다. 넷째, 이러한 내적 성숙, 신체적 경험, 사회적 전달은 서로 잘 조화되어야 하고 평형상태가 유지되어야 한다. 이 네 가지 요인들이 인지발달의 단계를 결정한다.

피아제는 인지적 성숙의 기본적 패턴을 설명하기 위해 인지발달을 네 단계로 구분하였다.

(1) 감각운동기(출생에서 2세까지)
(2) 전조작기(2세에서 7세까지)
(3) 구체적 조작기(7세에서 12세까지)
(4) 형식적 조작기(12세에서 성인기까지)

피아제의 인지발달단계 개념은 각 단계별로 발생하는 다양한 행동들을 단순히 기술하는 것이 아니라 각 발달단계에서 일어나는 구조적 변화를 설명하고 있다. 새로운 단계에 들어간다고 해서 이전 단계들에서 발달한 능력이 상실되는 것은 아니며, 사고와 지식이 질적으로 새로운 접근방법으로 통합되는 것이다. 발달의 각 단계는 지속적이고 상호의존적이다. 다시 말해 한 단계의 완수는 그 이전 단계에서 형성된 인지적 구조에 의존하므로 단계별 발달은 지속적이고 각각의 발달단계에서 새로운 능력과 기능이 성숙하면서 심리적 재구조화가 이루어진다. 인지발달이론은 경험과 사회적 상호작용을 중시하므로 개인의 자아와 세계관을 구성하는 것이 사회적 상호작용과 역할획득을 통해서라고 보았다. 또한 개인을 사회화 과정에서 능동적 역할을 하는 존재로 간주해 아동이 수동적으로 정보를 받아들이는 것이 아니라 그들이 보고, 듣고, 느끼는 것을 선택하고 해석한다고 보았다.

발달단계들은 각기 다른 연령에서 나타나는 행동들을 보여주기 때문에 편리한 구분이긴 하나 이 단계들은 일반적 연령 기준 이상의 의미는 없다. 〈표 5-1〉은 단계, 대략의 연령범위, 단계별 주요 특징들을 보여 준다(정옥분 역, 1991: 280-281).

이 인지발달단계는 몇 가지 특징을 가진다.

① 단계별 성취 연령은 개인차가 있기 때문에 제시된 연령이 반드시 들어맞지 않는다.

② 모든 아동은 단계를 순서대로 통과하여 발달하며 절대로 단계를 뛰어넘을 수 없다.

③ 다음 단계로 이동하는 과도기에는 두 단계의 인지적 특징이 함께 나타날 수 있다.

④ 형식적 조작기에 도달한 아동이나 고도로 인지발달이 된 성인도 때로 낮은 단계의 사고를 한다.

각 인지발달단계를 설명하면 다음과 같다(정옥분 역, 1991; Flavell, 1977; Miller, 1989; Thomas, 1985).

〈표 5-1〉 피아제의 인지발달단계

| 단계 | 연령 범위 | 특징 |
|---|---|---|
| Ⅰ. 감각운동기 | 0~2세 | 감각적 경험에 기초한 지능 |
| 1. 반사활동기 | 0~1개월 | 반사가 좀 더 효율적으로 됨, 분화의 결여 |
| 2. 일차순환반응 | 1~4개월 | 즐거운 행위 반복, 습관 형성, 반사의 협응 |
| 3. 이차순환반응 | 4~10개월 | 우연히 발견한 사건에 대한 의도적 반복, 인과 개념 |
| 4. 이차도식들의 협응 | 10~12개월 | 기존 도식을 새로운 상황에 적용, 대상영속성, 지능의 뚜렷한 첫 신호, 도구적 활동 |
| 5. 삼차순환반응 | 12~18개월 | 새로운 문제해결을 위한 새로운 수단의 발견 및 새로운 것을 위해서 다양하게 반복, 인과적 상황에 대한 실험, 가설검증 |
| 6. 상징적 표상 | 18~24개월 | 행위를 내면화하고, 행동하기 전에 사고하기 시작한다. 상상을 통해서 대상과 상을 표현한다. 새로운 사고의 고안 |
| Ⅱ. 전조작기 | 2~7세 | |
| Ⅲ. 구체적 조작기 | 7~11세 | 복잡한 언어체계의 시작, 자아중심적 추론, 지각에 기초한 사고 |
| Ⅳ. 형식적 조작기 | 11세~성인기 | 형식화와 가설검증, 추상적 사고, 연역적 추론, 더 이상 지각에 한정되지 않는 사고 |

### (1) 감각운동기

감각운동이란 용어는 유아의 행동이 자극에 대한 반응이기 때문에 붙여졌다. 즉, 유아가 경험하는 자극이 감각적이고, 이에 대한 반응이 신체운동으로 나타난다는 것이다. 단순한 반사반응만 나타내는 출생 직후부터 초기의 유아적 언어를 사용하는 상징적 사고가 시작되는 2세까지가 이 단계이다. 신생아의 인지세계는 미래에 대한 설계나 과거의 기억이 없는 현재의 세계이며 신생아는 감각운동에 기초해서만 경험한다. 이 시기의 유아는 주로 사물을 만져보고, 그것들을 조작해 보며, 환경을 직접 탐색해서 학습한다. 이 단계의 최종적 성취는 자신의 환경이 독특하고 안정된 속성을 갖고 있다는 것을 유아가 이해하는 것이다.

피아제는 감각운동기를 독립적이지만 상호 관련되는 여섯 개의 하위 단계들로 구분하였다. 이 하위단계들은 유아가 어떤 체계적 목적 없이 행동하는 수동적 유기체에서 지능의 초기적 요소를 가진 사고하는 존재로 발달하는 과정을 나타낸다.

#### ① 반사활동기

신생아는 학습되지 않은 생득적 반사로 환경에 적응한다. 외부세계에 대한 유아의 선천적 능력과 준비가 제한되어 있어 유아는 대상에 행하는 자신의 행위와 대상 그 자체를 구분하지 못하며, 외부세계에 대한 지식을 습득하는 일차적 정보원은 잡기, 빨기, 큰 소리에 반응하기와 같은 반사적 행동이다. 출생 후 한 달 동안 유아의 행동에는 목적이 없다. 유아는 반복적으로 같은 반사를 사용하는 재생적 동화를 한다. 예를 들면, 유아는 장난감이든 이불이든 닥치는 대로 빨거나 손이 닿는 곳에 있는 모든 것을 잡는다. 동화가 환경적응의 대부분을 차지하지만 때로 조절도 일어난다. 예를 들어, 젖을 빨면서 젖꼭지와 가슴을 구별하게 된다.

반사활동기의 특징은 두 가지이다. 첫째는 자신과 외부세계의 구분이 없다. 둘째는 다양한 반사도식들을 사용해 경험을 쌓아감에 따라 유아는 증가하는 환경의 요구에 더욱 잘 적응할 수 있게 된다.

② 일차 순환반응

이 시기는 유아의 관심이 외부의 대상보다 자신의 신체에 있기 때문에 일차 순환반응이라 불린다. 순환반응은 반복되는 빨기, 잡기, 블록치기와 같은 감각운동 행동의 반복을 의미한다. 반사 활동기에는 동화와 조절의 기능이 거의 차이를 보이지 않으나 이 단계에서는 반사행동들 간의 분리가 증가하여 동화와 조절기능이 분리된다. 순환반응의 목적은 기존 도식에 대한 수정이며, 도식의 수정은 곧 지적 발달을 의미한다. 이 하위단계에서 유아는 다양한 반사들에 숙달하고 이 반사들은 서로 협응된다. 예를 들면, 유아는 눈으로 흥미 있는 물체를 추적하면서 그 물체를 잡으려고 손을 뻗는다. 이 하위단계에서 유아는 많은 시행착오를 거쳐 학습하며 학습과정에서 우연은 중요한 요소가 된다.

이 시기에도 유아는 목적지향적이지 않으나 다양한 순환반응의 협응은 인지발달에 영향을 미친다. 시행착오 학습을 통해 유아는 구체적 인과관계를 분명히 알지는 못할지라도 어느 정도 인과개념을 발달시킨다. 유아는 자기의 행동을 예측되는 결과에 연결시킨다. 즉, 딸랑이를 흔들면 소리를 듣게 되리란 것을 안다. 일차 순환반응은 환경이 제공하는 대로 학습하거나 획득하는 것이 아니며, 유아 스스로 발견하는 자신의 신체에 대한 탐구과정이다.

③ 이차 순환반응

이차적이란 용어가 암시하듯 이 단계의 유아는 이제 외부의 사건과 대상에 열중한다. 유아는 마치 새로운 것을 발견하여 반복해서 그것을 연습하는 것처럼 보인다. 그러나 아직 재생적 동화가 주가 된다. 피아제는 그 예로 유모차에 누워 있는 아이가 머리 위에 매달려 있는 인형을 반복해서 발로 차서 인형을 흔드는 것을 들었다(Piaget, 1985). 유아는 덜 자기중심적으로 되며 외부세계에 대한 정보를 자기 자신보다 다른 사물들에 더 의존해서 파악한다. 이 시기에 유아는 외부세계의 어떤 사건들이 유아 자신의 행동으로 발생한다는 것을 이해하기 시작한다. 그러나 행동과 그 행동의 결과 간에 의식적 결합은 아직 불가능하다.

이차 순환반응기에는 대상영속성 개념이 나타나기 시작한다. 이전 단계에서는 사람이나 사물을 감추면 그것을 이미 존재하지 않는 것처럼 여기지만 이 시기에는 시야에서 사라지면 그것을 찾으려 하는 대상영속성의 기초개념 획득을 볼 수 있다.

#### ④ 이차 도식들의 협응

이 시기에 유아의 행동은 좀 더 분화되며 분리된 도식을 협응하게 된다. 피아제는 예로 장애물에 대한 유아의 행동을 들었다(Piaget, 1936: 217). 피아제의 연구대상이었던 그의 아들 로렌이 성냥갑을 잡으려 할 때 피아제는 손으로 가로막았다. 로렌은 피아제의 손을 넘거나 둘러서 성냥갑을 잡으려 했으나 피아제는 손으로 계속 가로막았다. 여러 차례의 시행착오 끝에 로렌은 방해되는 피아제의 손을 먼저 치워 장애물을 제거하고 성냥갑을 잡는 데 성공하였다. 로렌은 목적을 달성하기 위해 치우기와 잡기라는 분리된 도식을 협응시킨 것이다.

이 시기 유아의 인지발달에는 두 가지 획기적 사건이 일어난다. 첫째, 새로운 사건들을 접하면 이미 학습된 행동양식과 도식을 사용하기 시작한다. 유아의 행동은 의도적이며 기존의 도식들을 목표성취를 위해 협응시킨다. 둘째, 주위에 있는 대상들이 자신과는 분리되어 있으며, 각자가 별개의 성질을 갖고 있다는 것을 깨닫는 대상영속성이 발달한다. 지각적 영역에서 사라진 대상이 실제로 부재하는 것이 아니라는 대상개념을 갖게 되는 것이다. 대상영속성을 획득한 유아는 원인과 결과의 관계를 이해해서 어떤 행위의 결과를 예측할 수 있으므로 그 결과를 얻기 위한 의도적 행동을 할 수 있다.

#### ⑤ 삼차 순환반응

활동성이 증가하면서 유아는 새로운 경험을 할 기회가 많아지는데 이에 따라 유아는 점점 환경을 통제하고 실험을 하기 시작한다. 이 시기의 유아는 전 단계들처럼 단순한 반복을 위해서 활동을 반복하지 않는다. 아동은 실험을 통해서 사건들 간의 인과관계를 검토하는 모색적 조절(grouping accommodation)을 한다. 즉, 유아는 실험적 사고에 열중하여 원인과 궁극적 결과 간의 관계에 관한 새로운 가설을 설정해 보는 삼차 순환반응을 한다. 다시 말해 새로운 목적을 성취하기 위해 익숙한 방식으로 시도해 보다가 이것이 안 된다는 것을 알게 되면 상황에 맞게 변형시킨다. 예를 들면, 로렌은 새 식탁에 홍미를 보이면서 식탁을 주먹으로 치는데 자기 행동이 만들어내는 각기 다른 소리를 듣기 위해 때로는 세게 때로는 약하게 쳤다. 피아제는 새로운 반응을 시도하는 시행착오의 학습과정을 인간의 선천적인 호기심으로 보았고 이 반응을 일차, 이차 순환반응과 구분하기 위해 삼차라고 하였다.

#### ⑥ 상징적 표상

이 하위단계 동안 직접적 경험이나 실험 없이도 대상 및 그 대상과 연합된 활동 간의 관계를 이해하는 유아의 능력이 크게 발달한다. 즉, 내적으로 사건들을 표상하기 시작하는 상징적 사고가 주요 사고양식이 된다. 유아는 단순히 과거의 생각들을 재구성하는 것을 넘어서 새로운 생각을 고안하기 시작한다. 정신세계 내에서 수단과 목적을 연결시킬 수 있으므로 마음속으로 문제해결 활동 및 계획을 수행해 본다. 예를 들면, 이 단계의 아동은 컵을 들고 가다가 문이 있으면 문을 열어야 한다는 상황판단으로 손에 든 컵을 내려놓는다. 이것은 손의 컵이 문을 여는 데 방해가 된다는 것을 알기 때문이다. 컵을 손에 들고 문을 열려다 실패하는 시행착오 과정을 거치지 않고도 머릿속에서 생각한 후 행동을 하는 것이다.

### (2) 전조작기

전조작기는 감각운동기와 조작적 사고가 가능한 단계의 과도기에 해당된다. 조작은 변형된 경험이나 대상을 논리적 규칙을 적용하여 원래 형태로 환원할 수 있는 활동이다. 전조작기 아동은 이러한 조작을 수행하지 못한다. 즉, 사건의 순서를 원래의 반대순서로 재배열하지 못한다. 또한 사건의 다양한 차원들 간의 관계를 이해하지 못하므로 경험의 한 차원이 변하더라도 다른 차원들이 그대로 유지되는 것을 이해하지 못한다.

전조작기 아동은 상징을 사용하여 보이지 않는 대상이나 상황을 표현하고 과업수행을 배우게 된다. 지각적 경험에만 의존하지는 않으나 논리보다는 지각에 아직 더 의존한다. 이 단계에서 가장 중요한 것은 언어를 사용하기 시작하고 언어능력이 발달하는 것이다. 언어습득을 통해 개념적 사고를 하는 것이다. 이와 같이 언어의 습득으로 사물이나 사건을 내재화할 수 있는 능력이 생기고 보이지 않는 것을 기억하는 표상이 가능하나 직접적으로 지각적 경험을 하지 않은 사건이나 대상을 조작하는 능력은 제한되어 있다.

[그림 5-1]은 전조작기 아동이 수행하지 못하는 보존과제를 보여준다(정옥분 역, 1991: 290). 첫째, 수의 보존과제는 아동 앞에 동전을 일렬로 배열하여 제시하고, 두 줄의 대상들 간의 지각적 동등성을 확립하도록 첫 번째 줄의 동전과 똑같이 줄을 맞추어 두 번째 줄의 동전을 배열하라는 지시를 한다. 이 과제가 완성된 후, 한 줄이 다른 줄보다 짧도록 한 줄에서 동전들의 간격을 변화시킨다. 어떤 줄의 동전이 더 많은지를 물었을 때 전조작기 아동은 길이의 차원과 수의 차원을 혼동해서 길이기, 긴 줄의 동전이 더 많다고 대답한다.

둘째, 질량의 보존과제도 유사한 결과를 초래한다. 아동에게 모양과 크기가 똑같은 두 개의 공 모양의 점토 덩어리를 준다. 점토 덩어리 하나를 다른 모양으로 만들었을 때 전조작기 아동은 두 개의 질량이 다르며 하나가 다른 것보다 더 크다고 믿는다.

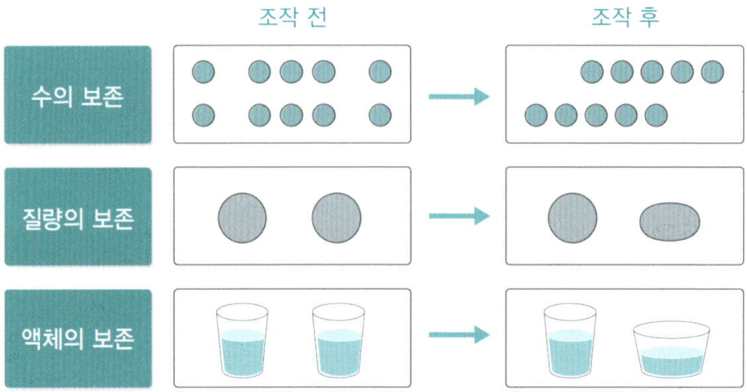


**[그림 5-1] 여러 가지 보존과제**

셋째, 액체 보존과제에서 두 개의 비커는 같은 모양을 하고 있고 같은 양의 용액을 담고 있다. 이 비커들에 든 물을 하나는 길고 좁은 비커에, 다른 하나는 짧고 넓은 비커에 붓는다. 전조작기 아동은 이 비커들에 각기 다른 분량의 액체가 담겨 있다고 생각한다.

전조작기 아동은 경험의 한 차원이 변한다고 해서 반드시 그 경험의 다른 차원들이 변할 필요가 없는 것을 이해하지 못한다. 즉, 이 시기의 아동은 경험의 한 차원에서의 변화가 반드시 다른 차원의 변화를 의미하지 않는다는 것을 인식하는 데 필요한 인지구조를 아직 갖고 있지 못한 것이다. 그러므로 이 시기의 아동은 모든 것이 눈에 보이는 그대로라고 믿는다.

전조작기 사고의 특징을 잘 나타내는 다른 예로는 상징놀이, 물활론(animism) 등이 있다. 상징놀이는 물리적으로 실제 존재하는 대상이 아닌 아동의 내부에서 정신적 표상으로 대상을 만들어 놀이를 하는 것인데, 아이들은 빗자루를 총이라고 하면서 총싸움을 할 수 있다. 물활론의 사고는 전조작기 아동의 자연관을 말해 준다. 전조작기에는 모든 사물이 생명이 있으며 사고하고 감정이 있다고 믿는다. 예를 들어, 인형이 못에 걸려 찢기면 아플 것이라고 여긴다.

### (3) 구체적 조작기

구체적 조작기에 아동은 기본적 논리체계가 획득되어 전 단계의 비논리적 사고에서 논리적 사고로 전환한다. 구체적 조작기의 아동은 보존개념을 이해하고, 특정한 조작들을 수행할 수 있으며, 전조작기 아동들이 할 수 없는 다양한 지적 과업을 수행한다. 이 단계를 구체적이라 일컫는 이유는 조작의 대부분을 직접적 경험을 통해 획득하기 때문이다. 과거 경험의 도움 없이 순전히 언어적 지시만으로는 조작이 수행될 수 없으므로 이 시기의 아동은 여전히 지각의 한계를 벗어날 수 없으며, 실제적이고 구체적인 대상과 사상들에 한정된 논리만이 가능하고 이 논리를 가설적 문제에는 적용하지 못한다.

구체적 조작기의 아동은 보존의 개념을 획득하였기 때문에 동일성, 보상성, 역조작의 사고가 가능하다(Piaget, 1985). '더 붓거나 덜지 않았으니 액체의 양이 같다'고 대답하는 것은 동일성(identity)의 논리이다. '이 컵이 긴 반면 저 컵은 넓다. 따라서 액체의 양은 같다'고 말하는 것은 보상성(compensation)의 논리이다. '이것을 전의 컵에다 그대로 다시 부을 수 있기 때문에 두 컵의 액체량은 같다'고 말하는 것은 역조작(inversion)의 논리이다.

또한 구체적 조작기의 아동은 사물을 일정한 속성에 따라 분류할 수 있다. 분류에서 전체와 부분의 관계, 즉 상위 유목과 하위 유목의 관계를 이해하게 된다. 예를 들면, 아동은 생물이 동물과 식물이라는 하위 유목들로 나뉘는 것을 이해한다. 이 단계의 아동은 정신적으로 대상 간의 관계를 조작할 수 있으므로 일련의 사물들을 서열화하는 능력도 갖고 있다. 길이, 크기, 무게, 부피, 색의 강도에 대한 서열개념의 획득은 사물 간의 관계를 이해하는 데서 비롯된다. 구체적 조작기의 아동은 서로 다른 높이를 가진 여러 개의 실린더를 눈으로 보고 높이에 따라 그 실린더들의 순서를 매길 수 있다.

### (4) 형식적 조작기

형식적 조작기에는 가설설정 혹은 상상적 추론과 같은 추상적 사고가 가능하다. 즉 이 단계의 아동은 새로운 상황에 직면했을 때 현재의 지각적 경험뿐만 아니라 과거와 미래의 경험을 사용한다. 이는 어떤 일을 수행하기에 앞서 문제에 대해 다양한 해결책을 고려할 수 있는 사고능력을 가졌다는 의미이다.

이 단계의 사고는 세 가지 면에서 구체적 조작기와 구분된다. 첫 번째는 가설-연역적 인지구조를 갖는 점이다. 구체적 조작기의 아동은 시행착오적 방법으로 문제해결을 도모하므로 시간 소모가 많다. 반면 형식적 조작기의 아동은 문제해결을 위해 가능한 모든 방법을 생각하여 그 결과를 가정하여 가장 가능성 있는 것을 시도한다. 두 번째는 조합적 분석능력이다. 구체적 조작기의 아동처럼 시행착오적 접근방법이 아닌 체계적으로 가능한 조합을 차례로 시도하는 것이다. 세 번째는 추상적 사고이다. 형식적 조작기에는 삶의 의미를 음미하고, 사회적 규범과 가치관을 이해하며, 예술작품이 상징하는 것을 안다.

형식적 조작적 사고의 발달은 부분적으로 학교 교육과정에 의존한다. 학교교육을 적게 받은 사람은 계속하여 구체적인 것에 비추어 사고하는 경향이 있으며 자아중심적 성향을 더 많이 간직하게 된다.

## 4) 인지발달단계에 따른 자아중심성의 변화

〈표 5-2〉는 인지발달단계에 따른 자아중심성의 발달과정을 보여주며, 그 목적과 과업을 제시한다(정옥분 역, 1991: 306).

### (1) 감각운동기의 자아중심성

감각운동기의 아동은 자신이 직면하는 외부의 대상과 자신을 구별하지 못한다.

따라서 이 단계의 중요한 발달과업은 대상획득이다(Elkind, 1974). 신생아는 충족되어야 하는 기본적 욕구를 가진 협응되지 않은 반사들의 집합체 수준이므로 자신과 대상을 분리하지 못한다.

### (2) 전조작기의 자아중심성

전조작기 아동은 자기와 외부 대상을 구분할 수 있다. 그러나 이 시기의 아동은 자신 이외 다른 사람들의 관점을 추측할 수 없다(Piaget & Inhelder, 1956: 218). 예를 들면, 이 시기의 아동은 책을 세워 들고서는 반대편에 있는 사람이 책의 뒷면밖에 볼 수 없다는 것을 깨닫지 못한 채 그에게 책 속의 그림에 대해 묻는다. 그러므로 전조작기 아동은 다른 사람과 연결된 대화를 할 수가 없다. 자기중심적인 말 속에서 아동들끼리 하는 말은 성인과 같은 의미로 서로 이야기하는 것이 아니다. 그 아이들이 하는 말의 거의 절반은 타인과의 의사소통이 아닌 독백에 불과하다.

〈표 5-2〉 자아중심성의 발달과정

| 단계 | 목표 | 성취 |
|---|---|---|
| 감각운동기 | 대상의 획득 | 대상영속성 |
| 전조작기 | 상징의 획득 | 언어 |
| 구체적 조작기 | 현실의 획득 | 원인과 결과 |
| 형식적 조작기 | 사고의 획득 | 현실과 환상의 구별 |

따라서 전조작기 아동의 자아중심성은 이기주의나 몰인정과는 구별되어야 한다. 이 단계에서는 다른 사람의 관점이나 관심사를 고려하는 객관성이 획득되지 않았기 때문에 아동은 자신의 지각적 경험이나 자신의 관심사에만 집중하는 것이다.

피아제는 전조작기 아동의 이러한 자아중심성은 어른이나 비슷하게 자아중심적인 다른 아이들과의 상호작용을 통해 벗어날 수 있다고 보았다.

### (3) 구체적 조작기의 자아중심성

구체적 조작기에는 현재 또는 실제적인 것은 잘 이해한다. 그러나 가능한 것에 대해서는 실제적인 것의 연장선상에서 어렴풋이 이해할 뿐이다. 이 단계의 목표는 현실의 획득, 즉 가정과 사실을 구분하는 능력이다. 아동은 원인과 결과가 연속된 과정이라는 것을 이해하지만 그 요소들 간의 관계에는 관심이 없다. 가정과 사실을 구별하지 못하므로(Elkind, 1974: 9), 아동은 상황에 대한 그들의 가정을 바꾸기보다는 상황의 사실들을 바꾸는 경향이 있다. 전조작기 아동의 주된 불일치는 자기와 타인 간에 발생하지만 구체적 조작기 아동에게서는 자기와 사실 간의 불일치가 주로 발생한다.

### (4) 형식적 조작기의 자아중심성

청소년기는 논리에 도취되는 것처럼 보일 만큼 형이상학적 특성이 가장 우세한 시기이다. 피아제는 청소년기의 이상주의를 이 시기의 자아중심성으로 보았다.

이 단계에서는 자신의 사고와 다른 사람의 사고를 구별하지 못한다. 예를 들어, 청소년들은 자기의 행동과 외모에 대해 다른 사람들이 항상 살피고 있는 것처럼 생각한다. 이 시기 아동의 목표는 사고의 획득으로 자신과 다른 사람의 사고를 구분하는 것이다. 엘킨드는 형식적 조작기의 아동은 다른 사람들이 이러이러하게 생각하리라고 자기가 여기는 대로 자신을 생각한다고 보았다(Elkind, 1974). 그 예로 이러한 자아중심성이 청소년기의 자의식과 그들의 야단스럽고 화려한 복장을 설명해 준다고 하였다.

청소년기의 자아 중심성은 현실사회와의 상호작용을 거치면서 이상주의의 실제적 한계를 경험하면서 변화된다.

## Tip 피아제 이론의 평가

장 피아제(Jean Piaget)의 인지이론은 인간이 외부세계를 이해하고 파악하는 바탕인 인지적 구조가 형성되는 과정을 설명한다. 그는 지식의 구체적 내용에 관심을 가진 것이 아니라 적극적 과정으로서의 인식에 관심을 가져, 인지적 성숙과정을 주된 연구영역으로 하였다. 여기서의 인식은 경험을 조직화하고 의미를 부여하는 과정으로, 말한 것을 해석하고, 문제를 해결하며, 정보를 종합하고, 복잡한 과제를 분석하는 포괄적인 인지적 활동을 말한다.

피아제는 인식의 근원이 생물학적 능력에 있다고 가정하였다. 생물학을 전공한 피아제는 큰 호수에 있던 연체동물을 작은 연못으로 옮겼을 때 환경의 변화로 인해 유기체에 구조적 변화가 오는 것을 관찰하고 연체동물이 어느 정도 환경에 적응할 수 있는 특성을 갖고 태어난다는 구조상의 유연성을 깨달았다. 피아제의 연체동물에 관한 연구는 인간에게서 유사점을 발견하는 계기가 되었는데, 이는 아동이 나이가 들면서 사고과정의 유연성을 보이며 문제를 잘 해결한다는 발견이다. 즉, 인간의 뇌는 인지적 구조를 변화시킴으로써 환경에 적응하는 능력을 가지고 있으며, 지능은 환경이 적절한 다양성과 탐구에 대한 지지를 제공하면 체계적 방식으로 발달한다는 것이다. 인지는 일반적으로 사고의 능력을 의미하는데 광의의 개념으로는 그 외에 지각, 기억, 언어, 지능 등을 포함하는 정신과정을 일컫는다. 이와 같이 인지는 지식, 의식, 사고, 상상, 추론, 문제해결, 개념화, 분류, 상징, 지각, 학습 등 정신적 과정을 포괄하므로 인간의 심리과정을 이해하는 데 인지이론은 매우 중요하다.

인지이론가들은 인간의 일생을 통하여 인지적 성장과 변화가 일어날 수 있으며, 특정 연령에서 인지적 유능성은 개인에 따라서 차이가 있다고 가정한다. 인지이론에 따르면 인지는 환경적 자극에 반응한 결과이기도 하지만, 환경의 자극에 개인이 주관적으로 인지적 해석을 통해 행동을 보이는 능동적 반응의 결과이기도 하다. 사람들은 환경적 자극을 있는 그대로 받아들이는 것이 아니라 인지적으로 표상하고 그 결과에 따라 행동을 하게 되며, 사고나 감정 등도 객관적으로 실존하는 것이라기보다는 인지적 표상을 통해서 재해석된 것이다.

피아제 인지발달이론의 강점은 ① 구체적 조작단계에서 형식적 조작단계로 이끄는 학습방법의 중요성을 인식하게 해 준 점, ② 내재적 동기를 강조하여 아동을 창조적이며 발전적인 사고를 할 수 있으며, 사물 및 환경과 직접 상호작용하여 자율적인 활동을 할 수 있는 존재로 이해한 점, ③ 아동의 인지발달 과정을 이해하는 이론적 틀을 제공한 점, ④ '지능이란 무엇인가', '지식은 어디에서 오는가?' 등의 일반적 문제에 대해 다루면서 지능이나 지식의 형성과정에 대한 이해를 높였다는 점, ⑤ 상대적으로 폭넓은 연령층을 다뤄 인지가 영아기의 초보적 수준에서 중기 아동기를 거쳐 청년기의 좀 더 복잡한 수준으로 어떻게 진화하는지를 일목요연하게 제시한 점 등을 들 수 있다. 하지만 ① 과제 변수와 절차 변수의 조직 방법을 고려하지 않은 이론이라는 점, ② 발달속도의 차이나 발달의 성차 및 개인차에 대한 설명에 한계가 있다는 점, ③ 인간의 전 인지영역을 포괄하지 않고 수학적 · 과학적 사고의 발달에 국한되어 있다는 점, ④ 질적으로 독특하게 서로 구분되는 인지발달단계가 정말로 존재하는가에 대한 해답이 분명치 않다는 점, ⑤ 동일한 이론적 구조를 공유한다고 생각되는 과제들을 실제 아동이 서로 다른 연령에서 성취한다는 점, ⑥ 15세까지를 인지발달단계에 포함시키고 그 이후에는 인지가 큰 변화 없이 유지되는 것으로 보았다는 점 등에서 비판받는다.

피아제의 인지발달이론은 사회복지실천에서 아동 대상의 프로그램 계획 및 실행 시 교육적 측면의 이론적 토대가 될 수 있다. 피아제의 인지발달에 관한 이론은 성격의 한 측면으로 간주될 수 있는 인지기능의 다양한 발달수준을 개념적으로 설명하여 인지적 측면의 인간행동과 인간발달에 관한 사회복지사의 이해를 넓히는 데 기여한 바가 크다.

### *Tip* 피아제의 인지발달이론과 사회복지실천

#### [사회복지실천에 미친 영향]

1. 아동기의 인지발달 과정을 이해할 수 있는 이론적 토대를 제공하였다.
2. 아동의 사고가 성인들의 사고방식과 다름을 밝혀내어 아동발달을 위한 실천적 접근에 유용한 지식과 기준을 제공하였다.

#### [실천에서의 적용]

- 인지장애 아동에 대한 접근: 정확한 진단과 개입 & 양육자의 정서 지원
  인지발달이 적절히 이루어지지 못한 아동들은 인지장애가 나타나 지능이 평균보다 낮고 그 결과 적응기능에 결함이 생길 수 있으므로 정확한 진단과 개입 계획을 세워야 하며, 양육자의 정서적 지지를 위한 실천도 병행되어야 한다.

- 아동의 인지발달을 위한 교육환경
  아동은 성인과 다른 사고방식과 인지기능을 가지고 있으므로 아동 대상의 실천에는 정서와 사회적 발달의 연관성을 고려하여 이들의 눈높이에 맞는 가치기준으로 접근되어야 한다.

# 2. 콜버그의 도덕성 발달이론

## 1) 콜버그(Lawrence Kohlberg, 1927~1987)의 생애

로렌스 콜버그는 1927년 미국 뉴욕주 브롱크스빌의 부유한 집안에서 태어나 유복한 유년시절을 보냈다. 그는 명문 사립고등학교를 졸업하였지만, 당시 제2차 세계대전 말의 시대적 분위기에 영향을 받아 대학에 진학하지 않고 이스라엘 난민을 도우며 지내게 된다. 그러나 체포되어 2년여간 감금생활을 하였다.

이후 콜버그는 1947년 시카고대학에 입학해 심리학을 전공했으며 우수한 성적으로 조기 졸업을 했다. 이후, 대학원 과정에서 피아제 이론에 흥미를 갖고 아동과 청소년을 대상으로 도덕성 이론과 딜레마를 연구하며 박사학위를 취득하였다. 그는 예일대, 하버드대, 시카고대학에서 교수로 재직하며 많은 연구를 하였지만, 안타깝게도 60세의 나이에 불치병을 앓게 되면서 이를 비관하여 자살로 생을 마감하였다.

## 2) 주요 개념

### (1) 배경 및 특징

콜버그의 도덕성 발달이론의 배경과 특징을 요약해 정리하면 다음과 같다.

① 콜버그는 도덕적 딜레마의 가상적 상황(하인츠 이야기)을 연구하여, 피아제가 제시한 전조작기와 구체적 조작기의 도덕성 발달에 관한 내용을 청소년기와 성인기까지 확장하여 3개 수준 6단계로 제시하였다.

② 콜버그의 이론은 도덕성 발달에 있어 판단의 결과보다는 판단의 과정 그리고 논리의 유사성을 근거로 도덕성 발달 수준을 구분하였다.

③ 콜버그의 이론은 피아제의 이론과 같이 10세 정도까지는 전인습적 수준에 머물다가, 이후 점차 타인의 의견과 행위에 대한 상황 파악을 고려해 판단하기 시작하여 13세경에는 인습적 수준으로까지 발달하게 된다.

④ 피아제의 형식적 조작기에 속한 인간은 추상적 사고의 발달과 더불어 후인습적 수준으로까지 도덕성이 발달하게 된다. 즉, 보다 차원이 높은 윤리적 관점에서 행동의 정당함을 판단할 수 있게 된다.

⑤ 콜버그의 이론에서 도덕성 발달에는 인지능력의 발달이 뒤따라야 한다는 것을 전제로 하고 있지만, 인간의 도덕성 발달 수준은 상대적이면서도 개인차가 많아 단계별 연령 기준을 명확히 제시하기는 어렵다.

### (2) 도덕성 발달단계

콜버그의 도덕성 발달단계는 전인습적 수준, 인습적 수준, 후인습적 수준에서 총 6개의 단계로 구분된다(이윤정, 2020).

첫 번째, 전인습적 수준은 외부 환경을 통해 주어진 규칙에 따라 벌을 피하거나 보상을 받기 위해 행동한다. 주로 4~9세 정도의 연령대에서 발견된다. 이 수준은 1단계 타율적 도덕성과 2단계 개인적·도구적 도덕성으로 구분된다.

두 번째, 인습적 수준은 다른 사람이 수용하는가, 사회 질서 유지에 도움이 되는가를 생각해 규칙과 규범을 따른다. 도덕적 행동은 단순히 처벌과 보상이 아닌 사회적 수용이나, 비난을 고려한 동기를 통해 나타난다. 10세 이상의 아동이나 청소년, 대다수의 사람에게서 발견된다. 이 수준은 3단계 개인 상호 간의 규준에 근거한 도덕성과 4단계 사회체계 지향의 도덕성으로 구분된다.

세 번째, 후인습적 수준은 형식적 조작과 조작적 사고가 가능한 정도의 인지능력

수준과 관련되어 정의의 원리를 적용해 판단하는 수준이다. 옳고 그름에 있어 항상 동일한 기준을 적용하기 어렵고, 법에 준한다 하더라도 그 법이 반드시 타당하다고 보기 어렵다는 것을 알게 되면서 보다 자율적이고 독립적인 생각과 판단을 하게 된다. 콜버그는 후인습적 수준은 20세 이상의 소수의 사람만이 도달한다고 했으며 그 비율이 10% 미만이라고 하였다. 이 수준에서는 5단계 민주적이며 인권을 기반으로 한 도덕성과 6단계 보편적 원리 지향의 도덕성으로 구분된다.

〈표 5-3〉은 도덕성 발달의 6단계를 요약적으로 정리해 예와 함께 제시한 것이다.

**〈표 5-3〉 콜버그의 도덕성 발달단계**

| 도덕성 발달 수준 | 단계별 특성 | |
|---|---|---|
| 전인습적 수준<br>(4~9세) | 1단계 | [타율적 도덕성]<br>• 주어진 외부 규칙의 벌과 보상 기준에 따라 판단<br>• 권위자에 대한 복종과 처벌을 지향<br>• 반응 예 – 벌 받게 되니까 훔치면 안 돼요.<br>– 훔치면 경찰에 잡혀가요. |
| | 2단계 | [개인적 · 도구적 도덕성]<br>• 자신의 욕구 충족(칭찬, 보상, 쾌락 등)과 자신이나 자신이 좋아하는 사람에게 이익이 되는 정도를 따름<br>• 반응 예 – 하인츠 입장에서는 아내를 위해 훔치는 게 옳다고 생각할 수도 있어요. 약제사 입장에서는 자신의 약을 몰래 훔쳤으니까 하인츠를 나쁘다고 생각할 수 있고요. |
| 인습적 수준<br>(10세 이상의 아동, 청소년, 대다수의 사람) | 3단계 | [개인 상호 간의 규준에 근거한 도덕성]<br>• 권위 있는 인물의 기대 충족이나 인정에 따름<br>• 다른 사람과의 관계 유지, 착한 아이 지향<br>• 반응 예 – 하인츠는 아내를 사랑해서 병을 낫게 하고 싶었던 거예요. 약제사는 남을 생각하지 않고 자신의 이익만 생각한 사람이에요. |
| | 4단계 | [사회체계 지향의 도덕성]<br>• 사회 질서 유지를 위한 법과 의무, 권위의 존중 지향<br>• 반응 예 – 하인츠 사정이 딱하기는 해요. 그런 생각이 들 수도 있다고 생각하고요. 그러나 훔치는 행동을 사회에서 용서하는 건 질서를 어지럽히는 일이에요. |

<table>
<tr><th>도덕성 발달 수준</th><th colspan="2">단계별 특성</th></tr>
<tr><td rowspan="2">후인습적 수준<br>(20세 이상의<br>소수의 사람)</td><td>5단계</td><td>[민주적 · 인권 기반의 도덕성]<br>• 사회의 규범과 관습을 이해하고 인정하나, 도덕적 원리에 근거한 개인의 가치(자유, 정의, 행복의 추구 등) 기준에 따름<br>• 법이 궁극적으로 사람에 대해 충분히 고려하지 않은 면이 있다면 사회 구성원들과의 동의와 민주적 절차를 통해 수정하고 변화시킬 수 있다고 생각함<br>• 반응 예 – 훔친 일은 벌을 받아야 하지만, 하인츠의 의도는 아픈 아내를 구하기 위한 것이었어요. 상황을 고려해 형벌의 수준을 낮춰야 해요.</td></tr>
<tr><td>6단계</td><td>[보편적 원리 지향의 도덕성]<br>• 인간의 존엄성, 인류의 평화 등 보편적 도덕 원리 지향<br>• 질서가 유지되는 사회라 할지라도 인류의 보편적 도덕 원리가 실현되고 있지는 않다고도 생각함<br>• 반응 예 – 약은 아픈 사람을 위해 개발된 것이에요. 그런 약을 개발하고 이익만 추구한 약제사는 윤리적이지 못했다고 생각해요. 하인츠가 다른 방법을 생각하지 못하고 약을 훔친 것은 안타깝지만, 하인츠의 아내가 죽을지도 모르는데, 약제사가 몰인정하게 배려하지 않았다는 것은 생명을 존중하지 않았다는 것입니다.</td></tr>
</table>

### Tip 콜버그의 도덕성 발달이론과 사회복지실천

**[사회복지실천에서의 적용]**

- 아동을 대상으로 한 사회복지실천에서 아동의 인지수준에 맞는 도덕적 사고와 윤리의식이 적용되어야 한다.
- 비행 청소년의 경우, 사회적 규범을 중요시 여기는 것보다는 또래집단의 소속감이나 공동행위 같은 관계중심적 태도가 더 우선시되어 감정이나 욕구에 의해 우발적이고 충동적인 행동이 나타난다고 보는 것이 중요하다. 그러므로 청소년들의 자아중심적 사고에서 먼저 도덕적 판단과 윤리의식을 강화해야 하며, 개인의 문제행동 배경과 환경들 간의 상호작용하는 역동성을 통합적으로 다룰 수 있어야 한다.

# 3. 아론 벡의 인지이론

## 1) 아론 벡(Aron T. Beck, 1921~2021)의 생애

아론 벡은 1921년 로드 아일랜드주의 프로비던스에서 러시아계 유대인 이민자의 막내아들로 태어났다. 그는 문학과 교육을 중시하는 가족 속에서 주관이 뚜렷하고 정치적 관심이 많은 부모에 의해 양육되었다(권석만 역, 2007: 21). 벡의 어머니는 어린 딸의 죽음으로 인한 우울증을 앓았는데 막내인 아론 벡이 태어나면서 호전되었다. 그러나 이 우울증은 그녀의 여생 동안 지속되었고 이러한 가족배경으로 벡의 우울증에 대한 관심이 비롯되었다.

벡은 어린 시설 팔이 부러져 감염된 것이 패혈증으로 치명적 상태까지 진전된 경험이 있었는데 이로 인해 불안증세와 공포증을 지니게 되었고 자주 학교에 결석하게 되었다. 이런 일들이 벡 자신이 무능하고 어리석은 사람이라는 신념을 갖게 만들었다. 게다가 벡은 1학년에서의 유급 경험으로 자신이 멍청하다는 생각이 더 확고해지기도 했는데 그 후 스스로 노력해서 또래보다 1년 먼저 졸업했다. 자신이 어리석고 무능한 사람이라는 신념은 이에 일치되지 않는 증거들에 의해 극복될 수 있었다(권석만 역, 2007: 36).

1953년 정신과 의사 자격증을 얻게 된 벡은 정신분석 수련을 받았으나 정신분석이 과학적 근거가 부족하다고 불만이 컸다. 임상적 관찰과 실험적 연구가 계속되면서 결국 정신분석을 포기하게 되었다. 벡의 정신병리에 관한 연구는 우울증에서 시작되었고 이 영역에서 가장 중요한 업적을 쌓았다. 또한 벡은 우울증과 불안에 대한 자기보고 척도를 개발한 바 있다. 특히 BDI(Beck Depression Inventory)는 우울증 심각도를 측정하는 데 가장 널리 사용되는 도구 중 하나가 되었다(출처: https://ko.wikipedia.org/wiki). 따라서 그의 인지치료는 초기에는 주로 우울증에 적용되었다가 나중에는 다양한 심리장애에 확대 적용되었다. 벡은 자신과 주변에서 경험하였던 부정적 신념을 가진 사람들에 대한 관심으로 우울, 자살, 불안, 공황장애, 물질남용, 성격장애, 결혼문제 등에 관해 연구하였다.

## 2) 주요 개념

### (1) 도식

개인은 자신의 인지구조에 따라 특정 자극에 선택적으로 주의를 기울여 반응하게 되는데 이러한 인지구조가 도식이다(최옥채 외, 2002: 87). 개인은 어떤 상황에 직면하면 그 상황과 연관된 도식이 활성화된다(원호택 외 공역, 1997: 28). 인지이론의 관점은 많은 인간문제가 효과적 기능을 방해하는 도식에서 야기되는 것으로 가정한다. 우울증을 비롯해 문제를 갖고 있는 사람들은 흔히 사건을 해석하는 데 오류가 많은 도식을 사용한다. 왜곡된 도식들은 의지와 상관없이 자동적으로 작동하여 자동적 사고의 흐름을 낳는다. 그리고 자동적 사고는 감정과 행동에 영향을 미치게 된다. 우울증 환자는 자신이 뭔가 부족하고, 결점투성이고, 쓸모가 없고, 사랑받을 수 없다는 심각한 믿음을 갖고 있으며, 이 믿음은 확고하며, 이러한 내적 일관성은 그 믿음과 모순되는 외적 증거에 반복적이고 극적으로 노출되더라도 흔히 유지된다(원호택 외 공역, 1997: 81).

### (2) 인지삼제

인지삼제(cognitive triad)는 자신, 세계, 미래를 보는 개인의 독특한 방식이다. 인지삼제는 우울증의 3대 인지호소로 일컬어지는 세 가지 부정적 도식을 의미하는 것으로 자신, 세계, 미래에 대한 견해로 자신을 패배자로, 세계를 실망스러운 모습으로, 미래를 희망이 없는 것으로 그린다(정영숙 · 안현의 · 유순화 공역, 2005: 473-474). 자신에 대한 부정적 견해는 "나는 결점이 많고 바람직하지 못하며 가치 없다."와 같은 자기진술에서 나타난다. 세계에 대한 부정적 견해는 "세상은 나한테 너무 많은 것을 요구하고 인생은 계속되는 좌절을 의미할 뿐이다."와 같은 말에서 나타난다. 미래에 대한 부정적 견해는 "인생에는 내가 지금 겪고 있는 고통과 상실이 앞으로도 계속될 것이다." 같은 진술에서 나타난다.

#### (3) 인지치료

인지치료는 왜곡된 개념화와 잘못된 신념, 잘못된 정보처리 방식을 인정하고 교정하도록 돕는 것이다(정영숙 · 안현의 · 유순화 공역, 2005: 474). 인지치료란 잘못된 도식을 제거하고 새로운 도식을 형성하게 하는 것이다(Carver & Scheier, 2000: 462). 따라서 인지치료는 인지적 재구조화 혹은 인지적 재구성으로 불리기도 한다. 사람들은 자동적인 자기패배적 사고를 인식해서 이를 다른 건설적인 자기 말로 바꾸는 것을 배우게 된다. 또한 현재 상황 속에 있는 정보에 초점을 두고 선입견에 덜 근거하도록 요구를 받는다.

### 3) 인지의 수준

벡은 인지가 위계적 구조를 가진 것으로 전제하였다. 인지적 구조는 자각가능성과 안정성에서 서로 다른 여러 수준의 사고와 심상으로 구성된다(권석만 역, 2007: 119). 가장 자각하기 쉬운 인지는 의도적 사고로 의식선상에 나타나게 된다. 이는 사람들이 보통 의식하는 생각이다. 자각하기가 어려운 인지의 수준은 ① 자동적 사고, ② 중간 신념, ③ 핵심 신념으로 살펴볼 수 있다(최영희 · 이정흠 공역, 1999: 26-29).

### (1) 자동적 사고

자동적 사고(automatic thinking)는 마음속에서 계속 진행되는 인지의 흐름으로 의식적 자각 없이 일어나는, 개인이 어떤 상황에 대해 내리는 즉각적이고 자발적인 평가를 말한다. 자동적 사고는 마음속의 단어뿐만 아니라 영상이나 심상의 형태로도 경험된다. 자동적 사고는 정서적 반응으로 이끄는 특별한 자극에 의해 유발된 개인화된 생각으로 노력이나 선택 없이 자발적으로 일어나며, 사람들이 자신의 경험으로부터 생성한 신념과 가정을 반영한다. 자동적 사고가 상황과 정서를 중재하므로 사람들은 자동적 사고에 따라 그 상황에 대해 느껴지는 감정이 발생한다. 자동적 사고는 감정에 영향을 미칠 뿐만 아니라 행동에 영향을 미치며 생리적 반응에도 영향을 미친다. 심리적 장애를 가진 사람의 자동적 사고는 흔히 왜곡되어 있거나 극단적이거나 부정확하다.

일반적으로 사람들은 자동적 사고를 언뜻 인식할 수도 있으나 대개는 자동적 사고에 뒤따르는 감정의 변화를 인식하는 경우가 더 많다. 그 결과 자신의 자동적 사고를 사실인 것처럼 받아들이기 쉽다. 그러나 감정의 변화에 주목함으로써 자동적 사고를 식별할 수 있는 방법을 배울 수 있다. 예를 들면, 우울한 기분이 들 때 마음속에 스쳐 간 생각이 무엇인지 자신에게 물어보는 것이다. 자동적 사고를 인식하게 되면 그 사고의 타당성을 평가할 수 있게 된다.

### (2) 중간신념

중간신념은 핵심신념과 자동적 사고 사이에 존재하는데 규칙과 태도, 가정으로 구성되고 핵심신념의 영향을 받으며, 자동적 사고에 반영된다. 사람들은 자신의 중간신념을 흔히 잘 인식하지 못한다. 규칙의 예로는 "항상 열심히 노력해야 한다." 혹은 "맡은 일은 성공적으로 완료해야 한다." 등을 들 수 있다. 태도의 예는 "능력이 없다는 것은 있을 수 없는 일이다." 같은 믿음이다. 가정은 긍정적 가정과 부정적 가정이 있는데, 예를 들어 긍정적 가정은 "만일 나 자신이 최선을 다한다면, 성공할 수 있을 것이다."인 반면, 부정적 가정은 "만일 최선을 다하지 못한다면 실패할 것이다."이다.

### (3) 핵심신념

핵심신념은 가장 근원적이고 깊은 수준의 믿음으로 모든 영역에 영향을 미치고 경직되어 있으며 일반화되어 있다. 핵심신념은 세계, 타인, 자신, 미래에 대한 자신의 견해를 반영한다. 사람들은 이 핵심신념을 의문 없이 당연한 것으로 여기고 절대적 진리로 받아들인다. 근원적 신념이므로 자신조차도 인식하지 못한다. 자동적 사고인 마음속을 스치는 실제적 단어나 영상 등이 특정한 상황과 관련되어 생기는 표면적 인지수준이라면 핵심신념은 자동적 사고의 토대가 되는 자신에 대한 중심적 신념이며 중간신념에 반영되어 있다. 핵심신념은 보편적이며 과잉일반화된 절대적인 것이라 할 수 있다.

중간신념과 핵심신념은 사람들이 자신의 경험을 조직화하는 데서 생긴다. 세상 혹은 다른 사람과의 상호작용을 통해 이러한 신념들이 형성되는데, 정확성과 기능적 측면에서 다양할 수 있다. 이 신념들은 그것과 관련된 특정한 생활사건에 의해 촉발되어 활성화될 때까지 드러나지 않은 채 잠복 상태로 존재한다(권석만 역, 2007: 119).

### 4) 인지적 왜곡과 재구조화

벡의 정신병리에 관한 인지모델은 비합리적 신념인 "도식" 외에 부적응적 정보처리가 부정적이고 고통스러운 감정과 부적응적 행동에 영향을 미치는 것을 강조한다(정영숙 · 안현의 · 유순화 공역, 2005: 474). 이러한 인지적 왜곡은 잘못된 가정 및 개념화로 이끄는 사고의 오류이다. 인지적 왜곡은 정보처리가 부정확하거나 비효과적일 때 나타나며 자주 비현실적 세계관을 나타내거나 비논리적 추론과 관련된다. 인지적 왜곡은 자발적이고 자동적으로 발생하는 것처럼 보이므로 부정적 자동적 사고로 일컬어진다.

인지적 왜곡의 유형에는 ① 자의적 추론, ② 선택적 추론, ③ 과잉일반화, ④ 극대화와 극소화, ⑤ 개인화, ⑥ 이분법적 사고, ⑦ 정서적 추론, ⑧ 긍정성 박탈, ⑨ 파국화, ⑩ 잘못된 명명 등이 있다(노안영 · 강영신, 2003: 446-448).

- 자의적 추론은 충분한 적절한 증거가 없음에도 결론에 도달하는 것을 말한다.
- 선택적 추론은 일부 특성만 가지고 전체를 일반화하는 것으로 긍정적 평가와 부정적 평가를 같이 받았을 때 부정적 평가에만 초점이 맞춰져 사고하는 것을 의미한다. 즉, 상황의 긍정적 측면을 여과하고 극단적으로 부정적 세부사항에 국한해 사고하는 것을 말한다.
- 과잉일반화는 단일 사건에 기초해 극단적 신념을 가지고 유사하지 않은 사건이나 장면에 부적절하게 적용하는 것을 말한다.
- 극대화와 극소화는 불완전을 최대화하거나 좋은 점을 최소화하는 것을 말한다. 불완전한 측면을 극대화하고 좋은 측면은 극소화하므로 자신이 부적절하며 다른 사람들보다 열등하다고 생각하게 되어 우울하다고 느끼게 된다.
- 개인화는 자신과 관계되는 일이 아닌데도 불구하고 외적 사건들과 자신을 관련 짓는 것을 말한다.
- 이분법적 사고는 모든 경험을 양극단 중 하나로 평가하는 것으로 완전한 실패

혹은 완전한 성공과 같이 극단적으로 흑과 백으로 구분하는 경향을 일컫는다. 흑백논리로 사고하고, 해석하며, 경험을 극단으로 범주화한다.

- 정서적 추론은 정서적 감정이 현실과 진실을 반영한다고 여겨 정서적 경험에 근거해 자신, 세계, 미래에 관해 추리를 하는 것을 의미한다.
- 긍정성 박탈은 자신의 긍정적 경험을 평가절하하는 것을 말한다.
- 파국화는 걱정하는 한 사건을 택해서 지나치게 과도하게 두려워하는 것을 일컫는다.
- 잘못된 명명은 과잉일반화의 극단적 형태로 단일 사건 혹은 아주 드문 일에 근거해 부정적인 단정을 한다.

인지적 재구조화는 사람들에게 자신의 사고를 확실한 것으로 간주하기보다는 검증되어야 할 가설로 보도록 권고하고 그 가설을 검증하여 보도록 권하는 접근을 한다. 따라서 인지적 재구조화를 위해서는 사람들에게 나쁜 결과가 나타날 것으로 비현실적으로 예상하고 있는 그 일을 계속 진행하도록 하기도 한다. 예상했던 나쁜 결과가 일어나지 않으면 사람들은 자신의 기내를 재검토할 수 있고 변화하게 된다.

인지적 재구조화를 일컫는 벡의 인지치료는 클라이언트가 자신에 대한 부정적이고 자기 파괴적인 추론을 변화시키는 것이다. 이를 위해 치료초기에는 상대적으로 인식하기 쉬운 자동적 사고에 초점을 두어 자동적 사고를 분별하고 평가하며 수정할 수 있도록 개입한다. 이후 역기능적 사고에 잠재되어 있는 중간신념과 핵심신념으로 치료의 초점이 옮겨진다.

인지치료의 일반적 가정들은 다음과 같다(원호택 외 공역, 1997: 23).

① 지각과 경험은 검열(inspective)과 내성(introspective) 자료를 모두 포함하는 능동적 과정이다.

② 개인의 인지는 내적 · 외적 자극의 종합을 반영한다.

③ 개인이 상황을 어떻게 평가하는가는 일반적으로 사고나 시각적 심상 같은 그의 인지에 나타난다.

④ 이러한 인지는 그 개인의 의식의 흐름 혹은 현상적 장을 구성하며, 이는 자신과 자신의 세계, 과거, 현재에 대한 그의 관점을 반영한다.

⑤ 기저에 있는 인지구조의 내용이 변화되면 정서상태와 행동패턴도 영향을 받는다.

⑥ 치료를 통해 자신의 인지적 왜곡을 자각할 수 있다.

⑦ 이러한 역기능적 구성개념을 수정하면 임상적으로 호전될 수 있다.

### Tip 아론 벡의 인지이론의 평가

아론 벡(Aron T. Beck)의 인지이론은 개인이 지닌 자기 자신과 세상에 대한 지각이 정서적 문제와 행동문제를 일으킨다고 전제한다. 이러한 기본전제하에 인간이 환경적 요소를 어떻게 지각하는지에 초점을 두고 잘못된 인지적 왜곡을 변화시킴으로써 문제가 되는 정서와 행동을 통제할 수 있다고 보았다.

인지도식은 성격의 기본단위로 간주된다. 벡에 의하면 신념과 규칙은 인지도식의 내용이고 인지도식은 경험과 행동을 조직하는 인지적 구조로서 이는 행동으로부터 추론되거나 면접과 과거력 탐색을 통해 평가될 수 있다(권석만 역, 2007: 107). 벡은 인지도식이 좁고 구체적인가 아니면 광범위한가의 정도인 광범위성, 변화나 수정 가능성을 의미하는 유연성이나 경직성, 인지적 구조 속에서의 상대적인 특출함을 나타내는 밀도와 같은 구조적 특성을 지니는 것으로 설명한다(권석만 역, 2007: 163). 벡의 인지치료이론은 성격의 구조적 측면을 변화시키는 데 초점이 있다. 부적응적 성격 기능을 이해하고 치료하고자 하는 인지적 접근 가운데 아론 벡의 인지이론만큼 큰 영향을 미친 이론이 없을 것이다(정영숙 · 안현의 · 유순화 공역, 2005: 473).

# 4. 엘리스의 합리적 정서행동이론

## 1) 엘리스(Albert Ellis, 1913~2007)의 생애

1913년 미국 펜실베이니아주에서 유대계 부모의 3남매 중 장남으로 출생한 엘리스는 1934년 뉴욕시티 칼리지에서 경영학을 전공하고 사업과 소설가로 활동하였다. 이후 심리학 공부에 흥미를 느껴 1942년 컬럼비아대 심리학과 대학원 과정에서 석·박사학위를 취득하고 뉴욕에서 연구소를 설립해 소장으로 지냈다.

당시 정신분석학이 심리학계에 주류를 차지하고 있어 그 접근을 따라 치료와 연구를 했으나 한계를 느꼈고, 이에 다른 학자들의 영향을 받으며 자신만의 인지행동적 치료방법을 완성하게 된다. 이후 내담자가 지니는 비합리적이고 자기패배적 신념을 바꾸어 정서적 문제와 심리적 스트레스를 경감시킴으로써 변화를 유도한다는 접근으로 심리학계의 판도를 바꾸게 된다. 그의 치료방법은 합리적 정서행동이론으로 불리고 있으며, 그는 아론 벡(Aron Beck)과 함께 인지치료이론가로도 알려져 있다.

엘리스는 평생에 걸쳐 강의와 연구를 통해 활발한 활동을 하였는데, 미국과 캐나다에서는 가장 영향력 있는 심리학자로 거론되고 있다.

## 2) 주요 내용

### (1) 특징

합리적 정서행동이론은 행동주의이론과는 접근이 다르다. 극단적 행동주의 이론이 인간을 단순히 외부 자극에 반응하는 기계적 존재로 파악했다면, 합리적 정서행동이론에서는 외부 자극에 대한 개인의 반응을 매개하는 신념체계, 즉 인간의 해석방식의 중요성을 강조한다. 인간의 문제는 잘못된 비합리적 사고나 신념에서 야기된 것으로, 이것이 정서와 행동에 큰 영향을 미치게 된다는 것이다.

특히 합리적 정서행동 이론은 '인간의 고통은 외부 사건 자체가 아니라 그에 대한 생각으로 인해 발생한다'라는 기본 가정을 전제로 한다. 그러므로 내담자에게 자신의 비합리적 신념체계와 부적절한 자기 신념을 인식하도록 하고, 보다 합리적이고 긍정적인 사고로 변하도록 하여, 정서와 행동을 보다 적응적으로 바꾸도록 하며, 나아가 삶의 전반을 변화시키도록 한다는 점에 주목할 필요가 있다. 합리적 정서행동이론을 보다 잘 이해하기 위해선 인지행동치료의 역사를 살펴보면 도움이 될 것이다. 인지행동치료는 1950년대의 초기 행동치료에서 그 근원을 찾아볼 수 있다. 행동주의 이론이나 인지이론의 특징에서 볼 수 있는 것처럼 현실적으로 인간 성격이나 행동의 형성에서 환경의 영향이나 인지의 영향의 경계를 명확하게 구분하는 것은 그 한계가 있었다. 그러므로 인지치료에서 행동연습이 강조되었으며, 1960년대부터는 인지이론가나 행동주의 이론가들이 실제 개입에 있어 행동주의적 요소와 인지 이론적 요소를 복합적으로 사용하기 시작하였다. 이러한 대표적인 학자가 벡과 엘리스였으며 이들이 사용한 행동주의 이론과 인지이론을 복합적으로 적용한 개입방법을 '인지행동치료'라고 한다. 실제로 오늘날 인지치료와 행동치료를 구분하는 것은 한계가 있고 두 가지 모두 인지행동 치료적 접근을 하고 있다고 이해해도 무리가 없다. 따라서 인지행동치료이론은 사건이나 자극이 독자적으로 정서나 행동적 반응에 영향을 주기보다는 환경이나 자극에 대한 인지적 재해석의 결과가 행동이나 정서적 반응에 영향을 준다는 '인지매개가설'에 기반을 두며, 인지 · 정서 · 행동 사이의 상호작용을 고려한다. 인간의 주관적 측면을 강조한다는 점에서 인지이론 및 인본주의 이론과 공통점이 있다.

### (2) ABCDE 모델

엘리스는 인간의 비합리적 신념이 부적응적 정서와 행동에 미치는 과정을 ABCDE 과정으로 설명하였다.

① A(Activating event, 선행사건)

정서적 혼란을 야기하는 사건을 의미한다. 예를 들어, 일자리를 잃거나 시험에 낙방하는 것 등을 들 수 있다.

② B(Belief system, 신념체계)

선행사건이나 행위 등 환경적 자극에 대한 개인의 태도나 사고방식을 말한다. 예를 들어, 시험에 낙방한 후 '나는 쓸모없는 인간이야'라고 생각하는 것이다. 이것은 비합리적 생각과 신념에 속한다.

③ C(Consequence, 결과)

선행사건에 대한 비합리적 생각, 태도, 신념을 가지고 그 사건을 해석함으로써 느끼는 불안이나 우울, 원망, 비판, 죄책감 등의 부적응적 정서나 행동 등의 결과를 말한다. 예를 들어, 시험에 낙방한 후 자신을 쓸모없는 인간이라 생각하면서 불안해하고 우울한 감정을 느끼는 것이다.

④ D(Dispute, 논박)

자신이 지니고 있는 비합리적 사고나 신념을 검토해 보고 과연 그것이 합리적인 것인지 생각해 보는 것이다. 예를 들어, 시험에 낙방한 후, 자신을 쓸모없는 인간이라 생각하며 불안해하고 우울한 감정을 느끼는 가운데, 자신의 생각을 돌아보며 '겨우 한번 치른 시험인데, 내가 왜 이러지?', '가을에 시험이 한 번 더 있잖아?' 등의 생각을 하는 것이다. 혹은 사회복지사가 '이런 시험을 보통 다른 사람들도 한 번에 통과하나요?'라고 하거나 '시험의 합격률은 어느 정도입니까?' 등의 질문을 통해 논박을 유도할 수 있다. 사회복지사가 개입해 합리적 사고나 신념으로 변화하도록 유도한다.

⑤ E(Effect, 효과)

내담자가 지닌 비합리적 사고방식이나 신념을 구체적으로 논박해 합리적 신념으로 바꾸게 되면, 내담자는 자신을 수용적으로 바라보고 긍정적 감정을 느끼게 되는데, 이를 효과라 본다. 이것은 내담자의 적응적 정서와 행동으로 이끄는 것이다. 예를 들어, 논박의 과정까지 거쳐 '그렇게 나쁜 상황은 아니구나', '새로운 일자리를 구하면 될 거야'라는 바로잡힌 합리적 신념을 갖게 하는 것이다.

### 3) 벡과 엘리스의 비교

엘리스의 합리적 정서적 행동치료는 벡의 인지치료와 유사한 면이 많지만, 관점이나 접근방법에 있어 다음과 같은 차이가 있다. 치료 시에 변화시켜야 할 '사고'를 보는 관점에서 벡은 자동적 사고에 초점을 두었고 엘리스는 비합리적 신념에 초점을 두었다. 접근방법에서 벡의 인지치료가 인지적 왜곡을 문제영역인 핵심믿음을 바꿈으로써 바로잡으려 한다는 점에서 귀납적인데 비해, 엘리스의 치료는 비합리적 신념을 깨닫게 한다는 측면에서 연역적이라고 할 수 있다. 접근의 기초는 벡은 경험적 증거에 의한 것이고 엘리스의 접근은 합리적이냐 비합리적이냐의 판단에 의한 것이다. 치료자의 역할은 벡의 경우는 협력적 관계이고 엘리스의 경우는 논박을 하는 등 벡보다는 더 지시적이고 교육적이다. 치료의 절차는 벡의 경우 경험적 가설을 검증하는 것이지만 엘리스의 경우 지시, 설득, 논박의 과정이다. 이러한 벡과 엘리스의 비교를 표로 정리하면 〈표 5-4〉와 같다.

〈표 5-4〉 벡과 엘리스의 비교

| | 벡 | 엘리스 |
|---|---|---|
| 사고를 보는 관점 | 자동적 사고 | 비합리적 신념 |
| 접근방법 | 귀납적 | 연역적 |
| 접근기초 | 경험적 증거 | 합리성 |
| 치료자의 역할 | 협력적 | 지시적 · 교육적 |
| 치료절차 | 경험적 가설검증 | 지시 · 설득 · 논박 |

## 4) 벡과 엘리스의 비판적 고찰

### (1) 긍정적 평가

벡의 인지치료는 다음과 같은 공헌을 했다고 판단된다. 첫째, 벡은 불안, 공포, 우울 치료의 선구자적 역할을 수행함으로써 이후의 우울 및 불안 치료를 비롯한 다양한 방면에서 인지치료의 효과성을 입증하고 전파하였다. 둘째, 벡은 인지치료를 발달시키는 과정에서 사고라는 것이 인지적 재해석의 결과라는 점에 기반을 두어 불안, 우울 등 기존에는 과학적 측정이 불가능했던 개념들을 측정할 수 있는 척도들을 개발하여서 심리학의 과학화에 기여했다. 셋째, 향후 연구들에 의해서 벡의 인지치료가 우울 치료에 효과가 크고 지속적이라는 것이 입증되었다. 넷째, 행동주의에서처럼 치료자가 교사나 지시자적 역할을 하는 것이 아니라 치료자를 내담자와의 협력적 관계에 있는 사람으로 이해했다.

엘리스의 합리적 정서적 행동치료는 다음과 같은 공헌을 했다고 이해된다. 첫째, 인지적 측면의 중요성을 인정하면서 더불어 행동적 측면이나 정서적 측면의 중요성을 강조했다. 둘째, 치료방법에서 벡에서는 인지치료와 행동치료로만 대표되던 것에 더하여 정서적 영역에 초점을 둔 정서치료의 영역을 개척했다. 셋째, 상담자의 역할을 중요시하면서도 효과적인 변화나 변화된 것을 지속적으로 유지하기 위해서 내담자의 자기조력적 치료의 필요성을 강조했다. 넷째, 통합적이고 절충적인 개입을 강조했다. 즉, 인지적 · 정서적 · 행동적 기법을 통합적으로 사용하였고, 행동주의로부터 파생된 치료절차를 사용하는 것에 개방적이었다.

### (2) 부정적 평가

벡의 인지치료는 다음과 같은 측면에서 비판을 받는다. 첫째, 긍정적 사고의 힘을 지나치게 강조하여 자칫 잘못하면 피상적이고 단순하게 느껴질 수 있다. 둘째, 지나치게 기법에 의존하고 증상제거에 관해서만 치료하면서 문제의 근원을 충분히 탐색하지 않는다. 셋째, 과거의 중요성이나 정서의 중요성에 대해서 간과하였다.

엘리스의 합리적 정서적 행동치료는 다음과 같은 면에서 비판을 받는다. 첫째, 비합리적 신념을 합리적 신념으로 바꾸기 위해서는 논박이 필요한데 논박은 일정한 지적 수준을 가진 사람들에게 적용이 가능하고 지적 수준이 낮은 지적 장애인이나 정신증적 증상을 가진 사람에게는 적용하는 데 한계가 있을 수 있다. 둘째, 비슷한 맥락에서 자발성이 없거나 치료에 동기부여가 되지 않은 내담자에게는 효과를 기대하기가 어렵고, 다양한 치료기법의 적용은 자칫 잘못하면 내담자로부터 저항을 가져올 수 있다. 셋째, 벡과 마찬가지로 과거의 중요성보다는 현실의 중요성을 지나치게 강조하고 있다. 넷째, 직접적이고 지시적인 기법으로 인해 치료자의 관점이나 가치가 내담자에게 강요될 수 있고 치료자가 권위적으로 될 위험이 있다.

### Tip 엘리스의 합리적 정서행동이론과 사회복지실천

**[사회복지실천에 미친 영향]**

1. 개인이 환경 속에서 다른 사람의 행동이나 사건, 상황에 어떠한 의미를 부여하고 있는가에 접근할 수 있는 이론적 틀을 제시하였다.
2. 내담자의 현실 해석과 정서와 행동에 영향을 받는 그 과정을 내담자의 관점에서 이해하도록 하여 사회복지실천의 개입 지점과 방향을 명확히 하도록 하였다.
3. 위기에 놓이거나, 위축된 사회관계를 나타내는 내담자들에게 스스로 자신의 인지와 신념을 변화시키는 권한을 부여하도록 하는 것은 내담자 중심의 사회복지실천에 중요한 근거가 된다.

**[실천 기법의 예]**

- 인지적 기법: 내담자의 생각 중 비합리적 생각이나 언어의 근거를 찾아 합리적으로 바꾸는 것
- 정서적 기법: 내담자가 자신을 정직하게 표현하도록 하고, 그 경험을 통해 자신을 개방하도록 하는 기법
- 행동적 기법: 내담자에게 어떠한 행동을 하게 해 비합리적 신념체계를 변화시키고, 역기능적 증상에서 벗어나 보다 생산적인 행동을 하도록 원조하는 것.

  행동과제의 부여, 미루는 습관 교정을 위해 바로 그것을 시작하도록 유도하는 것

## Tip 관련된 사회복지사 1급 시험 기출 문제

**01 피아제(J. Piaget)의 인지발달이론에 관한 설명으로 옳지 않은 것은? [15회]**

① 발달단계의 순서는 문화와 개인에 따라 다르게 나타난다.
② 인지구조는 각 단계마다 사고의 방식이 질적으로 다르다.
③ 인지발달은 동화기제와 조절기제를 활용하여 환경에 적응하는 것이다.
④ 상위단계는 바로 하위단계를 기초로 형성되고 하위단계를 통합한다. ⑤ 각 단계는 내부적으로 일관된 체계를 갖추고 있는 하나의 완전체이다.

**02 피아제(J. Piaget)의 인지발달이론에 관한 설명으로 옳지 않은 것은? [16회]**

① 인지발달은 동화기제와 조절기제를 활용하여 환경에 적응하는 것이다.
② 인지발달을 감각운동기, 전조작기, 구체적 조작기 형식적 조작기로 구분한다.
③ 구체적 조작기에는 추상적 사고가 가능하다.
④ 인지발달은 개인과 환경의 상호작용에서 이루어지는 적응과정이다.
⑤ 상위단계는 이전 하위단계를 기초로 형성되며 하위단계를 통합한다.

**03 콜버그(L. Kohlberg)의 이론에 관한 설명으로 옳지 않은 것은? [11회]**

① 도덕발달은 개인의 인지구조와 환경 간 상호작용의 결과이다.
② 도덕적 판단에 위계적 단계가 있음을 강조한다.
③ 남성은 권리와 규칙, 여성은 책임감을 중시하는 형태로 도덕발달이 이루어진다.
④ 개인이 도달하는 최종 도덕발달 단계는 다를 수 있다.
⑤ 아동은 동일한 발달단계 순서를 거친다.

**04 콜버그(L. Kohlbero)의 후인습적 수준의 도덕성에 관한 설명으로 옳은 것은? [17회]**

① 일반윤리에 의해 자신의 이익에 따라 행동을 판단한다.
② 개인 상호 간 대인관계의 조화를 바탕으로 행동한다.
③ 인간의 존엄성과 양심에 따라 자율적이고 독립적 판단이 가능하다.
④ 타인 중심에서 벗어나 개인의 욕구충족을 위해 행동한다.
⑤ 도덕적으로 옳고 법적으로도 타당할 때 충족된다.

정답: 01 ① 02 ③ 03 ③ 04 ③

Chapter

06

# 인간행동에 관한 주요 이론: 인본주의 이론

1. 로저스의 현상학적 성격이론
2. 매슬로의 욕구단계이론

Chapter 06

# 인간행동에 관한 주요 이론: 인본주의 이론

학습목표

1. 인본주의이론의 주요 개념을 이해한다.
2. 인간중심이라는 사회복지실천의 주요 전제를 이해한다.
3. 인본주의이론을 사회복지실천에 적용할 수 있는 방안을 이해한다.

## 1. 로저스의 현상학적 성격이론

### 1) 로저스(Carl Ransom Rogers, 1902~1987)의 생애

칼 로저스는 1902년 미국 일리노이주 시카고 근처 오크파크에서 태어났다. 유복한 기독교 집안의 5남 1녀 중 넷째로 태어났다. 경제적으로 안정된 가정에서 자상하고 애정이 깊은 반면, 종교적으로는 엄격했던 부모 밑에서 성장한 로저스는 가족 외에는 가깝게 지내는 친구도 없이 고립된 채 고등학교를 마쳤다. 아버지가 농장을

소유하여 농업에 관심을 가진 그는 1919년 위스콘신대 농과대학에 입학했으나 전공을 중세 역사로 바꾸어 졸업했다고 한다. 로저스는 대학 재학 당시 교회 활동을 열심히 하였고, 미국 대표로 북경에서 열린 세계기독학생연합회에 참석하게 되는데, 이를 계기로 유니언 신학대학에서 신학을 공부하게 된다. 이후 교육학 공부도 병행하여 컬럼비아대에서는 교육심리학 박사학위를 취득하게 된다.

이후 로저스는 로체스터 사회기관에서 심리학자로 일하다 1940년 오하이오 주립대 임상심리학 교수가 된다. 그는 사회사업가들의 영향으로 인간의 존엄성에 관심을 가지며 '비지시적 상담'을 발전시키게 되는데, 내담자들과 깊은 치료적 관계를 맺는 법을 알게 되고 이를 확산시키게 된다. 이후 인간연구센터를 창설하여 참만남집단, 대인관계 등에 초점을 둔 활동도 하였다. 특히 그는 '인간중심 상담'이라는 표현을 쓰며 상담 외에도 교육, 종교, 사회사업, 조직, 국제관계까지 인간중심의 접근이 활용되도록 많은 노력을 하였다.

의사가 아닌 심리학자에게 치료행위의 길을 열어 주었다는 점과 상담의 과학적이고 실증적 연구를 보여주었다는 점에서 공적을 인정받았으며, 1987년 생을 마감할 때까지 인종 간의 긴장 완화와 세계평화를 위한 노력에 열정을 바쳤다.

## 2) 주요 개념

로저스는 심리학을 공부하는 과정에서 프로이트적인 무의식 결정론적 관점에 갈등을 느끼고, 자신이 추구하던 자유로운 인간에 대한 믿음에 기반을 둔 인간중심적 이론을 전개하였다. 이러한 로저스의 학문적 경향은 인간을 바라보는 관점에서 나타난다. 로저스는 인간은 자유로우며 자신의 행동에 책임을 지는 존재이며, 인간은 무의식에 의해서만 결정되는 것이 아니라 본인이 원하고 목적하는 바를 추구하는 유목적적 존재라고 인식하였다(Rogers, 1980). 이러한 인식의 결과 로저스는 인간을 합리적이고 건설적인 방향으로 성장을 해나가는 통합적이고 전체적인 존재로 인식하는 인간중심적인 심리학 이론을 전개하였다.

이러한 로저스의 인간관은 이론의 기본가정들에서도 잘 나타난다. 로저스는 객관적 현실 세계란 존재하지 않으며 개인이 주관적으로 인식한 현실 세계만 존재한다고 주장한다(Rogers, 1980). 개인의 세계는 체험의 세계를 말하는데 체험은 특정 순간에 개인이 의식하는 것의 총체인 현상학적 장을 말한다(Rogers, 1980: 102). 개인에게 현상학적 장은 곧 현실이 된다. 따라서 개인의 모든 반응은 자기가 체험하고 지각하는 대로의 현상학적 장에 근거하고 있다. 여기서 현재 행동에 영향을 미치는 것은 과거 경험 속의 사실이 아니라 과거 경험에 대한 현재의 해석이다. 어떤 사람의 행동 의미를 완전히 이해하기 위해서는 그 사람이 현실을 어떻게 체험하는지를 알아야 한다. 왜냐하면 누구나 자신의 지각을 근거로 현실을 구성하기 때문이다. 이러한 관점에서 로저스의 이론에서 가정하고 있는 인간행동은 개인이 세계를 지각하고 해석한 결과라고 볼 수 있다. 이러한 그의 인간관과 기본가정들은 로저스의 이론 전개에 영향을 주었다.

### (1) 자기실현

#### ① 자기

로저스의 이론에서 자기(self)는 인간행동을 이해하는 데 매우 중요한 요소이다. '나는 무엇인가?', '나는 무엇이 될 수 있는가?' 등 자신이 어떠한 존재인가에 대한 개인의 지각이며 자신에 대한 자아상(self image)이라고도 할 수 있다. 로저스는 자기라는 개념은 '주체적 나'와 '객체적 나'라고 하는 특징이 타인과의 관계를 통해 지각되고 그 내용에 가치가 부여되면서 형성되는 것으로, 외부환경을 인식하고 행동하는 데 일관성을 유지할 수 있도록 한다고 하였다.

자기는 인생 초기에는 존재하지 않다가 분화의 과정을 통해 출현되는데, 부모, 형제, 친척, 친구 등 자신에게 중요한 영향을 미치고 상호작용을 통해 관계를 맺는 타인을 통해 형성되고 발전된다. 자기에 대한 개념은 인지능력, 지각능력이 성숙해 감에 따라 점차적이면서 보다 복잡하게 분화된다.

② 자기실현의 경향

로저스는 자기실현(self actualization)의 경향을 선천적인, 인간의 유일한 기본적인 동기라고 보았다. 인간은 자기를 유지시키고 향상시키기 위해 자신의 능력을 개발하고자 하는 경향성을 지니고 있다는 것이다. 그러므로 인간은 출생에서부터 시작해 음식물을 섭취하여 필요한 영양분을 공급받고, 위험한 상황에서는 방어적으로 행동해 자기를 유지하고자 하는 목적을 성취하려는 성향을 지닌다. 그리고 외적인 힘에 통제를 받고 의존하기보다는 독립성, 자기 책임성, 자기 규제, 자율성, 자기 통제 등 보다 높은 수준으로 자기실현을 위해 생산적으로 성장하도록 되어 있으며, 가능한 한 자신의 잠재력을 최대한 발휘하고자 한다.

이는 창조의 과정으로, 이 과정을 통해 모든 인간은 보다 성숙하고 능력 있는 사람이 되며, 삶의 의미를 찾고 주관적 자유를 실천해 감으로써 점진적으로 완성되어 간다.

## 3) 성격의 발달

### (1) 성격구조

로저스는 성격 자체의 형성원인에 대한 연구보다는 상담의 결과 어떻게 성격변화가 이루어지는지에 대해 더 많은 관심을 가졌다. 로저스 이론에 따르면 인간성격은 세 가지의 핵심요소를 가지고 있다. 첫째가 유기체이고, 둘째가 현상학적 장이고, 셋째가 로저스 이론에서 가장 중요한 개념인 자기(self)이다.

첫째, 유기체란 신체, 정서, 지식 등을 포괄하는 통합적 존재로서의 '전체 인간'을 말한다(Rogers, 1961). 인간은 경험에 대해 신체, 정서, 지식 등의 유기체의 일부 또는 전부를 통해서 유기체적으로 반응한다. 다시 말해 인간은 어떤 자극이 있을 때 무의식적이거나 결정론적으로 그 자극에 수동적으로 영향받는 것이 아니라 그 자극에 대하여 인간의 신체적 · 정신적 · 지식적 전체를 통해서 반응한다. 이러한 의미에서 로저스 이론의 인간관은 인간 내부적인 다양한 차원을 포괄하는 총체적(holistic) 입장을 띤다. 인간을 유기체라는 용어를 사용해서 통합적 존재로 인식한 것은 인간의 개인 내적 체계의 다양성을 인정하고 있다는 점에서 개인체계 내적 특성을 인지, 정서, 행동 등의 다양한 측면에 초점을 두고 이론을 전개함으로써 향후 심리학의 발전에 기여한 바가 크다.

둘째, 경험적 세계(experiential world) 또는 주관적 경험으로도 불리는 현상학적 장이란 개인이 특정 순간에 인식할 수 있는 것들의 총체를 의미한다. 위에서 살펴본 것처럼 로저스 이론에서 인간은 신체, 정서, 지식 등을 포괄하는 전체적인 유기체로 인식되었다. 인간의 유기체적 특징인 신체, 정서, 지식 등은 개인마다 차이가 있을 수 있으므로 개인의 고유한 유기체적 특성에 따라서 동일한 현상을 이해하는 것은 차이가 있을 수 있다. 그러므로 실제 인간의 행동에 영향을 주는 것은 무의식 결정론적 관점에서 주장하는 것처럼 과거의 경험이나 행동주의 입장에서 주장하는 것처럼 객관적으로 존재하는 실제적 사실 자체가 아니라 바로 개인 유기체가 그것을 어떻게 지각하는가에 따라서 달라질 수 있는 점을 보여준다는 점에서 프로이트의 무의식 결정론적 관점이나 앞으로 배울 행동주의적 관점과는 차이가 있다.

셋째, 자기(self)는 현재 자신이 어떤 존재인가에 대한 개인적 판단 또는 개념으로 자기 자신에 대한 상(self-image)이다(Rogers, 1961). 로저스 관점에서 자기는 자신을 포함한 전체적인 현상학적 장에서 인식된 환경 속에서 자신을 인식한 결과 분화된 '나'에 대한 일련의 의식과 가치를 의미한다. 개인의 이러한 자기상은 개인이 현상을 인식하고 유기체가 반응할 때 자기 자신의 자기상에 부합하게 인식하고 반응하게 한다는 점에서 성격의 구성요소 중 가장 중요한 요소들 중의 하나이다. 현상의 인식과 인식결과에 따라 행동함에 있어 인간은 본인의 자기상에 맞도록 인식하고 행동하므로, 자기는 유기체가 세상을 인식하고 행동하는 데 있어서 일관성을 유지할 수 있도록 한다. 이렇게 일관성이 유지된 것의 총체적 특징이 개인의 성격 특성으로 나타난다. 그러므로 자기는 성격구조의 중심이며 성격발전의 핵심이라고 할 수 있다.

### (2) 긍정적 관심과 자기

자기(self)의 발달은 환경과의 상호작용을 포함한 여러 요인들에 달려 있는데, 그 중에서 긍정적 관심(positive regard)에 대한 욕구가 결정적 역할을 한다. 존재로서의 자기에 대한 의식이 생기면 다른 사람으로부터 따뜻함, 수용, 존경, 숭배, 사랑을 받고 싶은 욕구가 생긴다. 로저스는 이 욕구를 기본적인 욕구로 간주했다. 이는 사랑받고 보호받고 싶어 하는 유아의 욕구에서 처음으로 드러난다. 아동의 자기발달은 어머니에 의해 가장 큰 영향을 받는다(이혜성 역, 1982: 52). 어머니가 긍정적 관심을 주지 않고 거부하면, 아동은 인정받지 못했던 것을 자기 행동 전체에 확산시켜 지각하기 쉽다. 긍정적 관심에 대한 욕구가 지각에 영향을 미치며, 지각이 자기 개념에 중요한 영향을 미친다.

긍정적 관심을 얻는 길은 다른 사람들로부터 인정을 받는 것이다. 긍정적 관심에 대한 욕구는 다른 사람들에 의해 충족될 수밖에 없으므로 자기 개념은 다른 사람들에 의해 점차 달라진다. 아동들은 자라면서 점점 더 다른 사람들로부터 긍정적 관심을 받고 싶어 한다. 따라서 긍정적 관심에 대한 욕구의 충족을 위해서 아동은 어떤 희생도 감수한다(Rogers, 1959: 226-227).

### (3) 가치의 조건

일반적으로 긍정적 관심은 어떤 조건들을 충족시킬 때 주어지는데, 이것이 가치의 조건(conditions of worth)이다. 가치의 조건이란 자신과는 무관하게 타인을 통해 부여받은 가치로 자기의 가치를 형성하는 것을 말한다. 바꾸어 말하면, 다른 사람으로부터 거부, 거절당할 수 있는 태도나 행동은 삼가고, 타인이 바람직한 태도와 행동이라고 표현한 것들에 인정과 수용의 가치가 있다고 생각하는 믿음에 관한 개념이다.

한 예로 아동은 자신의 가치를 부모나 형제, 선생님 등 타인이 인정하고 수용한 그 태도와 행동, 느낌 등을 토대로 평가하면서, 타인의 기준에 맞추어 그러한 자기가 되고자 할 수 있다. 이러한 과정을 통해 자신의 행동이 어떠한 조건에 따라 판단되어 그것에 따라 가치를 느낄 수 있는데, 이때 긍정적이건 부정적이건 가치의 조건을 알게 된다. 가치의 조건은 자신이 활용할 수 있는 경험은 무시하고 자신의 행동을 제한하거나 현실을 왜곡시키는 면이 있다. 그러므로 가치의 조건이 갖는 제한과 왜곡을 최소화하기 위해서 진정한 관심, 무조건적인 긍정적 관심을 주고받는 것이 필요하다.

### (4) 건강한 성격 발달 조건: 무조건적인 긍정적 관심

로저스는 건강한 성격의 발달을 위한 가장 중요한 요건이 무조건적인 긍정적 관심(unconditional positive regard)이라 보았다. 그는 아무도 가치의 조건을 완전히 피할 수는 없지만 부여된 가치와 상관없이 긍정적 관심을 주거나 받는 것이 가능하다고 생각하였다(Rogers, 1959: 224). 무조건적인 긍정적 관심은 어떤 경우에든 주어지는 완전하고 진실된 사랑과 존중을 의미한다. 이는 조건 없이 있는 그대로 수용하거나 존중하는 것을 의미한다. 아동이 어떻게 행동하든 어머니가 사랑과 애정을 기울이는 것이 이에 해당된다. 물론 무조건적인 긍정적 관심이 아동의 모든 행동에 제한이 전혀 없어야 한다는 뜻은 아니다. 주위에서 한 인간으로 존중해 주는 무조건적인 긍정적 관심을 받을 때 그 사람은 자신을 가치 있는 존재로 판단하며, 유기체로서 자신의 욕구와 자기 개념에 따라 행동하게 되므로 성장하게 된다.

처음엔 다른 사람들이 좋아해 주는 것이 중요하지만 자존감 혹은 자기 가치가 항상 다른 사람들의 관심에 근거하지는 않으므로 궁극적으로는 자기 스스로 좋아하는 것이 중요하다. 만일 다른 사람으로부터 무조건적 관심을 받는다면 그는 자신을 긍정적으로 여길 것이며 가치부여 과정에 의해 계속 그렇게 자기의 체험을 평가할 것이다. 무조건적 관심과 존경을 받는 대인관계는 다른 사람의 실재가 아닌 자신의 실재로서 수용된다고 느끼게 하므로 자기와 체험 간의 일치가 증가한다.

인간은 자기와 체험 사이의 일관성을 유지하려고 노력하므로, 자기 구조와 일치된 체험은 지각되어 그 구조의 일부가 된다. 자기 개념과 부조화를 이루는 체험은 긴장과 내적 혼란 같은 반응을 일으킨다. 로저스는 의식된 체험을 왜곡해서 지각하는 합리화나 부정과 같은 방어는 이러한 위협에 대한 행동적 반응이라고 하였다(Rogers, 1959: 204-205). 자기가 위협적 체험으로부터 자신을 방어할 수 없을 때 성격 파탄과 정신병리가 발생하게 된다. 자기는 상당히 보수적이고 자기 보호적이며 지각에 영향을 미치고 체험과 기억을 여과한다. 자기의 여과기능이 성격의 변화가 어려움을 암시한다. 즉, 변화는 위협을 내포하므로 이를 없애려고 자기위협의 요소를 걸러내기 때문에 변화할 필요가 없어지게 된다.

따라서 건강한 성격에 관한 로저스의 의견은 세 가지로 정리될 수 있다(Rogers, 1961: 186-196; 이혜성 역, 1982: 55-56).

첫째, 하나의 상태가 아닌 과정으로 보았다. 자기실현은 계속 진행되는 것으로 완료되었거나 정체된 상태가 아니다.

둘째, 자기실현 과정은 어렵고 때때로 고통스럽기도 하다고 보았다. 자기실현에는 능력에 대한 끊임없는 시험, 긴장, 자극이 수반된다.

셋째, 자기실현자는 진정한 자기 자신이 된다고 보았다. 이는 방향선택이나 행동이 전적으로 자기 자신에 의해 결정되기 때문이다.

### 4) 훌륭한 삶을 영위하는 성격: 완전하게 기능하는 사람

로저스가 말하는 훌륭한 삶이란 고정된 상태가 아니므로 흔히 이야기하는 덕행, 만족, 해탈, 또는 행복의 상태가 아니다. 즉, 훌륭한 삶이란 적응, 충족, 실현한 상태가 아니다. 로저스는 훌륭한 삶이란 존재하는 상태가 아니라 과정이며, 목적이 아니라 방향을 뜻한다고 하였다(Rogers, 1961: 186-187).

훌륭한 삶의 과정이 공통적으로 갖는 특징은 다음과 같다(Rogers, 1961: 187-192; 이혜성 역, 1982: 56-61).

첫째, 체험에 대해 개방적이다. 자신의 체험에 완전히 개방적일 수 있으면 모든 자극은 방어기제에 의해 왜곡되지 않은 채 신경체계를 통해 자유롭게 전해진다. 체험에 개방적인 사람은 그 자극이 형상이나 색, 소리의 형태로 감각신경에 미치는 영향이든 혹은 과거의 기억이든 공포, 기쁨, 또는 혐오의 본능적 지각이든 분명히 의식한다. 자신의 감정을 민감하게 인식하고 억압하지 않으므로 체험에 완전하게 개방적인 사람은 그 자신을 들을 수 있으며, 자기의 내면에서 무엇이 일어나고 있는지 체험할 수 있다. 그는 공포, 실망, 고통의 느낌에 개방적이며, 또한 용기, 애정, 경외의 느낌에도 개방적이다. 느낀 대로 주관적으로 살 만큼 자유롭고 또한 이 느낌을 깨닫는 데 자유롭다.

둘째, 매순간 충실하게 산다. 새로운 체험에 완전히 개방적인 사람에게 매순간이 새로울 것은 자명하다. 이 순간에 존재하는 내적·외적 자극의 복잡함은 이런 식으로 전에는 결코 존재하지 않았던 것이다. 결과적으로 그러한 사람은 내가 다음 순간에 무엇이 될지와 무엇을 할 것인지가 이 순간으로부터 비롯되며, 나 또는 다른 사람에 의해 미리 예측될 수 없음을 깨닫는다. 즉, 완전하게 기능하는 사람은 실존적 삶을 산다. 실존적 삶이란 인간이 존재의 매순간을 충분히 만끽하며 사는 것을 뜻한다. 현재의 자기나 미래의 자기는 그 순간으로부터 나오며 사전에 예측될 수 없다. 실존적 삶에서 개인의 자기와 성격은 경험으로부터 나타난다. 이는 스스로 유기체적 경험의 지속적 과정의 참여자이며 관찰자가 되는 것을 의미한다.

셋째, 실존적 상황에서 가장 만족스러운 행동에 도달하는 방법으로 자신을 신뢰한다. 완전하게 기능하는 사람은 자기의 유기체적 체험을 그가 해야 할 것과 하지 말아야 할 것을 결정하는 기준으로 삼는다. 자기 체험에 완전히 개방적인 사람은 그의 행동이 참조해야 하는 모든 가능한 정보, 즉 사회적 요구사항, 자신의 콤플렉스 및 갈등을 야기시키는 욕구, 유사한 상황에 대한 기억, 그 상황의 독특성에 대한 지각 등의 정보를 입수한다. 그 결과 현재 상황에서 욕구를 최대로 만족시키는 행동이 나온다.

넷째, 자유로움이다. 그는 자기의 느낌과 반응에 따라 충실히 산다. 사람이 심리적으로 건강할수록 선택이나 행동에 자유로움을 체험한다고 로저스는 확신하였다. 건강한 사람은 억제나 금지 없이 생각과 행동과정의 대안들 사이에서 자유롭게 선택할 수 있다. 뿐만 아니라 완전하게 기능을 발휘하는 사람은 일시적 생각이나 주변 환경, 과거 사건들에 의해 미래를 결정하는 것이 아니라 자기 자신이 미래를 결정한다.

다섯째, 창조성이다. 모든 체험에 대해 개방적이고 유기체로서 자신을 신뢰하며, 결정이나 행동에 자유로운 사람은 자기 실존의 모든 영역에서 독창적 사고력과 창조적 삶으로 스스로를 표현한다. 창의적이고 자발적인 사람은 사회문화적 구속에 동조하거나 수동적으로 적응하지 않는다.

완전하게 기능하는 사람이란 개념은 이상적 개념이다. 현실 속에서 이 경지에 이르는 사람은 거의 없으며 상대적인 의미에서만 완전하게 기능하는 것이다.

## Tip 로저스의 현상학적 성격이론의 평가

칼 로저스(Carl R. Rogers)의 이론은 인간을 이해하는 데 있어 문제의 역사보다 '지금 여기에(here and now)'를 강조하므로 현상학적 성격이론으로 불린다. 로저스는 인간이 통합된 유기체로서 행동하기 때문에 전체론적 관점에서 접근해야 한다고 보았다. 그는 인간의 의식과 자기인식이 성격을 설명한다고 보았으며, 특히 자기를 중요시하였다.

로저스는 인간이 어떻게 행동하는가는 그가 세계를 어떻게 지각하느냐에 달려 있다고 생각해, 인간행동이 무의식적인 어떤 힘에 의해 야기되는 것이 아니라고 믿었다. 즉, 행동을 가장 잘 이해하기 위해서는 개인의 내적 준거 틀의 이해가 필요하다고 보았다(Rogers, 1951: 494).

누구도 다른 사람의 내적 준거 틀을 완전히 알 수 없기 때문에 인간은 그 자신이 자기에 관해 가장 많은 정보를 갖게 되고 가장 잘 알 수밖에 없다. 로저스는 자신의 임상경험을 바탕으로 인간본성의 핵심이 근본적으로 합목적적이고, 전진적이며, 건설적이고, 현실적이며, 신뢰할 수 있다고 주장하였다.

이러한 로저스 이론의 긍정적인 평가와 부정적인 평가에 대해서도 살펴보면 다음과 같다.

### (1) 긍정적 평가

첫째, 로저스의 가장 큰 공헌 중의 하나는 기존의 이론들에 비해 상대적으로 심리요법의 과학화에 기여했다는 점이다. 일례로 프로이트는 상담 장면도 공개하지 않았고 상담기법은 설명해 주기보다는 직접 상담을 받음으로 체득하게 하였다. 반면, 로저스는 상담 장면을 테이프에 담아 공개하고, 이러한 것들을 반복해서 보는 과정을 통해서 상담기술의 체계화와 보편화에 기여하였다.

둘째, 상담의 효과를 측정했다는 점도 로저스의 공헌 중의 하나이다. 로저스 이전의 심리학자들은 사회현상을 관찰할 때 모집단의 대표성을 지닌 샘플보다는 주변의 사람들을 대상으로 관찰하였고, 데이터의 수집과 분석에서도 경험적이고 실증적 방법보다는 주관적 방법을 많이 사용했다. 하지만 로저스는 상담의 효과 측정을 위해 자아일치의 정도를 경험적으로 측정하여 통계를 이용하여 분석을 하였다.

셋째, 인간의 중요성을 부각시킴으로써 성격이나 행동형성에 있어 인간 개인 내적 특성의 중요성을 강조하였다는 점이다.

넷째, 프로이트의 정신분석이론 및 관련들이 대부분 의료 · 생리학에 바탕을 두고 있었던 반면, 로저스는 역사, 신학, 심리학 등을 전공한 사람이었다.

### (2) 부정적 평가

로저스 이론에 대한 긍정적 평가에도 불구하고, 로저스 이론은 다음과 같은 비판도 받는다.

첫째, 로저스 이론은 정서적 및 감정적인 요소를 크게 강조하는 반면에 지적 및 인지적 요인의 중요성을 상대적으로 간과하는 경향이 있다.

둘째, 인간의 창조성과 합리성을 신뢰하여 특정 기법을 개입과정에서 사용하는 것을 권하지 않으므로, 심리검사나 효율적 변화를 위한 개입기술의 사용을 하지 않는다. 심리검사를 하지 않으므로 객관적 정보를 사용하여 내담자를 도와주는 면이 부족하고, 개입기술 사용을 자제하므로 치료의 효과성이 떨어질 수도 있다는 비판을 받는다.

셋째, 로저스는 중요한 개입기법으로 수용, 감정이입, 경청 등을 중시하는데, 이러한 개입기법이 모든 내담자들에게 다 효과적일까 하는 것에 대해서 이의를 제기하는 사람들이 있다. 즉, 인본주의적 인간관에서는 현실적 자기와 이상적 자기의 차이에서 오는 부적응 행동에 대한 개입은 인간이 합리적이고 미래지향적이기 때문에 어느 정도 현실적 자아와 이상적 자아의 차이를 스스로 줄일 수 있을 것이라고 기대할 수 있다. 하지만 자폐증 환자의 경우는 경청하는 상담보다 지시적 상담이 효과적이라는 결과도 있어서 지속적인 수정 보완이 필요하다.

넷째, 로저스의 현상학적 장에서는 객관적 환경일지라도 유기체가 인식해서 수용하는 방법이 변하면 행동이 변한다고 보는데, 이러한 이해는 환경의 작용을 지나치게 경시할 위험성이 있다.

#### Tip 로저스의 현상학이론과 사회복지실천

**[사회복지실천에서의 적용]**

- 사회복지실천에서의 상담 목표는 내담자를 경험에 대해 개방적인 인간으로 변화시키는 것으로, 그 과정의 특징은 비지시적이고 내담자 중심이라는 것이다. 내담자에 대한 무조건적 수용과 공감적 이해를 통해 경험에 대해 솔직하게 개방하는 것이 두렵지 않다는 것을 보여줄 수 있다.
- 내담자 스스로 진실된 자기를 찾을 수 있도록 사회복지사는 먼저 내담자에게 수용, 존경, 이해한 것을 솔직히 표현하고 전달하도록 하며, 그 진실된 모습을 통해 감정과 태도

가 일치하는 방법을 보여줄 수 있어야 한다.

- 사회복지사는 내담자가 생각하고 느끼고 탐색하는 것을 도와 내적인 준거 틀을 발전시킬 수 있도록 한다. 내담자가 왜곡되고 부정적인 경험들을 받아들이게 됨으로써 진정한 자기를 찾을 수 있도록 한다.
- 인간중심적 접근으로 로저스가 정한 인정감, 상호신뢰, 감정표현의 분위기 조성 등의 원칙은 사회복지실천에서 집단을 원조하는 활동에 동일하게 적용할 수 있다.
- 사회복지사가 전략의 하나로 기법을 사용하게 되면 관계가 비인간화될 수 있다. 기법은 최대한 억제하고 의식적으로 사용하지 않도록 해야 한다. 내담자와의 관계에서 기법은 '솔직한 표현'을 위한 것이어야 한다.

## 2. 매슬로의 욕구단계이론

### 1) 매슬로(Abraham Maslow, 1908~1970)의 생애

에이브러햄 매슬로는 1908년 4월 1일 뉴욕의 브루클린에서 러시아에서 이민 온 유대인 부모의 칠남매 중 장남으로 태어났다. 매슬로가 인간의 잠재력 실현과 성장이라는 이슈에 지속적인 관심을 보인 이유는 그 자신의 생애사와 밀접한 연관이 있다. 즉, 성장을 촉진시킬 수 없는 불우한 가정배경이 오히려 매슬로로 하여금 인간의 긍정적인 면을 열정적으로 추구하도록 하는 원동력이 된 것이다. 유대인이라고는 전혀 없는 곳에서 청소년기까지 외로움과 불행을 경험한 매슬로는 도서관에서 책과 씨름하면서 성상하였다.

1934년 위스콘신대학에서 심리학 박사학위를 취득할 때 그의 학위논문은 아이러니하게도 행동주의에 토대를 둔 원숭이의 성적 특성과 지배특성에 관한 관찰연구였다. 후에 매슬로는 동물의 성과 애정에 대한 초기의 관심에서 인간을 대상으로 한 연구로 전환했다. 여기에는 딸의 출생 후 아이가 보이는 복잡한 행동이 매슬로로 하여금 행동주의를 포기하게 만든 한 요인이 되었다는 에피소드가 있다. 특히 제2차 세계대전으로 인간의 편견, 증오 등을 경험하면서 매슬로는 인본주의 심리학으로 결정적 전환을 하게 되었다. 매슬로는 1970년 6월 8일 62세의 나이에 심장마비로 사망하였다.

## 2) 주요 개념

### (1) 내적 본성

내적 본성 개념 속에는 몇 가지 기본적 가정이 있다(Maslow, 1968: 3-4). 내적 본성의 일부는 모든 인간에게 보편적이지만 일부는 개인마다 고유하며, 생물학적으로 결정된 인간의 내적 본성은 기본적 욕구, 정서, 능력 등으로 이루어진다. 그리고 내적 본성은 악하지 않고 선하거나 중립적이므로 감추지 않고 장려하는 것이 좋다. 또 내직 본성에 따라 인생을 살게 되면 건강하고, 풍요하며, 행복한 삶을 살 수 있다. 이러한 중요한 속성이 부인되거나 억제되면 병이 된다. 또한 내적 본성은 미묘하고 섬세하며 약하므로 습관, 문화적 기대, 그릇된 태도 등에 의해 쉽게 압도된다. 그러나 비록 약할지라도 정상인은 물론 병리적인 사람조차 내적 본성이 완전히 사라지지는 않는다. 매슬로에 의하면 내적 본성을 드러내고, 촉진하며, 충족하는 경험은 성취감과 자기의 성장발달을 가져오며 건강한 자존감과 자신감을 낳는다.

### (2) 욕구

매슬로는 다른 이론의 욕구 개념과 구별하기 위해 욕구를 두 가지 형태로 구별하고 있다(Maslow, 1968: 21-27). 제1의 형태는 기본적 욕구 혹은 결핍성의 욕구(deficiency needs)로 음식, 물, 쾌적한 온도, 신체의 안전, 애정, 존경 등의 욕구이다. 기본적 욕구 혹은 결핍성의 욕구는 다음과 같은 다섯 가지 객관적 특징과 두 가지 주관적 특징을 가진다(Maslow, 1968: 22).

① 결핍되면 병이 생긴다.
② 충족되어 있으면 병이 예방된다.
③ 충족시키면 병이 회복된다.
④ 자유롭게 선택할 수 있는 상황이라면 충족이 결핍된 사람은 우선적으로 그것을 충족하려고 한다.
⑤ 건전한 사람에게는 결핍성의 욕구가 기능적으로 존재하지 않는다.
⑥ 의식적 또는 무의식적 바람이다.
⑦ 부족감 혹은 결핍감으로 느껴지게 된다.

매슬로는 신경증이 결핍성 질환이라고 보았다(Maslow, 1968: 21). 즉, 기본적 욕구의 만족이 결핍되는 데서 신경증이 생긴다는 것이다. 대부분의 신경증은 안전, 소속과 동일시, 친밀한 애정관계, 존경과 위신에 대한 욕구가 충족되지 못한 것과 관련이 있다.

제2의 형태는 성장욕구(meta needs) 혹은 자기실현 욕구(self-actualization needs)이다. 자기실현 욕구는 잠재능력, 기능, 재능을 발휘하려는 욕구이다. 매슬로는 결핍성의 욕구를 저변으로 하여 자기실현 욕구를 정점으로 하는 체계를 가정하였다. 매슬로는 성장욕구도 결핍성의 욕구와 같이 선천적인 것이라고 보았다. 심리적 건강을 유지하고 완전한 성장을 이루려면 성장욕구를 만족시켜야 한다. 그는 성장욕구에 의해 동기화된 사람들이 진, 선, 미, 법, 질서, 정의, 완전을 추구한다고 보았다 (Maslow, 1971: 310).

### 3) 욕구단계 이론

매슬로에 의하면 인간은 삶에 의미와 만족을 주는 일련의 선천적 욕구에 의해 동기화된다(Maslow, 1970). 이 욕구는 강도와 중요성에 따라 일종의 계층적 단계로 배열된다. [그림 6-1]은 매슬로의 욕구단계를 도식으로 나타내고 있다(홍숙기 역, 1992: 173). 매슬로는 인간의 욕구에 관해 생존적 경향의 결핍의 욕구와 실현적 경향의 성장 욕구가 있다고 하였다. 결핍의 욕구는 제1형태의 욕구로 삶을 유지하고

제2형태의 욕구
성장의 욕구(삶을 창조하려는 동기)와 관련

제1형태의 욕구
결핍의 욕구(삶을 유지하려는 동기)와 관련

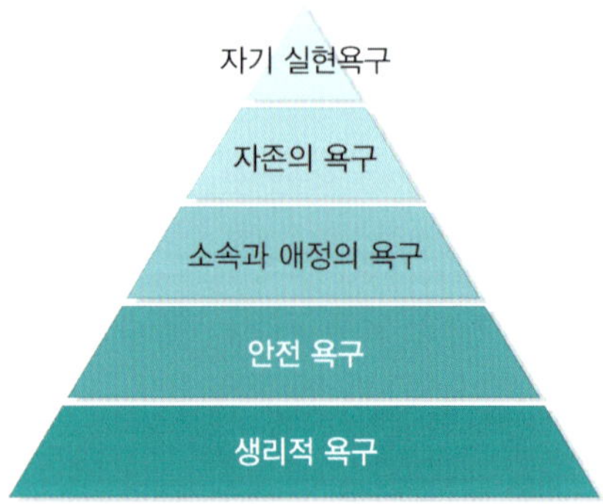


[그림 6-1] 매슬로의 욕구서열 개념에 관한 피라미드

자 하는 동기와 관련되며 기본적 욕구라 할 수 있다. 생리적 욕구, 안전의 욕구, 소속과 애정의 욕구, 자존감의 욕구가 포함된다. 성장의 욕구는 제2형태의 욕구로 삶을 창조하려는 동기와 관련된 자기실현의 욕구가 포함된다. 매슬로는 그의 욕구 단계이론에서 인간의 욕구는 강도와 유용성, 중요성에 따라 위계를 갖는다고 하였는데, 그 단계를 순서대로 설명하면 다음과 같다.

① 생리적 욕구

인간의 가장 강력한 욕구이다. 음식이나 물, 산소, 배설 등 인간의 생존과 직접적으로 관련된 욕구로, 가장 기본적이며 우선적으로 충족되어야 하는 욕구이다.

② 안전의 욕구

신체적 안전과 심리적 안정에 관한 욕구로, 보다 예측 가능한 세계를 갈망하는 욕구이다. 안전, 보호, 질서, 공포 및 불안으로부터의 자유가 해당된다.

③ 소속과 애정의 욕구

다른 사람과 어울리거나 생각과 감정을 주고받고 싶은, 관계를 형성하고 소속되기를 희망하는 마음, 애정과 사랑을 나누고 싶은 욕구를 말한다. 이러한 욕구가 충족되지 못하면, 공허감, 무가치감, 적대감, 부적응, 신경증 등이 나타날 수있다.

④ 자존감의 욕구

자존감의 욕구는 자기 존중과 타인으로부터의 존경을 모두 포함하는 욕구이다. 자기 존중은 자신에 대한 유능감, 자신감, 적합성, 성취, 독립, 자유 등을 포함하며, 타인으로부터의 존경은 명성, 지위, 평판, 수용 등을 포함하는 개념이다. 자존감의 욕구가 충족되지 못하면 열등의식을 갖게 되고, 자기를 비하하며 무력감, 나약함을 경험하게 된다.

⑤ 자기실현의 욕구

자기실현의 욕구는 자신의 모든 잠재력과 능력을 인식하고 충족시키고자 하는 욕구로, 자기 향상을 위한 개인적 갈망이며 잠재력을 실현하고자 하는 욕구이다. 매슬로는 자기실현을 하는 사람은 평범한 사람들에 비해 그들을 움직이는 어떤 힘이 질적으로나 양적으로 다르다는 사실을 인식하였다. 이에 그는 자기실현에 대해 나름의 정의를 내린 후 그 정의에 맞는 사람들의 공통적 특성을 발견하고자 하였다. 그 결과 자기실현자는 존재가치에 의해 동기화되는데, 성장 동기로서 존재가치가 체험을 확장하고 삶을 풍부하게 하는 것으로 밝혀졌다. 또 하나의 공통적 특성은 연령인데 자기실현자는 중년 이상이다. 젊은이들은 정체감이나 자율감이 강력하지 못하고, 아직 충분히 지속적인 사랑의 관계를 갖지 못하며, 자신이 헌신하고자 하는 사명을 발견하지 못하고, 자기의 가치관이나 인내심, 용기와 지혜를 아직 충분히 발달시키지 못한다고 간주하였다. 이 욕구를 충족시킨 사람의 특징은 다음과 같다.

- 주변 세계와 사람들을 객관적이면서도 명확히 지각할 수 있는 능력을 지닌다.
- 자신의 강점과 약점을 왜곡하지 않고 수용하며 실패한 일에 대해 부끄러움과 죄책감을 갖지 않는다.
- 주관이 뚜렷하고 행동에 있어 인습에 연연하지 않으며, 개방적이고 솔직하고 자연스럽게 행동한다.
- 자신의 삶에 사명감을 가지며 자신 외의 일들에도 많은 관심을 갖고 민주적이고 우호적이다.
- 자신의 일에 대해 책임감을 갖고 성실히 일하며, 큰 기쁨과 흥분을 경험한다.
- 매슬로는 자신의 능력에 대한 의심과 두려움, 자기실현을 위한 기회를 얻지 못하거나 사회적 환경의 제약 등으로, 자기실현의 욕구를 충족시키는 사람은 극소수에 불과하다고 하였다.

반면에 탁월한 자기실현자라 할지라도 많은 인간적 약점이 있다(Maslow, 1970: 175-176). 그들은 바보스럽고, 허영심이 있으며, 부주의한 경향이 있다. 지루하고, 완고하며, 성마른 면도 있다. 자기실현자도 결코 허무함, 긍지, 편협, 가족, 친구, 자녀로부터 자유롭지 못하며 성질폭발도 흔하다. 때로는 아주 냉혹하다. 자기실현자는 강할 뿐만 아니라 다른 사람의 의견에 좌우되지 않으며, 관심사에 집중하면 다른 일에는 방심하거나 유머가 없으며 일상적 예절을 잊어버린다. 자기실현자의 친절함은 동정심으로 결혼하거나 불행한 사람들과 부적절하게 가까워지는 실수를 낳기도 하였다. 자기실현자는 죄의식, 불안, 슬픔, 자책, 내적 갈등으로부터 완전히 자유롭지 않았다. 즉, 자기실현자라 해도 결코 완벽한 인간은 아닌 것이다.

매슬로가 제시한 자기실현자의 특징을 갖도록 자기실현을 성취하는 사람은 극소수에 불과하다. [그림 6-1]에서 보듯 자기실현은 피라미드의 꼭대기에 위치한 가장 작은 공간을 점유한다. 이는 자기실현이 인간의 모든 동기 가운데 가장 약한 것이며, 다른 동기나 환경의 지배를 받을 수 있음을 상징한다. 매슬로는 사회의 표준적·전형적 행동에서 일탈하는 것이 문제가 아니라 자기의 잠재능력이나 내적 본성으로 부터의 일탈이 문제라고 강조한다. 더욱이 자기실현은 자기 자신을 알아야 한다는 조건이 전제된다. 사실 많은 사람들이 자신의 잠재력에 대해 모르므로, 개인이 가진 잠재력의 성취는 새로운 경험에 개방적이어야 한다. 때로는 자신을 안다는 것이 위협적일 수도 있다. 또 시류에 맞서는 것은 큰 용기를 필요로 한다. 그러므로 자기실현은 가능하지만 자기실현자가 되기 위해서는 하위수준의 욕구들이 어느 정도 충족되어야 하고 사회적 환경에 언론의 자유, 행동의 자유, 탐구의 자유, 자신을 방어할 수 있는 자유 등이 확보되어 있어야만 한다.

### Tip 매슬로의 욕구단계이론의 평가

에이브러햄 매슬로(Abraham Maslow)의 인본주의적 성격이론의 기본적 전제는 세 가지로 정리될 수 있다. 첫째, 각 개인은 통합된 전체로 간주되어야 한다(Maslow, 1970: 19-20). 둘째, 인간의 본성은 본질적으로 선하며, 인간의 악하고 파괴적인 요소는 나쁜 환경에서 비롯된 것이다(Maslow, 1970: 273-275). 셋째, 창조성이 인간의 잠재적 본성이다(Maslow, 1970: 170-171).

레오나드는 20세기 중반의 가장 영향력 있는 사람에 관한 기고문에서 매슬로가 인간성과 인간의 가능성에 대한 사람들의 견해를 바꿨다고 평가하였다(Leonard, 1983: 326).

이와 관련해 매슬로의 성격이론이 기여한 점은 세 가지로 요약된다(노안영 · 강영신, 2003: 315). 첫째, 인간은 건강, 창의성, 통찰, 자아 충만과 같은 상위의 수준을 향하고자 하는 내적 경향성을 지니는 것으로 보았다. 둘째, 신경증은 기본적으로 자아실현에 대한 내적 경향성이 봉쇄됨으로써 나타난 것으로 간주하였다. 셋째, 일의 효율성과 개인 성장이 서로 밀접하게 연관되어 있다고 보았다. 자기실현의 과정이 각 개인으로 하여금 더 많은 효율성, 창의성, 생산성을 불러일으킨다는 것이다.

매슬로의 관점은 행동주의와 정신분석을 부정하는 입장으로서 행동주의는 인간을 관찰 가능한 단순한 행동체계로만 취급할 뿐 가치관, 감정, 장래 희망, 행동의 선택, 창조성 등의 인간적 측면을 간과하고 있고, 정신분석은 신경증적 행동을 병리적으로 강조한 결과 건강한 성격의 발달을 다루지 못했다고 보았다(Maslow, 1968, 1970). 행동주의와 정신분석에 대한 반동으로 매슬로는 탁월한 자기실현자들을 연구한 결과 내적으로 잠재력을 완전히 실현한, 즉 자유롭고 건강하며 두려움 없는 사람이 사회에서 완전히 기능한다는 것을 발견하였다. 성장, 자기실현, 건강에 대한 열망, 정체감과 자율성의 추구, 향상을 향한 노력이 보편적 인간의 성향으로 간주되었다(Maslow, 1970: xii-xiii).

또한 매슬로는 유전이 성격발달에 중요한 역할을 수행하고 있으며, 유전구조 속에 잠재적인 재능이나 흥미가 결정되어 있다고 인정하였다. 그렇지만 이러한 유전적 토대 위에서 자기실현은 환경에 의해 결정된다는 것을 강조하였다. 인간본성에 대한 매슬로 이론의 긍정적 견해는 사회복지실천에 중요한 시사점을 제공하였으며, 욕구단계 이론은 사회복지사가 클라이언트의 욕구평가를 하는 데 유용하게 활용되고 있다.

## Tip 매슬로의 욕구단계이론과 사회복지실천

**[사회복지실천에 미친 영향]**

1. 인간의 존엄성, 인간의 가치, 성장을 지향하는 인간의 성향과 노력에 대한 내용은 사회복지의 가치와 잘 부합한다.
2. 인간의 비정상적 행동이나 일탈 행동의 변화를 다루고자 했던 정신분석이론이나 행동주의 이론과 달리, 인간의 성장 지향적이고 긍정적인 본질에 초점을 두어 사회복지사가 지녀야 하는 인간관의 폭을 넓혀 주었다.
3. 인간 본성에 관해 긍정적 관점을 지니고 인간의 경험, 환경과의 상호작용, 전체로서의 인간을 중요하게 다루고 있어 내담자 중심의 사회복지실천에 유용하다.
4. 욕구의 위계는 사회복지사가 만나는 내담자의 욕구를 평가하고 사정하는 데 보다 정확한 준거가 된다.
5. 욕구의 위계는 사회복지실천 현장에서 인간의 가장 기본적인 욕구에 우선하여 개입해야 한다는 근거로 작용하며 그에 부합한 순차적 전략을 세울 수 있도록 한다.

## Tip 사회복지사 1급 시험 기출 문제

**01 로저스(C. Rogers)의 현상학이론에서 '완전히 기능하는 사람'의 성격 특성을 모두 고른 것은? [14회]**

| | |
|---|---|
| 가. 창조성 | 나. 경험에 대한 개방성 |
| 다. 실존적인 삶 | 라. 선택과 행동의 자유의식 |

① 가, 나, 다 ② 가, 다 ③ 나, 라
④ 라 ⑤ 가, 나, 다, 라

**02 로저스(C. Rogers)의 이론이 사회복지실천에 미친 영향으로 옳은 것을 모두 고른 것은? [15회]**

ㄱ. 클라이언트의 자기결정권의 중요성을 인식하는 데 유용하다.
ㄴ. 클라이언트에 대한 비심판적인 태도의 중요성을 인식하는 데 유용하다.
ㄷ. 상담사의 지시적인 상담의 중요성을 인식하는 데 유용하다.

① ㄱ ② ㄴ ③ ㄱ, ㄴ
④ ㄴ, ㄷ ⑤ ㄱ, ㄴ, ㄷ

**03 로저스(C. Rogers)의 인본주의 이론에 관한 설명으로 옳지 않은 것은? [16회]**

① 인간의 주관적 경험을 강조한다.
② 인간의 성격발달단계를 제시한다.
③ 인간을 통합적 존재로 규정한다.
④ 인간을 합리적이고 미래지향적 존재로 규정한다.
⑤ 인간 본성의 긍정적인 측면과 자아개념의 중요성을 강조한다.

**04 매슬로우(A. Maslow)의 이론에 관한 설명으로 옳지 않은 것은? [11회]**

① 인간의 본성은 본질적으로 선하다고 전제한다.
② 다섯 가지 욕구는 동시에 일어날 수 없다고 전제한다.
③ 위계서열이 낮은 욕구일수록 강도와 우선순위가 높다.
④ 연령에 따른 욕구 발달단계를 구체적으로 제시하였다.
⑤ 창조성이란 누구에게나 잠재해 있기 때문에 특별한 자질이나 능력을 요구하지 않는다.

**05 매슬로(A. Maslow)의 욕구단계에 관한 설명으로 옳지 않은 것은? [15회]**

① 생리적 욕구 – 음식, 수면, 성의 욕구
② 안전의 욕구 – 보호 의존, 질서, 구조의 욕구
③ 소속감과 사랑의 욕구 – 친분, 우정, 존경의 욕구
④ 자존감의 욕구 – 능력, 신뢰감, 성취, 독립
⑤ 자아실현의 욕구 – 자발성, 포부실현, 창조성의 욕구

정답: 01 ⑤ 02 ③ 03 ② 04 ④ 05 ③

Chapter

07

# 환경 속의 인간 관점: 생태체계적 관점

1. 체계이론의 소개
2. 주요 개념
3. 사회체계의 역동성
4. 생태체계이론

Chapter 07

# 환경 속의 인간 관점: 생태체계적 관점

**학습목표**

1. 체계이론 및 생태체계이론의 주요 개념을 이해한다.
2. 체계이론 및 생태체계이론이 인간행동에 미치는 영향을 이해한다.
3. 체계이론, 생태체계이론을 사회복지실천에 적용할 수 있는 방안을 이해한다.

## 1. 체계이론의 소개

체계이론은 1947년 오스트리아 출신 캐나다 생물학자 버틀랜피(Ludwig von Bertalanffy)에 의해 소개된 이론으로, 여러 학문에서 논의되며 발전되어 왔다. 체계이론에서는 중심이 되는 대상, 예를 들어, 인간, 가족, 사회, 자연환경 등 이를 둘러싼 하나의 체계와 그 주변 체계와의 상호관계, 그리고 하나의 체계 내에서 투입과 변환, 산출, 피드백이라는 연속적 과정을 토대로 체계가 쇠퇴하거나 적응, 유지되는 모습을 설명하고 있다. 체계이론은 사회복지 분야에서 인간을 둘러싼 환경, 그리고 그 상호작용과 적응을 다룸에 있어 매우 유용하게 활용되고 있다.

## 1) 체계란 무엇인가

### (1) 체계의 정의

체계는 구별되는 방식으로 상호작용하고 일정 시간 동안 지속되는 요소들로 이루어진 조직화된 전체를 뜻한다(Anderson & Carter, 1990). 버클리의 정의도 유사한데 그는 체계가 일정 기간 동안 어느 정도의 안정성을 가지고 인과적 관계 속에 직접 혹은 간접적으로 관련된 구성요소들의 복합체라고 하였다(Buckley, 1967: 41).

### (2) 체계의 속성

마틴과 오코너(Martin & O'Connor, 1989: 37-38)는 다음과 같이 체계의 속성을 다섯 가지로 설명하고 있다.

1. 조직화(organization): 체계의 부분 혹은 요소가 서로 관계가 있고 연결되어 있음을 뜻한다.
2. 상호인과성(mutual causality): 상호인과성은 상호의존을 의미한다. 체계의 한 부분에 일어난 사건은 직접적 · 간접적으로 모든 부분들에 영향을 미친다.
3. 항구성(constancy): 체계가 지속성이 있음을 뜻한다.
4. 공간성(spatiality): 체계가 물리적 공간을 점유하며, 관찰될 수 있음을 뜻한다.
5. 경계(boundary): 체계의 테두리로 다른 체계들과 환경을 구분한다. 체계로 들어오고 나가는 정보와 자료는 경계를 통해 여과된다.

체계이론은 모든 조직수준과 인간결사체의 형태에 체계이론의 관점을 적용한 것이다. 사람들이 공동의 장소와 문화를 공유하고 서로 상호작용하는 사회는 다음과 같은 사회체계로서의 다섯 가지 속성을 가지고 있다. ① 일정 기간에 걸쳐(항구성), ② 서로 관계를 맺고 있는(조직화), ③ 적어도 두 사람을 포함하며(공간성), ④ 어떤 식으로든 구성원이 아닌 사람을 분리하면서(경계), ⑤ 관련된 모든 구성원이 서로 영향을 미치고 있다(상호인과성). 사람들이 개별적 및 집합적으로 살고 행동하는 상황인 사회환경은 개인이 속한 가족, 집단, 조직, 지역공동체 등으로 구성된다.

### (3) 체계의 기본가정

체계의 구성요소들은 상호의존적이고 지속적으로 상호작용하는 속성을 지니고 있다. 또한 체계의 한 구성요소의 변화는 다른 요소들 간의 상호작용의 속성을 변화시키므로 전체 체계의 속성을 변화시킨다. 그런데 사회체계적 관점은 체계가 변화한다는 것은 인정하지만 그 변화과정이 체계 내에 배제와 억압을 강화할 가능성에는 관심이 없고 변화과정이 기능적이고 자동적으로 회복하는 것으로 간주한다.

- 사회체계는 한 단위 혹은 전체를 이루는 상호 관련된 성원들로 이루어진다.
- 사회체계의 조직상 범위는 확립되었거나 혹은 임의로 규정된 경계와 성원 자격으로 정해진다.
- 경계는 다른 사회체계들과 구별되는 체계로서의 정체성과 중심점을 규정한다.
- 체계의 환경은 그 체계의 경계선 밖으로 규정되는 것이다.
- 사회체계에서의 삶은 그 참여자들의 활동의 합 이상이다.
- 사회체계의 성원들 간에는 고도의 상호의존과 조직이 있다.
- 모든 체계는 다른 더 큰 체계의 하위체계이다.
- 사회체계 간의 상호의존과 상호작용이 있다.
- 사회체계는 적응적 혹은 목표지향적이다.
- 사회체계의 한 성원에게 일어난 변화가 전체 사회체계의 특성에 영향을 미친다.
- 사회체계 경계를 가로지르는 관계, 즉 사회체계와 외부환경 간의 상호작용이

그 사회체계들에 유용한 능력과 내적 구성에 영향을 미친다.

- 구조의 불균형이 일어나면 체계를 움직이는 사회체계 내의 변화 혹은 사회체계를 넘어서는 범위로부터의 변화가 균형을 재수립하려는 시도를 야기시킨다.

## 2. 주요 개념

### 1) 체계 구조의 특성

#### (1) 경계

사회체계의 경계(boundary)란 체계를 외부환경으로부터 구분하는 일종의 테두리를 의미한다(Chetkow-Yanoov, 1992: 19). 이는 개념적인 것으로 누가 그 체계에 참여하는지를 규정하는 임의적 방법이다. 피부가 신체기관들 및 기관 간의 보호막이기 때문에 경계는 자주 사람의 피부에 비유된다. 그러나 피부와 달리 사회체계의 경계는 눈으로 보거나 만질 수 없고, 단지 그 체계를 구성하는 사람들이 서로에 대해 그리고 외부사람에 대해 행동하는 방식에서 드러난다. 즉, 사회체계의 경계는 사회적 구조이지 물리적 구조가 아니므로 경계를 유지하는 행동을 통해서만 드러난다. 경계는 행정지역, 정치적 성향, 법적 정의, 인종처럼 객관적 기준에 근거할 수도 있으나 어떤 사람이나 집단을 열등하다고 낙인찍는 것처럼 인위적으로 정해질 수도 있다(Kuhn & Beam, 1982). 체계에서 경계는 두 가지 주요 기능을 한다(Chess & Norlin, 1988: 68). 첫째는 그 체계의 정체성을 규정해 주며, 둘째는 주위환경과의 내적·외적 교환을 통제한다. 한편 경계는 적어도 부분적으로 침투할 수 있으며, 사회체계는 경계를 통해 에너지와 정보의 전달이 가능하다.

### (2) 개방체계와 폐쇄체계

개방체계(open system)와 폐쇄체계(closed system)의 개념을 설명하려면 앞에서 설명한 경계의 개념이 필요하다. 체계는 그 경계를 넘는 에너지나 정보의 교환에 대해 수용할 수도 있고 수용하지 않을 수도 있다. 개방체계는 체계 내에서 정보와 자원을 자유롭게 교환하며 체계 안으로뿐만 아니라 체계 밖으로도 자유롭게 에너지의 통과를 허용한다. 폐쇄체계는 터놓지 않으며 환경으로부터 고립되어 있다.

개방체계는 반투과성의 경계를 가지므로 경계가 상대적으로 느슨해 에너지, 정보, 자원을 다른 체계들과 교환한다. 반면 폐쇄체계는 다른 체계들과 상호작용하지 않으므로 다른 체계로부터 투입도 없고 다른 체계에 산출을 전하지도 않는다. 체계가 폐쇄적이면 시간이 지나면서 모든 요소들이 비슷해지기 시작하여 결과적으로 조직과 효과적인 기능의 상실이 초래되는 엔트로피(entropy) 속성이 나타나게 된다(Compton & Galaway, 1989: 125). 사회체계가 성장하고 발달하려면 상호작용하는 다른 체계들로부터의 투입에 어느 정도 개방적이어야 한다. 건전한 체계는 반투과성의 경계를 가지며 이 경계를 잘 유지한다.

### (3) 대상체계, 상위체계와 하위체계

사회체계는 부분성과 전체성을 동시에 갖고 있다. 즉, 체계는 부분들로 구성되는데 한 체계가 이를 구성하고 있는 부분들에 대해서는 전체가 되고 동시에 그 체계는 보다 큰 체계의 부분이 된다. 대상체계(subject system)는 분석의 대상이 되는 특정한 사회체계를 일컫는다(Chess & Norlin, 1988: 27). 예를 들면, 김 씨네 가족의 갈등이 관심사인 경우 이 가족이 대상체계가 된다.

대상체계의 외부에 있으면서 그 체계에 기능적으로 연결되어 영향을 미치는 사회단위들이 그 체계의 상위체계(supra system)가 된다(Chess & Norlin, 1988: 71). 예를 들면, 김 씨 가족이 속해 있는 확대가족은 김씨 가족이라는 대상체계의 상위체계라 할 수 있다.

대상체계의 내부에 있으면서 내부의 다른 하위단계의 단위들과 상호작용하여 체계를 이루는 것이 하위체계(sub system)이다. 예를 들면, 김 씨네 가족의 하위체계는 부부체계, 부모자녀체계, 형제체계 등이 있다.

## 2) 교류적 특성

### (1) 공유영역

두 체계가 공존하는 곳이다. 서로 다른 두 체계의 공통된 이익이나 관심을 추구하기 위해 필요한 것으로, 공유영역을 통해 체계 간의 교류가 일어난다. 공유영역(interface)은 서로 다른 체계들이 접촉하거나 의사소통하는 지점 혹은 한 체계가 다른 체계와 공유하는 경계 부분을 일컬으며(Barker, 1999: 247), 이 두 체계는 공유된 경계와 공동으로 수행된 경계유지 노력으로 공통의 목표 달성을 추구하는 것으로 설명된다(Norlin & Chess, 2003: 329).

### (2) 의사소통

의사소통이란 체계 내 · 외부에 존재하는 두 사람 이상의 개인들 간의 정보 흐름을 말한다. 의사소통 과정에서 축적되는 상호교환은 관계 형성의 기반이 되며, 이를 통해 사회적 경험을 공유하게 된다. 의사소통 방법에는 언어적 의사소통과 미소나 울음, 몸짓 등의 비언어적 의사소통이 있다. 의사소통은 기능적 상태와 역기능적 상태로 구분할 수 있다. 기능적 상태는 명확하고 직접적인 메시지 전달이 가능한 상황으로, 필요할 경우 재언급을 요구하거나, 구체적인 예를 들어 내용을 명확히 하는 것이 가능하다. 그러나 역기능적 상태는 대화 내용에 연결성이 없고 상황과 동떨어진 반응을 하며 부적절한 행동으로 이어지는 상황이 발생한다.

사회체계는 에너지와 정보의 이전이 필수적이다. 의사소통은 체계목표의 달성을 위한 에너지의 이전이다. 체계는 환경과 상호작용할 때 정보를 줄 뿐만 아니라 정보를 받는다. 상호작용은 언어적 혹은 비언어적 의사소통을 통해 실현된다.

### (3) 균형(평형 상태)

균형(equilibrium)은 외부 체계로부터 투입이 없는 고정된 체계의 구조를 말한다. 양쪽에 같은 무게로 움직이지 않은 양팔 저울의 모습과 유사한 양상이다. 체계 내부 간 수평적 교류 정도만 있을 뿐 외부 환경이나 체계 내 수직적 교류는 거의 없다. 체계 내 구조의 변화가 거의 없는 폐쇄체계에서 나타난다.

### (4) 항상성

항상성(homeostasis)은 체계가 균형을 위협받았을 때 이를 회복하려는 경향을 의미한다. 환경과 상호작용하면서 역동적인 균형을 이루고 있는 상태로 개방체계에서 주로 나타나며, 체계의 구조는 크게 달라지지 않고 비교적 안정적인 편으로 체계의 일관성을 유지하는 기능을 한다. 예로, 가사 일을 주로 담당하던 어머니가 감기몸살로 누워계시게 되니 대신 자녀가 음식을 준비하고 빨래를 하며 가사일을 돌보다가 어머니가 다 나으신 후에 다시 이전 상황으로 돌아가는 것을 들 수 있다.

### (5) 안정상태

안정상태(steady state)는 전체 체계가 균형을 이루고 부분들 간의 관계를 유지시켜 체계의 쇠퇴와 붕괴를 막고, 환경과 융통적인 에너지 교환체계를 지속하는 상태를 말한다. 변화하는 여건에 적응하기 위해 구조를 변경시킬 수 있는 개방체계에 존재한다. 따라서 안정상태는 균형이나 항상성보다 역동적이고 개방적인 특성을 지닌다. 예를 들어, 초등학생 때까지 부모님 말씀에 순종하며 귀가 시간이 일정했던 자녀가, 중학교에 들어가 친구들과 어울리는 시간이 많아지며 귀가 시간도 늦어지는 경우가 잦아 부모님의 꾸지람을 들었다. 그럼에도 자녀의 행동은 더 나아지지 않고 부모와의 관계가 나빠지기만 하였다. 이에 부모가 가족회의를 통해 자녀가 희망하는 가족규칙을 수용하여 자녀의 귀가 시간을 타협한 시간으로 늦추고, 늦어질 경우 부모에게 사전 연락을 취하는 등 부모와의 약속을 지키도록 하였다. 그리고 규칙을 잘 지켰을 경우 자녀가 좋아하는 컴퓨터 게임 시간을 일정 시간 늘려주기로 하였다. 이러한 예는 부모가 자녀의 성장을 이해하고 달라진 욕구를 반영하여 가족의 구조와 체계에 변화를 준 것이라 할 수 있다.

### 3) 과정적 특성: 투입 – 변환 – 산출 – 환류

체계는 투입과 변환, 산출과 환류라는 과정적 특성을 지닌다. 투입(input)은 체계가 환경으로부터 자원이나 에너지, 정보나 사건 등을 받아들이는 것을 말하고, 변환(throughput)은 투입 요소가 체계 내에서 적절한 형태로 변형되어 산출을 위해 재조직화되거나 처리되는 과정을 말한다. 산출(output)은 체계 내에서 변형된 투입 요소들이 환경으로 방출되는 것이다. 이때 산출을 통해 얻은 결과에 대해 우리는 두 가지 특성을 알 필요가 있다.

초기 투입 요소가 다르더라도 같은 결과를 보이는(유사한 안정상태를 나타내는) 동등결과성이 있을 수 있고, 투입 요소가 유사하더라도 다른 결과가 나타나는 다중결과성이 있을 수 있다. 즉, 사회복지사가 내담자에게 다른 자원을 공급했는데도 유사한 결과를 보이거나, 같은 서비스를 공급했음에도 다른 결과를 나타낼 수 있다는 것이다. 그러므로 사회복지사는 대안 선택을 위해 다양한 자원을 알고 있어야 하고, 가능한 자원을 적절히 연계할 수 있는 능력을 지녀야 한다.

환류(feedback)는 체계의 평형을 유지하거나 변화를 촉진하는 역할을 한다. 즉 투입, 변환, 산출 과정에서 얻은 정보를 체계가 다시 받는 것을 말한다. 이는 체계의 순환적 성향을 잘 보여주는 개념으로 체계를 점검하고 수정하는 능력과도 관련된다.

환류에는 부적 환류와 정적 환류가 있다. 부적 환류는 체계의 이탈을 막기 위해 상호작용 형태나 목표를 수정하거나 변화를 요구하는 환류로, 체계의 항상성을 유지하며 변화를 최소화하기 위해 부분만 변화시키고 체계 전체는 유지하는 기능을 한다. 예를 들어 시험 기간 첫날 게임을 밤늦게까지 한 아들이 성적이 좋지 않자, 부모가 야단을 치고 다음 날에는 게임을 하지 못하도록 한 경우를 들 수 있다. 반면 정적 환류는 체계 전체를 변화시킬 수 있는 것이다. 이에 급진적이고 불연속적인 변화를 유도하는 기능을 한다. 예를 들어, 부부 갈등으로 사회복지사가 개입해 상담을 하였으나, 부부 갈등이 더 심해져 더 이상 부부체계를 유지할 수 없게 되어, 아예 별거 상태가 된 경우를 들 수 있다.

[그림 7-1] 체계의 과정

이와 같이 인간은 사회환경으로부터 반응을 전해 받고 환경으로부터의 신호에 적응한다. 그러므로 피드백은 일종의 적응기제인 것이다. 효과적 피드백과 의사소통 양식을 수립하는 것은 그 체계의 적응능력에 관련된다. 기능적 의사소통을 하는 사람은 필요시 메시지를 고쳐 말하고, 명료화시키며, 수정할 수 있고, 피드백에 적절하게 반응하며, 자신의 인식을 점검하고, 예를 들어줄 것을 요청할 수 있다. 역기능적 의사소통을 하는 사람은 불명확하다. 이들은 관련된 것들을 흔히 잊고, 질문을 무시하며, 맥락에 맞지 않게 반응하고, 자주 부적절하게 행동한다. 특히 긴장은 복잡한 적응체계의 불가피한 속성으로 간주된다(Compton & Galaway, 1989: 128). 체계가 환경과 상호작용할 때 그 체계가 진화하는 데 있어 긴장은 자연스러운 속성인 것이다. 예를 들면, 외부체계에 개방적인 가족은 스트레스를 느낄 기회가 더 많지만, 그 스트레스를 처리할 수 있으며 이러한 긴장의 결과로 성장할 수 있다. 긴장은 파괴적 혹은 건설적으로 나타나지만 사회체계적 관점에서는 긴장 그 자체에 대해서 긍정적이거나 부정적 가치를 부여하지는 않는다.

## 3. 사회체계의 역동성

파슨스는 모든 사회체계가 두 가지 축을 중심으로 하여 구조적으로 분화된다고 보았다(Parsons, 1961: 30-79). 수직적 축은 체계의 외적 · 내적 차원을 나타내며 수평적 축은 도구 완성 측면을 나타내는 것으로 [그림 7-2]는 파슨스의 네 가지 기능상 문제 패러다임 수단-목적 차원을 의미한다. 파슨스는 이 두 축으로 사회체계가 안정상태를 유지하기 위해서 성공적으로 해결해야 할 네 가지 기능상 문제를 규정하는 모형을 만들었다. [그림 7-2]가 ① 목적달성, ② 통합, ③ 적응, ④ 형태유지라는 네 가지 기능상 문제를 나타낸 모형이다(Chess & Norlin, 1988: 116).

| | 도구적 | 완성적 |
|---|---|---|
| 외적 | 적응 기능 | 목적달성 기능 |
| 내적 | 형태유지 기능 | 통합 기능 |

[그림 7-2] 파슨스의 네 가지 기능상 문제 패러다임

체계를 유지하고 발달시키기 위해 모든 사회체계는 이 네 가지 문제에 직면한다. 사회체계의 문제해결 노력은 항상 다른 사회체계를 관련시키며, 해결을 향한 행동은 항상 서로 영향을 미친다. 네 가지 문제해결을 위한 노력은 다음과 같다.

첫째, 목적달성 문제: 사회체계는 상위체계의 기대를 충족시키도록 과업목적을 달성하는 데 만족스러운 진전을 해야 한다. 목적달성 문제는 욕구를 충족하거나 기회를 모색한다는 점에서 완성적 차원이며, 체계의 목적을 파생시킨 기회나 욕구가 상위체계에 있다는 점에서 외적 차원의 문제이다.

둘째, 통합문제: 사회체계는 구성원들의 기대를 충족시켜야 하는 체계의 유지라는 목적을 달성하는 데 있어 만족스러운 진전을 해야 한다. 통합문제는 체계 자체의 욕구충족이라는 목적에 관련된 점에서 완성적 차원의 문제이며, 체계 자체의 욕구라는 점에서 내적 차원의 문제이다.

셋째, 적응문제: 사회체계는 과업산출을 달성하기 위한 수단으로서 상위체계를 목적달성에 용이하게 변화시켜야 한다. 목적달성을 쉽게 하기 위한 수단으로 상위체계를 조정한다는 점에서 적응문제는 도구적 차원이며, 상위체계의 변화를 시도하는 점에서 외적 차원의 문제이다.

넷째, 형태유지 문제: 사회체계 자체에서 발생하는 변화뿐만 아니라 계속 변화하는 상위체계하에서 체계 자체의 기본적 틀을 유지해야 한다. 체계가 완성적 차원인 목적달성과 통합을 성취하도록 핵심적 기조를 유지시켜야 한다는 점에서 형태유지는 도구적 차원의 문제이며, 체계 내 구성원 간 관계의 핵심인 구조적 특성의 유지라는 점에서 내적 차원의 문제이다.

한편, 사회체계의 개방성과 하위체계들의 상호작용 때문에 사회체계가 정지상태로 있는 것은 불가능하다. 체계는 끊임없는 변화와 이동의 과정에 있으면서 동시에 역동적 평형(dynamic equilibrium)을 유지해야 한다. 목표를 향해 체계가 움직이는 것이 체계의 존속에 중요할지라도 어느 정도의 질서와 안정성에 대한 체계의 욕구 또한 강하다.

이에 대해 버클리는 역동적 평형을 유지하는 것과 관련된 체계의 두 가지 속성인 구조유지(morphostasis)와 구조변화(morihogenesis)를 논하였다(Buckley, 1967). 즉, 체계는 양극단에 도달하지 않으면서 현상유지와 변화 간을 이동하는 역동적 평형을 유지한다는 것이다.

## 4. 생태체계이론

생태체계이론은 생태학의 개념과 체계이론을 기반으로 파생된 이론이다. 생태학은 조직과 환경 간의 상호관계를 이해하고자 하는 학문이다. 즉, 종들이 환경을 어떻게 활용하여 그것을 파괴하지 않고 자신의 요구에 맞게 변형시켜 자신을 유지하고 적응하는가에 관한 학문으로, 이 과정에서 환경의 속성을 어떻게 변화시키는지 알고자 한다. 이에 유기체와 환경이 실패와 성공을 통해 어떻게 적응하는지 생물학적 차원에서 그리고 심리적 · 사회적 차원에서 다룬다. 생태학이론을 인간에 적용한 대표적 학자는 러시아계 미국인 학자 브론펜브레너(Urie Bronfenbrenner, 1917~2005)이다.

한편 생태체계이론은 인간과 환경적 힘이 상호작용하는 방법에 대해 실천적 관점을 중시한다. 대표적 학자는 지터먼(Alex Gitterman)과 저메인(Carel B. Germain)이다. 생태체계이론은 생태학에서의 개인과 환경 간의 상호 적응의 개념과 체계이론의 주요 개념, 그 외에도 동물행동학, 인류학, 스트레스 이론, 인본주의이론 등의 영향을 받았다. 그러므로 생태체계라 함은 인간을 둘러싼 모든 환경을 포함한 개념으로 설명된다.

이를 토대로, 사회복지 분야에서 사용하는 사회환경이라는 용어는 가족, 집단, 조직, 지역사회, 사회제도, 문화 등의 사회환경 만이 아니라 물리적 환경도 포함하며 이들 간의 상호작용 모두를 포함하는 의미로 적용된다(권중돈, 2014). 따라서 생태체계는 사회복지 분야에서 말하는 사회환경과 유사한 개념으로 볼 수 있다. 이러한 생태체계이론의 사회복지실천 모델은 생활모델(life model)이다. 생활모델은 사람이 환경과의 관계에서 어떻게 적응하며 상호작용하는가에 관심을 갖고 생활 속 문제들에 통합적으로 접근하는 것으로 이론을 실용화한 것이다.

## 1) 이론의 특징

생태체계이론의 주요 특징을 정리하면 다음과 같다.

① 인간과 환경은 지속적인 상호 교류 속에서 하나의 체계를 이루는 것으로 본다.

② 인간의 성격은 일생을 걸쳐 생물학적 · 심리적 · 문화, 경제, 정치적 요인들의 상호작용 영향으로 형성된다.

③ 환경 속의 인간을 이해하기 위해 인간과 환경 사이의 상호 교류, 상호 보완, 적합성, 지지와 방해 등의 요소에 유념해야 한다.

④ 인간을 둘러싼 생태 환경(가족, 지역사회, 문화 등)과 인간 간의 평형상태 유지와 성장에 초점을 두어 그 관계를 이해하고 체계적으로 구조화하는 것이 인간발달의 주요 과제이다.

## 2) 이론의 기본전제

생태학적 접근으로 인간발달을 설명하는 브론펜브레너는 인간발달을 '인간이 자신의 환경을 지각하고 다루는 방식에서의 지속적 변화'라고 정의하면서 다음과 같이 세 가지 기본전제를 제시하고 있다(Bronfenbrenner, 1979).

첫째, 발달하는 개인을 단순히 환경의 영향을 받는 백지상태로 간주하는 것이 아니라 환경을 재구성하는 존재인 성장하는 역동적 실체로 간주한다.

둘째, 환경도 상호조절 과정을 요구하면서 영향력을 발휘하기 때문에 개인과 환경 간의 상호작용은 상호 호혜성의 특징을 가진 것으로 간주한다.

셋째, 생태학적 환경의 개념은 개인이 직접 참여하는 장면에 국한되는 것만이 아닌 개인이 직접 참여하는 장면들 간의 상호연결과 개인이 속하지 않은 외부환경으로부터 오는 영향까지 포함한다.

따라서 브론펜브레너를 비롯해 생태학적 관점의 인간발달 및 행동학자들은 인간이 생활하고 성장해 가며 환경에 적응하고, 참아내며, 무엇보다도 환경을 창조해 나가는 능력을 가졌다고 강조하면서 인간의 적응성, 유능성을 강조하고 있다.

## 3) 주요 관점

### (1) 인간과 환경

① 생태체계이론은 '환경 속의 인간'이라는 총체적 인간관을 지니고 있다.

② 인간은 환경에 반응하기도 하지만, 스스로 환경을 창조하는 힘을 가지고 있다.

③ 인간은 생물학적 · 심리적 · 영적 · 사회적 · 문화적으로 환경을 구성하기도 하고 환경에 영향을 미치기도 하는, 환경과의 상호 교류와 적응의 호혜적 관계를 갖는다.

### (2) 인간의 행동과 부적응

① 인간의 행동은 환경과의 상호 이익을 찾는 과정에서 동기 유발된다.

② 인간의 문제행동은 환경과의 상호작용에서 비롯된 것이므로, 내담자에게 문제행동이 나타났다 하더라도 그것은 내담자의 책임이 아닌 그를 둘러싸고 있는 환경과의 상호작용을 통해 나타난 결과이다.

③ 생태체계이론에서 인간의 행동은 자신의 욕구와 환경 간의 조화를 이루기 위

한 적응의 과정이므로, 부적응 행동이라 명명할 수 있는 것은 아무것도 없다. 수용되기 어려운 행동으로 보일지라도, 그것은 그 환경에서 적응적인 것으로 그 상황에서 의미를 가진다.

#### (3) 인간의 변화

① 생태체계이론에서는 인간의 변화를 개방적이고 낙관적으로 바라본다. 즉, 인간은 환경과의 상호작용 속에서 진보적 변화를 통해 발달한다.

② 인간은 환경을 자율적으로 활용하고, 환경 안에서 효율적으로 기능할 수 있으며, 환경과의 교류를 통해 성공적인 경험을 축적하고, 자율성과 자기통제능력, 유능성을 획득할 수 있다.

### 4) 주요 개념

#### (1) 생태체계의 구성

생태체계이론에서는 체계의 구성을 인간을 중심으로 관계의 거리에 따라 미시체계, 중간체계, 외체계, 거시체계, 시간체계의 5개 구조로 설명하고 있다. 그 내용을 소개하면 다음과 같다.

##### ① 미시체계

미시체계(micro system)는 대상 요소인 인간을 포함하여 이를 둘러싼 가장 직접적이고 가까운 물리적 · 사회적 환경을 말한다. 가족과 학교, 친구, 교사, 이웃, 종교단체 등을 포함하여 그 환경 내에서의 지위와 역할, 활동, 대인관계 등이 해당된다. 개인의 특성과 성숙 과정에 따라 미시체계의 요소가 달라지며, 대면적 상호작용이 이루어진다.

② 중간체계

중간체계(meso system)는 미시체계 간의 관계 혹은 상호작용을 말한다. 가족과 학교 간의 관계, 형제자매 간의 관계, 가족과 또래집단 간의 관계 등 과정과 연결의 의미가 포함된다. 개인은 여러 미시체계와 관련이 되므로 여러 역할을 수행하게 되는데, 그 연결이 원활하지 않으면 어려움을 겪게 된다. 예를 들어, 어느 자녀가 친구들 간의 관계는 원만하고 만나면 즐거워 시간 가는 줄 모르고 놀 정도로 돈독한데, 가족들은 그 자녀가 친구 누구와 노는지도 모르고, 친한 친구가 누구인지 이름도 몰라 귀가 시간이 지나도록 들어오지 않는 자녀를 찾기 위해 부모가 우왕좌왕하는 경우가 해당된다. 이러한 중간체계 역시 개인이 새로운 환경에 접하게 되면 새롭게 형성되거나 확대된다.

③ 외체계

외체계(exo system)는 개인과 직접적인 상호작용을 하지 않지만 미시체계에 영향을 미치는 환경을 말한다. 부모의 직장, 대중매체, 교통 · 통신시설, 문화시설 등이 속한다. 예를 들어, 마을에 도서관이 생기게 되니 토요일마다 자녀를 데리고 방문하여 책을 자주 읽게 되는 경우는 외체계에 의한 미시체계의 변화라 할수 있다.

④ 거시체계

거시체계(macro system)는 개인에게 광범위하면서도 간접적으로 강한 영향을 미치는 이념, 문화, 관습, 법, 경제, 정치, 사회 등의 환경요소이다. 거시체계는 하위체계의 지지기반이 되며, 가치의 기준으로 작용한다. 거시체계는 비교적 다른 체계보다 안정적이기는 하나, 사회적 변화로 개선이나 소멸, 생성될 수 있다.

사회복지사가 지역사회를 조직화하거나 소외계층을 위한 옹호과정을 통해 보호법령을 입안하도록 하는 행위는 거시체계에 관한 실천이라 할 수 있다.

#### ⑤ 시간체계

시간체계(chronosystem)는 역사적 · 사회적 맥락하에 연결되어 있는 연대를 의미하는 것으로, 개인의 생애를 걸쳐 일어난 변화와 역사적 환경을 포함하는 체계이다. 앞서 언급한 미시체계에서 거시체계에 이르기까지 생태체계는 과거와 현재, 미래의 연결 속에서 시간의 흐름에 따라, 즉 시간체계에 따라 변화하는 작용을 한다. 이러한 시간체계는 개인이 어느 시대에 태어났느냐에 따라 다르게 작용할 수 있는데, 전쟁 시기에 태어나 부모를 잃고 유년기를 보낸 사람과 사회경제적 부흥기에 태어나 유년기에 초 · 중 · 고등 교육을 받고 성인이 된 사람은 심리적 혹은 사회적 발달 과정이 달랐다고 볼 수 있다. 이처럼 어떤 시대에 태어나 성장했는지에 관한 시간체계는 개인의 발달과 삶에 영향을 미친다.

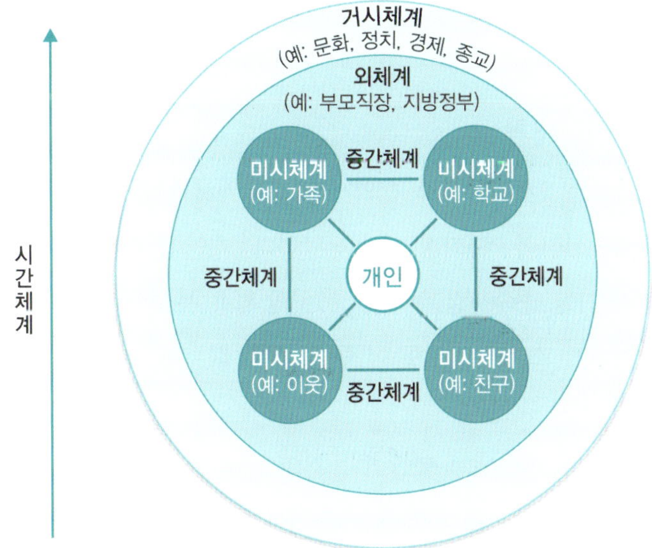


**[그림 7-3] 생태체계의 구성**

출처: Bronfenbrenner(1989). Ecological System Theory. 그림 번역 및 재구성

### (2) 적합성, 적응

적합성(goodness of fit)이란 개인이 지닌 환경에 대한 적응 욕구와 지지되는 환경 자원의 부합 정도를 말하는 것으로, 개인의 욕구와 사회적 요구 사이의 조화와 균형 수준을 의미한다. 개인의 적합성은 타인, 사회조직, 정치경제적 구조와 정책, 물리적 환경이 그 개인의 성장과 발달, 물리적 · 정서적 안녕을 지지할 때 달성되는 것이다. 저메인은 '인간은 자신과 환경 간의 최상의 적합성을 끌어내는 방식으로 행동한다'라고 하였다(Germain, 1991).

적응(adaptation)은 인간이 환경의 조건에 맞춰 자신을 조절하고 변화시키는, 혹은 환경을 변화시키는, 개인의 노력이 요구되는 상호의존적 과정이다. 인간은 적응을 통해 주변 환경에 효과적으로 기능하게 된다. 사회복지사는 인간이 새로운 환경이나 새로운 기회에 생산적 에너지를 사용해 적응하며 기능할 수 있도록 돕는 역할을 하게 된다.

### (3) 스트레스와 대처

스트레스(stress)는 인간과 환경 간의 상호작용에서 나타나는 혼란, 불균형으로 발생되는 생리적 · 심리적 · 사회적 현상을 말한다. 개인이 지각하고 있는 현 상황에 대한 요구수준과 이를 충족시킬 수 있는 자원의 활용 능력이 일치되지 않으면 경험하게 되는 현상이다. 스트레스 수준이 높을 경우에는 환경에 대한 적응이 어려워 생활문제가 발생할 수도 있다.

이러한 스트레스는 개인에게 불안이나 죄의식, 분노, 우울, 무기력, 절망감을 유발할 수 있고, 나아가 사회적 관계에 소극적이게 되고 자긍심, 자율성, 자신감이 저하되는 모습을 가져오게도 한다. 그러나 개인차가 있다. 즉, 스트레스가 성장의 방해 요인이 될 수도 있지만, 도전 혹은 성장을 위한 새로운 기회나 동기로 인식될 수도 있다는 것이다. 그러므로 스트레스 그 자체보다는 스트레스에 대한 인식과 대처(coping)가 중요하다.

대처는 스트레스나 심리적 어려움, 혹은 그로 인해 발생되는 욕구를 통제하기 위해 개인이 취하는 특정 행동을 말한다. 적응의 한 형태이며 문제를 해결하기 위한 노력과도 같은 의미이다. 대처를 위해서는 자아존중감이나 문제해결기술 등의 개인 내적 자원과 가족이나 사회적 관계망, 조직의 지원 등의 외적 자원이 요구된다(이윤정, 2020).

#### (4) 유능성

유능성(competence)은 개인이 환경 속에서 효과적으로 기능할 수 있는 능력이다. 유능성은 환경과의 성공적인 상호작용을 통해 형성되며 자아정체감, 자아존중감과 밀접하게 연관되는 개념이다(이윤정, 2020). 생태체계이론에서 유능성은 인간발달에 필수적이며 생활문제를 완화시키는 요인으로, 일생을 통해 여러 차례 조정되며 확대된다고 본다.

### 5) 사회복지현장에서 생태체계이론의 적용

생태체계 이론적 관점에서 긍정적 사회체계는 적응적 체계이다. 적응적 체계란 내부 체계의 구조 간에 또는 환경의 영향을 받아서 변화하면서 체계의 정체성을 유지함과 동시에 구조의 변화를 통해서 환경체계에 영향을 미칠 수 있는 체계를 의미한다. 반대로 역기능적 체계란 항상성이나 안정상태를 유지하는 데 한계가 있고 체계 내의 부분들 간의 호혜성도 한계가 있어서 적응적이지 못한 체계를 말한다. 사회복지실천적 관점에서는 역기능적 체계들은 적응능력이 저하되었거나 자원의 부족으로 적응유연성이 부족함으로 인해서 체계 존속이나 체계 내의 구성원들의 안녕상태에 위협이 될 수 있으므로 개입의 대상이 된다(Greene & Ephross, 1991).

역기능적 체계는 개인체계에서도 찾아볼 수 있고, 사회체계 차원에서도 찾아볼 수 있다.

먼저, 개인체계 내적 차원에서는 신체적 요소, 심리적 요소, 행동적 요소 등이 안정상태를 이룰 때가 적응적이다. 하지만 신체적 질병이 생기거나 우울증이 생기거나 행동장애가 생기게 되면 개인체계는 기존에 수행하던 사회적 역할이나 기능을 수행하는 데 한계가 생기게 되어 적응유연성이 떨어지게 된다. 또한 가족체계의 경우도 생계를 담당하는 아버지가 알코올 중독이 생겨서 직장을 잃게 되는 경우 가족의 적응유연성이 떨어지게 되고 안정상태를 위협받게 된다. 생태체계이론 관점에서는 이처럼 체계의 적응유연성이 떨어져서 항상성이나 안정상태를 유지하는 것이 위협을 받게 되었을 때를 개입이 필요한 시기로 간주한다.

체계의 항상성이 깨졌을 경우 개입의 목표는 내적 자원의 강화나 외적 자원의 조달을 통해 항상성과 안정상태를 회복하는 것이다(Greene & Ephross, 1991). 먼저 하위체계 차원에서는 체계의 문제해결능력 및 대처능력을 향상시킬 수 있는 서비스를 제공하는 것이다. 우울증으로 인해서 개인체계 내적으로 적응유연성이 문제가 생겼을 경우 우울증상의 제거를 통해서 적응에 필요한 인지상태와 행동양식을 회복함으로써 적응유연성을 회복할 수 있는 개입을 시도할 수 있다. 즉, 우울증상을 없애기 위한 약물치료나 우울로 인한 인지왜곡을 해결하기 위한 인지행동치료가 개입의 예가 될 수 있다. 또한 아버지의 알코올 중독으로 인해서 가족체계의 적응유연성이 깨어졌을 경우 일차적 개입은 아버지를 대상으로 알코올 중독 치료를 통해서 경제활동을 수행할 수 있는 기능을 회복하려는 개입을 시도하고 알코올 중독 치료 후 직업재활 훈련을 제공한다거나 상황이 되면 직업알선을 해 주는 개입을 시도할 수 있다. 또한 알코올 중독으로 인해서 소득이 중단되었을 경우 집안의 다른 구성원이 경제활동을 담당하거나 이도 여의치 않을 경우에는 국민기초생활보장제도를 통해 소득지원을 받을 수 있도록 환경적 자원을 동원할 수 있다. 생태체계이론 관점에서 이러한 개입은 체계 간의 항상성과 안정상태를 유지하기 위한 일련의 노력이라고 할 수 있다.

## Tip 체계이론과 사회복지실천

### [사회복지실천에 미친 영향]

1. 인간과 환경과의 관계를 이해하는 데 이론적 토대가 되어 직접적인 실천과 간접적인 실천이 통합되어야 한다는 주장(통합적 접근)에 근거가 되었다.
2. 개인과 사회의 문제를 원인과 결과의 관계가 아닌 상호 연결된 전체로 이해하기 때문에 체계이론을 적용한 문제의 사정과 개입은 그 초점이 개인이나 환경 어느 한 곳에 있지 않다. 개인과 환경은 상호작용하며 영향을 주고받는 전체라는 측면에서 실천적 개입이 체계화되도록 일조하였다.
3. 사회복지실천의 사정도구(생태도 등)로 유용하게 활용되고 있으며, 이를 통해 내담자의 자원 발견도 용이하다.
4. 체계이론을 적용한 사회복지실천은 내담자에게 어려움을 유발하는 환경을 보다 적응적 환경으로 재구조화하는 것에 목적을 둔다. 그러므로, 아동, 청소년, 실직자, 노인 등 다양한 영역에 포괄적으로 적용된다.

### [실천 기법의 예]

- 경계선 설정기법

  미뉴친의 구조적 가족치료에서 활용하는 대표적 가족 재구조화 기법이다. 가족체계 내의 개별 성원의 경계선을 설정하기 위해 그 성원의 이야기를 경청하고, 그의 관점을 인정하며, 다른 성원이 대신해 답변하는 것을 통제하고, 한 성원이 가족의 기억창고로 역할을 하지 못하게 하는 방법이다. 하위체계 간의 경계신을 설정하기 위해 상담 시간에 자녀를 상담실 바깥에서 놀게 하고 부부와만 대화를 해 부부하위체계의 경계선을 설정할 수 있다.

## Tip 사회복지사 1급 시험 기출 문제

**01 사회체계이론의 주요 개념에 관한 설명으로 옳은 것은? [15회]**

① 시너지(synergy)는 폐쇄체계의 특징과 관련이 있다.
② 안정상태(steady state)는 환경과의 상호작용에서 부분들 간의 관계를 유지하기 위하여 에너지를 계속적으로 사용하는 상태를 의미한다.
③ 항상성(homeostasis)은 시스템에서 위기가 왔을 때 불균형을 유지하려는 경향을 말한다.
④ 균형(equilibrium)은 주로 개방체계에서 나타나며 외부로부터 새로운 에너지를 투입하여 변화시키려 노력하는 속성이다.
⑤ 피드백(feedback)은 체계 구성 간의 상호작용이 증가함에 따라 유용한 에너지가 감소하는 상태를 의미한다.

**02 생태학의 주요 개념에 해당하는 것은? [17회]**

① 무의식 결정론
② 자아실현 경향성
③ 단선적 인과론
④ 개인의 창조적인 힘
⑤ 개인–환경 간의 적합성

**03 사회체계로서 문화에 관한 설명으로 옳은 것은? [17회]**

① 미시체계에 해당된다.
② 후천적으로 습득되기보다는 타고 나는 것이다.
③ 구성원 간 공유되는 생활양식으로 다른 사회구성원과 구별된다.
④ 규범적 문화는 종교적 신념, 신화, 사상 등으로 구성된다.
⑤ 문화는 외부의 요구와 무관하게 고정되어 있다.

정답: 01 ② 02 ⑤ 03 ③

Chapter

08

# 전 생애 발달의 통합적 이해: 인간발달 개관

1. 인간발달의 특성
2. 발달은 왜 일어나는 것일까?
3. 발달단계와 발달과제

Chapter 08

# 전 생애 발달의 통합적 이해: 인간발달 개관

학습목표

1. 인간발달의 특성을 이해한다.
2. 인간발달의 원리를 이해한다.
3. 인간발달에 관한 지식과 사회복지실천과의 관련성을 이해한다.

## 1. 인간발달의 특성

인간발달(human development)이란 시간에 따라 개인에게 일어나는 신체구조, 사고, 행동의 변화를 가리킨다. 이러한 변화는 점진적으로 진행되고 축적되며, 그 결과로 신체의 확장, 복잡한 활동수행 능력이 증가된다(Craig, 1999). 인간발달은 덜 분화된 상태에서 더 분화된 상태로, 덜 복잡한 유기체로부터 더 복잡한 유기체로, 능력과 기술의 낮은 단계에서 높은 단계로 진행되는 과정이라고 정의할 수 있다(Greene & Ephross, 1991: 20 재인용).

예를 들면, 운동능력의 발달은 유아로 하여금 초기에 자신의 의지와 상관없이 움직이던 팔과 다리를 나중에는 의도적인 뻗치기, 쥐기, 기기, 걷기 등을 할 수 있게 한다. 또한 유아기에는 눈앞에 보이는 구체적 대상만을 인식할 수 있으나 청소년기에 이르면 사고의 발달로 현실에서 직접 관찰하지 않더라도 정신세계 내에서 인과관계를 추론하는 추상적 사고가 가능하다.

뉴만과 뉴만(Newman & Newman, 2006: 5)은 인간의 발달에 관해서 다음과 같은 다섯 가지 기본전제를 제시하였다.

첫째, 인간의 성장과 발달은 삶의 모든 기간에 걸쳐 일어난다. 그러므로 인간발달은 모체 내에서 수태되었을 때부터 죽을 때까지의 긴 인생과정에서 일어나는 변화를 모두 포함한다. 각 단계에서 새로운 능력이 출현하고 새로운 역할이 수행되며 새로운 도전에 직면하고 그 결과로 자신과 사회에 대해 새로운 방향이 전개된다.

둘째, 인간의 삶이란 시간에 따라 진행되면서 지속성(continuity)과 변화(change)를 보인다. 이러한 지속성과 변화에 기여하는 과정을 파악하는 것이 인간발달의 이해에 중요하다. 지속성은 한 단계에서 다른 단계로 이동해도 유지되는 기억, 정체성과 같은 특징의 안정성(stability)을 가리키며, 변화는 생물학적 성숙, 교육과 같은 체계적 사회화에 의한 성장과 재구조화를 의미한다.

셋째, 인간을 전체로서 이해해야 한다. 왜냐하면 우리는 일상생활에서 인간으로서의 여러 기능이 통합된 방식으로 활동하기 때문이다. 즉, 육체적 · 인지적 · 사회적 · 정서적 능력 및 이러한 것들의 상호관계 내에서 주요한 인간발달을 연구해야 한다.

넷째, 인간의 발달과 행동은 그에 관련된 상황이나 인간관계의 맥락에서 분석되어야 한다. 왜냐하면 인간은 환경에 적응하는 고도의 능력이 있으므로 행동양식이나 그 변화는 흔히 그것이 일어난 물리적 · 사회적 상황을 반영하기 때문이다.

다섯째, 인간은 자신의 발달에 능동적으로 기여한다. 이러한 기여는 기회와 목표, 사회적 기대에 대한 수용이나 거부, 선호와 취향 등에서 개인적 선택을 통해 이루어진다. 그러나 어떤 사회는 개인의 발달을 촉진하기 위해 더 많은 기회와 선택을 부여하는 반면 어떤 사회는 기회와 선택에서 제한되어 있어서 발달에 대한 개인의 기여와 사회적 영향이 존재한다.

## 2. 발달은 왜 일어나는 것일까?

그러면 발달은 왜 일어나는 것일까? 발달이 일어나는 원인에 대해서는 우리가 앞의 횡단이론에서 배운 인간관이나 인간과 환경에 대한 기본가정에 따라서 서로 다르게 이해하는 경향이 있다(정옥분, 2004). 발달에 대한 몇 가지 논쟁을 살펴보면 다음과 같다. 첫째, 발달이 유전적 요인에 의해서 결정되는 것이냐 아니면 환경적 요인에 의해서 결정되는 것이냐에 대한 논쟁이다. 유전적으로 결정된다고 믿는 사람의 경우는 태어날 때 물려받는 유전적 특성이 발달과정을 결정한다고 믿는다. 반면 환경에 의해서 결정된다고 믿는 사람의 경우는 인간은 출생 시에는 백지상태로 태어나며 출생 후 성장과정에서 환경의 자극 및 학습에 의해서 발달과정이 결정된다고 믿는다. 정신분석이론가들의 경우 발달에서 유전적 영향이 강하다고 이해하는 경향이 강하고, 학습 이론가들은 발달이 환경에 의해서 영향을 받는다고 이해하는 경향이 강하다. 둘째, 발달이 연속적으로 일어나는지 아니면 비연속적으로 일어나는지에 대한 논쟁이다. 즉, 발달이 점진적으로 서서히 일어나는 것인지 아니면 특정 시기에 급격한 변화를 통해서 일어나는 것인지에 대한 논쟁이다. 셋째, 발달이 안정의 속성이 강한지 아니면 변화의 속성이 강한지에 대한 논쟁이다. 안정성이라는 것은 특정 시기 이전의 발달과정이 이후의 발달과정에 필수불가결하게 연결되어 있다는 것이고, 변화라는 것은 그렇지 않고 갑작스러운 변화나 성장이 있을 수 있다고 가정하는 것이다.

그러므로 인간발달의 연구는 모체 내에서 수태되었을 때부터 죽을 때까지의 전 생애에서 일어나는 변화를 그 대상으로 한다. 또한 과거에 이루어진 발달로 이미 형성된 구조 속에 현재의 경험이 융합되어 변화가 일어나므로 인간의 발달에는 지속성과 변화가 있다고 보아야 한다.

인간의 발달과정은 유전적 요소와 환경적 요소에 의해서 추진된다. 유전적 요소는 인간이지 지배할 수 없으며 주로 신체적 발달을 주도하는 요인으로서 성장률이나 태아기의 성장과 같은 성숙(maturation)에 영향을 미친다. 성숙이란 유전인자에 포함된 계획에 따라 전개되는 유기체의 형태, 조직, 복잡성, 통합성, 기능상의 변화를 가리킨다. 유전인자에 계획된 대로 크기, 복잡성, 기능이 정점(optimal point)에 이를 때까지 계속해서 증가하는 것을 성장(growth)이라고 하며, 정점에 이른 이후에 일어나는 변화를 흔히 노화(aging)라고 부른다(Craig, 1999).

환경적 요소는 인간의 환경에 존재하며 삶의 각 단계에서 새로운 기회를 부여하고 새로운 책임을 요구하는 가족의 기대, 학교, 직장과 같은 사회문화적 요소들을 말한다. 이러한 환경적 요소들이 인간의 발달을 이끄는 기본적 과정은 학습(learning)과 사회화(socialization)라고 할 수 있다. 학습은 경험과 훈련에 의해 가치관, 태도 등을 형성하면서 기술을 습득하고 지식을 얻는 과정을 말한다. 사회화는 개인이 자기가 속한 사회적 집단－가족, 지역사회, 민족－에 그 구성원으로서 자연스럽게 동화되어 가는 과정으로 그 안에서 통용되는 사회적 기대, 관습, 가치, 신념, 역할, 태도 등을 배우는 것을 포함한다.

인간의 발달은 태아기의 성장과 같이 주로 유전적 요인에 주도되는 과정도 있으나, 대부분 유전적 요소와 환경적 요소의 지속적 상호작용을 포함하며 전적으로 한 요소에 의하여 일어나는 발달은 없다.

버거와 페데리코(Berger & Federico, 1991)도 인간발달은 내부적 요소와의 외부적 요소의 결합에 의하여 형성된다고 주장하였다. 그들에 의하면 인간의 삶은 전 생애에 걸친 일종의 '마스터 플랜'에 따라 진행되며 그러한 계획은 생물학적(유전적) 요소, 심리적 요소, 사회구조적 요소, 그리고 문화적 요소로 구성된다.

에릭슨(Erikson, 1963)에 의하면 인간의 삶은 생물학적(신체적) 체계(biological system), 심리적 체계(psychological system), 사회적 체계(societal system)의 세 가지 주요 체계로 구성된다. 생물학적(신체적) 체계는 감각, 운동, 호흡, 순환, 내분비, 신경체계 등과 같이 인간이 유기체로서 기능하는 데 필요한 체계를 말한다. 생물학적 체계는 유전적으로 인도되는 성숙과 더불어 영양, 일조량과 같은 환경적 자원; 질병이나 사고; 식생활, 수면, 약물, 운동량과 같은 생활습관의 결과로서 발달하고 변화해 나간다.

심리적 체계란 경험으로부터 의미를 파악하고 행동을 취하는 개인의 능력에 핵심적인 정신적 과정으로 감정, 기억, 인식, 판단, 언어, 문제해결능력, 자아개념 등을 포함한다. 심리적 체계를 구성하는 요소들도 인간의 전 생애에 걸쳐 발달하고 변화하며 유전적 요인과 더불어 다양한 교육기회와 같은 경험의 축적에 의해 영향을 받는다.

사회적 체계는 개인이 맡은 사회적 역할, 가족구조, 명절, 제례 등 관습, 문화양식 등과 같이 그것을 통하여 인간이 사회에 통합되는 과정을 말하며 전 생애에 걸쳐 변화한다. 그 사회의 경제적 번영이나 빈곤, 전쟁과 평화, 성차별이나 인종차별과 같은 다양한 차별의 존재도 사회적 체계에 포함된다.

에릭슨은 이러한 생물학적(신체적) 체계, 심리적 체계, 사회적 체계의 상호작용 결과로 이루어진 내적 경험이 인간발달 연구의 초점이 되어야 한다고 주장한다. 그리고 개인과 그를 둘러싼 사회적 환경 간의 지속적인 상호작용의 중요성을 강조한다.

따라서 인간의 발달은 생물학적 요인과 환경적 요인의 상호작용에 의해 주도되며 특정한 상황에서 한 인간의 행동을 결정하는 데도 생물학적 체계, 심리적 체계, 사회적 체계가 상호 관련된다고 볼 수 있다.

# 3. 발달단계와 발달과제

## 1) 발달단계

발달단계(stages of development)란 발달상에서 어떤 과제의 성취와 특정한 측면의 발달이 강조되는 삶의 기간을 말한다. 각 발달단계는 고유한 특징이 있어서 그 이전 단계나 이후 단계로부터 구분이 되며, 그러면서도 발달을 위한 방향이 있고 새로운 단계는 그 이전의 단계까지 이루어진 발달을 통합한다.

에릭슨(Erikson, 1963)은 인간의 발달을 8단계로 구분하였으나 최근에는 발달단계가 더 세분화되는 경향이 있다. 유전적 요인과 같이 인간의 전 생애에 걸쳐 영향을 미치며 태내의 발달에서 비롯되는 요인들의 중요성 때문에 태아기가 첨가되었다. 또한 노인의 평균수명이 늘어나 노년기가 크게 확장되면서 비교적 나이가 적으며 자주적으로 생활을 영위할 수 있는 노인(the younger old)과 나이가 더 많고 건강이나 기능에서 타인에게 의존해야 하는 노인(the older old)으로 구분하기도 한다(Newman & Newman, 2006). 이 책에서는 이러한 최근의 경향에 따라 발달단계를 태아기, 영아기, 걸음마기, 아동기, 청소년기, 청년기, 장년기, 노년기로 구분한 후에, 아동기, 노년기는 전기와 후기로 각각 더 세분화하였다는 점을 밝혀둔다.

발달단계를 구분하는 연령은 대략적이다. 다시 말해서 대개 이러한 연령을 전후해서 발달적 전환이 이루어진다. 그리고 발달단계는 연속적으로 일어나며 한 단계에서 일어난 발달은 그 이후의 모든 단계에 영향을 미친다고 할 수 있다.

발달단계의 구분과 각 단계의 명칭은 학자마다 차이가 있다. 이 책은 발달이론 학자들(Newman & Newman, 2006; Zastrow & Kirst-Ashman, 2007; Ashford, LeCroy, & Lortie, 2006; Craig, 1999; 정옥분; 2004)의 견해와 우리나라의 법, 제도, 문화적 배경을 고려하여 각 단계를 연령대에 따라 구분하였다.

우리나라 「영유아보육법」, 「유아교육법」 등에서 보육대상을 6세 미만으로 하되 2세 이하의 영아와 그 이후의 유아로 구분한 것에 기초하여 0~2세를 영아기로 하였다. 또한 2~6세의 기간은 2~4세의 걸음마기(유아기)와, 4~6세의 아동기 전기로 세분하였다. 이는 외국학자들이 아장아장 걷는 시기, 걸음마 걷는 유아(toddlerhood)로 부른 2~4세와 아동기 전기(early childhood), 학동기 전기(early school age)로 부른 4~6세 간에는 발달의 차이가 뚜렷하기 때문이다. 6~12세 정도의 아동기 후기(middle&late childhood)는 초등학교에 해당하는 시기이다.

청소년기(adolescence)는 대부분의 외국학자들이 12세 정도에서 20대 초반까지 포함시키며 우리나라의 「청소년기본법」에서 9~24세, 「민법」과 「소년법」에서 20세 미만으로 규정한 것을 참고해서 12~24세로 하되 중고등학교 시기와 그 이후의 발달 차이를 고려하여 청소년기 전기(12~18세)와 청소년기 후기(18~24세)로 세분하였다.

성인기 이후의 발달단계 구분은 연령이나 명칭이 더 다양하지만 많은 학자들이 성인 초기 또는 청년기(early adulthood), 성인중기 또는 장년기(middle adulthood), 성인 후기 또는 노년기(late adulthood)의 세 단계로 구분함에 따라 청년기(24~34세), 장년기(35~60세), 노년기(60세 이후)로 정하고 노년기는 다시 전기(60~75세)와 후기(75세 이후)로 세분하였다.

사회복지실천에서 문제해결을 위해 프로그램이나 서비스를 고안할 때 발달단계에 입각해서 접근하는 것은 매우 유용하다. 즉, 혜택받을 집단이 노인이나 청소년, 아동과 같이 특정한 단계에 속하는 경우에 이러한 단계의 발달적 특징을 이해함으로써 그 집단의 욕구와 그것을 충족시킬 자원을 더 잘 파악할 수 있는 점이다.

〈표 8-1〉 이 책에서 구분한 인간발달의 단계

| | | |
|---|---|---|
| 태아기 | | 임신~출산 |
| 영아기 | | 1개월~2세 |
| 걸음마기 | | 2~4세 |
| 아동기 | 전기 | 4~6세 |
| | 후기 | 6~12세 |
| 청소년기 | | 13~18세 |
| 청년기 | | 19~39세 |
| 장년기 | | 40~65세 |
| 노년기 | 전기 | 65~75세 |
| | 후기 | 75세 이상 |

## 2) 발달과제

발달과제(developmental tasks)는 인간의 환경에 대한 지배를 증가시키는 기술과 능력으로 구성된다. 다시 말해서 신체적 · 인지적 · 사회적 · 정서적 기술의 획득을 반영한다. 하비거스트(Havighurst, 1972)는 인간발달이란 사람들이 사회에 의해서 그들에게 부과된 과제를 배우는 과정이라고 주장하였다. 발달과제는 대개 연령에 따라 변하는데 이것은 각 사회가 연령에 부합하는 발달이란 행동에 대한 기대를 갖고 있기 때문이다. 이러한 과제를 잘 배우는 사람은 만족과 보상을 얻지만 잘 배우지 못하는 사람은 불행과 사회적 부인을 경험하게 되며, 이는 사회복지실천에 중요한 의미를 지닌다. 그러므로 발달과제는 특정한 사회에서 각 연령에 부합하는 정상적 발달이 어떤 것인지를 정의한다.

하비거스트(Havighurst, 1972)에 의하면 특정한 연령에서 어떤 기술이 획득되어야 하는지를 결정하는 데 사회의 역할과 더불어 육체적 성숙도 중요하다. 즉, 각 발달과제를 배우는 데 생물학적으로 민감한 시기(sensitive period)가 있으며, 그 시기가 새로운 능력을 배우는 데 육체적 성숙에서 가장 준비되어 있는 기간이다. 대부분의 사람들이 발달과제를 이러한 시기에 맞춰 학습하며 만일 특정한 과제를 이때에 배우지 못하면 후에 배우기란 훨씬 어렵다.

발달단계별로 그 단계에서 습득되어야 할 발달과제를 신체적 발달, 심리적 발달, 사회적 발달의 세 영역으로 구분하여 각각 자세하게 검토하고자 한다(Ashford, LeCroy, & Lortie, 2006; Craig, 1999: 20; Zastrow & Kirst-Ashman, 2007).

각 발달단계별로 발달과제를 구체적으로 논의하기에 앞서 주요한 내용을 요약하면 〈표 8-3〉과 같다(Newman & Newman, 2006: 45).

〈표 8-2〉 발달과제의 영역에 대한 구분

| 영역 | 특징 |
|---|---|
| 신체적 발달 | 신체에서 일어나는 성장과 변화를 포함한다. 신장, 체중 등의 외적 변화; 근육, 뇌, 내분비선, 감각기관 등의 내적 변화; 신체적 건강상태; 걷기, 달리기, 공받기 등의 운동능력으로 이루어져 있다. |
| 심리적 발달 | 사고(thinking), 정보처리(information processing), 문제해결(problem solving)에 관련된 정신적 과정으로 인식(perception), 기억, 추론, 창의성, 지능, 상상, 언어 등 인지적 능력으로 이루어져 있다. 또한 감정과 태도, 자아개념과 정체성, 심리적인 강점과 문제 등 정서적 측면도 포함한다. |
| 사회적 발달 | 가족과 집단, 지지적 체계, 조직 및 사회적 기관, 문화적 배경이나 성역할, 사회적 강점과 문제의 영향으로 이루어져 있다. 사회성, 사회적 관계, 사회적 행동 등도 포함된다. |

〈표 8-3〉 발달단계에 따른 주요 발달과제

| 발달단계 | 발달과제 |
|---|---|
| 영아기<br>(1개월~2세) | • 신체적 성장, 감각 및 운동기능의 성숙<br>• 감각운동지능, 즐거움, 분노 등 감정의 분화<br>• 사회적 애착의 확립 |
| 걸음마기<br>(2~4세) | • 운동능력의 정교화<br>• 언어발달, 자기통제능력 습득 |
| 아동기 전기<br>(4~6세) | • 초기적 수준의 도덕발달<br>• 성역할개념의 습득, 집단놀이 |
| 아동기 후기<br>(6~12세) | • 왕성한 신체적 활동<br>• 구체적 조작사고, 학습능력과 기술 습득<br>• 사회적 규범의 학습, 팀 스포츠 |
| 청소년기 전기<br>(13~19세) | • 신체적 성숙, 성적 성숙<br>• 형식적 조작사고<br>• 또래집단의 경험<br>• 부모로부터의 독립<br>• 직업에 대한 준비와 선택, 자아정체감 확립 |
| 청년기<br>(19~39세) | • 배우자선택과 결혼, 출산 및 가정형성<br>• 직업에서의 경력 시작 |
| 장년기<br>(40~65세) | • 신체적 및 인지적 변화에 대한 대응<br>• 부부관계의 유지, 자녀양육과 가정의 운영<br>• 직업관리, 사회적 책임의 수행 |
| 노년기 전기<br>(65~75세) | • 노화로 인한 신체적 건강 약화에 대한 적응<br>• 기억력 등 인지능력 감소에 대한 적응<br>• 조부모, 미망인 등 역할변화에 대한 적응<br>• 은퇴에 대한 대응 |
| 노년기 후기<br>(75~사망) | • 감각과 행동의 둔화에 대한 적응<br>• 쇠약과 기능손상에 대한 대응<br>• 죽음에 대한 두려움 극복<br>• 자녀의 존재, 종교 등을 통해 불멸의 느낌을 확립 |

## Tip 사회복지사 1급 시험 기출 문제

**01 다음의 설명으로 옳은 것을 모두 고른 것은? [10회]**

ㄱ. 성장은 주로 유전인자가 지니고 있는 정보에 따라 나타나는 변화를 의미한다.
ㄴ. 학습은 훈련과정을 통하여 행동이 변화하는 과정을 의미한다.
ㄷ. 성숙은 신체의 크기, 근육의 세기 등의 양적 증가를 의미한다.
ㄹ. 발달은 유기체가 생활하는 동안의 모든 변화를 의미한다.

① ㄱ, ㄴ, ㄷ ② ㄱ, ㄷ ③ ㄴ, ㄹ
④ ㄹ ⑤ ㄱ, ㄴ, ㄷ, ㄹ

**02 인간발달의 원리로 옳지 않은 것은? [17회]**

① 유전과 환경의 영향을 모두 받는다.
② 일생에 걸친 예측 불가능한 변화이다.
③ 발달의 정도와 속도는 개인마다 다르다.
④ 일정한 순서와 방향성이 존재한다.
⑤ 멈추는 일 없이 지속된다.

**03 성장과 성숙에 관한 설명으로 옳은 것을 모두 고른 것은? [11회]**

ㄱ. 성숙은 유전인자가 지니고 있는 정보에 따른 변화를 의미한다.
ㄴ. 성장은 신체 크기의 증대, 근력 증가, 인지의 확장 등과 같은 양적 확대를 의미한다.
ㄷ. 성숙은 경험이나 훈련과 관계없이 체계적으로 일어난다.
ㄹ. 성장은 일정한 시기가 지나면 정지된다.

① ㄱ, ㄴ, ㄷ ② ㄱ, ㄷ ③ ㄴ, ㄹ
④ ㄹ ⑤ ㄱ, ㄴ, ㄷ, ㄹ

정답: 01 ③ 02 ② 03 ⑤

Chapter

09

# 전 생애 발달의 통합적 이해: 태아기, 영아기 및 걸음마기

1. 태아기
2. 영아기
3. 걸음마기

Chapter 09

# 전 생애 발달의 통합적 이해: 태아기, 영아기 및 걸음마기

학습목표

1. 태내기, 영아기, 걸음마기에 속하는 인간의 신체발달 양상을 이해한다.
2. 태내기, 영아기, 걸음마기의 인지와 사회정서적 발달 양상을 이해한다.
3. 태내기, 영아기, 걸음마기의 발달과 관련해 사회복지실천에서 관심을 가져야 하는 영역을 이해한다.

## 1. 태아기

인간의 개인적 차이는 환경이나 그 사람이 성장하면서 부딪히는 경험 이상의 것에 기인한다. 이는 개인적 변이가 유전에 의해서 영향을 받는다는 것을 의미한다. 부모로부터 전달되는 특성이나 기질을 유전인자라고 하며, 이것은 염색체 속에 들어 있다. 우리가 인간의 구조나 모습을 갖춘 것은 인간 특유의 염색체를 가지고 있기 때문이지만 염색체와 유전인자의 구성이나 배열은 개인마다 다르다. 태아기는 용어에서 알 수 있는 것처럼 수태에서부터 자궁 내에서 태아의 신체 조직이 구성되고 발달되어서 출생에 이르는 시기를 말한다. 이때 유전적 요소들은 태아기에 형성되며 이것이 개인적 차이에 영향을 줄 수 있는 영역들은 다음과 같다(Newman & Newman, 2006: 96-97).

## 1) 태아기의 유전적 요소가 결정하는 발달적 특징

### (1) 성장률

유전이란 부모로부터 자녀에게 전달되는 특성이나 기질을 말한다. 유전적 특징은 주로 부모의 염색체(DNA)에 의해서 결정된다. 사람의 염색체는 23쌍으로 구성되며, 23개는 어머니로부터 받고 23개는 아버지로부터 받는다. 염색체는 유전인자를 가지고 있으며, 23쌍 중 22쌍은 체염색체이고 23번째 쌍은 성염색체이다. 즉, 22쌍은 신체적 · 심리적 특징과 연관되고 23번째 쌍은 태아의 성별을 결정한다.

태아기에 결정되는 유전적 요인들은 사람이 성숙하는 속도에 영향을 미친다. 다시 말해서 유전인자가 전 생애에 걸친 성장의 특수한 내용과 더불어 성장률에 대한 정보를 제공한다. 이것은 일란성 쌍생아의 경우 전혀 다른 환경에서 길렀을 때에도 성장의 속도가 고도로 관련된 것과 같은 현상에서 입증된다. 인간의 다양한 특징–운동능력의 발달, 연령에 따르는 지적 능력의 변화, 퍼스낼리티의 발달, 신체적 성숙의 시기–등이 모두 강력한 유전적 영향을 받는다. 유전인자는 성장에 대한 내부적 지배자로 간주될 수 있다. 왜냐하면 성장의 속도를 결정하고 삶에 있어서 주요한 변화의 시작(예: 이가 나는 것, 사춘기의 시작, 갱년기의 시작)과 노화, 사망의 시기까지 인도하기 때문이다. 이와 같이 성숙은 유전적으로 결정되어 있는 성장률에 어느 정도 의존하기 때문에 특정한 연령에 특정한 기술을 습득하는 것은 전적으로 개인이 조절할 수 있는 것은 아니다.

#### (2) 개인적 특징

유전인자는 광범위한 인간의 특징에 대한 특수한 정보를 담고 있다. 눈의 색깔, 키, 혈액형, 지능과 같은 대다수의 중요한 특징들은 여러 유전인자의 결합된 활동에 의해 결정된다. 이러한 신체적 특징뿐만 아니라 사회성, 내향성과 같은 성격적인 측면도 유전적 요소의 영향을 받는다.

#### (3) 비정상적 발달에 대한 유전적 요소

많은 비정상적 발달이 유전적 요소에 기인한다. 염색체가 없거나 필요 이상의 염색체가 존재하는 것은 태아에게 치명적이다. 대표적인 예가 다운증후군(Down's syndrome)이다. 몽고증(Mongolism)이라고도 불리는 이 증상은 불필요한 염색체의 존재로 인해 일어나며 심각한 신체적 · 정신적 발달지체를 보인다.

신생아의 3~5% 정도가 비정상적 상태로 태어나는 것으로 보고되었다(Cunningham et al., 2001). 그러나 특정한 장애들은 아동기 이후에 나타나므로 출생 때 문제를 가지고 태어나는 비율은 6~7%에 이른다. 이와 같은 선천성 결함의 원인으로는 유전인자나 염색체의 이상과 유해물질에 대한 노출, 약복용, 모체나 배아의 감염 등 환경적 요인을 들 수 있지만 대부분의 장애가 정확하게 알 수 없는 유전적 약점과 환경적 위험요소의 상호작용에 의해 초래된다.

### 2) 태아의 발달

#### (1) 배란기

배란기는 수정란이 자궁벽에 착상할 때까지의 시기로, 수정 후 약 2주 정도까지의 기간이다. 배란기의 수정란 중 자궁착상에 성공하는 비율은 약 40%(정옥분, 2014)로, 이 시기에 착상되지 않은 수정란은 다음 월경 주기에 노폐물과 함께 떨어져 나온다.

### (2) 배아기

배아란 자궁벽에 착상된 수정란을 의미하며, 배아기는 착상된 수정란이 태반의 발달로 모체로부터 영양분과 산소를 공급받고 배설물을 방출하면서 3~4cm의 크기로 성장하는 시기이다. 수정 2주에서 8주 사이의 시기로, 배아기 말이 되면 임신 사실이 확인 가능하다. 성장률이 높은 시기로 중요한 신체기관이 형성되는 시기이므로 산모의 각별한 주의가 필요하다.

### (3) 태아기

태아기는 수정 8주부터 출생 때까지의 시기를 말한다. 이때 태아는 생존에 필요한 모든 체계와 기능을 획득하며, 외형적으로 완전한 인간의 모습을 갖추게 된다.

이 기간을 산모의 임신 기간을 중심으로 임신 초기(임신 1~3개월), 임신 중기(임신 4~6개월), 임신 말기(임신 7~9개월)로 나누어 볼 수 있는데, 각 시기의 특징을 설명하면 다음과 같다.

#### ① 임신 초기(임신 1～3개월)

태아의 급속한 세포분열이 일어나는 가장 중요한 시기이다. 이때 태아는 임산부의 영양 상태, 약물 복용에 가장 영향을 받기 쉽다. 원시적 형태의 심장과 소화기관이 발달하며, 두뇌에서부터 몸 전체로 내려가면서 신체기관이 발달한다. 눈, 코, 입 등의 얼굴 윤곽이 전체적으로 드러난다.

#### ② 임신 중기(임신 4～6개월)

지속적으로 성장하는 태아는 손가락, 발가락, 피부, 지문, 털 등이 형성된다. 20주 정도가 되면 산모는 태아의 움직임을 느낄 수 있다. 그러나 이 시기에 태어나는 태아는 생존 가능성이 희박하다.

③ 임신 말기(임신 7~9개월)

태아의 발달이 완성되는 시기로, 출산 후를 준비하는 시기라 할 수 있다. 태아는 30주 정도가 지나면 신경계의 조절 능력이 생기므로 이 시기에 태어난다면 인큐베이터에서의 생존이 가능하다.

## 3) 임산부가 태아에 미치는 영향

임산부와 태아의 관계는 상호적이며 서로 영향을 주고받는 것으로 볼 수 있다. 태아가 임산부에게 미치는 영향은 우선 임신한 후 가족이나 친지들로부터 임신하기 전과는 다른 대접을 받게 된다. 그리고 임산부는 임신에 의해 신체적 불편함과 더불어 불안, 우울, 자부심, 흥분, 희망 등 감정 기복을 경험한다. 그러나 임산부가 태아에게 미치는 영향이 더 크다고 할 수 있다. 이러한 영향은 주로 신체적인 것들이지만 임산부의 정서적 상태와 같은 심리적·사회적 요인들도 태아에게 영향을 미치며 임신 기간과 출산을 쉽거나 어렵게 할 수 있다.

임산부가 태아에게 미칠 수 있는 영향에 대해서 구체적으로 살펴보면 다음과 같다.

### (1) 임신 연령

이상적 임신 시기는 16~35세이며, 16세 이하와 35세 이상의 출산은 선천적 결함의 여지가 많다. 특히 첫 출산일 경우 이러한 문제가 일어날 가능성이 높다. 40세 이상의 임산부에게서 태어난 아기들 가운데 다운증후군이 발생할 확률은 매우 높다. 즉, 임산부가 35세 미만일 때에는 1,500명 중 하나, 40세에는 300명 중 하나,

45세 이상일 때는 25명 중 하나의 비율로 다운증후군을 가진 아이를 출산할 가능성이 높아진다(Craig, 1999). 이와 같이 임신 연령에 의해서 임산부는 태아의 건강에 영향을 미칠 수 있다.

### (2) 임산부의 건강상태

임산부는 자신의 건강이나 영양 상태를 통해서 태아의 신체발달에 영향을 미친다. 임신 전의 영양 상태도 중요하며 임신 기간 중의 영양섭취는 태아의 발달에 매우 중요하다. 태아에게 영양을 공급하기 위하여 임산부는 평상시보다 300칼로리 정도를 더 섭취하여야 하며 불충분한 영양섭취는 미숙아의 출생과 출생 후 아기가 질병에 걸리거나 사망할 가능성을 증가시킨다. 태아의 영양결핍은 내장기관과 중추신경계의 정상적인 발달과 기능을 저해할 뿐만 아니라 행동장애, 학습장애, 특정한 정신질환의 발생에도 영향을 미치는 것으로 보고되었다(Newman & Newman, 2006: 123). 임산부의 질병은 태아의 선천적 결함을 유발하는 중요한 요인이다. 당뇨, 풍진, B형 간염, 후천성면역결핍증(AIDS), 매독 등은 태아의 사망, 시각장애, 청각장애, 정신지체, 운동능력지체 등을 초래할 수 있다. 그밖에 유전성 질환에 대해서도 주의를 기울여야 한다.

### (3) 약물 복용

술, 담배, 안정제, 감기약, 항생제와 같은 약품이나 물질이 임산부의 체내에 들어가면 태아에게 바로 그 영향이 미치게 된다. 흡연하는 여성으로부터 태어난 아기는 흔히 체중 미달이며, 임산부가 술을 많이 마시게 되면 태아에게서 중추신경계통 장애, 체중 미달, 안면기형 등을 일으키는 태아 알코올 중독(fetal alcohol syndrome)이 발생할 가능성이 매우 커진다. 헤로인, 코카인과 같은 의존성 약물의 사용은 태아에게 치명적이다. 약물중독자인 임산부에게서 태어난 아이들은 높은 사망률과 선천성 기형 발생률을 보이며, 그밖에 복합적인 질병과 행동문제를 가진 경우도 많다. 또한 이들이 생존할 경우 나중에 약물에 중독되는 경향이 있다. 장기간에 걸친 항생제의 복용도 태아에게 해로우며, 아스피린과 같은 감기약이나 카페인도 주의해서 사용해야 한다. 그밖에, 임산부가 환경오염이나 공해 및 미세먼지, 유독한 물질에 노출되면 태아에게 해로운 영향을 미치게 된다.

#### (4) 임산부의 정서적 상태

임신은 신체적 반응뿐만 아니라 정서적 반응도 일으키며 태아에 대해서 자랑스러움, 받아들이는 자세, 거부하는 태도, 그리고 양면적 태도를 취할 수 있다. 임신에 대해 받아들이는 자세와 거부하는 태도가 교차하는 양면적 입장이 가장 흔하다고 할 수 있다. 즉, 여성들은 때때로 임신을 일종의 병과 같은 상태로 간주하여 약하고 불편한 상태로 여기는데, 이러한 부정적 태도는 불안과 예민한 상태로 이끌어가며 이것은 또 태아에게 영향을 미치게 된다. 반면에 기쁨과 즐거움으로써 아이가 배 속에서 자라나는 것에 반응하기도 한다.

분노, 공포, 불안 등 정신적 스트레스가 임산부에게 지속적으로 존재하는 것은 출생 후 과잉행동 등 자녀의 행동이나 성격문제에 관련이 있는 것으로 알려져 있다. 임신에 대한 태도는 그 아이를 임산부가 얼마나 바라는가에 달려 있으며, 이것은 이미 있는 자녀들의 수, 경제적 여건, 남편과의 관계, 그리고 정서적 성숙 정도 등에 따라 결정된다.

### 4) 사회복지실천과의 연관성: 태아기

태내기는 수정에서부터 출생까지를 이르는 시기이다. 태내기를 중요하게 여기는 까닭은 태내기에 형성되는 신체적 구조와 기능이 한 개인의 전 생애를 통해 나타나는 신체구조와 행동발달의 기초가 되기 때문이다(Shaffer, 2002). 태내기에 염색체

이상이 있으면 여러 가지 증후군이 나타날 수 있다. 염색체이상에 의해서 나타나는 유전질환은 다운증후군, 클라인펠터증후군, 터너증후군 등이 있다(정옥분, 2004). 다운증후군이란 21번째의 염색체에 염색체가 하나 더 있어 일어나는 현상으로 경험적 자료들이 고령 임산부에게서 출생되는 빈도가 상대적으로 높음을 보여준다.

태내기에 유전인자에 이상이 있으면 여러 가지 유전질환이 나타날 수 있다. 유전인자의 이상에 의해서 나타나는 유전질환은 헌팅턴 질병, 테이삭스병(Tay-Sachs disease), 페닐케토뉴리아 등이 있다.

이러한 염색체이상으로 인한 증후군이나 유전인자의 이상으로 인한 유전질환은 건강한 아동을 생산하려는 임신을 앞둔 부부에게는 두려움의 대상이 되기도 한다. 특히 가족력에서 이러한 증후군이나 유전질환이 발생한 경우에는 더욱 그렇다. 그러므로 유전으로 인한 증후군이나 유전질환의 발생을 최소화하기 위해서 전문적 개입이 이루어지기도 하는데, 이것을 유전상담(genetic counseling)이라고 한다(Shaffer, 2002).

유전상담은 아기를 가지려는 부모를 대상으로 부모의 유전적 특징을 바탕으로 증후군이나 유전적 질환이 생길 가능성이나 확률에 대해서 사전에 인지하여 부모로 하여금 아기를 가질 것인가의 여부를 결정하는 데 도움을 준다. 가계에 유전적 문제가 있고 상담결과 증후군이나 유전질환이 나타날 가능성이 높은 경우에는 부부가 임신을 포기하거나, 건강한 아기를 임신할 수 있는 대안을 모색하고, 임신 중에는 정기적 진단을 통해서 발생 가능성을 최소화하려고 노력한다.

따라서 사회복지실천과 관련하여 태아에게 영향을 미치는 문제들은 세 가지 측면으로 구분할 수 있다.

첫째, 생물학적 문제는 임산부의 연령이 매우 많거나 적은 것, 또는 임신에 관련된 여러 가지 문제들의 전력이 있는 것, 유전적 질병이나 만성질환의 존재, 약물사용이나 중독 등이다. 태아와 임산부의 건강을 위협하는 이러한 조건이 존재하는 경우에 철저한 의료적 진단과 그에 따른 개입이 이루어져야 할 것이다. 불임에 대해서도 선택할 수 있는 길에 대한 정보제공과 의사결정을 돕는 등 사회복지사가 도움을 줄 수 있다. 낙태는 태아가 모체 밖에서 생존이 가능해지기 이전에 임신을 인위적으로 종결시키는 것으로 대개 수술을 통해 이루어진다. 낙태는 불법으로 규정되어 있으나 우리나라에서는 매년 많은 수의 낙태수술이 시행되는 실정이다. 낙태에 관해서는 모성을 선택하거나 거부할 수 있는 여성의 권리보호와 아직 스스로를 지킬 수 없는 태아의 권리 보호 간의 갈등이 중요한 이슈이다.

둘째, 심리적 문제는 계획하지 않은 임신에 대한 부정적인 심리적 반응, 임신과 출산의 과정에 대한 지식이 거의 없는 것, 부모로의 역할변화와 그에 따르는 책임을 받아들이는 것이 매우 어렵고 부적합하게 느껴지는 것 등이다. 아기를 갖는 것은 삶에서 매우 중요한 사건이며 가능한 한 많은 정보와 정서적 지지를 필요로 한다. 그러나 때때로 임신은 계획되지 않은 상태에서 일어나며, 이것은 임신에 필요한 지식의 결핍으로 이어진다. 그러므로 가족과 친척, 친구들과 같은 지지적 관계망을 활성화시키고 이들로부터 동원할 수 있는 정보와 지지를 확보하는 것이 필요하다. 또한 임신기간에는 많은 육체적 · 정서적 변화가 일어나며 이러한 변화에 잘 적응하도록 해야 한다. 이와 같이 임신에 따르는 변화에 적응하는 데에도 개인을 둘러싼 관계망으로부터 받는 사회적 지지는 중요하다.

셋째, 사회적 문제는 빈곤으로 인해서 임신기간 중 필요한 영양과 의료적 보살핌을 받지 못하는 것, 물리적 환경이 열악한 것을 들 수 있을 것이다. 이 시기는 적절한 영양과 신체적 보살핌이 필수적이므로 사회복지사는 임산부에게 재정적 도움, 주거 서비스, 그 밖의 도움이 필요한 상황인지 평가하고 이를 확보하는 데 주력해야 한다.

## Tip 염색체이상으로 인한 유전질환

### 1) 터너증후군

터너증후군(Turner syndrome, Ullrich-Turner syndrome)은 1938년에 이 증후군에 대해 설명한 일리노이 출신의 내분비학자 헨리 터너(Henry Turner)의 이름을 따서 지어졌다. 유럽에서는 흔히 울리히-터너증후군이나 심지어 본네비증후군으로 불린다. Ullrich-Turner 증후군은 이전의 사례들도 유럽의 의사들에 의해 설명되었다는 것을 인정하기 위한 것이다. 러시아어 및 USSR 문학에서는 셰레셰프스키라고 불린다. 터너증후군은 1925년 소련 내분비학자 니콜라이 셰레셰프스키에 의해 처음으로 이 질환이 세습으로 묘사되었는데, 그는 이것이 생식선과 전뇌 뇌하수체의 저개발 때문이라고 믿고 있으며, 내부발전의 선천적 기형과 결합되어 있다고 믿었다.

터너 증후군(Turner syndrome, Ullrich-Turner syndrome)은 염색체이상의 하나로, 정상 여성의 성염색체가 XX 두 개인데 반해, X염색체가 하나밖에 없기 때문에 발생하는 증후군이다. 1938년 헨리 터너가 처음으로 기재하였다.

생식기는 여성의 형질이 나타나지만, 난소의 발육이 완전하지 않아 2차 성징이 나타나지 않는다. 키가 작으며, 간혹 목에 물갈퀴 모양의 살이 생기는 경우(익상경)도 있는데, 이는 림프계 발달에 이상이 있어서 생겨난 것이다. 지능은 일반적으로 정상이나 정상둔자 범위에 속한다. 다른 성염색체이상 증후군에 비해 언어 능력이 좋은 편이어서 학습 문제는 다소 적은 편이다.

### 2) 클라인펠터증후군

클라인펠터 증후군(Klinefelter's syndrome)은 성염색체 비분리에 의해 남자가 X 염색체를 두 개 이상 가지게 되는 유전병의 일종이다. 성염색체 핵형은 XXY, XXXY, XXXXY 등의 비정상적인 형태를 가지고 있어, 남성이지만 생식 능력이 불완전하다. 47, XXY형은 성염색체 수 이상 중 가장 많은 비율을 차지하며, 남자 아기 500명 중 한 명의 비율로 생긴다. 48, XXXY형은 17,000~50,000명당 한 명, 49, XXXXY형은 85,000~100,000명당 한 명 꼴로 나타난다. 외형상으로는 정상적인 경우가 대부분이다.

학습능력 장애 등의 증상이 나타날 수 있으며, 이 증후군의 사람은 여드름이 많고 공격성향이 강하다는 연구 결과가 있었지만, 최근에는 부정되고 있다.

(출처: https://ko.wikipedia.org/wiki2021)

### 3) 헌팅턴 질병

헌팅턴(Huntington) 질병은 우성 유전인자 질병으로 중추신경조직의 기능이 점진적으로 떨어져 이동이 어려워지고 지적 능력에 문제를 갖게 되는 질병이다. 헌팅턴 질병이 있는 사람은 영유아기에는 별 문제점을 발견하지 못하나 성인기나 중장년기에 이르러서 중추신경조직의 기능이 점진적으로 떨어지고 지적 능력에 문제가 생기는 현상을 보인다(정옥분, 2004; Shaffer, 2002).

### 4) 테이삭스병

테이삭스병은 열성 유전인자 질병으로 독일 또는 동부 유럽 유대인에게 흔히 나타나며, 유아의 신경세포의 화학적 요소의 균형이 문제가 되는 질병이다. 일반적으로 4세 무렵에 사망하는 것으로 파악된다(Shaffer, 2002).

### 5) 페닐케토뉴리아

페닐케토뉴리아는 열성 유전인자 질병으로 단백질 분해효소가 결핍되어 페닐알라닌이라 부르는 아미노산의 활용능력이 없는 질병이다. 질병이 신경계에 영향을 주어 과잉행동이나 정신지체가 나타날 수 있다(Shaffer, 2002).

## 2. 영아기

영아기는 출생 시부터 대략 2세까지의 시기이다. 이 시기의 특징은 매우 빨리 성장한다는 것이다. 태어난 지 1년 이내에 몸무게가 3배 정도로 증가하며, 2세가 되면 기본적인 운동능력, 언어 및 개념 형성을 볼 수 있다(Newman & Newman, 2006: 138). 영아는 어른이 생각하는 것보다 훨씬 능력이 있으며 태어난 후 곧 여러 가지 복잡한 행동을 수행한다. 그러나 이 시기에 적절한 감각적 자극이나 책임 있는 보호가 지속적으로 심하게 결핍되면 발달이 저해될 수 있다.

### 1) 신체적 발달

갓 태어났을 때의 평균 몸무게는 3.3kg, 키는 50cm 정도이며 남자아이가 여자아이보다 좀 더 무겁고 키도 더 크다. 반면에 여자아이들은 남자아이들보다 신경체계와 골격이 더 성숙해 있다. 물론 갓 태어난 아기의 신체적 성숙 정도는 저마다 차이가 있으며 이러한 차이는 호흡, 소화, 수면과 같은 삶의 초기단계에서의 생존을 위한 기능에 중요한 영향을 미친다. 몸무게가 2.5kg 이하이면 체중 미달로 간주되는데, 이것은 9개월의 임신 기간을 채우지 못하고 태어났거나 임산부의 영양 상태가 불충분할 때, 임산부가 약물중독 또는 약물을 사용했을 경우, 그 밖에 유전적 결함 등에 의하여 일어난다. 이와 같이 체중이 평균보다 가벼운 아기들은 태어날 때 그리고 태어난 후에 질병이나 다른 문제에 취약하다.

태어난 후 몇 달 정도는 시각, 청각, 미각, 후각, 촉각과 같은 감각체계가 운동체계보다 더 높은 수준에서 기능한다. 이 시기에는 자유의지에 의해 근육을 움직일 수 없기 때문에 영아들은 감각적 능력을 가지고 의사를 전달하며 응시하기, 빨기, 머리를 돌리는 것 등이 특정한 자극에 반응을 전달하는 행동이다. 영아는 명암, 색깔, 움직임, 대조와 같은 여러 가지 시각적 자극에 반응한다. 소리에도 예민하여 소리의 크기나 높낮이의 변화를 분간할 수 있다. 영아들은 또 냄새나 맛에 반응한다. 모유를 먹는 아이는 엄마의 체취에 민감하다(Cernoch & Porter, 1985).

뿐만 아니라 설탕물, 소금물 등의 여러 다른 액체를 주면 빠는 방식이나 속도가 달라진다. 이러한 관찰들은 영아가 자신이 직면하는 감각적 자극에 반응하고 이를 처리하는 능력이 있다는 것을 보여준다.

갓 태어났을 때의 운동반응은 반사적인 것으로 보인다. 다시 말해서 특정한 자극은 영아의 자의적 통제가 없는 채로 특정한 운동반응을 일으킨다. 영아의 주된 반사는 빨기, 쥐기이다. 시간이 지나면서 이러한 행동들은 자유의지의 통제를 더 많이 받는다. 예를 들면, 신생아는 쥐기 반사에 의한 힘을 통해 자신의 전체 몸무게를 지탱할 수 있으며 대상에 반사적으로 손을 뻗쳐 잡으려 하는데, 4주 정도 되면 이렇게 반사적으로 대상에 손을 뻗치는 행동은 사라지며, 5개월쯤 되면 자유의지에 의한 손 뻗치기, 정확한 쥐기, 단단히 쥐기, 손에서 놓기 등으로 대치된다(Bower, 1974). 이와 같이 자신이 통제하지 못하던 상태에서 자유의지에 의한 쥐기나 손 뻗치기로의 변화는 영아의 반복된 탐색과 근육운동의 연습을 통해서 일어난다. 신체적 성장, 뼈와 근육의 성숙, 신경체계의 성숙도 영아의 운동능력 발달에 기여한다.

영아기에서 대략적인 운동발달의 단계를 보면 다음과 같다(김태련 외, 2004: 113; Sigelman, 1999: 121).

- 2개월: 엎드린 상태에서 가슴을 들기
- 3개월: 몸을 뒤집기
- 4개월: 받쳐주면 앉기
- 6개월: 혼자서 앉기
- 7개월: 붙잡고, 서기
- 10개월: 기기
- 11개월: 붙잡고 걷기
- 12개월: 혼자서 걷기
- 17개월: 계단 오르기
- 24개월: 달리기

발달단계는 영아에 따라 순서나 시기가 다를 수 있다. 그리고 여러 가지 감각적 · 운동적 과제를 잘 수행할 수 있게 되는 것은 영아의 성숙 수준, 발달을 촉진하는 환경적 조건 등에 달려 있다고 볼 수 있다.

## 2) 인지 및 언어발달

### (1) 인지발달상의 특성

① 감각과 운동기능을 통한 탐색

감각과 운동기능을 통해 직접 보고, 듣고, 느끼고 행동하는 것에 의존해 이해하고 기억한다. 경험을 조직하는 데 언어를 쓰지 않고 환경에 대한 직접적인 탐색, 직관을 통해 개념을 형성한다.

② 목적지향적 행동

자신의 욕구충족을 위해 의도적으로 행동하며, 그 욕구충족을 위해 익숙한 수단을 사용하기도 한다.

③ 정신적(상징적) 표상의 사용

눈앞에 없는 사물이나 사건들을 마음속에 그려내기 시작하고 행동을 하기 전에 머릿속에서 먼저 생각한 후 행동할 수 있다. 정신적 표상을 하기 시작하면서, 어떠한 행동을 보고 그 자리에서 모방하지 않고 일정 시간이 지난 후 그 행동을 모방(지연모방)하게 된다.

④ 대상영속성의 형성

생후 9~10개월이 되면 대상영속성(object permanence)이란 개념이 생기기 시작한다. 즉, 어떤 사물이나 사람이 눈앞에서 사라져도 여전히 존재함을 알기 시작한다는 것이다. 예를 들어, 10개월이 된 아이가 갖고 놀던 장난감을 엄마가 가져가 보이지 않는 곳에 숨겼을 때 찾지 않으면 대상영속성 개념이 아직 확립되지 못한 것이다. 영아의 분리불안 현상도 대상영속성 개념의 발달과 관련된다. 대상영속성 개념이 생기면 대상의 이미지를 생각하거나 활용해 문제를 해결할 수 있는데, 이 개념은 대개 만 2세 정도가 되면 확립된다.

⑤ 언어의 발달

영아기 언어발달의 첫 단계는 울음으로 시작된다. 출생 후 약 1개월까지는 반사적 울음을 울다가, 점차 분화되어 이유를 알 수 있는 울음으로 바뀌며 자신의 의사를 표현하게 된다. 3~4개월 경에는 옹알이를 시작하고, 4~5개월경에는 소리를 닮은 옹알이로 발전하는데, 이때 옹알이는 영아에게 놀이의 기능을 하며 언어습득의 중요한 기제로 작용한다. 이후 점차 억양이 명확해지며, 12개월경에는 '엄마', '아빠'와 같은 몇 개의 단어와 상대방의 명령을 알아들었다는 표시를 할 수 있게 된다. 생후 1년 반이 지나면 두 단어의 결합을 통한 의사표현이 가능해지고, 2세가 되면 사용하는 어휘의 수가 급속히 증가해 단어의 연결을 통한 간단한 문장을 만들어낼 수 있다. 이 시기 언어발달의 특징은 자기중심적 언어로, 상대방의 입장을 이해할 수 없기 때문에 혼자 중얼거리기도 하고 반복하기도 한다(강문희 외, 2011).

## 3) 사회정서 발달

### (1) 정서의 분화

만 2세까지의 아이는 성인에게서 볼 수 있는 대부분의 정서를 나타내는 데, 이러한 정서발달은 성격발달의 기초가 된다. 신생아도 미소나 울음으로 정서를 표현하지만 분화가 덜 된 상태이며, 점차 연령이 증가하면서 유쾌와 불쾌의 정서가 다양한 감정으로 분화되기 시작한다. 초기에는 기쁨과 놀람, 슬픔과 공포 등의 1차 정서가 나타나고, 첫 돌이 지나면서 유쾌한 감정은 즐거움, 환호, 애정, 호기심 등의 정서로, 불쾌한 감정은 분노, 두려움, 수치스러움, 부러움, 죄책감 등의 2차 정서로 분화된다(강문희 외, 2011).

### (2) 애착형성과 발달

애착(attachment)은 영아와 양육자 간에 형성되는 친밀한 정서적 유대감으로, 어느 문화권에서나 볼 수 있는 보편적 발달 양상이다. 학자들은 놀이나 상호작용, 신체접촉, 대상영속성의 형성 등을 통해 애착이 형성된다고 보고하고 있다(권중돈, 2014; 정옥분, 2014).

애착은 영아기의 가장 중요한 사회적 발달로, 주위환경 적응에 필요한 요소이며, 애정이나 사랑 등의 긍정적 정서와 관련된다. 사회적 애착이란 타인과 특수하고 긍정적인 정서적 유대를 형성하는 과정으로 영아는 자신을 돌보아주는 사람과 긍정적인 정서적 관계를 확립해야 한다. 유아기에 부모에게 애착을 경험하는 것은 후에 친근한 인간관계를 확립할 수 있는 능력의 기초가 된다.

영아는 부모, 그중에서도 엄마로부터 따뜻함, 편안함, 자신을 돌봐주는 것, 그리고 여러 가지 자극들을 추구한다. 그러나 돌봐주는 사람이 영아의 욕구에 적절히 반응하지 못하거나 거칠게 다룰 때 영아의 내부에서 환경에 대한 신뢰감에 의심이 생긴다. 그러므로 영아기에 불신의 형성은 육체적 그리고 심리적 편안함을 얻을 수 없는 데서 비롯되는 것이다.

영아기에 형성된 애착은 이후 인지, 정서, 사회성 발달에 중요한 영향을 미친다. 영아의 기본적인 애착은 일반적으로 생후 7개월경에 형성되는데, 애착형성의 민감기는 생후 1.5개월에서 생후 2년 정도로까지 확대될 수 있다고 보고 있다.

에인스워드(Ainsworth, 1973)는 4단계로 애착형성을 구분해 설명하고 있다(권중돈, 2014 재인용).

① 1단계: 출생 후 3개월경

반사행동과 응시, 미소 등을 통해 양육자와의 접촉을 유지하고자 한다.

② 2단계: 3~6개월경

애착형성에 있어 가장 결정적인 시기로 친숙한 사람에게만 선택적으로 반응을 보이고 낯가림이 시작된다.

③ 3단계: 7개월~걸음마기

영아가 능동적으로 타인과 신체접촉을 하려 하며, 9개월경에는 부모와 분리되기를 싫어하는 분리불안이 나타나고, 24개월경에는 대상영속성이 형성된다.

④ 4단계: 걸음마기 이후

부모의 애착행동 유발을 위해 다양한 행동을 시도한다. 또한 에인스워드(Ainsworth, 1979)는 낯선 상황에 대한 실험을 통해 애착 유형을 4개로 구분했는데(권중돈, 2014 재인용), 그 내용은 〈표 9-1〉과 같다.

〈표 9-1〉 애착 유형 알아보기

| 애착 유형 | 특징 |
|---|---|
| 안정애착형 | • 주변 탐색을 위해 양육자와 쉽게 떨어지나, 낯선 사람보다 양육자에게 보다 확실한 관심을 보이고 양육자와 놀 때 밀접한 관계를 유지한다.<br>• 양육자와 분리되었을 때에도 어떤 방법으로든 위안거리를 찾고 다시 탐색하며, 양육자가 돌아오면 반갑게 맞이하고 쉽게 편안해진다. |
| 회피애착형 | • 양육자에게 친밀한 반응을 보이지 않는다. 양육자나 낯선 사람에게나 비슷한 반응을 보인다.<br>• 양육자와 분리되어도 울지 않고, 양육자가 돌아와도 무관심하거나 모른 척한다.<br>• 양육자가 본인의 욕구를 제대로 받아주지 않거나 거절당했던 기억 때문에 양육자에 대한 신뢰와 믿음이 부족한 경우이다. |
| 저항애착형 | • 양육자와 분리되기 전부터 불안해하며, 양육자 옆에 붙어서 탐색하지 않으려 하고, 양육자와 분리되면 심한 분리불안을 느낀다.<br>• 양육자가 돌아와 안아주어도 분노를 표현하며 소리를 지르거나 양육자를 밀어내는 행동을 한다. |

| 애착 유형 | 특징 |
|---|---|
| 혼란애착형 | • 불안정한 애착 유형의 가장 심한 형태로 회피애착형과 저항애착형이 결합된 형태이다.<br>• 가장 우려되는 유형으로 양육자가 나타나도 냉담한 표정으로 뒷걸음질 치거나 다가가 안기지 못한다.<br>• 양육자의 일관되지 않은 양육 형태나 양육자의 스트레스가 높거나 우울 증상이 있을 때 나타나는 경우가 많다.<br>• 아이에게 양육자가 의지할 수 있는 존재인지, 불안감을 주는 대상인지 판단하기 어려운 상태로 양육자에 대한 기준이 없는 극심한 스트레스 상황으로 볼 수 있다. |

### (3) 낯가림과 분리불안

생후 6개월에서 1세 정도의 기간에 특정한 사람에 대한 애착이 형성됨으로써 낯선 사람에 대한 불안(stranger anxiety)과 분리불안(separation anxiety)을 보인다. 전자는 낯선 성인의 출현에 대하여 영아가 긴장이나 불편을 보이는 현상이고, 후자는 엄마에게서 떨어질 때에 분노와 절망을 보이는 현상이다. 영아의 애착관계 형성에 대한 증거는 낯가림과 분리불안을 통해 알 수 있다. 낯가림은 영아가 어떠한 특정 인물과 애착을 형성한 후에 낯선 사람이 다가오거나 낯선 사람에게 맡겨질 때 큰 소리로 우는 등의 불안 반응을 보이는 것이다.

낯가림은 6~8개월경 나타나 만 1세 전후에 최고조에 달했다가 서서히 사라진다. 낯가림이 낯선 사람에 대한 반응이라면 분리불안은 친숙한 사람과의 분리에서 오는 불안이다. 정상적으로 애착을 형성한 영아는 양육자와 분리되면 슬퍼하고 불안해하며 우는 등의 반응을 나타내는데, 안정적 애착을 형성한 영아는 불안정한 애착을 형성한 영아보다 분리불안 반응이 덜하다. 분리불안은 낯가림보다 조금 늦은 9개월경에 나타나 12~15개월경에 절정에 달하며, 이후 대상영속성이 확립되는 시기로 알려진 20~24개월경에 사라지게 된다. 따라서 분리불안은 두 살이 되면 잠시 떨어지는 것을 용납할 수 있는 정도로 완화된다. 엄마와의 사회적 애착이 완전히 확립되면 영아는 엄마에 대한 영상을 간직함으로써 그리고 자신에 대한 부모의 사랑을 기억함으로써 부모와 떨어져 있는 동안 자신을 달랠 수 있게 된다.

## 4) 사회복지실천과의 연관성: 영아기

출산 후 영아기의 신체적 발달과 관련해서 가장 관심의 대상이 되는 것은 선천성 질병이나 장애의 유무이다. 신체적 장애나 지체에 못지않게 중요한 것이 심리적 장애나 지체이다. 영아기는 감각 및 지각발달이 빠른 속도로 일어나는 시기이고 향후 발달의 기초가 된다는 점에서 중요하다.

영아기에는 두 가지 측면—선천적으로 불완전한 신체적·인지적 기능으로 인한 문제와 사회적 애착의 확립에서의 지장—이 특히 관심을 가져야 할 영역으로 보인다.

첫째, 신체적 측면에서 영아가 선천적으로 기능이 불완전하거나 기형일 때 생존에 필요한 여러 가지 활동을 수행하는 데 어려움을 겪을 뿐만 아니라 부모와의 상호작용에도 제약을 받게 된다(Craig, 1999). 뇌나 심장과 같은 신체 내부기관의 결함이나 선천성 질병을 가진 경우 그리고 신체적 장애를 가지고 태어난 영아 등이 이에 해당한다. 이와 같은 영아기의 신체적 이상은 많은 경우에 의학적 처치를 통해서 교정이 가능하지만 영아와 부모 간의 첫 유대 형성에 지장을 초래한다. 장애를 가진 영아들은 여러 가지 자극에 대하여 정상적 아동들이 보이는 수준의 반응을 나타내지 못한다. 또한 출생할 때부터 분간할 수 있는 장애를 지닌 아기들은 가족에 큰 혼란을 초래하며 이에 적응하는 것이 가족성원들에게 매우 심각한 과제로 등장한다.

생후 몇 달 동안은 영아와 엄마의 시각을 통한 대화가 유대 형성에 필수적이다. 시각장애를 지닌 영아는 엄마의 얼굴 표정이나 동작을 관찰하지 못하기 때문에 정상적 영아가 반응을 형성하는 데 필요한 시각적 정보를 놓치게 된다. 그 결과 적절한 반응을 보이지 못하는 영아는 엄마에게 정서적으로 고통을 주며 지지적 상담이 요청된다. 그렇지 않으면 영아와 엄마 간의 대화와 상호작용이 형성되지 못하며 엄마는 영아를 회피하게 된다. 시각적 장애를 가진 영아의 부모는 아이가 정상적인 영아만큼 웃음이나 얼굴 표정을 통한 반응을 보이지 못하지만 손을 통한 의사표현, 애착을 보이는 행동과 같은 의사표현 양식을 나름대로 개발한다는 것을 이해해야 한다.

청각장애를 가진 아동은 생후 몇 달 동안은 시각을 통해 잘 반응한다. 그러나 태어난 지 6개월 정도 지나면 부모의 기대에 훨씬 못 미치는 반응을 보이기 시작하며 상호작용에 지장을 받기 시작한다. 영아의 청각장애로 인한 부모의 충격을 줄이고 영아를 가능한 한 최대한도로 발달시키기 위해서 상담과 청각장애아와 대화하는 데 필요한 특수훈련 및 교육을 받는 것이 필요하다.

인지적 측면에서는 정신지체(mental retardation)가 대표적 문제이다. 정신지체는 '유년기를 포함하는 발달의 기간 중에 일어나며 명백한 평균 이하의 지적인 기능과 더불어 적응행동에서 나타나는 결함'(Grossman, 1975)을 가리킨다. 이때 적응행동이란 사회적 · 물리적 환경에 적응하는 개인의 능력을 말한다. 다시 말해서 자신과 환경 간에 적절한 관계를 확립하고 유지하는 능력이다. 정신발달이 지체된 개인들 중에도 이러한 기능을 잘 수행하는 사람이 많다. 자신을 신체적으로 돌보고 청결한 위생상태를 유지할 뿐만 아니라, 직업을 가지고 자신의 힘으로 살아가기도 한다. 타인과 대화하며 친밀한 관계를 수립할 수도 있다. 그러므로 이들에게는 환경에 적응할 수 있는 능력이 절대적인 인지적 수준보다 훨씬 중요하다고 할 수 있을 것이다. 인지적 측면에서 영아가 동년배들과 같은 속도로 개념이나 기능을 인지적으로 이해하지 못할 때 정신적 발달이 지체되었다고 말할 수 있다.

장애를 가진 아기가 태어나면 엄마는 영아를 거부, 회피하기 쉬우며 우울증에 걸릴 확률도 높아진다. 장애아의 출생은 부부의 유대에 긴장을 가져올 수 있으며 가족 내의 다른 자녀들에게도 다양한 문제를 일으킬 수 있다. 사회복지사는 장애아동을 위한 특수기관에 이러한 가족을 연결해 줄 뿐만 아니라 지지적 서비스를 제공할 수 있다.

특히 자폐와 같은 발달장애가 있는 경우 조기발견과 적절한 치료적 개입을 한 경우에는 아동의 정상적 발달에 도움이 되지만, 그렇지 못한 경우에는 아동의 발달에 심각한 부정적 영향을 미치는 것으로 알려져 있다. 따라서 장애의 조기발견 및 치료를 위한 예방적 · 치료적 서비스의 제공과 선천적 장애에 대한 인식을 높일 수 있는 교육 프로그램이 필요하다.

만약 선천적 장애가 있을 경우 장애에 대한 부모의 인식이나 적응력을 높이는 일환으로 부모나 가족에 대한 지지서비스의 제공이나 사회복지서비스 연계가 도움이 될 수도 있다. 또한 운동이나 신체발달상의 지체가 나타나는 경우 발달 상태에 대한 정확한 평가 및 의학적 진단을 받을 수 있게 해 주고 진단결과에 따라 필요한 서비스를 받을 수 있도록 연계해 주는 것이 필요하다. 즉, 신체적 · 심리적 발달과 관련해서 선천적 장애나 지체에 대한 조기치료와 훈련 및 부모에 대한 지지 서비스가 중요하다.

둘째, 사회적 측면에서 영아기에 애착을 확립하지 못하면 문제가 될 수 있다. 지속적이고 책임 있는 양육과 보호가 결핍된 경우 영아는 반응이 없고 언어발달에서 늦으며 위축되고 주위 사람들에 무관심하며 불안한 관계를 형성하는 등의 문제를 보인다. 그리고 영아가 자신이 애착하는 대상으로부터 지속적으로 분리될 경우 심각한 심리적 손상이 초래된다(Bowlby, 1980). 뿐만 아니라 영아기의 사회적 애착의 결핍은 이후의 아동기, 청소년기에서도 자부심, 인지적 발달, 사회적 적응 등에서 어려움을 가져올 수 있는 것으로 나타났다(Jacobson, 1979). 오늘날 여성의 사회참여가 증가하면서 점점 더 많은 영아들이 보육시설 등에서 엄마 외의 타인에게 양육되고 있는데, 이는 사회적 애착의 확립에 위협이 될 수도 있다. 특히 부모와 영아의 부적절한 애착관계는 향후 영아의 사회성 발달에 부정적 영향을 준다. 출산 직후 영아기의 사회적 관계는 주로 부모 특히 어머니와의 관계인데, 어머니가 산후우울증이나 출산 후 부적응이나 스트레스로 인해서 적절한 애착관계를 형성하지 못할 경우 아동방임이나 학대로 연결될 수 있다. 그러므로 산후우울증이 있는 경우 상담, 약물치료 심리치료 등을 통한 치료와 부모교육을 통한 적절한 애착관계 형성을 도와주는 것이 필요하다.

지금까지 보육이 영아에 미치는 영향에 대한 연구결과들은 일치하지 않으나 보육의 질은 가장 중요한 요인인 것으로 보인다. 양질의 보육에 포함되는 요소들로는 보육을 맡은 성인에 대한 영아의 비율이 낮을 것, 보육을 맡은 성인이 영아에게 따뜻하게 잘 반응하며 자주 바뀌지 않도록 하여 영아가 애착을 형성할 수 있게 하는 것, 발달을 촉진하는 물리적 환경을 갖출 것 등이다.

## 3. 걸음마기

걸음마기는 대략 2세에서 4세까지의 시기이다. 발달단계를 연령으로 나누었지만 실질적인 연령의 정확한 구분은 사회문화적 특성이나 개인적 특성에 따라 다소 다르게 나타날 수 있다. 예를 들면, 영아기와 유아기에 해당하는 시기는 주로 초등학교 이전 시기를 이르는 말로써 우리나라 학제의 경우, 초등학교 1학년이 7세에 시작하므로 6세 이전을 영 · 유아기로 볼 수 있으나 미국의 경우는 공교육의 시작인 프리스쿨(preschool) 연령이 6세에 시작하므로 영 · 유아기를 5세 이전으로 보는 것도 가능하다. 즉, 다시 한번 강조하지만, 발달단계의 연령적 구분은 대략적인 것을 보여주는 것이지 사회문화적 특성을 아우르는 절대적 구분은 아니라는 점을 이해할 필요가 있다.

한편, 이 시기의 유아는 매우 활동적인 것이 특징이며 끊임없이 움직이고 말한다. 이와 같이 풍부한 활동의 동기는 자기주장과 지배에 대한 욕구에서 비롯된다. 개인으로서 자신을 의식하기 시작하며 특징적인 반항과 고집, 자기주장이 나타난다. 이것은 자신을 정의하고 주장하고 싶은 강력한 욕구를 보여주는 것이라고 할 수 있다. 이 시기의 긴장은 유아의 행동을 제한하고 규제하려는 환경의 요구에서 비롯된다. 예를 들면, 2세가 지나면 잘 달릴 수 있게 되는데 유아는 새롭게 획득한 달리기 능력을 즐거워하며 어디서나 뛰어다니고자 한다. 부모도 유아의 달리는 능력을 자랑스러워하지만, 시간과 장소에 따라 규제를 가하기도 한다. 그러므로 걸음마기의 유아는 자신의 행동에 타인의 요구를 고려해야 하는 것을 배우게 된다(Newman & Newman, 2006).

걸음마기의 유아는 다른 사람들과의 상호의존성을 의식하지 못하는 자기중심적 존재에서 자의식을 가진 인간으로 성장한다. 따라서 이 시기의 초기에는 매우 독자적 방식으로 자신을 주장하다가 이 시기가 끝날 무렵이면 자기가 어떤 면에서 타인에게 의존적이며 어떤 면에서 독립적인가에 대해 보다 현실적 평가를 할 수 있도록 바뀌게 된다.

또한 걸음마기에 유아는 자신의 고유성을 의식하게 된다. 여러 가지 경험을 통해서 자신이 원하는 것을 부모가 항상 알 수 있는 것은 아니라는 것을 알게 된다. 걸음마기 초기의 유아는 자신의 독립성을 탐색하기 위해 다소 원시적 방식으로 고집하고 주장하지만, 자율성이 발달함에 따라 자신의 독립성을 표현하는 데 보다 자주적인 방식으로 변화한다. 그 결과 걸음마기 후반의 유아는 '나 하고 싶은 대로' 또는 '내 방식대로' 하는데 대한 관심보다는 '내 스스로' 하는데 더욱 관심을 갖게 된다. 이때 스스로 하는 것이 긍정적 결과로 이끌어 갈 때에 자율성이 성장하게 된다.

## 1) 신체적 발달

걸음마기에는 영아기처럼 급속한 성장은 이루어지지 않지만 그래도 꾸준히 성장한다. 영아기에 비해 팔다리가 확장되며 머리의 비율이 작아진다(조복희 · 정옥분 · 유가효 · 1988).

### (1) 운동능력의 정교화

"걸음마기"라는 단계의 명칭에서 알 수 있듯이 운동능력의 발달은 이 시기에 매우 중요한 비중을 차지한다. 예를 들면, 이 단계가 시작될 때 다소 불안정하고 위태롭던 유아의 걸음걸이는 보다 더 안정되고 지속적이며 활발한 걸음걸이로 바뀌게 된다. 3세 정도가 되면 걷는 능력은 매우 정교해지며 달리기(running), 뛰기(jumping)와 같은 운동능력으로 발전한다. 처음에는 달리는 것 자체를 즐거워하며 오랫동안 연습하지만, 이 시기 말쯤 되면 점차 달리기가 놀이나 게임의 중요한 부분이 된다는 것을 알게 된다.

뿐만 아니라 걸음마기 동안에 유아는 수영, 스케이트, 율동과 같은 여러 가지 다른 형태의 운동을 접하게 된다. 이러한 스포츠를 통해서 다양한 방식으로 자신의 몸을 사용하고 싶어 하고 또한 매우 빨리 필요한 동작들을 배워나간다.

## 2) 심리적 발달

### (1) 인지적 발달

걸음마기는 피아제의 인지발달단계 중에서 2~6세에 걸친 전조작적 사고(preoperational thought)의 초기에 해당한다. 이 시기의 유아는 눈앞에 보이지 않는 대상이나 사건에 대해서도 정신적 표상에 의해 사고할 수 있게 된다. 그러나 사고가 아직 자기중심적이고 두 개 이상의 차원을 동시에 고려하지 못하며 논리적 조작이 불가능하다(정옥분, 2004).

### ① 상상능력

걸음마기는 영아기에 형성된 도식이 내면적 세계에서 묘사되고 상징화되는 시기이다. 이 시기에 유아는 실제 행동을 통해서가 아니라, 상징적으로 대상을 다룰 수 있게 하는 다양한 기술을 습득한다(Newman & Newman, 2006: 197-202). 대상이 눈앞에 없는 상태에서도 모방할 수 있는 능력, 정신적인 영상을 간직할 수 있는 능력, 상상 속에서 그리고 묘사할 수 있는 능력, 상상놀이를 할 수 있는 능력, 언어능력이 이에 포함된다. 이러한 기술들은 실제 사건에만 의존하던 것으로부터 이 시기의 유아를 해방시켜 준다. 즉, 과거에 일어났을 그러한 관계나 사건을 모방하여 상상 속에서 묘사하거나 수행할 수 있다. 또한, 일어나기를 바라는, 또는 지금의 상황에서 변했으면 하는 관계나 사건을 상상 속에서 묘사할 수도 있다.

상상능력과 언어는 표현의 대조적 형태이다. 언어를 사용하기 위해 이 시기의 유아는 자신의 사고를 그 문화에서 공유되는 매개체로 바꾸는 것을 배워야 한다. 즉, 언어를 통한 의사전달을 위해서 자신의 내적 세계에 존재하는 내용을 기존의 단어와 문법에 맞추어야 한다. 그러나 상상은 거의 반대적 기능을 한다. 상상 속에서 이 시기의 유아는 아주 개인적 의미를 가지는 상황이나 인물을 창출한다. 상상이란 대중에게 이해되어야 할 필요가 전혀 없는 것이다. 때때로 마음속에서 강하게 느끼고 있으나 언어를 통해서 표현하지 못하는 경우도 있다. 사회복지실천에서 그림이나 놀이치료를 통해서 문제아동의 내적 세계를 이해하고자 하는 시도는 이러한 전제에 입각한 것이다.

### ② 언어의 발달

인간의 사고와 언어는 2세 이전에는 별개로 존재한다. 언어와 사고가 통합되는 첫 단계는 대상이나 사물의 이름에서 시작한다. 즉, 반복에 따라 단어가 특정한 대상에 연관된다는 것을 알게 된다. 이 시기의 유아가 처음 사용하는 말은 그것이 완전한 단어이기보다는 상대방에게 자신이 전하고자 하는 의미를 전달하면 충분하다. 점차적으로 이 시기의 유아는 모든 대상이 이름을 갖고 있다는 것을 발견한다. 15~18개월이 되면 유아는 사물의 이름을 배우고 그 이름을 적용하는 데 많은 진전을 보인다(Rice, 1989). 2세경에는 두 단어로 이루어진 문장을 사용할 줄 알게 된다.

언어의 발달에서 어휘력을 증가시키는 것은 모방에 주로 의존한다. 그러나 이 시기의 유아가 언어를 자주적으로 사용하기 위해서는 자신의 사고가 말로 전환될 수 있는 형태를 스스로 생각해내야 한다. 따라서 첫 4년간의 언어발달은 대략 다음과 같이 구분할 수 있다(Fenson et al., 1994).

- 1년: 감각적 자극에 의해서 여러 가지 소리를 내다가 구어(spoken)를 모방하는 소리를 내기 시작한다. 50개 정도의 단어와 간단한 명령어를 이해할 수 있다.
- 2년: 단어와 구절을 이해하기 시작한다. 어휘를 쓸 줄 알고 두 단어로 이루어진 구절을 사용하기 시작한다. 300개 이상의 단어를 사용하며 어떤 유아들은 환경에 존재하는 모든 사물의 이름을 말할 수 있다.
- 3년: 사고, 관찰, 욕구를 전달하기 위해 언어를 사용하며 구어에 대한 이해는 거의 완성된다. 그러나 이들의 언어 중 어떤 것은 가족 외의 사람에게는 쉽게 이해가 안 되는 것들도 있다. 이것은 어떤 어휘에 대해서는 분명한 발음을 할 수 없는 아직 제한된 발음능력과 성인 문법에 대한 지식의 한계 때문에 일어나며, 약 1천 개 정도의 단어를 사용할 줄 안다.
- 4년: 광범위한 어휘를 습득하며 대부분의 기초 문법 규칙을 요하는 문장을 구사할 수 있다. 이로써 언어의 기초는 4세경에 확립되며 이러한 기본적 언어의 확립이 이루어진 후에야 비로소 더욱 정교하고 복잡미묘한 언어적 기술이 발달한다.

### (2) 자기통제

#### ① 충동의 통제

자기통제(self-control)란 타인의 특정한 요구에 순응할 수 있고, 상황에 맞추어 행동을 조절하거나 지연시킬 수 있으며, 외부에 의해 꼭 지시받지 않더라도 사회적으로 받아들여지는 방식으로 행동할 수 있는 능력 등을 포함한다. 이러한 능력은 자의식이 성장함에 따라 형성된다. 자기통제를 할 수 있으려면 상황을 평가하여 그것을 이전에 학습한 행동의 지침에 비교하는 인지적 능력이 필요하다. 또한 충동의 강도를 감소시켜서 나타내거나 조정하는 능력도 요구된다. 걸음마기에 자기통제는 두 방향으로 형성되는데 그것은 충동에 대한 통제와 환경에 대한 지배이다(Newman & Newman, 2006: 202-207).

2~4세에 유아는 충동을 조정하고 통제하는 능력이 향상된다. 걸음마기 동안에 충동의 만족이 지연되는 것을 견디는 능력-충동의 만족을 지연시킬 때 이전보다 훨씬 덜 좌절감을 느끼며, 좌절감을 느낄 때 이것을 잘 다룰 수 있게 되는 것이 형성되는데 이것은 두 가지 이유에서 비롯된다.

첫째, 이 시기의 유아가 충동의 만족을 지연시킬 때 좌절감을 덜 느끼게 되는 것은 초보적인 시간 감각이 생김으로써 미래에 대한 이해를 할 수 있게 되었기 때문이다. 즉, 이 시기의 유아는 자신이 지금 원하는 것이 당장 주어지지 않는다 하더라도 조금 지연된 후에 또는 조금만 기다리면 가능하다는 것을 알게 된다. 영아기에 형성된 신뢰감이 이 시기의 유아로 하여금 이러한 것을 터득하도록 도와준다. 자신의 욕구가 궁극적으로 충족되리라는 것을 알게 됨으로써 분노나 초조와 같은 감정의 격렬함이 감소된다. 이와 같이 조금 지연된 후에 욕구가 충족될 것을 아는 것과 그로 인한 격렬한 감정적 반응의 감소가 욕구충족의 지연이 일으키는 좌절감을 완화시켜 준다.

둘째, 좌절감이 일어날 때 이러한 감정을 다루는 기술을 배우게 된다. 이 시기의 유아는 좌절감을 덜 느끼기는 하지만 유아의 인내 한도를 넘는 사건이 계속해서 일어나는 것도 사실이다.

걸음마기의 인지적 능력, 언어와 상상능력이 좌절감을 다루는 데 있어 중요한 도구가 된다. 다시 말해 유아가 자신이 원하는 것을 언어를 통해서 더 잘 표현할수록 그의 욕구가 충족될 가능성이 더 커진다. 또한 욕구가 충족되지 않았을 때 자신이 어떻게 느끼는지를 언어를 사용해서 표현할 수 있다. 이와 같이 밖으로 표현된 감정은 표현되지 못한 감정보다 다루기 쉽다. 따라서 자신에게 말할 수 있을 정도로 언어능력이 발달한 걸음마기의 유아는 언어를 통해서 다양한 감정을 다스릴 수 있다. 겁이 나는 상황에서 스스로 "무서워하지 말자."라고 다짐함으로써 공포심을 조절할 수도 있고, 화가 날 때 "너무 화내지 말자, 엄마가 곧 주실 거야." 하면서 분노를 조절할 수도 있으며, "다음에 또 할 수 있지." 하고 실망을 달랠 수도 있다.

특히 이 시기의 유아에게 있어 상상력의 발달은 자기를 괴롭히는 문제들이 표현되고 해결될 수 있는 상황을 상상할 수 있게 해 준다. 상상놀이를 통해서 유아는 현실에서 자신이 지배할 수 없는 상황을 지배하며, 이것은 유아로 하여금 감정을 다스리도록 도와준다.

② 환경의 지배

걸음마기에 자기통제가 형성되는 두 번째 측면은 이 시기의 유아가 자신의 환경과 주변에서 일어나는 사건들을 스스로 지배할 수 있다고 느끼는 감정에 관련된다. 이러한 환경에 대한 지배는 이 시기의 유아가 자신에게 관련된 다양한 영역의 일상생활이나 활동에 대한 결정에 참여하려고 노력하는 데서 비롯된다. 예를 들면, 자신이 입을 옷을 선택한다든지 먹을 음식을 결정한다든지 그 이외의 가족활동에 대한 결정에 영향을 미치고자 한다. 또한 일상적인 가사에 공헌함으로써 자신이 가족의 귀중한 일원이라는 것을 느끼게 되고, 이러한 자신감은 다양한 기술과 능력을 습득하면서 더욱 증가하며 그에 따라 환경에 대한 지배감도 높아진다.

## Tip 걸음마기 유아의 사고발달

### 상징적 사고

- 행동이나 감각에 의존하지 않고 정신적으로 환경 내 대상을 여러 형태의 상징으로 표현할 수 있음
- 가상적 사물이나 상황을 실제 사물이나 상황으로 상징하는 가상놀이, 상상놀이 가능
- 부모행동의 모방, 친숙한 사물의 상징화로 단순한 놀이로 시작하다가 책이나 TV를 통해 보고 들은 내용을 상징화하게 됨
- 막대기를 칼이라 생각하고 만화 주인공 흉내 내기

### 자기중심적 사고

- 타인의 입장에서 세상을 바라보기는 어려워, 자신의 관점에 비추어 타인의 감정이나 사고를 예측하는 경향
- 이기적인 것과는 다른 의미로, 또래와의 상호작용을 통해 극복됨

### 물활론적 사고

- 움직이는 것은 살아 있다고 믿는 생각
- 생명이 없는 대상에게 생명과 감정을 부여하는 사고인공론적 사고
- 자기중심적 사고의 특별한 형태로, 세상의 사물이나 현상이 사람의 필요에 의해 만들어졌다고 믿는 것
- 해와 달은 우리를 환하게 비추기 위해 누군가 만들었다고 생각하는 것

### 전환적 추론

- 비약적 추론, 전도추리라고도 함
- 특정 사건으로부터 다른 특정 사건을 추론하는 것. 두 현상이 서로 관계가 없는데도 인접한 경우 인과관계가 있다고 생각하는 것
- 본인이 엄마 말을 듣지 않아 엄마가 아프다고 생각하는 것

## 3) 사회적 발달

### (1) 사회화

사회화는 이 시기의 유아가 자기가 속한 특정한 사회에서 구성원들과 잘 어울리고 성공하기 위해 필요한 가치, 예절, 규범, 사회적 기대, 행동양식에 대한 지식을 습득하는 과정이다(Zastrow & Kirst-Ashman, 2007: 134). 걸음마기에는 유아의 삶이 가족을 중심으로 이루어지기 때문에 가족 환경이 사회화의 일차적 지점이 된다. 특히 부모가 사회적 기준에 맞춰서 자녀의 행동을 제한하고 가르치기 시작하는 시기이므로 유아의 사회화에서 부모가 중요한 역할을 한다. 즉, 부모의 훈육에 의해 사회화의 기초가 형성되며 부모의 양육태도나 행동에 따라 사회화의 내용도 달라진다.

바움린드(Baumrind, 1991)는 애정과 통제의 두 차원의 양육 태도에 따라 부모 유형을 다음과 같이 네 가지 유형—권위 있는(authoritative) 부모, 권위주의적(authoritarian) 부모, 관대한(indulgent) 부모, 무관심한(neglectful) 부모—으로 구분하였다(정옥분, 2004: 317).

첫째, 권위 있는 부모는 애정과 통제가 다 높은 유형으로 자녀와 대화를 많이 하고 훈육할 때 논리적 설명을 사용한다.

둘째, 권위주의적 부모는 애정은 낮고 통제는 높은 유형으로 아동에게 엄격한 통제와 규칙을 적용한다.

셋째, 관대한 부모는 애정은 높으나 아동에 대한 통제가 낮고 훈육에 대한 일관성이 없다.

넷째, 무관심한 부모는 애정이 없고 통제도 낮으며 냉담하고 무관심하다. 권위 있는 부모 유형이 가장 바람직한 자녀 양육방식이며, 사회성, 자신감 등 바람직한 사회적 행동을 보이는 자녀를 가질 가능성이 높다. 또한 이러한 양육태도는 자녀의 성별, 자녀 수, 부모의 연령 등에 따라 달라지는데, 딸보다 아들에 대해서 그리고 자녀 수가 많을수록 더 권위주의적 양육태도를 보이는 경향이 있으며 부모의 연령이 높을 수록 관대한 부모가 될 가능성이 높은 것으로 나타났다(조복희 · 정옥분 · 유가효, 1988).

## 4) 사회복지실천과의 연관성: 걸음마기

사회복지 분야 가운데 아동복지의 관심 대상이 되는 여러 문제들은 실제로 영아기, 걸음마기, 아동기에 걸쳐서 존재하며, 따라서 이 시기들 중의 어떤 시점에서도 일어날 수 있다. 이러한 문제들 중에서 가장 위급한 것이 아동학대이며 이러한 문제에 대한 사회복지실천이 프로텍티브(protective) 서비스이다. 프로텍티브 서비스는 학대받거나 방치되는 아동을 보호하기 위하여 주어지는 매우 강력한 형태의 아동복지 프로그램이다. 아동에 대한 학대는 어른으로부터 신체적 · 정서적 그리고 성적으로 아동에게 가해지는 가혹한 행위를 가리킨다. 방임(neglect)은 부모가 어린이에게 필요한 적절한 신체적 보호나 정서적 지지를 제공하지 않고 방치하는 것을 말한다.

사회복지실천에서 프로텍티브 서비스 워커는 아동의 신체적 · 행동적 측면에서 발견되는 학대의 증거들과 부모의 특징, 가족 상황들을 검토 하고 학대 또는 방임에 대한 평가를 내리게 된다(Zastrow & Kirst-Ashman, 2007: 176-178). 아동학대나 방임은 가족의 문제를 대변하며 가족 전체에 대한 자원의 제공이나 서비스를 필요로 하는 경우가 많다. 이때 사회복지사는 이러한 서비스를 통하여 부모와 아동, 그리고 가족과 환경의 관계를 향상시키고자 한다. 이와 같은 평가와 개입 과정에서 관심의 초점이 되는 것은 어린이가 얼마나 위급한 상황에 있는가 하는 것이다.

프로텍티브 서비스 워커는 아동을 학대하거나 방치하는 가족의 욕구와 학대받은 아동의 욕구를 다 조사한 후에 직접적 서비스를 제공하고 그러한 욕구를 충족시켜 주기 위해 개입하거나 적합한 기관에 연결해 준다.

이 시기의 또 다른 문제는 빈곤이 아동에게 미치는 부정적 영향이다. 걸음마기 아동의 경우 빈곤의 결과는 흔히 영양결핍과 빈약한 건강상태로 나타난다(Newman & Newman, 2006: 212-213). 미국의 한 조사에 의하면 빈곤선 이하의 수입을 가진 가족에서 양육되는 아동은 그 이상의 수입을 가진 가족의 아동보다 건강문제를 가지고 있는 비율이 훨씬 높았다. 빈곤으로 인한 영양결핍과 질병이 결합되어 이 시기 아동에게 발육부진, 무기력, 뇌 손상 등의 결과를 초래한다. 또한 이러한 요인들은 걸음마기 유아의 지적 발달과 운동능력에서 지체를 가져오며 이러한 손상은 이들의 성인기 건강에까지 영향을 미친다.

빈곤지역이나 빈곤가정에 안전한 놀이 장소가 없는 것, 지적 발달을 촉진하는 자극과 경험이 결여된 것은 걸음마기 유아의 심리적 발달과 사회적 발달에 문제를 가져온다. 부모가 가족을 부양하기 위해 바쁘거나 양육기술 부족으로 걸음마기 아동과 충분히 대화하지 않을 경우 언어발달이 지연될 수 있다. 또한 좁은 공간에서 방해받지 않을 만한 개인적 장소를 갖기 어려우며 이는 상상놀이의 기회를 제한한다. 부모가 거칠고 억압적인 경우 걸음마기 유아의 자기통제능력이 잘 발달되지 못한다. 반면에 양육방식이 무질서하고 일관성이 없거나 가정에서 분노와 공격성이 자주 표출되는 경우 아동은 사회적 행동을 체계적 방식으로 조직화하는 능력이 손상을 받게 된다.

## Tip 태아기, 영아기, 걸음마기와 사회복지실천

### [신체적 발달]

- 임산부의 영양상태와 건강관리, 출산과 산후조리를 위한 정보 제공, 복잡한 보건관리지원체계 이용 돕기
- 임산부의 약물사용과 중독에 관한 상담
- 난임에 대한 임신정보 제공, 자원연계
- 영아의 정상적 발달 이정표를 이해하도록 하여 발달상의 문제 조기 사정
- 발달장애아를 위한 부모교육 프로그램 제공, 부모지지 상담 등

### [인지적 발달]

- 자녀와의 효과적인 의사소통과 돌봄, 발달 지원을 위한 놀이지도와 상담, 부모역할 훈련프로그램, 자조집단모임 지원 등

### [사회정서적 발달]

- 임신 중 스트레스, 불안, 우울 등 심리정서 변화에 대한 상담
- 계획하지 않은 임신에 대한 심리적 부적응 상담
- 부모됨에 대한 준비, 건강한 가족관계 형성을 위한 지원
- 임신, 출산, 자녀 양육과 직장생활 병행에 따른 어려움 상담과 자원연계
- 경제적 어려움을 겪는 임산부를 위한 상담과 소득보충 지원 정보 안내
- 양육 가정의 물리적 환경의 취약함이나 의료적 보살핌 부족 등을 살펴 상담하고 자원연계
- 부모-자녀와의 애착관계 형성을 위한 양육정보 제공, 부모교육, 상담 지원 등

### [주요 사회적 이슈]

- 난임
- 낙태
- 자폐증
- 주의력 결핍 및 과잉행동장애(Attention Deficit Hyperactivity Disorder, ADHD) 등

## Tip 사회복지사 1급 시험 기출 문제

**01 태아의 건강에 영향을 미치는 요인이 아닌 것은? [12회]**

① 임산부의 연령
② 임산부의 교육 정도
③ 임산부의 영양 상태
④ 임산부의 정서적 상태
⑤ 임산부의 흡연과 음주

**02 유아기(3~6세)의 발달특성으로 옳은 것은? [14회]**

① 주요 발달과업 중의 하나는 배변훈련이다.
② 피아제(J. Piaget)의 구체적 조작기에 해당한다.
③ 콜버그(L. Kohlberg)의 인습적 수준의 도덕성 발달단계이다.
④ 에릭슨(E. Erikson)의 발달단계에서 신뢰감 대 불신감에 해당한다.
⑤ 물활론적 사고에서 완전히 벗어나 생명이 있는 것과 없는 것을 구분한다.

**03 영아기(0~2세)의 발달특성으로 옳은 것을 모두 고른 것은? [17회]**

가. 외부자극에 주로 반사운동을 한다.
나. 주 양육자와 관계를 바탕으로 신뢰감을 형성한다.
다. 대상영속성이 발달한다.
라. 서열화 사고의 특징을 나타낸다.

① 가, 나
② 다, 라
③ 가, 나, 다
④ 가, 다, 라
⑤ 가, 나, 다, 라

정답: 01 ② 02 ① 03 ③

Chapter

10

# 전 생애 발달의 통합적 이해: 아동기

Chapter 10

# 전 생애 발달의 통합적 이해: 아동기

**학습목표**

1. 아동기에 속하는 인간의 신체발달 양상을 이해한다.
2. 아동기에 속하는 인간의 인지와 사회정서적 발달 양상을 이해한다.
3. 아동기의 발달과 관련해 사회복지실천에서 관심을 가져야 하는 영역을 이해한다.

아동기에는 학교의 경험이 시작됨으로써 더욱 복잡한 사회적 영향을 받게 된다. 아동기 이전의 시기인 걸음마기까지 아동은 거의 전적으로 가족의 영향하에 놓여 있게 된다. 학교는 아동에게 가족 이외의 외부로부터의 평가, 성공과 실패의 기회, 또래집단과의 경험 등을 제공하는 매우 중요한 영향력의 원천이 된다.

아동기는 대략 아동이 일반적으로 유치원에 들어가는 연령인 4세부터 초등학교를 졸업하는 12세 정도까지의 시기이다. 실제로 유치원과 초등학교의 경험은 매우 다르다. 유치원은 사실상 학교교육을 받는 시기라고 보기 어려우나 가족 이외의 사회적 영향력이 새롭게 등장한다는 점에서 이전 시기와 구별된다. 그러므로 아동기를 유치원 시기에 해당하는 아동기 전기와 초등학교 시기에 해당하는 아동기 후기로 구분한다.

# 1. 아동기 전기

아동기 전기는 4~6세 시기로 학령전기라고도 하며, 걸음마기와 함께 유아기로 통칭되기도 한다. 이 시기는 생활환경이 가정에서 유치원 등으로 확대되면서 또래집단과의 접촉을 통해 사회적 기술을 본격적으로 습득하는 시기로, 프로이트의 남근기에 속하며, 에릭슨 이론에서는 자발성 대 죄책감이 형성되는 기간이다. 피아제 이론에서는 전조작기 후기에 속하며, 콜버그의 이론에서는 전인습적 수준의 도덕성 발달을 보이는 시기에 해당한다.

## 1) 신체발달

이전 시기에 비해 성장률은 감소하나 전체적으로 균형적인 체형으로 변해간다. 6세 경 뇌의 무게는 성인의 90~95%에 달하며, 신장은 출생 시에 비해 2배 정도로 증가하고, 체중은 약 5배 증가한다. 유치는 영구치로 바뀌기 시작한다. 수면시간도 줄어들어 1일 평균 9시간 정도이며, 체지방도 감소한다. 근육과 골격이 강해지며, 신경세포의 성숙과 대근육과 소근육 운동기술의 발달로, 달리기, 줄넘기, 자전거, 수영 등 몸을 이용한 운동을 선호하며, 칫솔질, 옷 입고 벗기 등 일상생활을 스스로 할 수 있게 된다(강문희 외, 2011).

## 2) 인지발달

### (1) 사고의 특성

학령전기의 아동은 정신적 표상에 의한 사고는 가능하지만, 아직 개념적 조작 능력은 발달하지 않은 상태이다. 걸음마기 유아의 발달 특성과 마찬가지로 자기중심적 언어와 사고를 많이 하며, 전환적 추론이 지속적으로 나타난다. 직관적 사고와 비가역적 사고, 중심화 사고의 특성을 가지고 있으며, 보존개념의 획득은 아직 어렵다. 보존개념은 물체의 외형이 바뀌어도 그 물체에 더하거나 빼지 않는다면 그 물체의 양은 그대로 보존된다고 판단할 수 있는 능력으로, 대상의 겉모양이 변해도 본질적인 특성은 그대로 남아 있음을 의미하는데, 이 시기의 아동은 아직 이러한 개념 습득을 어려워한다. 또한 상위의 개념과 하위의 개념, 전체와 부분과의 관계를 파악하는 능력이 아직 불완전해 서열화, 분류화(유목화)를 할 수 없다.

〈표 10-1〉 학령전기 아동의 사고발달 특성

| 사고의 특성 | 설명 |
|---|---|
| 중심화(집중성) | • 2개 이상의 차원을 동시에 고려하기 어려움. 상황의 한 측면만을 보고, 다른 측면은 무시해 버리는 특징이 있음<br>• '빨간색의 물건을 고를 것'이라는 문제는 해결하나, '빨간색이면서 사각형 물건을 고를 것'이라는 문제는 어려워하는 것 |
| 직관적 사고 | • 대상이나 상태가 갖는 여러 속성들 중 가장 두드러지게 지각되는 속성에 의해 판단하는 것<br>• 밑면적이 다른 2개의 컵에 같은 양의 물을 넣었을 때, 물의 높이가 높은 컵의 물의 양이 더 많다고 생각하는 것 |
| 비가역적 사고 | • 생각해 온 과정을 거꾸로 되밟아 생각하지 못한다는 것. 어떤 변화가 생겼을 때 다시 이전 상태로 돌려놓을 수 있다는 생각을 하지 못하는 것<br>• 찰흙으로 만든 공이 납작해졌을 때, 다시 동그란 공 모양으로 돌아갈 수 없다고 생각하는 것 |

#### (2) 도덕성 발달

이 시기 아동의 자기조절 능력과 자기 통제력의 증가는 도덕성 발달의 기초가 된다. 피아제와 콜버그 이론에 의하면 학령전기의 아동은 주어진 규칙이나 권위자의 규칙, 벌이나 보상 기준에 따라, 자신이나 자신이 좋아하는 사람에게 이익이 되는지에 따라 도덕적 판단을 내린다. 즉, 전인습적 수준의 타율적 도덕성을 지니고 있는데, 학령전기를 지나면 사회적 기대와 규칙을 내면화하면서 점차 인습적 수준의 자율적 도덕성 단계로 발달하게 된다.

한편, 사회학습이론가들은 모델행동의 관찰을 통해 도덕적 행동을 학습하게 된다고 말한다. 즉, 도덕적으로 올바른 행동을 하는 모델에 대한 관찰학습을 통해 친사회적 행동을 학습하게 되고, 비행에 따르는 처벌을 관찰 학습하게 되면서 비도덕적 행동이 억제된다고 보고 있다.

정신분석이론에서는 이 시기 아동의 성적 충동과 공격적 충동이 부모의 훈육에 의해 통제되는 과정에서 이 시기 아동은 부모의 도덕적 기준을 내면화하게 되고, 초기적 형태의 양심인 초자아가 발달하게 된다고 보고 있다.

### 3) 사회정서 발달

#### (1) 정서적 특성

학령전기의 아동은 분화된 정서로 여러 감정을 다루고 표현하며 자신의 충동과 사회적 요구 사이의 적절한 균형을 유지하는 방법을 배운다. 이 시기 아동은 호기심이 왕성해지는데 이러한 호기심을 제지하면 죄책감이 형성되고, 어둠이나 사람, 동물 등 어떠한 대상이나 상황에 대한 불합리한 공포로 발전되는 경우가 많다.

또한 5~6세의 이 시기 아동은 자신의 감정을 감추거나 가장하는 여러 기제를 갖게 되면서 감정을 보다 능숙하게 숨길 수 있으며, 심지어 부정적 감정을 감추기 위해 거짓말을 하는 등 부정적 정서에 대처하는 능력이 발달한다. 이것은 어떠한 상황을 그대로 받아들이거나 그것에 대한 감정표현을 했을 때 발생할 수 있는 극도의 불안으로부터 자신을 방어하고자 하는 것으로, 자아가 사용하는 일종의 방어기제인 동시에 적응기제이기도 하다(권중돈, 2014).

### (2) 자기중심성 완화 및 자아의 개념 형성

학령전기의 아동은 부모와 형제자매, 또래와의 상호 교류를 통해 자신과 타인의 관점이 다를 수 있다는 것을 인지하기 시작하며 자기중심성이 완화된다. 그러나 아직까지 자신의 관점과 타인의 관점을 정확하게 구별하기는 어렵다.

또한 자신의 신체적 특징을 인지하며 신체적 자아의식을 갖게 되고 자아의 개념이 형성되는데, 환경 내 주요 사람들과의 상호작용을 통해 자아의 사고와 개념이 점차 변형된다. 이 시기 아동은 자신의 특정 행동에 대한 타인의 기대를 인지하게 되며, 부모나 교사 등 자신에게 중요한 타인의 반응에 따라 긍정적 혹은 부정적 자아개념을 형성하게 된다.

### (3) 집단놀이를 통한 사회성 발달

학령전기 아동은 걸음마기의 유아보다 좀 더 구조화되고 현실 지향적인 집단놀이에 더 많은 흥미를 갖는다. 이 시기 집단놀이는 걸음마기의 상상놀이와 아동기의 단체놀이 간의 과도기적 놀이 형태이다. 이 시기의 아동은 또래와의 집단놀이 과정을 통해 상호작용과 쾌락, 성취감을 경험하고 협동을 학습한다. 이처럼 놀이는 유아의 운동기술을 숙달시키고 자신을 표현하도록 하며, 사회적 기술과 역할을 습득하게 하고, 역할 관계의 상호성을 학습시킨다. 그러나 경쟁이나 갈등을 통해 극단적 좌절감을 경험하기도 한다. 이 시기 아동의 자기중심성은 완화되기는 하나 여전히 남아 있어 또래와의 우정은 오랜 시간 유지하기 어렵고, 동성끼리 어울리는 경향이 있다.

### (4) 성역할의 발달

학령전기 아동은 자신과 다른 성에 대해 알기 시작하며, 부모의 성역할에 대한 태도와 기대를 통해 자신의 성과 그에 대해 사회적으로 기대되는 행동, 성 역할을 인식하게 된다. 또한 동성 친구와 어울리며 성에 따른 옷차림을 한다거나 놀이, 대중매체 등을 통해 학습한 성역할 기대를 의식하고 모방하며 그대로 행동하고자 한다.

이러한 과정을 통해 이 시기의 아동은 그 사회의 문화적 기준에 맞는 성역할 기준을 이해하고 내면화하게 된다. 이 시기에 유아는 성별 특성과 성역할에 대한 고정관념이 가장 심해지기도 하는데, 그 경향은 아동기 초기를 지나면서 점차 완화된다.

## 4) 사회복지실천과의 연관성: 아동기 전기

아동기 전기에 남자아이들은 흔히 공격적 성향이 증가한다. 다양한 상황과 대부분의 모든 문화권에서는 남자가 여자보다 공격적인 것으로 보고되고 있다(Maccoby & Jacklin, 1974). 예를 들면, 미국 저소득층 가족의 4~5세 어린이들의 공격성을 조사한 결과 남자 어린이가 여자 어린이보다 더 공격적이고 신체를 사용하는 활동에 보다많이 참여하는 것으로 나타났다(Emmreich, 1973). 또한 일곱 개의 서로 다른 문화적 집단에서 3~11세 어린이들에 대한 관찰자료를 분석한 결과 남자 어린이들이 더 자주 공격적인 언어와 거친 놀이 형태를 보였다. 이처럼 남자아이들의 공격적 성향이 문화적으로 공통된 현상이기 때문에, 공격성의 남녀 차이가 생물학적 요인에 기인하는 것이라는 주장도 있으나 결코 사회적 영향을 무시할 수 없다.

아동의 공격성을 증가시키는 중요한 사회적 요인은 텔레비전과 같은 대중매체이다(Craig, 1999: 249). 대중매체가 문화에 미치는 영향력은 매우 크며 그것이 전파하는 내용은 사회의 가치와 규범을 강화하는 경향이 있다. 많은 텔레비전 프로그램에 폭력이 등장하며 최근에는 폭력성의 정도와 그것이 방영되는 빈도가 더 증가하는 추세이다. 텔레비전에서 방영되는 폭력이 시청자의 태도와 행동에 어떤 영향을 미치는지에 관해 광범위한 연구가 이루어졌다. 이들을 공통적으로 텔레비전이 여러 가지 공격기술을 가르치고 성공적 공격행위의 시범을 보임으로써 공격적 행동에 대한 동기를 제공한다고 지적한다(Heath, 1989).

또한 텔레비전에서 방송되는 폭력장면들은 시청자의 공격성을 증가시키는 데 있어서 남자 시청자들에게 더 큰 영향을 미치는 것으로 나타났다. 이는 남자아이와 여자아이가 함께 폭력적 텔레비전 프로그램을 시청했다 하더라도 그 결과로 공격적 성향이 증가하는 것은 남자아이가 훨씬 더 심하다. 이것은 아동이 사회화하는데 자신의 성에 맞는 특성을 받아들여 내면화하고 그것을 추구하기 때문이다. 즉, 우리 사회에서 공격성은 남성적 특징으로 간주되므로, 성역할에 대한 인식이 싹튼 여자아이는 폭력장면을 보더라도 그러한 행동은 자신에게 적합하지 않다고 생각하는 것이다.

오늘날 텔레비전 및 영상콘텐츠의 높은 보급률을 고려할 때 아동의 공격성이나 성역할 인식에 미치는 영향이 얼마나 클지 유추할 수 있다. 아동기 전기는 아직도 상상놀이를 계속하는 시기이며 현실과 허구의 구분이 모호할 때가 많다. 우리는 이 시기의 아동이 텔레비전에서 본 위험한 장면이나 폭력적 장면을 흉내 내다가 사고를 당하고 다른 아동에게 상해를 입혔다는 보도를 종종 접한다. 대중매체의 내용을 통제하는 것은 사회복지의 직접적인 분야가 아니지만 아동의 행동상의 문제를 유발하거나 발달에 부정적 영향을 미치는 상황에 대해서는 관심을 가져야 할 것이다.

## 2. 아동기 후기

### 1) 연령 구분 및 특징

아동기 후기는 7~12세 시기로, 일반적으로 조직적인 학습 생활을 시작하는 초등학생 시기를 말한다. 이 시기는 프로이트의 잠재기에 해당되며, 에릭슨 이론에서는 학령기에 속하고, 피아제 이론에서는 구체적 조작기와 형식적 조작기 초기에 해당한다. 이 시기에는 자연스럽게 가정에서 학교로 생활의 중심이 옮겨가며, 학교 교육을 통하여 인지력을 발달시키고 자신이 속한 사회에서 요구하는 기본 기술을 습득해 나가게 된다.

### 2) 발달 특성

#### (1) 신체적 측면

이 시기 아동의 신체발달 속도는 이전 시기에 비해 상대적으로 완만하나, 꾸준히 성장하며 신체의 각 부위가 균형적 비율을 갖게 된다. 머리는 성인의 95% 정도까지 성장하며, 비율 면에서 아직은 큰 편에 속하나 신장 전체에서 차지하는 비율은 줄어든다. 유치는 영구치로 바뀐다.

아동기 중기까지 남아가 여아보다 키도 크고 몸무게도 많이 나가지만, 후기에 가서는 여아들의 신체 성숙이 남아보다 앞선다. 사춘기가 시작되면서 신체 변화와 함께 호르몬의 변화를 동반한다. 뼈의 성장이 근육의 성장보다 앞서 성장통이 발생하기도 한다.

운동기술과 근육의 협응이 세련되고 정교화되어 속도, 정확성, 안정성, 호응성, 역량 등이 더욱 발달하고 정교해진다. 자신의 신체반응 능력에 대한 자신감으로 걷기보다는 뛰어다니고, 활동반경도 확대된다. 여아보다 남아의 신체활동 참여 기회가 많아 운동발달이 더 촉진되기도 한다(강문희 외, 2011). 운동을 통한 단체놀이나 스포츠 게임의 참여는 사회적 기술을 습득하게 하고 우정관계를 형성하게 하는데, 이 과정에서 자신의 능력을 타인과 비교 평가하게 되므로 자존감 형성과 성격 발달에도 영향을 미치게 된다.

### (2) 인지적 측면

#### ① 사고 및 인지발달

아동기 후기에는 인지적 성숙으로 사물과 행위에 대한 체계적 사고 능력이 발달해 학령전기까지 보였던 미흡한 특징들이 달라지는 시기이다. 논리적 사고의 발달로 보다 복잡하고 다양한 변수를 고려하기도 하나 논리를 언어나 가설적인 문제로 응용하기는 어렵다. 점차 후반이 되면 형식적 조작 사고가 발달하기 시작해 가설에 대한 연역적 추리가 가능해진다. 이 시기 사고와 인지발달의 특성을 정리하면 〈표 10-2〉와 같다.

〈표 10-2〉 아동기의 사고 및 인지발달 특성

| 특성 | 설명 |
|---|---|
| 보존개념 확립 | • 사물의 외형이 달라져도 특성은 변하지 않고 동일하다는 사실 인식 |
| 분류화 가능 | • 상위와 하위 개념 간의 관계, 전체와 부분의 관계를 이해함<br>• 대상의 차이점을 구별하고, 차이점으로 범주화해 분류화 가능 |
| 서열화 가능 | • 어떤 특성이나 특징을 기준으로 순서대로 배열할 수 있음 |
| 조합기술의 획득 | • 수를 조작하는 능력 획득. 덧셈, 뺄셈, 곱셈, 나눗셈 등 가능 |
| 자기중심성 극복 | • 타인의 시각에서 바라보는 능력 발달. 타인의 의도, 태도, 감정, 욕구 등을 추론할 수 있는 조망 수용능력 습득 |
| 탈중심화<br>(진중성 극복) | • 복잡한 사고 가능. 다양한 변수 고려해 상황과 사건 파악 가능 |
| 가역적 사고 가능 | • 변화 발생 시 이전 상태로 되돌릴 수 있다고 생각하는 것 |

② 언어발달

기억력과 주의력 향상, 공식적인 교육의 결과로 문자와 언어에 익숙해지고, 발표력, 문법능력, 작문능력, 독해력이 현저히 발달한다. 사용하는 어휘의 수가 증가하면서 언어 표현력도 증가하며, 의사소통 능력도 급격히 증가한다. 특히 지각된 정보를 스스로 논리적 방식으로 구성할 수 있는 능력이 발달하면서 동일한 주제에 대해 오랫동안 대화를 나눌 수 있다.

### (3) 사회정서적 측면

① 학교와 또래집단의 영향

㉠ 학교에서의 경험

생활의 중심이 가정에서 학교로 이동되면서 사회적 교류의 장은 확대된다. 부모나 교사의 기대에 충족하느냐 아니냐에 따른 칭찬 혹은 질책과 처벌, 친구들로부터의 인정 혹은 놀림 등을 경험하면서 사회가 요구하는 기술을 배우게 된다. 따라서 이 시기 아동은 가정과 학교생활의 조화로운 적응을 위해 노력하는데, 긴장과 불안을 경험하며 실패할 경우 학교공포증과 같은 부적응 현상이 나타나기도 한다.

이 시기에 교사는 사회적으로 바람직한 행동과 규범을 학습하도록 하면서 아동의 사회화 과정에 많은 영향을 미친다. 교사의 행동이나 지도 방법은 아동의 자기개념 형성과도 관련되는데, 교사의 행동을 긍정적으로 지각하는 아동일수록 긍정적인 자기개념을 나타내고 있었다(권중돈, 2014).

㉡ 또래집단과의 관계

이 시기에는 학교나 이웃에서의 또래친구들과의 집단생활을 통해, 규범 준수, 협력, 욕구 통제의 과정을 거치며 관계를 맺고 교류하며 사회적 기술과 태도를 학습한다.

이 시기 아동은 이성 친구보다 동성 친구와 더 친밀한 경향을 보인다. 또한 경쟁이나 협동, 협상의 원리를 깨달으며 사회적 규범을 배우고, 또래집단의 행동 기준이나 태도, 가치관에 영향을 받으며 정서적 안정감을 얻기도 하고 인지발달이 촉진된다.

또래와의 관계 형성과 상호작용 과정에서 아동은 자기표현의 기회를 얻고 성취감을 경험하며, 상호 의존적 감정 공유로 우정을 경험하면서 점차 자기중심성이 완화된다. 또한 협동관계를 맺으며 또래의 승인을 통해 자기존중감이 발달하고, 용기, 인내, 정의감, 지도력 등의 바람직한 사회적 태도를 형성하게 된다. 그러나 또래로부터 반사회적 행동을 학습하고 행동화하는 경우도 발생할 수 있는데, 이럴 경우 사회적 발달에 부정적인 영향을 미칠 수도 있다. 또래집단에 참여할 기회를 갖지 못하게 되거나 거부, 무시, 괴롭힘을 당하게 되면서 집단 따돌림의 피해자가 될 수도 있다. 아동기의 이러한 경험은 불안, 우울 수준을 높이고, 낮은 자기존중감과 부정적 자기개념을 형성하도록 하면서 부적응적 행동을 보이게 만드는데, 이는 장기적 영향으로 이어질 수 있어 문제가 될 수 있다.

ⓒ 단체놀이를 통한 학습

이 시기 아동은 집단놀이(group play)보다는 단체놀이(team play)를 선호한다. 게임이나 스포츠를 이용한 단체놀이는 공동의 목표를 위해 서로 의존하고 역할을 분담하며 경쟁하면서 우정을 나누기도 한다. 단체놀이의 과정은 사회화에 중요한 역할을 하며 인지발달을 촉진하는데, 집단의 목표를 위해 개인의 목표성취를 보류하기도 하고, 공동의 목표성취를 위해 역할을 분배하면서 분업의 원리를 학습한다. 또한 협동과 경쟁의 의미를 배우고 경쟁의 본질과 승리의 중요성을 알게 된다.

② 자기이해의 발달

이 시기 아동은 사회적 교류의 영역을 확장시키면서 타인과의 상호작용을 활발히 하게 되는데, 점차 자기를 인식하고 자기개념과 자기존중감을 발달시키게 된다.

㉠ 자기개념

자기개념(self-concept)은 신체적 특성, 개인의 기술, 가치관, 희망, 지위와 역할 등 개인이 자신의 것으로 동일시하는 개인적 특성에 대한 내적·개인적 지각이다. 자기개념의 이해를 돕기 위해 보다 구체적으로 살펴보면 다음과 같다(권중돈, 2014).

- 자신의 능력, 신분, 역할에 대한 전반적 인식인 전체적 자기개념
- 순간적인 기분에 의해 영향을 받는 일시적 자기개념
- 타인과의 상호작용에서 다른 사람이 자신을 어떻게 보느냐에 따라 자신을 평가하는 사회적 자기개념
- 자신이 '~어떻게 되었으면…' 하고 바라는 이상적 자기개념

이러한 자기개념은 개인의 연령, 학교에서의 성공이나 실패의 경험, 교사의 평가나 부모의 양육태도, 또래집단에 의해 영향을 받는다. 자기개념에 대한 표현은 성장에 따라 구체적 방식에서 추상적 방식으로 변화하는 데 보다 상세하고 복잡해진다.

㉡ 자기존중감

자기개념이 자신에 대한 인지적 측면이라 한다면, 자기존중감(self-esteem)은 감정적 측면이다. 자기존중감은 자기 자신에 대해 갖고 있는 개인적 가치감이나 긍정적 평가로서 자기개념의 하위 요인이다(장휘숙, 2013). 에릭슨 이론에 의하면, 아동이 새로운 것에 호기심을 갖고 사회에서 필요한 기술을 습득해 나가는 과정에서 교사나 부모의 칭찬과 보상을 받게 되면 근면성이 발달하면서 높은 수준의 자기존중감을 갖게 되며, 어떤 일에서 실패를 더 많이 경험하고 그 결과 사회관계에서 부정적 평가를 더 많이 받게 되면 열등감이 생기고 낮은 수준의 자기존중감을 갖게 된다고 하였다.

### ③ 도덕성 발달

이 시기에는 도덕성 발달의 과도기 단계로, 타율적 도덕성과 자율적 도덕성이 같이 나타난다. 즉, 점차 옳고 그름에 대한 판단을 행위의 결과가 아닌 의도성을 근거로 판단하게 된다. 콜버그 이론에 의하면 아동기 후기는 인습적 수준의 도덕성 발달단계에 속하며, 사회의 질서를 유지하기 위한 규칙과 사회적 규범을 따르고, 다른 사람의 승인을 얻고자 하는 방향으로 도덕적 행위의 옳고 그름을 판단한다. 이 시기 아동에게는 외적인 보상이나 벌 대신에 사회적 칭찬이나 비난에 대한 회피가 행동의 동기로 작용한다.

〈표 10-3〉 아동기와 사회복지실천 영역

| 영역 | 설명 |
|---|---|
| 신체적 발달 | • 빈곤, 가족해체, 아동학대, 부모의 부양 기피, 돌봄 취약 등에 의한 아동의 결식, 영양공급 부족 상황을 파악하여 아동급식사업 지원 및 연계<br>• 비만아동의 성인병 예방을 위한 식단 및 영양관리 교육, 운동 프로그램 제공<br>• 장애아동의 조기치료와 재활 등 |
| 인지적 발달 | • 창의적이고 안전한 놀이 공간 확보와 서비스 연계<br>• 학습장애를 지닌 아동을 위한 언어, 지각, 운동이 통합된 치료 프로그램 지원 등 |
| 사회정서적 발달 | • 아동의 사회정서적 발달을 위한 예술 및 놀이 프로그램 개발<br>• 학습장애아 가족을 위한 지지 상담 및 자조집단모임 지원<br>• 자녀와의 원활한 의사소통, 올바른 학습지도, 학교생활지도를 위한 부모교육 프로그램 지원<br>• 아동의 등교 거부, 불안과 우울, 주의력 결핍 및 과잉행동장애, 스마트폰, 인터넷 및 게임 중독을 위한 치료 지원, 지역사회 서비스 연계 등 |
| 주요 사회적 이슈 | • 학교공포증<br>• 아동학대<br>• 집단 따돌림<br>• 스마트폰, 인터넷, 게임 중독 등 |

## Tip 사회복지사 1급 시험 기출 문제

**01 아동기(7~12세)의 발달특성으로 옳은 것을 모두 고른 것은? [14회]**

가. 자아정체감이 형성되는 결정적인 시기이다.
나. 유치가 영구치로 바뀌고 보존개념을 획득할 수 있다.
다. 가설연역적 추리 및 조합적 사고를 할 수 있다.
라. 한 가지 속성에 따라 대상을 배열하는 서열화가 가능하다.

① 가, 나, 다　② 가, 다　③ 나, 라
④ 라　⑤ 가, 나, 다, 라

**02 아동기(7~12세)에 관한 설명으로 옳은 것은? [17회]**

① 자아중심적 사고 특성을 나타낸다.
② 동성 또래관계를 통해 사회화를 경험한다.
③ 신뢰감 대 불신감이 형성되는 시기이다.
④ 심리적 · 사회적 유예기간이다.
⑤ 경험하지 않고도 추론이 가능해진다.

정답: 01 ③　02 ②

Chapter
11

# 전 생애 발달의 통합적 이해: 청소년기

1. 연령 구분 및 특징
2. 발달 특성

Chapter 11

# 전 생애 발달의 통합적 이해: 청소년기

학습목표

1. 청소년기에 속하는 인간의 신체발달 양상을 이해한다.
2. 청소년기에 속하는 인간의 인지와 사회정서적 발달 양상을 이해한다.
3. 청소년기의 발달과 관련해 사회복지실천에서 관심을 가져야 하는 영역을 이해한다.

## 1. 연령 구분 및 특징

청소년기의 기준 연령에 합의된 바는 없다. 다만, 청소년 관련 법령을 근거로, 「청소년기본법」에서는 9세 이상 24세 이하인 자로, 「청소년보호법」에서는 만 19세 미만인 자로, 「소년법」에서는 19세 미만인 자, 「아동복지법」에서는 18세 미만인 자로 명시되어 있어 그에 준한 연령으로 가늠할 뿐이다. 한국의 경우 사회 통념상 초등학생 시기를 어린이 또는 아동이라 칭하고, 대략 중·고등학생 시기에 속한 이들을 청소년이라 인식하는 경향이 강하다. 따라서 대체로 중·고등학교 시기인 만

13세부터 만 18세까지를 청소년기로 볼 수 있다.

청소년기는 아동에서 성인으로 전환하는 과도기이며, 2차 성징 등 사춘기의 신체적 변화가 두드러지고, 인지발달에 있어 추상적 사고가 강해지는 시기이다. 심리적 측면에서는 부모로부터 독립하고 친구나 자기 자신에게 의존하려 하면서 자아정체감을 형성하는 심리적 이유기(psychological weaning period)이며, 프로이트 발달단계로는 생식기에 속하고, 에릭슨 발달단계에서는 정체감 대 정체감 혼란을 경험하는 시기에 속한다.

## 2. 발달 특성

### 1) 신체적 측면

#### (1) 신체 변화

청소년기는 영아기 다음으로 제2성장 급등기라 할 정도로 신체의 성장률이 빨라지고 외형적 성장이 두드러진다. 청소년의 신체적 성장은 개인차가 매우 크기 때문에 단지 연령만으로는 판단하기 어려우나, 11~13세 정도의 아동기 후기까지는 여아가 남아보다 키와 몸무게가 더 나가고 힘이 센 편이지만, 이후 청소년기에는 역전되어 남아의 성장속도가 빠르게 진행되어 신체발달이 더 우세해진다.

청소년이 지각하는 자신의 신체상과 매력은 자존감 수준과도 관련된다. 성숙이 빠른 소년은 몸의 크기와 운동능력에서 더 유리해 또래는 그 아이를 우월하게 보는 경향이 있으며, 성숙이 늦은 소년들은 신체적으로 덜 매력적이라고 생각해 긴장하는 경향이 많고 관심을 끌기 위해 미성숙한 행동을 보이는 경향이 있다.

청소년들은 신장과 체중, 신체의 다른 부위에도 성장이 급등하는 현상을 경험하면서 일시적인 신체 불균형 상태에 놓이기도 한다. 이 시기에는 자신의 신체에 대해 부정적인 이미지를 형성하기도 하는데, 일반적으로 남아보다 여아가 자신의 신체에 대해 부정적 이미지를 갖고 있는 경우가 더 많으며, 거식증이나 폭식증 등 섭식장애도 더 많이 경험한다(송명자, 2008). 청소년기에는 폐활량이 증가하고 소화기능이 왕성해지는 등 신체 내부기관도 현저히 발달하며, 내분비선의 발달로 지방이 과다해져 여드름이 나기도 한다.

### (2) 성적 성숙

청소년기에는 신체 성장과 더불어 성호르몬의 분비로 소년의 경우 어깨가 넓어지고 각진 외모를 갖게 되며, 소녀는 체지방이 증가하고 골반 부위가 발달하여 허리가 가늘고 어깨가 좁으며 둥근 체형을 갖게 된다. 생식기관의 발달로 생식능력을 지니며, 사회심리적 적응과정을 통해 성적 성숙이 일어난다.

청소년기의 성적 성숙은 생식기관이 발달하고 내분비선에서 성호르몬 분비가 증가하면서 나타난다. 생식선(성호르몬을 분비하고, 난자와 정자를 만들어내는 기관)을 통해 여성은 난소에서 에스트로겐(estrogen)을 분비하며, 이로 인해 유방이 발달하고 음모와 체모가 성장하며 생리를 하게 되고 임신할 수 있는 자궁의 상태가 된다. 남성은 테스토스테론(testosterone)을 분비하며, 이로 인해 신장이 증가하고 음모가 성장하며 생식기의 발달로 정자 생산이 가능해지고 성적 욕구가 증가한다. 한편 우리 몸의 부신(좌우 콩팥 위에 있는 내분비샘)에서는 여성에게는 테스토스테론을, 남성에게는 에스트로겐을 분비하게 만드는데(권중돈, 2014), 이로 인해 실제로 여자와 남자는 두 개의 성호르몬을 다 갖고 있다. 다만, 주로 분비되는 호르몬의 종류와 양이 다를 뿐으로, 청소년기에 몸이 변하기 시작했다는 건 어느 한 성호르몬이 많이 분비되기 시작했다는 것을 의미한다.

청소년기의 여성은 생리를 통해 여성이 되었다는 자부심을 가짐과 동시에 많은 불편함과 당혹감이라는 양가감정을 경험하기도 하며, 남성은 몽정불안(夢精不安)과 자신의 성적 성숙에 대한 기대감이라는 양가감정을 경험하게 된다(권중돈, 2014).

## 2) 인지적 측면

### (1) 형식적 조작 사고

청소년기는 피아제 인지발달단계에서 형식적 조작기에 해당한다. 형식적 조작 사고의 특징은 지각과 경험보다는 논리적 원리에 지배를 받으며 인과관계를 추론할 수 있는 추상적 사고가 가능하고, 경험하지 못한 사건에 대해 가설을 설정해 예측하는 가설연역적 사고가 가능하다는 점이다. 이에 실제 가능한 모든 개념의 조합을 체계적으로 고려할 수 있는 조합적 사고를 할 수 있으며 이상적 사고가 가능하다.

형식적 조작 사고 능력을 가진 청소년들은 구체적 조작기에 비해 실제적이고 구체적인 사항에 얽매이기보다는, 가상적 상황이나 추상적 사실에 관심을 갖고 이에 대한 논리적 추론을 할 수 있게 된다. 청소년들은 구체적 조작기에 속한 아동들이 어려워하는 민주주의, 종교, 아름다움과 같은 추상적 개념에 관심을 보이고 이러한 개념의 중요한 요소를 이해하기 시작한다. 이에 따라 자신의 삶의 의미를 생각하고, 사회의 규범이나 가치관을 이해하며, 예술작품에 담긴 많은 상징들을 터득하게 된다. 이러한 추상적 사고 능력의 향상은 사회적이고 이념적인 문제에 진보된 추론을 할 수 있게 한다. 따라서 이 시기부터 청소년들은 대인관계, 정치, 철학, 사랑, 종교 등의 추상적인 영역에 자신의 사고의 폭을 넓혀가게 된다(박경애 외, 2017).

형식적 조작 사고의 인지적 특성으로 청소년들은 정서와 태도, 행동상에 변화를 경험하게 된다. 이러한 변화에는 긍정적 측면도 있으나, 부정적 측면도 존재한다

(허혜경 외, 2002).

① 긍정적 영향

추상개념의 사용으로 실제적이고 구체적인 것에서부터 추상적이고 가능한 것을 구별할 수 있게 된다. 가설적 추리능력으로 인해 과학적 추론이 가능해진다. 상위개념을 인지할 수 있어 사고의 과정이 어떻게 구성되고 어떻게 기능하는지 이해하기 시작하여, 자기성찰이나 내성(introspection, 내면적 관찰)에 몰두하게 된다. 자기성찰, 내성과 함께 추상적 영역에 대한 이해가 가능하여 정체감 획득을 이룰 수 있다.

② 부정적 영향

계획을 세우고 인과관계에 대한 탐색을 통해 미래 상황에 대해 생각할 수 있게 되지만, 미래에 대한 기대와 함께 불안이 가중될 수 있다. 이상주의를 추구함으로써 세상의 결점과 논리적 모순을 발견하고 부모나 사회에 반항하게 된다. 자주 현실적인 문제를 고려하지 못하고 사회변화에 대한 실제적 장벽을 간과하게 된다. 형식적 조작 능력은 자신과 타인의 사고와 감정을 구별하지 못하는 청소년의 자아중심성(egocentrism)을 부추긴다.

### (2) 자아중심성(자기중심적 사고)

전조작기의 아동들과 달리 형식적 조작기의 청소년들은 타인의 생각이나 관점을 추론할 수 있지만, 이들이 갖고 있는 특성인 자기 몰두로 인해 잘못된 가정을 하기 쉽다. 즉, 아동기의 자아중심성은 타인이 자신과 다른 관점을 갖고 있다는 것을 인식하지 못해 나타나는 것이라면, 청소년기의 자아중심성은 자신의 생각이나 상위인지에 대해 사고할 수 있는, 발달된 인지능력 때문에 나타난다고 볼 수 있다. 이에 청소년기의 자아중심적 특성은 11세 무렵 나타나기 시작해 15세 무렵에 정점에 달했다가 다양한 대인관계를 경험하고 점차 객관적인 이해가 가능해지면서 점차 사라지게 된다(박경애 외, 2017).

자아중심적(자기중심적) 사고의 특징으로 청소년들은 독특한 사고와 행동 양식을 나타내는데, 그 중 대표적인 것이 상상 속의 청중(imaginary audience)과 개인적 우화(personal fable)이다.

① 상상 속의 청중

이 현상은 청소년들이 실제가 아닌 가상 속에 청중을 만들어내고 그들이 자신에게 주의를 집중하고 있다고 믿는 현상을 말한다. 예를 들어 어느 청소년이 자신의 머리 모양이 마음에 들지 않을 때, 버스를 타거나 길을 걸을 때 혹은 학교에서 언제나 주변 사람들이 자신의 머리에 관심을 기울일 것이라고 생각하는 것이다.

이처럼 청소년들은 자신이 다른 사람에게 관심의 초점이 되고 있다고 생각하기 때문에 강한 자의식(self-awareness)을 갖게 된다. 그러므로 다른 사람이 볼 때 사소한 실수나 언행도 이들은 그것에 주목할 거라 생각해 크게 당황하거나 신경을 많이 쓸 수 있다.

② 개인적 우화

이 현상은 자신에 관해 사실이 아니거나 사실과 다른 이야기를 만들어내는 현상을 말한다. 청소년들은 자신의 생각이나 감정이 고유하고 특별하다고 생각하고, 아무도 자신의 경험을 이해하지 못할 거라 생각하기 쉽다. 예를 들어 어떤 여학생이 좋아하게 된 남학생과 이성교제를 하게 된다면, 자신과 그 남학생이 느끼는 감정은 다른 커플들이 느끼는 사랑과는 동일하지 않은 특별한 감정이라 생각하는 것을 말한다. 따라서 부모나 주변 사람들이 자신의 사랑을 흔한 감정으로 얘기하거나 다음 상황이 일반적인 다른 커플들처럼 전개될 것이라 말하면, 크게 분노하고 자신의 고유한 감정을 이해하지 못하는 것에 대해 서운한 감정이나 외로움을 표현하기도 한다. 즉, 개인적 우화란 어떤 사건을 자신에게 적용할 때 세상에 존재하는 일반적인 확률을 무시하거나 이를 왜곡하는 것을 말한다. 이러한 현상은 청소년들의 무모한 행동의 원인이 되기도 한다. 예를 들어, 오토바이를 타면서 헬멧을 착용하지 않고 과속하면서도 자신은 다치지 않을 거라고 생각하는 경우, 혹은 성관계를 가지면서도 임신의 가능성을 무시하거나 약물을 복용할 때도 중독 현상이 없을 거라고 생각하는 것이다. 자신을 독특하고 고유한 존재로 보고 세상에 존재하는 확률적 가능성에 따른 결과는 없을 것이라고 생각하는 현상이다.

## 3) 사회정서적 측면

### (1) 정서적 특성

청소년기에 나타나는 정서적 특성을 아동기, 그리고 성인기와 비교해 요약하면 다음과 같다(임영식 외, 2000; 박경애 외, 2017).

① 부모, 교사, 친구의 이야기에 쉽게 분노하거나 얼굴을 붉히는 등 감정의 동요가 크고 정서 표현이 격렬하다. 이러한 격동성은 초기에 더욱 두드러지고, 후기로 갈수록 자신의 감정에 대해 여유를 찾는 경우가 많다.

② 정서에 자극을 주는 대상이 변화한다. 유아에게 불쾌한 정서를 일으키는 대상은 체벌이나 부상, 주삿바늘 등 신체적인 것이나 감각적인 것이라면, 아동들은 성적이 나쁘거나, 놀이나 게임 등 경쟁에서 지게 될 경우 사회적 학습과정에서 불쾌한 정서를 경험하는 경우가 많다. 한편, 청소년들은 자신이 무능력하다고 느낄 때나 막연한 불안감을 유발하는 대상에 대해 정서적 자극을 많이 받는다.

③ 정서 표현이 내면화되는 경우가 많다. 일반적으로 아동의 정서 표현은 직접적이고 일시적이어서 오래 지속되지 않는다. 반면 청소년들의 정서는 의식적으

로 억제되는 경우가 많고 정서가 외부로 표출되기보다는 내부에 숨겨진다거나 방어기제에 의해 변용되기도 한다. 이로 인해 청소년이 느끼는 공포심이 우울의 형태로 나타나거나, 우울의 감정이 분노나 비행의 형태로 나타나기도 한다.

### (2) 또래집단과 이성관계

청소년기에는 또래 친구와의 관계가 밀접해지면서 또래에 대한 동조성이 극대화된다. 동조성(conformity)이란 집단 내부의 압력에 대해 개인이 이에 일치하려는 경향을 의미한다. 동조행동은 청소년기에만 국한된 것은 아니나 일생 중 청소년기에 가장 커지는 것으로 알려져 있다. 동조성이 높은 경우, 집단의 동조 압력을 따르면서 개인과 집단 간의 일치도가 증가하게 된다. 청소년들이 집단규범에 동조하는 이유는 자신의 생각에 대한 확신이 결여되어 있기도 하지만, 속해 있는 집단과 자신과의 관계 때문이기도 하다. 즉, 모호한 상황에서 정보를 얻기 위해, 또래집단의 수용과 인정을 얻기 위해 행동 양식에 일치하고 조화를 이루고자 한다.

청소년들의 행동에 있어 또래의 영향력이 고정된 것은 아니다. 부모와의 관계에 따라 다르게 나타나기도 하는데, 부모가 애정적이고 지원적일 때 청소년들은 또래를 지향하고 의존하는 경향이 적어지는 반면, 부모가 거부적이고 자녀의 의견에 귀 기울이지 않을 때 청소년들은 또래의 가치에 크게 의존하는 경향을 보인다. 즉, 청소년들이 또래집단에 의존하는 정도는 또래집단의 자체 매력만이 아니라 부모와의 관계나 부모의 지원 정도에 의해서도 결정된다(최윤미 외, 2000).

청소년기의 즐거움과 우정은 동성만이 아니라 이성을 통해서도 얻는다. 청소년기와 이후 성인기는 이성교제의 시기로, 이전까지 동성교제에만 관심을 가졌던 이들은 이성과의 관계에도 관심을 갖게 된다. 그러나 동성 친구를 더 많이 사귀는 편으로, 이성 친구와의 우정이나 이성교제는 동성 친구와의 우정에서 부족한 부분을 보완하는 기능을 한다.

### (3) 자아정체감의 발달과 심리적 · 사회적 유예기

에릭슨은 청소년기의 발달과업 중 가장 핵심적인 발달과업이 자아정체감(egoidentity) 형성이라고 하였다. 자아정체감은 자신의 독특성에 대해 다소 안정된 느낌을 갖는 것으로, 행동이나 사고 혹은 정서의 변화에도 불구하고 변하지 않는 부분은 무엇이고 자신이 누구인가를 아는 것이다(권중돈, 2014). 자아정체감이 확고한 사람은 다음과 같이 개별성, 통합성, 지속성을 경험하게 된다(사회복지교육연구센터, 2019).

- **개별성**: 가치와 관심을 타인과 공유하더라도 자신은 타인과 구별되는 고유한 존재라는 인식
- **통합성**: 자신의 욕구와 동기, 태도, 행동 등이 전체적으로 통합되어 있다는 느낌
- **지속성**: 과거, 현재, 미래라는 시간의 흐름 속에서도 자신은 동일하다는 인식
  청소년기는 자신이 누구인지를 발견하고 자아정체감을 확립하는 시기로, 자신이 맡고 있는 다양한 역할들을 실행해 보고 이런 역할들을 자신의 정체성으로 통합하는 시기이다. 청소년기에 이러한 통합된 정체성을 성취하려는 시도가 성공하느냐 실패하느냐는 개인이 사회에 효과적이고 적절하게 적응하는 데 많은 영향을 미치게 된다.

청소년기에 자신의 여러 역할을 하나의 정체성으로 통합하지 못하고 여러 상충되는 역할에 적응하지 못할 때 정체감 혼란을 겪게 된다. 내가 누구인지, 인생에서 무엇을 얻고자 하는지, 어떤 사람이 되고자 하는지에 대한 답을 얻지 못하면, 이후 직업의 선택, 결혼, 주거, 여가 등 다양한 결정과 선택의 순간에 판단을 내리기 어렵다.

마르시아(Marcia, 1980)는 자아정체감을 ① 자신의 역할 실험과 대안 선택의 위기(crisis)에 있어 스스로 의사결정이 가능한 지 그 여부와 ② 자신의 신념을 이루기 위해 어떠한 활동에 능동적 참여로 전념(commitment)할 수 있는지 그 여부를 토대

로 4가지 범주로 구분해 설명하였다.

- **자아정체감 성취(Identity Achievement)**: 자신의 신념, 직업, 정치적 견해 등에 대해 스스로 의사결정을 내릴 수 있으며, 그 결정에 따라 강력한 노력을 통해 자아정체감을 획득하여 자신의 욕구를 해결하고 있는 상태를 말한다. 적응 상태에 속한다.
- **자아정체감 유예(Identity Moratorium)**: 자신의 가치와 이상, 신념을 탐색하는 상태에 있으며 자아정체감 형성에 욕구를 가지고 다양한 역할과 신념, 행동 등을 실험하는 상태에 있다. 자신의 능력과 자신에게 적합한 그 무엇을 결정하지 못한 상태로 자아정체감 성취 혹은 자아정체감 혼란의 가능성을 지닌다. 적응 상태에 속한다.
- **자아정체감 유실(Identity Foreclosure)**: 자신의 가치와 신념을 위해 노력하나 이것은 주로 부모나 사회적 가치관을 자신의 것으로 그대로 선택한 것으로, 위기도 경험하지 않고 쉽게 의사결정을 내렸지만 독립적 의사결정은 하지 못한 상태를 말한다. 자신의 이상과 신념을 적절하게 탐색할 기회를 갖지 못한 상태로 부적응 유형에 속한다.
- **자아정체감 혼란(Identity Diffusion)**: 자아정체감을 확립하기 위한 욕구도 경험하지 않았고, 기존의 가치관에 대한 의문도 제기하지 않으며, 자신에 대한 의미 있는 대안도 탐색하지 않는 상태이다. 자신에 대한 어떠한 견해도 확고히 받아들이지 못하며, 미래를 위한 어떠한 계획도, 어떠한 태도도 형성하려는 노력을 기울이지 않는다. 가장 미성숙한 상태로 부적응 유형에 속한다.

청소년기 초반에는 자아정체감 혼란이나 유실 상태에 있다가 후반이 되면 유예 혹은 성취에 이르는 경우가 많다.

에릭슨은 자아정체감을 확립하기 이전에 개인적인 힘과 능력을 기르고 사회로부터 인정받기 위해 자신의 가치, 믿음, 역할 등 다양한 역할 실험을 수행하는 것을 심리적 · 사회적 유예라 칭하고, 그 기간을 심리적 · 사회적 유예기라 명명하였다. 즉, 각자의 장점을 극대화해 사회로부터 긍정적으로 인정받고 최상으로 적응할 수 있도록, 외부의 요구로부터 일시적으로 해방되는 기간을 말한다.

### Tip 청소년 비행 문제

청소년기에 사회복지실천에서 가장 관심을 가져야 할 문제는 청소년 비행이다. 청소년 비행은 대개 청소년기 전기에 시작되며, 이에 적절하게 대처하지 못할 경우에 비행과 범죄의 경력이 이어진다. 그리고 청소년 비행은 청소년 범죄와 유사한 의미로 간주되기 쉽지만 실제로 범죄뿐만 아니라 무단결석, 가출, 음주, 유흥업소 출입 등 신분에 어긋나거나 규범을 위반하는 행동을 포함한다. 최근에는 청소년의 인터넷 중독과 인터넷 관련 범죄도 새로운 문제로 대두되고 있다.

대부분의 청소년들이 성인기로의 전환을 성공적으로 하지만 사회복지사들은 종종 이러한 전환에서 매우 어려움을 겪고 비행에 연루되는 청소년들을 대하게 된다. 우리나라는 「청소년보호법」을 시행하여 청소년 문제를 예방, 해결하고자 시도하고 있으나 청소년 유해환경의 증가로 청소년 비행은 점점 더 심각해지고 있다.

사회복지사들은 비행청소년들을 돕는 프로그램에 지속적으로 참여해왔다. 사회복지관이나 청소년기관을 통해 상담서비스를 제공하고 보호관찰 프로그램에서 사회복지기관에 의뢰된 비행 청소년들을 지도하며 법원에서 교정사회복지사로 활동하기도 한다. 또한 아직 초기 단계지만 비행 예방을 위해 인근 학교와 연계하여 학교사회사업도 실시하고 있다.

다양한 이론에 의하여 청소년 비행의 원인이 지적되어 왔다. 밀러(Miller, 1989)는 사회적 계층 가운데 하위계층의 가치는 사회적 규범에 어긋나는 것들이 많으며, 청소년들이 이러한 가치에 순응하면 자동적으로 비행에 가담하게 된다고 설명한다. 그에 의하면 학교의 책임은 하위계층의 아동이나 청소년들이 자기가 속한 계층의 문화에 동화됨으로써 자연스럽게 규칙에 어긋나는 행동을 저지르게 되는 것을 극복하도록 도와주는 것이다. 쇼(Shaw, 1991)도 우범지역에 거주하는 아동과 청소년들이 일탈적 태도와 기술을 습득할 가능성이 더 크며, 따라서 청소년이 비행발생률이 높은 지역에 거주할수록 비행에 관련될 가능성이 더 크다고 지적하였다.

부와 사회적 지위 등을 획득하기 위한 기회의 불평등에 초점을 맞추어 비행을 설명한 이론도 있다(Cloward & Ohlin, 1961). 이 이론에 의하면 하위계층의 청소년들도 중산층의 청소년들과 마찬가지로 사회적 성공에 대한 포부를 갖지만 이들에게는 합법적 절차와 방법에 의하여 목표를 성취할 기회가 주어지지 않으므로 비합법적 방법인 비행에 의존할 수밖에 없다는 것이다. 따라서 비행청소년들은 애착, 전념, 참여, 신념의 네 측면에서 사회와 유대를 형성하고 유지하는 데 실패했다고 주장한다. 애착(attachment)이란 청소년이 가족을 비롯한 주요한 사람들과 형성하는 애정적 유대를 말한다. 부모는 자녀들에게 사회적으로 바람직한 행동을 가르치는 애착의 근원이라고 볼 수 있다. 전념(commitment)이란 대학에 진학하여 지위가 높은 직업을 얻고자 하는 포부에 관한 것으로, 일단 비행에 관련되면 이러한 목표는 성취하기 어렵게 된다. 잘 정의된 자신의 목표를 가진 청소년들에 비해서 미래에 관한 목표가 불확실한 청소년들이 비행에 더 잘 빠진다고 한다. 참여(participation)는 사회적인 성공으로 이끌어가는 인습적인 활동에 참여하는 것을 가리킨다. 예를 들면, 숙제를 열심히 하는 것은 좋은 직업을 갖기 위한 전제조건인 공부를 잘 하는 것에 필수적인 활동이다. 신념(belief)이란 그 사회의 중심적인 가치체계의 도덕적 타당성을 받아들이는 것이다. 사회적 규칙을 받아들이는 데 있어서의 차이가 비행에 대한 관련 여부를 결정하는 데 중요하며, 규칙의 구속을 덜 느끼는 사람일수록 비행을 저지르기 쉽다고 한다. 요컨대 어떤 이론들은 비행이 하위계층의 문화로서 학습되는 것이라고 주장하고, 또 다른 이론들은 사회적 성공을 위한 합법적인 기회가 봉쇄되어 있는 집단에서 대체적 수단으로 비행을 하게 된다고 설명한다.

정신분석이론에서는 청소년 비행을 유년기의 불행한 경험에서 초래된 성격장애의 증상으로 간주한다. 이러한 장애는 사회화되지 못한 공격양식, 불안에 대한 부적절한 방어기제의 형성, 죄의식의 결여 또는 죄의식 때문에 자신을 처벌하고 싶은 무의식적 욕구 등에서 비롯된다. 또 어떤 심리학자들은 불충분한 인지발달이나 도덕적 가치를 통합하지 못하는 것과 같은 인지적 발달의 문제로 비행의 원인을 설명한다(Specht & Craig, 1987: 168-170).

비행에 대한 사회복지실천을 보면 사회복지사들은 비행청소년들에 대한 상담과 더불어 이들을 교화하기 위한 교육, 직업알선, 주거시설마련, 보건의료 서비스 등을 제공한다. 또한 청소년 비행은 흔히 가족문제에 의해서 일어나는 경우가 많으므로 가족관계를 개선하기 위한 가족상담과 가족치료도 제공한다. 인터넷 중독과 인터넷 범죄를 예방하기 위한 교육과 청소년에게 해로운 인터넷 사이트에 대한 감시활동도 필요하다(권중돈 · 김중배, 2005).

## Tip 십대 임신과 미혼모 문제

최근 우리나라에서도 십대 임신과 미혼모 발생이 새로운 사회문제로 대두되기 시작했다. 미국은 십대 임신 발생률을 9% 정도로 추산하는데 이것은 다른 나라보다 월등하게 높은 수치이다(Zastrow & Kirst-Ashman, 2007). 우리나라는 정확한 비율을 알 수 없으나 전국의 중고등학교 여학생을 대상으로 이루어진 한 조사(장순복 외, 2001)에서 표본 가운데 0.5%의 십대 임신 발생률이 확인되었다.

십대 임신은 청소년에게 신체적 질환이나 정신적 질환, 학업 실패, 빈곤 등 주요한 삶의 영역에서 장기적인 문제를 초래할 위험성이 높다. 즉, 임신 기간 동안 적절한 의료적 도움을 받지 못해서 미혼모나 아기의 건강에 위협이 될 수 있는 의학적 문제들이 발생할 수 있다. 또한 이들은 고등학교까지 학업을 마치지 못하는 비율이 높고 빈곤과 복지혜택에 의존하는 비율도 높으며 스스로 기르기로 결정할 경우 자녀양육에 대한 특별한 지원이 필요하다.

또한 십대 미혼모의 아기 아버지 가운데 80% 이상이 역시 십대인 것으로 알려져 이들에 대한 관심도 필요하다(Zastrow & Kirst-Ashman, 2007). 십대 부모가 낳은 아기들도 지속적인 돌봄의 어려움으로 방치되거나 학대받을 가능성이 있다.

사회복지사는 청소년 임신과 관련해서 이를 예방하기 위해 성, 피임, 임신에 따르는 위험과 책임에 관한 교육과 정보를 제공할 수 있다. 청소년 미혼모에 대해서는 임신, 유산, 출산, 아기를 기르거나 입양하는 데 대한 결정에서 상담, 정보제공, 의뢰, 자원 연결 등의 도움을 제공할 수 있다. 또한 미혼모의 진로, 미혼부와의 관계, 원가족과의 관계 등에 대해서도 상담과 도움을 제공해야 한다.

### Tip 청소년기와 사회복지실천

| 영역 | 설명 |
|---|---|
| 신체적 발달 | • 섭식장애, 거식증, 폭식증 예방과 치료를 위한 상담 및 식이요법 지도, 전문가 지원연계<br>• 성에 대한 올바른 가치관 정립을 위한 성 상담, 성교육 프로그램 지원<br>• 성폭력 예방을 위한 청소년, 부모, 교사 대상 교육<br>• 성폭력 문제 대처를 위한 상담 및 보호, 치료적 자원연계 등 |
| 인지적 발달 | • 저소득 청소년 방과후 프로그램 지원<br>• 학업중단 청소년의 교육 훈련 등 |
| 사회정서적 발달 | • 청소년의 자아발견, 자아성장, 인간관계 기술 습득을 위한 개인 및 집단 상담<br>• 자아정체감 형성을 위한 전인적 성장 프로그램 지원<br>• 스트레스 예방과 관리 방법 지도<br>• 다양한 사회경험을 위한 자원봉사 활동 프로그램, 진로탐색 프로그램 지원<br>• 약물교육 및 치료 프로그램 지원 등 |
| 주요 사회적 이슈 | • 청소년의 정신장애(우울, 불안, 물질남용 등)<br>• 청소년 자살<br>• 청소년 폭력과 비행<br>• 청소년의 임신과 출산<br>• 중도입국 청소년, 학교 밖 청소년을 위한 교육지원 등 |

**Tip 사회복지사 1급 시험 기출 문제**

**01 청소년기 인지발달의 일반적 특성으로 옳지 않은 것은? [16회]**

① 자기개념(self-concept)의 발달이 시작되고 자기효능감이 급격히 증가한다.
② 구체적인 사물에 한정되지 않고 추상적 개념을 다룰 수 있다.
③ 가설을 세울 수 있고 인과관계를 추론할 수 있는 연역적 사고가 가능해진다.
④ 피아제(J. Piaget)의 이론에 따르면 형식적 조작기에 속한다.
⑤ 자아중심적 사고로 상상적 청중 현상과 개인적 우화 현상을 보인다.

**02 청소년기(13~19세)에 관한 설명으로 옳지 않은 것은? [17회]**

① 구체적 조작기에 해당한다.
② 부모의 권위에 도전하며 잦은 갈등을 겪는 시기이다.
③ 동년배 집단에 참여하여 다양한 경험을 한다.
④ 심리적 이유기라고도 한다.
⑤ 애착대상이 부모에서 친구로 이동한다.

정답: 01 ① 02 ①

Chapter
12

# 전 생애 발달의 통합적 이해: 청년기/장년기

1. 청년기
2. 장년기

Chapter

# 12 전 생애 발달의 통합적 이해: 청년기/장년기

학습목표

1. 청년기 및 장년기에 속하는 인간의 신체발달 양상을 이해한다.
2. 청년기 및 장년기에 속하는 인간의 인지와 사회정서적 발달 양상을 이해한다.
3. 청년기 및 장년기의 발달과 관련해 사회복지실천에서 관심을 가져야 하는 영역을 이해한다.

## 1. 청년기

### 1) 연령 구분 및 특징

청년기는 성인 초기라고도 불리며, 생에 있어 성인기로 진입하는 주요한 전환기이다. 고등학교를 졸업하는 시기 전후로부터 시작해 직업을 갖고 결혼을 하거나 부모로부터 정서적 · 경제적으로 독립하는 시기를 말한다. 학자들마다 청년기를 지칭하는 연령 기준은 다르지만, 일반적으로 19~39세까지의 연령을 청년으로 간주하는 경향이 있다. 에릭슨은 이 시기를 친밀감 대 고립감의 단계로 보았다.

청년기 전의 모든 시기는 준비하는 시기라고 볼 수 있으며 청년기 이후는 이제까지 준비해 온 것을 실현하고 구체화하는 시기이다. 청년기는 신체적 · 지적 측면에서 가장 정점에 있는 시기라고 할 수 있다. 심리적 · 사회적 측면에서는 다른 사람을 사랑하고 보살피는 능력이 심화되는 시기이다. 이전 단계에서 자아정체감을 형성한 사람은 타인과의 상호작용에 집중할 수 있다. 이러한 맥락에서 청년기에 경험하는 가장 큰 변화는 직업을 갖고 결혼하는 것이다. 발달에 대한 잠재력은 전 생애에 걸쳐 존재하지만, 청년기 이후의 발달은 아동기나 청소년기와는 그 성격이 다르다. 다시 말해 청년기 이후의 발달은 새로운 신체적 기능이나 인지적 능력의 획득에 의해 일어나기보다는 주로 사회적 · 문화적 요소에 의해 주도된다(Specht & Craig, 1987: 178)고 할 수 있다.

성인기 발달에 대한 연구들 중에서 청년기에 관한 내용을 간략하게 살펴보면 다음과 같다(Craig, 1996: 450-454). 그랜트 스터디(1938~1970)에 의하면 25~35세의 기간에 청년들은 직업과 자신의 가족을 보살피는 데 전념하며 직장에서 인정을 받고 전문가가 되기 위하여 열심히 일한다. 또한 청년기의 성공적인 발달에는 지능, 행복한 아동기, 풍족한 집안배경과 같은 요인보다는 훌륭한 지도자(mentor)와 역할모델의 존재가 더 큰 영향을 미친다.

레빈슨(Levinson, 1978)은 청년기에 다음과 같은 발달과제를 성취해야 한다고 설명하였다. 첫째, 아직 현실에 기반을 두지 못하고 다소 과장된 목표로 구성된 꿈과 희망을 명확하게 정의해야 한다. 둘째, 청년의 목표를 인정하고, 기술이나 지혜를 가르쳐주며, 청년이 자신의 경력에서 전진하도록 영향력을 발휘하고 자신감을 갖게 해주는 지도자(mentor)를 발견해야 한다. 셋째, 직업을 선택해서 경력을 쌓고 발전시켜 나가야 한다. 넷째, 친밀한 관계를 형성해야 한다. 친밀한 가족관계의 형성은 결혼이나 자녀의 출생과 꼭 일치하는 것은 아니며, 청년은 이성과 관련하여 자신에 대해 계속해서 학습하고 30대에 비로소 진지한 이성관계의 능력이 생긴다고 하였다.

굴드(Gould, 1978)에 의하면 청년기의 발달은 어린애 같은 환상과 그릇된 가정들을 버리고 '자기신뢰'와 '자기수용'을 선택하는 과정으로 보았다. 22~28세에 청년들은 계속적인 부모의 도움에 대한 환상과 기대에서 벗어나 자신의 삶에 대해 전적인 책임을 받아들여야 한다. 그러기 위해서는 자신의 생활 기술이 발달되어야 하고 사고가 비판적 · 분석적 · 논리적 · 목표 지향적이 되어야 한다. 또한 22~28세 동안에 삶이란 단순하고 지배할 수 있다는 것이라는 그릇된 가정에서 벗어나 삶이 생각처럼 단순하지 않다는 것을 인정하고 자신의 한계를 의식하며 노력에 입각한 능력 개발에 정진함으로써 성장을 추구해야 한다고 하였다.

이러한 청년기 발달에 대한 연구들은 이 시기에 있는 클라이언트를 상담하는 사회복지사들에게 특히 유용하다(Specht & Craig, 1987: 183). 상담 대상인 클라이언트들은 청년기에 등장하는 도전들에 의해 일시적으로 압도당했거나 심각한 고통을 겪는 경우가 많은데 이들로 하여금 현실적 목표를 세울 수 있도록 도와주기 위해서는 그들의 능력뿐만 아니라 세계를 보는 방식과 포부도 이해하지 않으면 안 되기 때문이다.

이렇게 청년기는 신체적 성숙이 이루어지며 성역할 정체감이 완성되고 자아정체감이 확립되는 시기이다. 따라서 진학, 군입대, 취업, 결혼 등 사회에서 다양한 역할을 탐색하며 부모로부터의 독립을 준비하고 진로를 선택한다. 청년기를 지내며 인간은 가족, 직업, 사회에서 자신의 삶의 양식을 확립해 나가게 된다.

## 2) 발달 특성

### (1) 신체적 측면

청년기에는 개인별로 성장 속도에 차이는 있지만 신장이나 체중, 골격, 생식기관 등의 신체적 성숙은 거의 완성된다. 생애주기상 최상의 신체적 기능을 유지하는 시기로, 활기와 힘, 건강 수준이 최고조에 달한다.

20세 전후 시각과 청각 등의 감각기관은 가장 예민해지며, 신체 골격의 구조는 거의 완성된다. 19~25세 사이에는 근육과 내부기관의 기능이 최상을 유지하고, 25~30세에는 신체 수행 능력, 체력이나 지구력, 정력 등에서 최고조에 이른다.

그 이후부터는 신체 기능이 점차 쇠퇴하기 시작하지만, 신체적 능력과 기술을 잘 유지하고자 노력하면 이후의 시기에도 그 기능이 지속될 수 있다.

### (2) 인지적 측면

청년기의 인지발달에 대해서 합의된 결론은 아직 없다. 피아제는 청소년기의 형식적 조작 사고의 발달 이후 발달이 지속되지 않는다고 하였지만, 학자들 중에는 이후에도 인지발달이 지속된다고 보고 있다. 일반적으로 청년기의 인지적 특성을 피아제의 형식적 조작 사고를 기반으로 설명하는 경우가 많다. 이에 10대 후반에는 암기나 지적 과제 수행 속도 등의 측면에서 가장 뛰어나다고 보고되고 있고, 판단이나 추론, 창의적 사고, 문제해결 능력은 전 생애를 통해 발달한다고 알려져 있다.

한편, 웩슬러 성인지능검사(Wechsler Adult Intelligence Scale)를 사용하여 조사한 결과 언어적 검사점수는 청년기에 상승하는 데 반하여 동작성 검사점수는 26세를 정점으로 하강하는 것으로 보고하였다(Turner & Helms, 1983: 331-332). 한편, 연령에 따르는 지능의 변화에 관한 한 종단적 조사는 지능을 다음과 같은 네 가지 유형으로 구분하였다(Baltes & Schaie, 1974).

- **결정성 지능**: 언어적 이해력, 수에 관련된 기술, 귀납적 추론과 같이 교육과 경험의 축적을 통해 습득되는 능력
- **인지적 융통성**: 동의어나 반대어를 생각해내는 것처럼 익숙한 지적 운용의 맥락에서 한 사고로부터 다른 사고로 전환하는 능력

- **시각–운동적 융통성**: 시각과 운동능력의 통합을 요구하는 과제에서 익숙한 방식에서 새로운 방식으로 전환할 수 있는 능력
- **시각화**: 복잡한 그림에서 간단한 형상을 찾아내거나 불완전한 그림을 확인해내는 것처럼 시각적 자료를 조직하고 처리하는 능력

이상의 네 가지 차원의 지능 중에서 시각–운동적 융통성은 청년기, 즉 25세 전후를 정점으로 하여 쇠퇴하였으나 인지적 융통성에는 변화가 없었으며, 결정성 지능과 시각화 능력은 오히려 연령이 증가함에 따라 향상된 것으로 보고되고 있다. 이러한 연구결과들은 청년기 이후에 특정한 영역의 인지적 능력만 감소하며 많은 부분이 유지되거나 지속적으로 발전된다는 것을 보여주는 결과라고 할 수 있다.

즉, 청년기에는 이전 시기에 비해 보다 현실적이고 문제 해결적 사고가 발달한다. 지식습득 자체가 목적이 아니라 습득한 지식을 스스로 설정한 삶의 목표와 그에 적절한 과업에 연결시키기 시작하여, 지식을 현실에 실제 적용하고 문제에 부딪혔을 때 여러 변수를 동시에 고려하는 복합적인 사고가 발달한다. 이는 지능의 변화와도 관련되는 것으로, 선천적 지능인 유동적 지능과 후천적 지능인 결정성 지능의 발달로 설명이 가능한데(조흥식 외, 2010), 요약하면 다음과 같다.

① 유동적 지능 = 선천적 지능

수리력, 도형지각 능력 등 뇌신경의 성숙으로 발달하는 지능이다. 나이가 들고 뇌세포가 쇠퇴하면 유동적 지능은 감퇴한다.

② 결정성 지능 = 후천적 지능

언어와 이해력 등 후천적 경험이나 반복된 학습에 의해 습득되고 발달하는 특징이 있다. 20, 30대 이후에도 떨어지지 않고 유지되거나 오히려 더 발달할 가능성이 있다.

청년기에는 자기조절 능력이 급격히 향상되면서, 타인의 도움 없이도 자신의 문제를 어느 정도 스스로 해결할 수 있게 된다. 또한 생활의 중심이 가족이나 또래집단이었던 것이 점차 이성으로 옮겨가고, 주요 사회활동 영역이 학교에서 직장으로 이동된다.

만약, 이 시기 부모의 지위를 획득하게 되면 점차 새로운 정체감이 형성되고 다른 정체감이 약화되는 과정을 거치는데, 이 과정을 통해 자아의 개념도 변화하게 된다.

### (3) 사회정서적 측면

#### ① 부모로부터의 독립

부모로부터의 정서 및 경제적 독립은 청소년기의 중요한 발달과업 중 하나이다. 그러나 부모로부터 분리되고 독립하는 것을 갈망함과 동시에 한편으로는 불안한 감정이나 의존하는 마음이 생기는 양가감정(ambivalence)을 갖기도 한다. 그러므로 부모는 자녀의 양가감정이 최소화되도록 자율성을 인정하고, 자녀에 대한 긍정적 지지와 가족의 의사결정 참여 기회를 늘려 그들을 격려하며 독립된 개인으로 인정할 수 있어야 한다. 이와 반대로 청년기 자녀가 집을 떠나는 것을 금하고, 지속적으로 보호하려 하거나 자녀의 행동에 많은 제한을 가하는 경우에는, 부모에게 지나치게 의존하는 자녀로 남거나 부모와 적대적 관계를 형성하고 빈번한 갈등을 경험하기도 한다.

#### ② 진로 선택

청년기에 선택한 진로는 성인기의 생활양식에 영향을 미치므로 신중해야 한다. 청년기는 직업을 통해 경제적 자립을 도모하고 자신의 인생을 스스로 만들어 가면서 자아실현을 하는 시기이다. 청년기의 직업 선택 과정에는 주로 개인의 적성과 능력, 흥미와 관심, 그리고 부모나 주변인들의 기대, 임금 수준, 사회적 지위 등이 영향을 미친다. 직업에 대한 적성과 흥미는 그 분야에서 오래 일할 가능성과 성공의 확률을 높이는 요소로 알려져 있다.

이에 청년들은 취업 준비 과정에서 자신이 희망하는 직업에서 수행하는 직무 관련 전문 지식과 기술의 습득 여부, 그 직무에 따르는 지위와 의사결정 과정에서의 위계에 관한 학습, 그 직업의 특정 요구나 위험 요인, 동료들과의 협동 혹은 경쟁적 관계에서 조화를 이룰 수 있는지 그 여부와 자신의 리더십 발휘 가능성 등을 확인해야 한다.

#### ③ 성적 사회화

청소년기 후기부터 청년기에 걸쳐 인간은 자신의 성에 대한 정체감이 재개념화되고 확고해지는 시기를 갖게 된다. 즉, 성역할 정체감을 획득하게 되는데, 성역할 정체감이란 사회가 특정한 성에 대해 적절하다고 인정하는 태도나 특성, 흥미와 동일시하는 것을 말한다. 이를 형성하는 과정에서 성에 따른 사회적 역할 기대를 내면화하면서 성적 사회화가 이루어진다. 성적 사회화에는 자신이 선호하는 성적 대상을 선택하거나, 성인의 성역할을 학습하는 것, 성행위에 대해 이해하고 그 지식을 습득하는 것 등이 포함된다(사회복지교육연구센터, 2019).

#### ④ 배우자 선택과 결혼

에릭슨 이론에 따르면, 청년기는 성인 초기에 해당하는 시기로 친밀감 형성이 주요 과제이다. 청년기에 가족 이외의 타인들과 친밀한 관계를 형성하는 것은 자신의 정체성을 잃을 수 있다는 두려움 없이 개방적이고 지지적이며 조화로운 관계를 형성하는 능력과 관련된다. 청년기에 친밀감 형성을 위해서는 감정이입 능력, 자기 통제력, 타인의 장단점을 수용하는 능력을 갖추어야 한다(사회복지교육연구센터, 2019). 이 시기 긍정적 자아정체감을 확립한 사람은 타인과 친밀한 관계 형성이 가능하지만, 그렇지 못한 사람은 낮은 자신감으로 타인과의 관계 맺음이 어렵고 사회적 관계에서 고립감을 느끼게 되며 자신에게만 몰두하는 경향을 나타낸다.

청년기에 친밀감 형성과 성숙한 사회적 관계를 확립하면 이성교제, 그리고 배우자를 선택하는 과정을 통해 자신의 가족을 형성할 수 있게 된다. 이때 이성교제는 배우자가 될 수 있는 대상자와 인간관계를 형성하면서 자기이해를 증진시키고 이성에 관해 적응하도록 하며, 사랑의 실현 즉, 배우자 선택의 기회를 제공한다.

청년기의 결혼은 성인 남녀가 법적 · 사회적으로 자신들의 결합을 인정받는 것으로, 가족의 형성으로 사랑의 실현, 정서적 안정, 경제적 안정, 성적 만족을 얻을 수 있고 자녀의 출산으로 인생에 정착하는 계기가 된다. 결혼을 통해 새로운 가족을 형성하게 되면 가족 내외의 인간관계는 확대되고 새로운 역할과 지위가 부여된다. 이에 결혼 초 몇 년은 새로운 환경체계에 상호 적응하는 과정이 요구된다.

결혼 초에는 성격이나 문화의 차이, 의사소통 방식에 대한 이해 부족, 긴장이나 갈등에 대한 예상과 대응 미흡으로 생각보다 어려운 시간을 보낼 수 있다. 따라서 결혼한 부부는 갈등을 모든 관계에서 필연적인 것으로 받아들이고, 친밀한 관계 유지를 위해 수시로 발생하는 갈등을 어떻게 잘 처리할 것인가에 관심을 기울이는 것이 필요하다. 잘 다루어진 부부갈등은 그 해결 과정을 통해 효과적인 의사소통 방식과 문제해결 능력을 향상시킬 수 있어 오히려 관계의 성숙과 친밀감 증진에 도움을 줄 수 있다(김영희 외, 2007).

## NOTE 배우자 선택에 관한 여과망 이론 & 결혼에 이르는 6단계

### [여과망 이론]

여과망 이론은 게르코프와 데이비스(Kerkoff & Davis, 1962)가 주장한 배우자 선택의 여과 과정을 우드리(Udry, 1971)가 6가지 여과망으로 모형화하면서 알려진 이론이다(정옥분, 2013 재인용). 이 이론에서는 연인들에게 있어 친밀감과 사랑이 형성되는 데 작용하는 요인이 단계적으로 관여되면서 관계가 발전된다고 본다. 이 과정을 거쳐 서로에 대해 헌신적이고 장기적 관계로 발전하게 되면, 상대를 배우자로 선택해 결혼하게 된다. 각 과정을 설명하면 다음과 같다.

- 첫 번째, 근접성 여과망을 통해 가능한 모든 대상 중에 지리적으로 가깝고, 만날 기회와 상호작용의 가능성이 많은 사람들로 그 대상이 제한된다.
- 두 번째, 매력 여과망을 통해 상호 매력을 느끼고 끌리는 사람들로 그 대상이 다시 좁혀진다. 매력을 느끼는 요인은 개인차가 있지만, 성격, 외모, 능력 등이 주요인이 된다.
- 세 번째, 사회적 배경 여과망을 통해 인종, 연령, 종교, 직업, 교육수준 등의 사회적 배경이 유사한 사람들로 더욱 범위가 축소된다. 이 과정에서는 당사자보다 부모 등의 영향을 더 받게 된다.
- 네 번째, 상호 일치의 여과망을 통해 인생관이나 결혼관 등 주요 문제에 대해 동일한 가치관이나 견해, 태도를 가진 사람들만 남게 된다.
- 다섯 번째, 상호 보완의 여과망을 통해 상호간의 욕구와 필요를 서로 충족시켜줄 수 있고, 단점을 보완해 줄 수 있을 때 결혼 가능성은 높아진다.
- 여섯 번째, 결혼준비 상태의 여과망을 통과함으로써 비로소 결혼에 이르게 된다. 결혼에 대한 부모나 사회의 압력, 결혼에 대한 욕구 등이 결혼준비 상태에 영향을 주게 되며, 병역을 마치거나 취직을 하는 등 결혼에 적절한 준비가 갖추어져야 실제로 결혼준비 상태에 이르게 된다.

## NOTE 증가하는 이혼율과 사회복지실천

최근에 모든 연령대에서 이혼율이 증가하는 것이 우리나라의 추세이지만 청년기인 결혼 초기에 결혼생활에서 오는 긴장도 높고 이혼율도 높은 것으로 알려져 있다.

이혼은 부부와 자녀들의 삶에 심각한 손상을 초래한다. 법적인 그리고 재정적인 해결과정을 거쳐야 하고, 새로운 사회적 역할을 받아들여야 하며, 이혼자로서의 새로운 정체감을 형성하여야 한다(Zastrow&Kirst-Ashman, 2007: 462-463). 96쌍의 이혼한 부부를 대상으로 이루어진 한 연구는 이들이 이혼하기 전에는 경험하지 못한 광범위한 생활상의 문제로 고통 받는다고 보고하였다(Hetherington, Cox, & Cox, 1977). 이혼하기 전에 자신의 직업이 없던 여성들은 특히 경제적으로 큰 타격을 받는다. 이전의 친구관계는 흔히 소멸되며, 집 밖의 생활이 없는 여성들은 고립상태에 빠지고 심한 소외감을 느끼게 된다. 자녀 양육의 권리를 빼앗긴 경우에는 배우자 역할과 더불어 아버지 또는 어머니 역할도 상실하게 된다. 이와같이 이혼은 매우 심각한 스트레스를 초래하는 사건으로서 이혼한 사람들은 그렇지 않은 사람들에 비해 일찍 죽거나 정신병원에 입원하거나 사고에 관련되거나 자살할 확률이 훨씬 높은 것으로 보인다(Stack, 1974).

대부분의 이혼한 사람들은 이혼이 가져오는 스트레스에 대처하기 위하여 노력한다. 버만과 터크(Berman & Turk, 1981)는 이혼한 사람들이 스트레스에 대처하기 위해 사용하는 다양한 전략과 대응양식을 조사하고 그것을 여섯 차원-① 데이트를 하거나 새로운 친구를 사귀는 것과 같은 사회적 활동, ② 공부를 다시 시작하거나 상담자에게 의논하는 것과 같은 학습에 관련된 활동, ③ 무엇이 잘못된 것인지를 숙고하고 이혼에 대해서 개인적으로 이해하고자 하는 노력, ④ 이혼에 관련된 감정을 표현하고 털어놓는 것, ⑤ 취직하거나 자립하고자 시도하는 것, ⑥ 집을 가꾸거나 아이들을 더 열심히 돌보는 것과 같은 가족에 관련된 활동-으로 구분하였다.

이러한 여섯 가지 전략 중에서 사회적 활동, 자립적 태도, 가족에 관련된 활동이 이혼 후의 삶의 만족에 기여하는 것으로 나타났다. 또한 사회적 활동과 자립적 태도는 소외감을 극복하고 대인관계를 향상시키는 효과도 있는 것으로 보고되었다. 이러한 연구결과들은 상담, 지지집단 등을 통해 이혼한 사람의 문제해결과 적응을 도와주고자 시도하는 사회복지사에게 유용하다.

### Tip 청년기와 사회복지실천 영역

**[신체적 발달]**

- 건강한 식생활 관리 및 신체 기능 유지를 위한 운동정보 제공
- 금주 및 금연 프로그램 지원 등

**[인지적 발달]**

- 영어회화, 정보화 교실 등 성인의 학습 욕구에 부합한 평생학습 프로그램 정보 제공 및 연계 등

**[사회정서적 발달]**

- 스트레스 관리 프로그램 지원
- 신혼기 결혼생활 적응을 위한 (예비)부부 프로그램, 부모역할 교육 프로그램
- 맞벌이 부부의 일-가정 균형을 위한 국가 지원 정보제공 및 서비스 연계
- 가족갈등 예방 및 해결을 위한 부부상담, 가족상담, 집단교육 프로그램
- 한부모가족 양육지원 사업 정보 제공 및 상담, 프로그램 지원
- 지역사회 여가 및 문화 자원 정보 제공 및 프로그램 지원 등

**[주요 사회적 이슈]**

- 결혼기피
- 저출산
- 이혼
- 군생활 부적응
- 은둔형 외톨이
- 청년실업 등

## 2. 장년기

### 1) 연령 구분 및 특징

장년기는 사회 통념상 신체적 나이로 40~65세 미만에 해당하는 긴 시기를 의미한다. 사회적으로는 첫 자녀의 사춘기에서부터 시작해 막내 자녀가 결혼을 하거나 직업 생활에서 은퇴하는 시기이며, 가족생활주기로는 막내 자녀가 초등학교에 입학하는 시기부터 시작해 직업 생활에서 은퇴하는 시기를 장년기로 분류한다.

장년기는 경제적 안정이나 직장 혹은 집안에서 높은 지위와 권한을 갖는다는 점에서 인생의 전성기로 간주되나, 신체적 퇴행으로 질병에 노출될 위험이 높고, 성적 능력이 저하되며, 자녀와 노부모 부양책임 등으로 위기에 직면할 가능성이 높다는 점에서 쇠퇴기로 규정할 수도 있다. 따라서 장년기를 인생의 황금기, 정체성 위기의 시기, 샌드위치 세대, 갱년기, 제2의 사춘기, 빈둥지 시기, 상실감의 시기 등 다양한 용어로 표현하기도 한다. 그러나 자신의 목표나 성취, 삶에 대한 가치관, 타인과의 관계 등에 있어서 지금까지 살아온 인생 전반을 재평가하는 시기이고 여전히 성장 지향적 발달이 가능한 시기이므로, 장년기를 어느 하나의 관점으로 이해하기보다는 인생의 전환기로 이해하는 것이 바람직할 것이다.

이러한 장년기의 주요 발달 과업에는 신체적 변화에 대한 적응과 부부관계의 재정립, 중년의 위기 극복, 직업 활동에서의 몰두와 여가 선용 등이 속한다.

## 2) 발달 특성

### (1) 신체적 측면

#### ① 신체 변화

대부분의 장년기의 성인들은 아직도 양호한 건강과 에너지를 가지고 있다. 그러나 신체적 능력과 건강은 감퇴하기 시작한다. 장년기의 성인들은 이전보다 육체적 일을 하는 능력이 약화되며 감기와 같은 질병에서 회복하는 데에도 더 많은 시간이 걸린다. 신체적 힘과 청년기의 활력도 잃어간다. 재스트로와 커스트-애시만(Zastrow & Kirst-Ashman, 2007)은 장년기에는 에너지의 급속한 투입을 필요로 하는 일보다 지구력을 요하는 작업에서 더 능력을 발휘할 수 있다고 하였다.

또한, 40대 초반이 되면, 신진대사의 저하가 일어나며 체중도 늘기 시작한다. 건강문제가 일어나기 쉬우며 질병에 취약해진다. 청년기까지는 사고가 가장 큰 사망의 원인이었지만, 장년기에는 질병으로 인한 사망률이 높아진다. 당뇨의 징후도 흔히 이때부터 나타난다. 고혈압, 순환기질환, 암도 청년기에 비해 이 시기에 발병하는 비율이 높으며 류머티즘, 디스크, 천식 등도 빈번하다(Zastrow & Kirst-Ashman, 2007). 즉, 신체 구조와 기능상의 변화로 인해 장년기에는 관절염, 당뇨, 심장병, 고혈압등 성인병에 걸린 가능성이 이전 시기보다 높으므로, 건강 유지에 많은 관심이 필요하다. 여성의 경우 에스트로겐의 감소로 인한 골다공증도 빈발해진다.

따라서 장년기의 성인들은 이러한 질병들을 발견하고 조기에 치료를 받기 위해 정기적으로 검진을 받을 필요가 있다. 사회복지사들은 때때로 장년기의 가장이 건강을 상실함으로써 곤경에 빠진 가족들을 대하게 되며, 이러한 가족들을 위해 자원을 연결해 주는 일을 한다.

장년기에는 감각기관의 능력도 감소한다. 특히 시각에서 원시가 되는 경향이 있으며 청각도 예민성을 상실하기 시작한다. 외모의 변화가 나타나며 피부의 탄력성이 줄어들고 주름이 생기기 시작한다. 전반적으로 신진대사가 이전 시기보다 원활하지 못해 활기가 떨어지고, 육체적 힘이 약해지며, 스트레스와 질병에 대한 저항력도 떨어지고 회복력이 저하된다. 그러나 규칙적인 운동과 음식물 섭취의 조절로 청년기의 모습과 건강을 유지할 수 있으며, 따라서 장년기의 신체적 여가활동은 노화에 매우 중요한 영향을 미친다.

특히, 여성은 장년기에 폐경을 경험하게 되는데 이에 수반하여 생리적 변화가 일어나는 기간을 일명 갱년기라고 부른다. 폐경은 월경의 종료를 말하며 이제 더 이상 아이를 가질 수 없음을 나타낸다. 폐경의 평균 연령은 50세 정도이지만 개인적 차이가 있을 수 있다. 폐경과 더불어 신체적 변화가 일어나는데 그 대표적 증상이 에스트로겐 분비의 감소로 인한 홍조현상이다. 이는 얼굴이나 상체에 갑자기 열이 나고 땀이 나는 증상으로 몇 초 또는 몇 분에 걸쳐 지속되며 오한이 뒤따르기도 한다. 폐경에 대해 이 시기의 여성들은 다양한 반응을 보일 수 있는데 폐경을 이제까지 경험해 온 삶의 사건들 중 하나로 받아들이게 되면 심각한 곤란을 겪지 않을 수 있다(Ashford, LeCroy, & Lortie, 2006: 511-513).

한편, 남성들에게는 폐경이란 있을 수 없지만 이와 유사한 현상이 존재한다. 즉, 생물학적으로 남자들은 생식능력을 계속 유지하지만 남성 호르몬의 생산이 감소함에 따라 성기능이 약화되고 성적 무력감, 피로, 우울감 등을 경험할 수 있다. 테스토스테론 분비의 감소는 근육조직의 손실과 그로 인한 근력감소, 심장질환의 위험성도 증가시킨다(정옥분, 2004). 이러한 생물학적 요인과 심리적 요인이 복합되어 일어나는 현상으로 이혼, 결혼 외의 관계, 자살시도 등의 위험성이 존재한다.

### (2) 사회정서적 측면

#### ① 심리정서적 변화

㉠ 개성화(개별화, 개체화)

융은 장년기(중년기)를 생의 전환점으로 보고, 정신 에너지의 흐름을 외적·물질적 차원에서 내적·정신적 차원으로 전환시켜 자신의 내면세계에 대한 탐색을 강화하면서 개성화(individuation)되는 시기라고 하였다. 이 과정은 자기수용, 자기통합, 자기표현 등 자기인식을 통해 건강한 자신을 만들어 가는 시간으로 개인의 의식이 타인으로부터 분리되는 과정이기도 하다. 개성화 기간 중에는 페르소나, 음영, 아니마, 아니무스에 변화가 생기며, 가치관의 변화가 일어나기도 하고, 성격 본성에도 변화가 생겨 위기를 경험할 수도 있다. 이를 잘 견뎌 개성화된 인간은 자긍심이 높고, 보다 깊은 수준으로 자기의 의식과 무의식 세계를 알게 된다(사회복지교육연구센터, 2019).

㉡ 빈둥지 증후군

자녀가 모두 성장해 집을 떠나고 두 부부만 남게 되는 시기를 빈둥지 시기(empty nest stage)라고 한다. 이때 자녀에게 많은 시간을 투자하고 오로지 자식만을 위해 헌신해 온 부모의 경우 이 시기의 고독감을 견디지 못하고 우울증과 같은 심리상태에 놓이게 되는데, 이러한 현상을 "빈둥지 증후군"이라 한다.

이때 부모는 이제 무엇을 위해 살아가야 할지, 자신은 누구이고, 자신의 삶은 어떠한 의미인지를 생각하며 자기평가를 하게 되면서 정체감의 위기를 경험하게 된다.

㉢ 양성성으로의 전환

장년기에는 남성이나 여성 모두 성 유형화된 특성은 갖고 있지만, 그와 반대되는 성 특성이 나타나 양성적인 모습을 보이게 된다. 이러한 설명은 과거 칼 융의 양성성으로의 변화(androgyny shift) 가설을 통해서도 주장된 바 있다(Jung, 1961; 정옥분, 2013 재인용). 즉, 자녀가 성장하고 직업에서도 안정을 이루는 장년기가 되면, 남녀 모두 이전에 억압했던 반대의 성 특성을 표현함으로써 남성은 여성적 측면을, 여성은 남성적 측면을 나타낸다는 것이다.

장년기에는 자녀 양육의 책임에서 벗어나 그 역할이 변화하고 직업 등 사회에서의 역할도 달라지면서 생활양식에 변화가 생기므로 남성성과 여성성이 통합되어 성역할이 보다 융통적으로 변화되는 시기이다.

### ② 가족관계 재정립

장년기의 바람직한 가족관계는 저절로 발달하고 유지되는 것이 아니며, 이전 시기부터 친밀한 관계 형성을 위한 다양한 노력과 관심이 이어져야 가능하다.

건강한 가족을 이루기 위해서는 부부가 중심체계가 되어 건강한 가치체계를 가족구성원과 공유해야 하며, 가족 간 원활한 의사소통이 이루어지도록 노력하고, 유대감을 형성하도록 하며, 가족문제 예방과 해결을 위해 가족구성원의 욕구를 세심히 파악하여야 한다. 또한 가정과 직장 간 균형을 위해 시간을 잘 관리하려는 노력도 필요하다.

#### ㉠ 부부관계

부부는 가족의 중심이 되는 체계로, 장년기에는 부부가 신뢰와 공감으로 안정적 관계를 유지하도록 노력해야 한다. 그러나 이 시기는 결혼 만족도가 가장 낮은 시기이기도 하고, 이혼율도 높은 시기로 보고되고 있다. 살펴보면 그 배경에는 이전 단계에서부터 자녀 양육과 교육에 많은 에너지를 투입하여 정작 부부관계의 형성과 유지에 몰입하지 못한 상황이 있었고, 생활면에서 경제적 부담을 많이 느끼며 사회적으로 매우 바쁜 시기를 보내게 되었던 현실이 관련되어 있다(조흥식 외, 2010).

따라서 장년기의 부부관계를 건강하고 활기 있게 유지하려면, 자녀 양육 중심의 역할 수행에서 부부 중심의 역할 전환을 시도해야 하며, 동반자 의식을 통해 상호보호를 위한 다양한 노력을 의도적으로 해야 한다. 이를 위해 효과적인 대화체계를 꾸준히 개발하고 실천하도록 하며, 개인적 성장과 부부의 성장을 함께 고려하는 생활이 되어야 한다. 또한 의견의 불일치 등 갈등을 필연적인 것으로 인식해 갈등을 성숙의 기회로 생각하는 자세와 태도를 가져야 하며, 그 해결을 위해 건전한 전략 수립과 실천이 이어지도록 해야 한다.

㉡ 자녀관계

장년기에 자녀의 연령대는 보통 학령전기부터 청년기까지 이어지는데, 결혼 연령이 높아지고 자녀 수가 감소하면서 이 시기는 점차 단축되는 추세이다. 장년기의 부모는 자녀의 생애주기에 따른 신체적 · 심리정서적 발달 지원과 더불어 학업, 대인관계, 진로 등 양육과 교육, 그리고 사회화 과정에 관여하며 다양한 어려움과 과제에 직면한다. 부모는 자녀의 성장에 따라 독립적 선택을 지지하면서도 연령에 따른 한계를 규정함으로써 사회의 규칙과 제도를 인식하고 적응해가도록 해야 한다. 또한 자녀가 청년으로 성장하면 성인으로 인정하면서 직업과 결혼에 관심을 갖고 올바른 선택을 하도록 도와야 한다.

이와 같이 자녀의 발달단계에 따라 부모의 역할은 그 초점이 달라져야 한다. 장년기 부모는 자녀의 발달 특징과 과제에 대한 지식과 정보를 습득하고 의사소통 및 관계 개선에 많은 관심을 기울여야 하며(조흥식 외, 2010), 자녀의 독립에 따르는 부모 자신의 심리정서적 변화에도 적응하도록 노력해야 한다.

㉢ 노부모와의 관계

장년기에 속한 사람들의 부모는 노년기에 속하며 신체적 노화와 건강의 약화로 자녀의 돌봄과 보호가 요구되는 이들이다. 장년기에 속한 자녀의 노부모가 만성적 질병에 걸리거나 한쪽 부모가 사망하게 되면 자녀는 점차 부모와 역할이 바뀌게 된다. 즉, 장년기의 자녀가 부모를 부양하고 보살피게 되는데, 이들은 동시에 자신의 자녀를 부양하고 돌보는 역할도 담당해야 하므로 이중의 부담을 지게 되면서 심리적 어려움이 유발되기도 한다.

③ 직업 관리

㉠ 직업적 성취

직업은 노동을 통해 경제적 안정에 기여하도록 하면서 스스로에 대한 신뢰도를 높이고 삶의 만족감을 증가시키며, 신체적 · 정신적 건강 유지에도 직접적인 영향을 미친다. 또한 직업에 따라 요구되는 기술을 지속적으로 학습함으로써 지적 발달에 긍정적 영향을 미친다.

장년기에는 새로운 직업을 찾고 적응하기보다는 기존의 직업을 통해 경력을 쌓고 발전해 나감으로써 사회적 인정을 받는다(조흥식 외, 2010). 직무 수행 능력에 있어서 체력이나 빠른 속도를 요구하는 면에서는 다소 감소하지만, 그 외에는 오랜 경험을 통해 축적된 기술과 지식을 활용해 높은 수준의 생산성과 직무 수행 능력을 유지한다.

직업인이라면 누구에게나 해당되겠지만, 장년기에도 여전히 직장에서 상사나 동료로부터 신임을 얻을 수 있는 정보나 기술의 획득, 대인관계 기술의 습득, 그리고 직장 내 자신의 위치 확립을 위해 직업의 권력구조를 확인해야 하는 등 부단히 노력해야 하는 면이 있어 스트레스를 받을 수 있다. 특히 장년기는 직업적 성취도가 최고조에 이를 가능성과 직업 전환의 가능성이 공존하는 시기이므로 직업으로 인한 긴장이 많은 편이다. 연령에 따라서는 40대 성인이 다른 연령층보다 직업 성취에 대한 열의가 가장 높으므로 직업 성공에 대한 긴장도 많은 편으로 보고되고 있다.

ⓛ 직업 전환

장년기에는 직업에서 성공의 기회를 얻을 수도 있지만, 직업을 바꾸어야 하는 위기 상황에 놓이기도 한다. 직업 전환은 자발적 · 비자발적 두 가지 형태로 구분할 수 있다. 이때 자발적으로 직업을 전환하는 경우는 개인의 동기나 성격, 취업의 기회, 가족생활의 안정성 등이 복합적으로 작용한다. 반면 비자발적으로 직업을 전환하는 경우는 개인의 낮은 직무 수행 능력, 경제적 불황, 정부의 노동시장 정책 등 부정적 결과로 인해 많이 일어나는데(사회복지교육연구센터, 2019), 그 결과는 개인만이 아니라 전체 가족생활에도 중대한 위기를 초래할 수 있다. 대부분의 가족은 비자발적 퇴직에 대한 재정적 대비를 하지 못하는 경우가 많기 때문이다. 이에 그 역할을 대행하기 위해 가족성원 중 한 명이 직업 생활을 시작하기도 한다.

에릭슨이 말하는 장년기의 심리적·사회적 발달위기

- 생산성
  - 다음 세대를 이끌어 주고 돌봐주려는 일반적인 관심사
  - 사회를 위해 개인적·공적 수준에서 기여하는 능력
  - 자녀출산과 양육, 젊은 세대에 대한 관심과 보호, 아이디어의 실현, 저서 집필, 예술작품 등의 창조적 작업

- 침체성
  - 타인에게 거짓된 친밀성을 갖고 자기에게만 탐닉하는 것. 자기만을 우선적으로 보호하려는 성향
  - 침체감은 주로 직장에서의 승진 탈락, 노부모 부양, 부부 갈등과 이혼 등으로 무능력을 경험할 때 형성. 새로운 기술 발달과 생활양식의 변화도 장년기에 속하는 성인이 침체 상태에 이르는 원인이 되기도 함

④ 여가활동

여가활동은 24시간 중 직업 활동이나 생리적 욕구 충족에 필요한 생활시간을 제외한 잔여시간에 하는 휴식, 기분전환, 자기실현 활동을 의미한다. 현대 사회는 이전 시기에 비해 자녀 양육 기간이 단축되고, 평균수명은 연장되고 있어 조기에 은퇴를 하게 될 경우 여가시간이 큰 폭으로 증가한다. 이에 장년기의 생산적 여가활동은 신체, 인지, 사회정서적 발달 모두에 영향을 미치므로 주요한 발달 과업 중 하나이다. 따라서 장년기에는 자신의 적성을 고려하고, 신체적 건강에 유익한 여가나 취미활동을 개발하는 것이 필요하며, 부부 혹은 가족과 함께 하는 여가활동을 의도

적으로 개발하는 것도 바람직하다.

우리나라는 사회경제적 발전과 주 5일 근무제 등으로 점차 여가를 삶의 질과 직결되는 요소로 인식하게 되었다. 이에 여가를 적절하게 사용하기 위해 여가교육을 접하거나 여가기술, 여가자원 활용 방법을 익힐 필요가 있는데, 사실 이러한 노력은 장년기 이전부터 시도됨이 유리하다. 그러나 장년기부터라도 여가시간이 급증하는 노년기를 대비해 의도적으로 여가의 사회화 기회를 갖도록 한다.

**Note 전환의 시기-장년기**

장년기가 전환의 시기라는 것을 가장 먼저 주장한 사람은 융(Jung, 1959)으로 그에 의하면 사람들은 삶의 전반부에서 자신의 외부세계를 다스리지만 삶의 후반부에서는 개인적 한계와 질병이나 사망을 지배할 수 없다는 것을 이해하면서 점점 더 내면세계에 초점을 맞추기 시작한다. 그 외에 성인기 발달에 대한 연구들 중에서 장년기에 해당하는 것을 정리하면 다음과 같다.

**[Note1: 장년기에 성취해야할 발달과제]**

레빈슨(Levinson, 1978)은 장년기에 세 가지 발달과제를 성취해야 한다고 주장하였다. 첫째, 자신의 과거에 대한 재평가로 이는 자신의 죽음에 대한 의식이 강해진 것과 남은 시간을 현명하게 사용하고자 하는 의도에서 비롯된다. 둘째, 인생의 남은 부분을 새로운 시기로서 시작하는 것으로 이를 위하여 삶의 기존 구조에서 부정적 요소들을 수정하고 새로운 요소들을 갖추기 위한 선택들이 이루어져야 한다. 셋째, 개별화로 장년기 이전에는 반대의 관계로 경험하던 상태나 경향—양극에서 그중의 하나에만 해당할 수 있고 동시에 둘의 상태를 취할 수 없다고 느끼던 것—을 직면하고 통합할 수 있어야 한다.

**[Note2: 장년기에 벗어나야 할 다섯 가지 비합리적 가정]**

굴드는 장년기에 벗어나야 할 다섯 가지 비합리적 가정을 다음과 같이 제시하고 설명하였다.

① 안전이 영원히 지속될 것이라는 가정: 실제로 장년기에는 부모의 보호를 상실하게 되

며 부모가 생존해 있더라도 역할전도(role reversal)가 일어난다.

② 자신과 자기가 사랑하는 사람들에게 죽음이 일어나지 않을 것이라는 가정: 이 시기에 부모가 병들거나 사망하며 자신의 죽음에 관해서도 신호를 받게 된다.

③ 배우자 없이 사는 것이 불가능하다는 가정: 특히 장년기의 여자들은 배우자의 보호 없이 살 수 없다는 사고를 버림으로써 더 광범위한 사회적 접촉을 경험하게 되고 인격의 발달을 도모할 수 있다.

④ 가족 밖에서는 어떠한 삶이나 변화도 존재할 수 없다는 가정: 장년기에 자신을 재정의하고 결혼생활에 대한 새로운 협상, 실험 등을 통해서 가족 밖의 생활과 자신의 변화 가능성을 발견하게 된다.

⑤ 자신이 순수하다는 가정: 많은 성인들이 탐욕, 시기, 경쟁과 같은 속성들은 타인들에게 존재한다고 인식했으나 이제는 자신에게도 그러한 속성들이 있음을 깨닫고 그 결과로 자신의 장점뿐만 아니라 약점도 분명하게 알게 된다.

### [Note3: 성인기의 발달 이슈]

펙(Peck,1968)은 성인기의 발달에 관해서 일곱 가지 이슈를 제시하였는데 그 중에서 다음 네 가지가 장년기에 해당한다(Craig, 1999: 514-515).

① 지혜를 중요시할 것인가 아니면 육체적 힘을 중요시할 것인가: 장년기에 육체적 힘의 감소와 건강문제의 증가는 이 시기의 사람들로 하여금 에너지를 육체적 활동보다는 정신적 활동에 기울이도록 한다. 따라서 이 시기를 효과적으로 보내는 사람은 육체적 힘보다는 정신적 능력을 평가의 기준과 문제해결의 수단으로 삼는 사람이다.

② 대인관계를 사회화할 것인가 아니면 성적 대상화할 것인가: 장년기에 경험하는 신체적 변화는 인생에서 대인관계를 성적 친밀성이나 경쟁보다는 친구, 동료 사이를 강조하는 관계로 재징의하도록 만든다. 다시 말해서 겡년기의 변화는 남녀 관계에서 싱대빙에 대하여 성적 대상으로 가치를 두기보다는 개인적 인격에 가치를 두도록 한다.

③ 정서적 융통성 대 정서적 빈곤: 정서적 융통성이란 정서적 투자를 한 사람 또는 한 활동에 집중하던 것으로부터 다른 사람, 다른 활동으로 전환할 수 있는 능력을 말한다. 장년기에는 부모의 사망, 자녀의 독립, 친지의 사망 등에 의하여 정서적으로 초점이 되었던 대상들이 사라지는데 감정을 다른 사람이나 활동에 재투자하지 못하면 정서적 빈곤을 경험한다.

④ 지적 융통성 대 지적 엄격성: 중년기의 사람들은 견해나 활동에 융통성이 있어야 하고 새로운 사고에 대하여 수용적이어야 한다. 중년기까지 많은 사람들이 삶의 중요한 문제에 대해 이미 해답을 얻었다고 생각하며 이에 안주하고 새로운 해답을 모색하지 않을 때 사고가 경직된다. 반면에 지적 융통성을 가진 사람들은 자신의 경험과 해답을 새로운 문제를 해결하기 위한 잠정적 지침으로 사용한다(정옥분, 2004).

**[Note4: 중년의 위기]**

중년의 위기(mid-life crisis)라는 용어는 융(Jung)에 의해서 처음 사용되었다. 그는 자신의 환자들 가운데 다수인 중년기에 속한 사람들이 이 시기에 심각한 정신적 위기를 경험하고 주요 증상으로 불안, 우울, 자신감의 저하 및 성취감의 상실과 같은 정서적 문제들을 보이는 것을 발견하였다.

남성들은 장년기에 심리적으로 자신의 결혼생활과 가정에 대하여 재평가하고 과거와 미래를 생각하며 그가 성취한 것과 실패한 것에 대하여 생각한다. 이러한 과정에서 불안, 우울, 집중력 감소, 피로, 수면 장애, 초조, 홍미와 자신감 상실 등의 증상이 나타나기도 한다. 또한 직업이나 삶의 다른 영역에서의 실패에 대해서도 두려워하게 된다. 실제로 중년의 위기를 경험하는 남성은 자신의 직업에 대한 불만이 증가하며 직업에 갇힌 것 같고 지루하다고 느끼거나 성취감을 상실하는 것으로 나타나 있다. 그러나 장년기의 모든 남성들이 위기를 경험하는 것은 아니다. 장년기에 올 수 있는 여러 가지 변화에 대해 이해하고 있는 사람들일수록 위기를 겪지 않거나 순조롭게 넘길 가능성이 크다(Neugarten, 1977).

여성의 경우 이러한 현상은 흔히 폐경에 대한 부정적인 심리적 반응으로 간주된다. 그리고 이 시기는 여성들에서도 자신의 과거를 재평가하는 기간이므로 만일 과거가 자신이 원한 대로 되지 않았고 앞으로도 희망이 없다고 느끼면 우울증에 빠지게 된다. 때때로 이것은 사회적 고립이나 알코올 중독과 같은 심각한 정신적 문제로 진전되기도 한다.

그러나 대부분의 여성에게 갱년기가 이렇게 심각한 결과를 가져오지는 않는다. 일례로 뉴가튼(Neugarten, 1977)은 수백 명의 여성을 면접한 결과, 갱년기를 지난 여성들이 그 이전 시기에 있는 여성들보다 삶에 대해 더 긍정적인 태도를 갖고 있는 것을 발견하였다. 또한 애시포드 등(Ashford et al., 2006)의 연구에 의하면 많은 폐경기 여성들은 “폐경 후 열정(postmenopausal zest, PMZ)”이라고 부르는 에너지, 자신감, 자기주장의 증가 현상을 보였다.

### Note 장년기의 클라이언트! 어떻게 도울 수 있을까?

사회복지사가 장년기의 클라이언트들을 대상으로 지혜 대 육체적 힘 그리고 대인관계의 사회화 대 성적 대상화의 이슈가 관련된 문제를 다룰 때에는 그들이 취하는 선택에 대해서 옳고 그름을 판단해서는 안 된다(Specht & Craig, 1987: 217). 이 두 가지 이슈를 만족스럽게 해결하는 데는 여러 가지 방식이 있기 때문이다. 즉, 어떤 사람들은 자신의 육체능력 감소를 막기 위해서 많은 노력을 할 수도 있고 또 어떤 사람들은 신체적 변화를 쉽게 받아들인다. 마찬가지로 이혼이나 배우자의 사망으로 인하여 장년기에 혼자 된 사람들 중에서 어떤 사람은 새로운 짝을 얻기 위한 경쟁에 들어가는 반면에 또 어떤 사람들은 동성 간의 우정으로 그것을 대치하고자 한다. 사회복지사는 이와 같이 서로 다른 유형의 적응을 선택하는 사람들의 상이한 욕구를 충족시켜 줄 수 있는 서비스들을 제공해야 할 것이다.

그러나 정서적 융통성 대 정서적 빈곤, 지적 융통성 대 엄격성의 이슈에 관해서는 사회복지사가 옳고 그름에 대한 판단을 내려야 한다. 다시 말해서 분명히 융통성이 엄격성보다는 훨씬 바람직한 것이다. 장년기에 있는 사람들 중에서 예전에 사용하던 적응방식이 통하지 않을 때에 도움을 요청하는 경우가 흔하다. 따라서 사회복지사는 이들로 하여금 융통성 없이 과거의 경험과 판단을 고집하는 것으로부터 벗어나 새로운 사고와 적응방식을 수용할 수 있도록 도와주어야 한다.

## Tip 장년기와 사회복지실천

**[신체적 발달]**

- 성인병 예방을 위한 상담, 건강교육 프로그램 지원
- 갱년기 증상으로 인해 나타나는 신체적 변화에 대한 적응 지원, 정보 제공
- 만성질환이나 장애를 지닌 가족원의 돌봄 지원을 위한 서비스 연계
- 중도 장애인을 위한 재활치료 프로그램 등

**[인지적 발달]**

- 중년의 학습 욕구에 기반한 평생교육 프로그램 지원
- 치매예방을 위한 정보 제공 및 교육 등

**[사회정서적 발달]**

- 중년의 부부갈등 상담, 예방 프로그램 지원
- 은퇴준비를 위한 노후생활설계(재무, 건강, 사회적 관계 등) 상담 및 교육 제공
- 여가교육 및 여가문화 프로그램 지원
- 실직, 장애, 사망 등으로 인한 긴급 위기가족지원 서비스 연계
- 재취업 및 창업 상담, 고용 관련 지원서비스 연계 등

**[주요 사회적 이슈]**

- 조기 퇴직 및 실업으로 인한 중년기의 빈곤
- 중년의 우울
- 성인병
- 가족해체 및 이혼 등

## Tip 사회복지사 1급 시험 기출 문제

**01 청년기(20~34세)에 관한 설명으로 옳지 않은 것은? [14회]**

① 신체적 기능이 최고조에 달하는 시기이다.
② 주요 발달과업은 진로 및 직업 선택, 혼인 준비 등이다.
③ 발달과업에서 신체적 요소보다는 사회문화적 요소를 중요시한다.
④ 아동기 이후 인생의 과도기로서 신체적 · 성적 성숙이 빠르게 진행된다.
⑤ 에릭슨(E. Erikson)의 발달단계에서 친밀감 대 고립감에 해당하는 시기이다.

**02 청년기(20~35세)에 관한 설명으로 옳지 않은 것은? [17회]**

① 부모로부터의 독립에 대한 양가감정에서 해방된다.
② 직업의 준비와 선택은 주요한 발달과업이다.
③ 사랑하고 보살피는 능력이 심화되는 시기이다.
④ 사회적 성역할 정체감이 확립되는 시기이다.
⑤ 친밀감 형성과 성숙한 사회관계 성취가 중요하다.

**03 중년기에 경험하는 갱년기 증상에 관한 설명으로 옳지 않은 것은? [16회]**

① 여성은 안면홍조와 수면장애 등의 증상을 경험하며, 폐경으로 가임기가 끝나게 된다.
② 신체적 변화뿐만 아니라 우울, 무기력감 등 심리적 증상을 동반하게 된다.
③ 남성은 성기능 저하 및 성욕감퇴를 경험하지만 생식능력은 있다.
④ 여성의 경우 에스트로겐의 분비가 감소되며 남성의 경우 테스토스테론의 분비가 감소된다.
⑤ 결정성(crystallized) 지능은 감소하고 유동성(fluid) 지능이 증가하는 인지변화를 경험한다.

**04 중장년기(36~64세)의 특성으로 옳은 것을 모두 고른 것은? [17회]**

| | |
|---|---|
| 가. 생산성 대 침체성 | 나. 전인습적 도덕기 |
| 다. 빈둥지 증후군 | 라. 개성화 |

① 가, 라　　② 나, 다　　③ 가, 다, 라
④ 나, 다, 라　　⑤ 가, 나, 다, 라

정답 01 ④ 02 ① 03 ⑤ 04 ③

Chapter
13

# 전 생애 발달의 통합적 이해: 노년기

1. 노년기 전기
2. 노년기 후기
3. 죽음과 애도

Chapter 13

# 전 생애 발달의 통합적 이해: 노년기

**학습목표**

1. 노년기에 속하는 인간의 신체발달 양상을 이해한다.
2. 노년기에 속하는 인간의 인지와 사회정서적 발달 양상을 이해한다.
3. 노년기의 발달과 관련해 사회복지실천에서 관심을 가져야 하는 영역을 이해한다.

## 1. 노년기 전기

### 1) 연령 구분 및 특징

노인은 일반적으로 65세 이상의 사람을 지칭하며, 한국의 「노인복지법」에서도 같은 연령으로 노인을 정의하고 있어 노년기는 65세부터 사망에 이르는 시기까지라고 말할 수 있다. 그러나 평균수명의 연장으로 노년기가 길어짐에 따라 연령 범위를 10세 단위로 재구분하여 이 시기를 노년 조기(65~75세 미만), 노년 중기(75~85세 미만), 노년 후기(85세 이상)로 나누기도 한다(권중돈, 2012). 그러나 본서에서는 노년기 전기(65~75세 미만)와 노년기 후기(75세 이상)로 나누어 설명해 보고자 한다. 이와 같이 노년기를 세분하는 것은 사회복지에서도 중요한 의미를 지닌다. 즉, 노년기 확장의 경향에도 불구하고 65세 이상의 노인들을 묶어 하나의 노인집단으로 간주하는 것은 노인복지에서 고려해야 할 연령대에 따른 차이(cohort difference)를 간과하게 만들 수 있기 때문이다. 즉, 노인복지서비스는 노인들의 건강이나 생활의 다양성을 고려하여 연령보다는 개개인의 수요에 따라 실시되어야 하겠지만 확장된 노년기를 세분하여 접근하는 것은 이들을 한 집단으로 다룰 때보다 노인인구를 정확하게 이해하고 서비스의 효율성을 높이는 데 훨씬 유용하다.

뿐만 아니라, 노년기에는 연령 증가에 따라 신체 및 심리, 사회적 측면에서 점진적 퇴행을 나타낸다. 신체 기능이 쇠퇴하고 질병에 걸리기 쉬우며, 사회경제적 지위와 역할을 상실하고 사회관계가 축소되는 등 노화에 따른 현상이 주로 일어난다. 그러므로 노년기에는 신체적 노화와 심리적 변화에 적응하기, 삶에 대해 전체적으로 조망하며 평가하기, 역할 재조정하기, 여가의 활용, 죽음에 대한 준비 등이 중요한 발달과업이 된다.

## 2) 발달 특성

### (1) 신체적 측면

#### ① 신체 구조의 변화

생물학적 노화로 신체를 구성하는 세포의 노화가 촉진되며 신체 기관이나 조직도 노화되면서 기능 저하를 경험하게 된다. 외형상의 변화를 살펴보면, 체중이 감소하고 연골조직의 퇴화로 신장도 줄어들며, 치아도 손실되어 수가 줄어든다. 머리카락은 멜라닌 세포 감소로 흰빛으로 변하고, 피부는 창백해지며 얼룩 반점이 생기고 건조해진다. 피부의 체온 유지능력 저하로 온도변화에 신속히 적응하지 못해 호흡기 질환에 걸리기 쉬우며, 쓰러지는 경우도 종종 발생한다. 연령이 증가함에 따라 신체 조직의 지방분은 증가하고 수분은 감소하며 뼛속 칼슘은 부족해져 뼈의 질량이 감소하고 골밀도가 낮아지는데, 이 때문에 쉽게 골절되고 골다공증에 걸리기 쉽다. 또한 연골조직이 얇아지고 탄력이 떨어져 관절염을 일으키기도 하며, 골격에 붙어있는 근육량 감소와 수축력 약화로 운동능력이 떨어진다. 노년기에 뇌는 무게의 감소, 수상돌기의 밀도 감소, 신경세포가 밀집되어 있는 회백질 감소 등으로 크기가 감소하고 기능도 저하된다(권중돈, 2014; 정옥분, 2013).

특히, 노년기에 질병의 가능성은 급격히 증가한다. 노인의 70% 정도가 적어도 하나의 만성질환을 앓고 있으며 보편적으로 복합적 질환을 가진 것으로 보고되고 있다(조복희 · 정옥분 · 유가효, 1988. 심장병, 당뇨, 관절염, 고혈압, 신경통 등이 노년기에 흔히 앓는 만성질환이다. 노인들의 사망의 주요인이 되는 질병들은 순환기 질환, 암, 뇌일혈, 폐렴, 기관지염, 동맥경화, 당뇨 등이다. 또한 기억력, 지남력 등 인지능력의 손상과 우울증, 망상 등 정신증상을 보이는 치매는 노인과 가족을 힘들게 하는 대표적인 노인성 질환이다.

#### ② 신체 기능의 변화

신체 내부의 장기는 40세부터 대부분 중량이 감소하기 시작하는데, 심장은 주변 모세혈관의 동맥경화에 의한 심장비대, 지방분 증가 등으로 오히려 증가한다. 그러나 노년기에는 심박출량과 심장박동 능력은 감소하고 심장판막의 석회화로 세포사멸이 발생해 각종 심장질환에 걸릴 가능성이 높다. 또한 동맥의 구조 변화와 기능 저하로 혈액순환이 원활하지 못해 고혈압, 동맥경화, 뇌졸중 등 순환기계 질환을 얻게 될 가능성도 높다. 노년기에는 폐조직의 탄성 저하와 폐용량 감소로 호흡기 계통의 효율성이 떨어져 호흡기 질환에도 취약하다(정옥분, 2013). 소화효소 분비량의 감소, 위 근육 약화 등으로 소화기능이 감퇴하며, 신장기능도 저하되고 방광과

요도기능 저하로 야간에 소변을 보는 횟수가 증가한다. 또한 기초대사율이 감소하나 탄수화물 대사율은 증가해 혈액 속 혈당은 증가하고 당뇨에 걸릴 가능성도 높아진다(권중돈, 2014).

### ③ 감각 기능의 변화

노년기의 연령 증가는 감각 기능의 저하로 이어진다. 노년기에는 감각기관이 수집한 정보를 의식적으로 처리하고 평가하는 지각기능의 반응 속도가 저하된다. 그러므로 환경 변화에 즉각적인 대처가 어려워 안전사고에 노출될 가능성이 증가한다.

또한, 일반적으로 연령이 증가하면 수면시간도 감소하는데, 20대에 7~8시간이었던 것이 55세 이후부터는 급격히 감소해 65세 이상이 되면 평균 5~6시간으로 나타난다. 수면시간의 감소는 노년기의 취면장애, 조기각성, 주야전도, 숙면장애 등을 경험할 가능성이 높아지는데, 이는 피로회복과 관련되어 낮 시간 일상생활에 지장을 줄 수 있다(권중돈, 2014; 정옥분, 2013; 조흥식 외, 2010).

이렇게 노년기에 관찰되는 주요 감각의 변화를 정리하면 〈표 13-1〉과 같다.

**〈표 13-1〉 노년기 감각 기능의 변화**

| 감각 | 변화 |
|---|---|
| 시각 | • 40대 이후 약화. 70세 이후부터는 교정해도 정상시력 유지 어려움<br>• 수정체에 섬유질 증가로 시각이 흐려지는 백내장 발병률 증가<br>• 안압 상승으로 시신경이 눌려 시야에 장애가 생기는 녹내장 발병률 상승 |
| 청각 | • 내이(內耳)에서 대뇌피질까지의 청각체계의 반응능력 감소, 중추신경계의 자극반응능력 감소 등으로 감퇴<br>• 고령일수록 음의 고저에 대한 변별력 감소. 노년 후기에는 보청기 등 청력 보조기구 사용 가능성 증가 |
| 미각 | • 20대에 최고 상태에 이르렀다가 50세 이후 서서히 감퇴. 80세 이후 맛봉우리 감소로 맛의 구별능력이 현저히 떨어짐<br>• 단맛과 짠맛에 비해 쓴맛과 신맛의 감각이 더 오래 지속됨 |

| 감각 | 변화 |
| --- | --- |
| 후각 | • 65세 이후부터 감퇴. 85세 이후 노인의 75%가량 후각문제 경험<br>• 후각은 미각과 관련. 식욕에 영향을 미쳐 영양부족 등의 상태와 관련됨 |
| 촉각 & 통각 | • 촉각은 45세 이후부터 급격히 저하<br>• 민감성 감소로 위험 상황을 신속히 느끼지 못해 더 큰 상처를 입을 수 있음 |

### (2) 인지적 측면

지금까지 노년기의 인지기능의 변화에 대한 학자들의 일치된 견해는 없다. 앞에서 청년기에서 유동성 지능과 결정적 지능을 설명하였듯이 지능에는 여러 종류가 있어 특정 지능만을 근거로 감퇴를 설명하기는 어렵다. 노년기의 인지능력과 사고력, 문제해결 능력 등은 연령 이외에도 학력, 생활에서의 경험, 직업, 동년배의 집단효과, 건강 상태 등의 영향을 받기 때문이다(정옥분, 2013).

노년기에는 일반적으로 과거 오래된 일에 대한 기억력은 유지되나 단기 기억과 최근 기억 능력은 약화된다(정옥분, 2013). 특히 암기력보다 논리적 기억력이 더 많이 감퇴해 학습 능력이 저하되는데, 노년기에는 보는 것보다 듣는 것이 기억에 더 유리해 노인을 위한 학습이나 교육을 위해서는 청각을 활용한 방법이 효과적이다.

사회문제로 부각되고 있는 노년기의 치매는 뇌질량 감소, 뇌혈관 장애, 알코올 등의 원인으로 인지기능과 정신 기능이 감퇴되는 기질성 정신장애로, 사고력과 기억력 장애를 가져온다. 또한 추상적 사고 장애, 판단 장애, 성격변화 등이 수반되어 직업 생활이나 일상적 활동, 대인관계에 지장을 주게 된다(권중돈, 2014). 학자들은 노년기 치매에 대한 두려움과 공포에 대응하기 위해 치매 연구를 지속해 왔는데, 다양한 치매 유형 중 다수에서 적절한 관리와 치료를 하게 되면 증상의 예방과 악화의 지연이 가능했고, 10~15%는 증상이 호전되었음을 보고한 바 있다(조홍식 외, 2010).

한편, 노년기의 인지적 능력의 저하가 환경의 산물이라는 지적도 있다(Newman

& Newman, 2006). 스키너(Skinner, 1983)에 의하면 노년기의 환경은 새로운 사고나 체계적 사고를 강화하고 격려하는 유형이 아니며 이러한 요인이 인지적 능력의 쇠퇴에 기여한다. 많은 노인들이 혼자서 사는 독거노인의 형태를 띠게 되는데, 이것은 지적 분화와 새로운 사고형성을 촉진하는 다양한 사회적 상호작용이 결핍된 환경이다. 또한 노인들은 과거에 대해 이야기할 때 강화 받는 경향이 있으며, 이렇게 회상에 사로잡히는 것은 새로운 방향의 사고를 격려하지 않는다. 스키너는 노년기에 인지적 능력의 쇠퇴를 막기 위한 개입으로 타인들과 언어적 상호작용을 촉진하는 규칙적인 기회를 가질 것, 기억이 감퇴하는 것을 막기 위해 책이나 논문의 개요를 작성해 볼 것, 아이디어가 떠올랐을 때 즉시 행동에 옮길 것 등을 제시하였다.

### (3) 사회정서적 측면

#### ① 정서 및 성격의 변화

노년기에는 감정 표현능력이 저하되며, 성격에 변화가 일어난다. 윤진(1996)은 노년기 정서와 성격 변화에 대해 다음과 같이 그 특징을 설명하고 있다.

- 내향성과 수동성의 증가: 외부보다 내적 측면에 관심과 주의를 기울이며, 자신의 생각과 감정에 따라 사물을 판단한다. 어떠한 문제에 스스로 참여해 해결하려는 능동성이 줄어들고 수동적 태도를 보인다.
- 조심성의 증가: 감각 능력 등이 떨어져 어떠한 결정에 자신감이 결여되어 있어, 보다 정확하고 확실한 것을 추구하려는 성향이 강해진다.
- 경직성의 증가: 자신이 늘 해오던 습관을 고수하고자 한다. 그러므로 학습이나 문제해결에 있어 경직된 태도나 방법을 지닌다.
- 의존성 증가: 노화로 인해 경제적 · 신체적 · 정서적 · 사회적 의존성이 전반적으로 증가한다.
- 우울 성향의 증가: 배우자 사망이나 은퇴, 질병, 노화로 인한 일상생활에서의 통제력 약화 등은 변화된 환경에 적응이 필요하게 된다. 이 과정에서 우울 성향

이 증가하며, 심한 경우 강박관념, 증오감 등을 가질 수 있고, 불면증이나 체중 감소 등의 현상이 나타나기도 한다.

- 친근한 사물에 대한 애착 증가: 자신이 사용해 온 물건에 대한 애착이 증가한다. 친근한 사물을 통해 심리적 안정을 추구하려 하며, 과거의 삶을 회상하기도 한다.
- 성역할 지각의 변화: 상대적으로 남성은 이전 시기에 비해 친밀성, 의존성, 관계 지향성이 증가하고, 여성은 공격성, 자기중심성, 권위주의적 성향이 증가한다.
- 생에 대한 회상의 경향: 과거의 삶을 회상하며 남아 있는 시간 동안 지금껏 하지 못했던 일을 하거나, 새로운 해결을 시도하며, 그 과정을 통해 인생의 새로운 의미를 발견하고자 한다.
- 시간 전망의 변화: 살아온 시간보다 자신의 인생에서 남은 시간이 얼마나 될지, 시간에 대한 전망이 변화한다. 자신의 인생에 남아 있는 시간이 얼마 되지 않는다는 생각에 과거를 자주 회상하거나 혹은 지나치게 미래지향적인 모습을 나타낸다.
- 유산을 남기려는 경향: 생을 마감하기 전에 자손이나 다른 이들에게 기술이나 지식, 재산, 작품 등 무인가를 남기려는 경향이 증가한다.

② 사회적 지위와 역할 변화

- 지위 및 역할 상실

노년기는 친구와 가족의 죽음, 직업에서의 지위와 소득의 상실, 신체적 건강 약화, 아름다움의 감소, 전체적인 삶의 목적 상실 등 얻는 것보다는 잃는 것이 더 많은 시기로, 상실의 시기 혹은 역할이 없는 시기라 부르기도 한다. 그러나 반드시 그런 것만은 아니며, 새로운 역할을 얻기도 하고, 동일한 역할을 수행하면서도 그 수행 방법과 역할 자체의 중요성이 변화되는 역할 전환을 경험할 수도 있다.

노년기에는 직업인의 지위에서 물러나 퇴직인 지위를 갖게 되면서, 생계유지자에서 피부양자로, 독신, 조부모의 역할로 전환된다. 제도적 지위와 역할(기업체 과장, 가정의 생계유지자 등)은 종류와 수, 중요성이 줄어드는 반면, 희박한 지위와 역할(명예 교수, 퇴직 가장 등)은 오히려 늘어나고, 비공식적 지위와 역할(비공식적 지도자, 박물관 임시 안내자 등)은 큰 변화는 없지만 노년기 후반으로 갈수록 약간 감소하는 특징이 있다(김동배 외, 2010).

이러한 특징은 노인 스스로 자신의 가치를 평가 절하하고 자기존중감, 삶의 만족도 등이 낮아지는 결과를 가져오기도 한다. 특히 배우자의 사별로 인한 역할 변화는 가장 적응하기 힘든 것으로, 슬픔과 우울만이 아닌 극심한 혼란을 가져오기도 한다. 그러나 노년기의 역할 변화는 대부분이 점진적으로 이루어지므로 심리적으로 준비할 수 있는 시간을 충분히 가질 수 있고, 역할 전환에 성공적으로 적응해 새롭게 획득한 지위와 역할에 만족하는 경우도 있다.

- 은퇴

은퇴(retirement)는 사회적 지위에서 물러나 그 지위에 관련된 역할 수행을 중단하게 된 현상으로, 직업이나 일의 종결을 의미한다. 은퇴의 가장 대표적인 유형은 퇴직(근로상태의 종료를 의미)이다.

퇴직 결정에 영향을 미치는 요인은 일반적으로 정년제 등의 조직의 공식 구조, 가족성원의 퇴직에 대한 태도, 가족의 경제 상태 및 예상 수입 정도, 본인의 건강 상태, 직업 및 교육 수준, 배우자 유무와 부양책임 정도, 직업 만족도, 여가에 대한 태도 등이다(권중돈, 2014). 퇴직 생활의 적응은 노년기의 주요 발달 과업 중 하나로 삶의 질을 결정하는 주요 요인으로도 거론되고 있다. 즉, 노년기 퇴직으로 인한 지위와 역할의 변화, 경제적 조건의 변화, 상황적 요인의 변화, 사회관계망의 변화를 수용하고 자신이나 주변의 대처 자원을 활용해 능동적으로 적응할 수 있어야 한다. 퇴직 생활에 대한 적응에 영향을 미치는 요인으로는 퇴직에 대한 태도, 퇴직의 유형(비자발적 퇴직, 자발적 퇴직), 퇴직 전 직업 유형, 여가의 사회화 수준, 교육 수준, 건강 상태, 경제적 수준 등이 있다.

• 조부모 역할의 수행

노년기에 자녀의 결혼과 출산은 노인에게 조부모라는 새로운 역할을 부여한다. 핵가족 중심의 사회가 되면서 조부모의 손자녀 훈육이 예전만큼 엄격하지 않고 관계의 비중이 상대적으로 적어졌지만, 조부모 역할 수행은 자신의 존재가치를 확인하게 하고 상실감을 극복하게 하며 관계의 만족감을 가져온다. 또한 스스로에게 자부심을 느끼도록 하고 삶에 보다 의욕적인 자세를 갖게 한다. 이처럼 조부모 역할 수행은 노인의 자아개념과 삶의 목적의식에 긍정적 영향을 미친다.

조부모의 역할 수행은 손자녀와의 접촉 빈도나 관여도에 따라 몇 가지 유형으로 나눠볼 수 있는데, 그 내용은 다음과 같다(사회복지교육연구센터, 2019).

- 공식형: 손자녀에게 선물을 주고 열중하지만 부모의 역할을 침해하지는 않는다.
- 재미추구형: 손자녀를 여가활동의 원천으로 보고, 상호 간에 만족하며 지낸다.
- 대리부모형: 부모를 대신해 손자녀의 육아와 교육을 담당한다.
- 원거리형: 휴일이나 가족의 특별한 의식 외에는 별로 접촉하지 않는다.

관련 연구에 의하면 성별에 따라 차이를 보여 할아버지보다 할머니의 경우 손자녀와 보다 친밀하고 좋은 관계를 유지하며, 대리부모의 역할을 담당하기 쉽다. 또한 친조부모보다 외조부모가 손자녀와 더 가깝게 지내고, 위급할 경우 더 많이 관여한다(하석철 외, 2014).

### ③ 자신의 삶에 대한 수용

노년기에 들어서면 장년기까지의 주요 과제들에서 성공과 실패를 평가할 수 있는 증거가 축적되기 시작한다. 예를 들면, 자녀들이 독립한 후에 부부만의 관계에 초점을 맞출 기회가 증가하면서 결혼생활을 잘하였는가 아니면 결혼생활이 원만하지 못했는가를 평가할 수 있게 된다. 또한 성인이 된 자녀들이 직업, 친밀한 관계형성 등에서 성공 또는 실패하는 것을 봄으로써 자녀양육의 과제를 얼마나 잘 수행하였는지 평가한다. 직업에서는 자신의 생산성이 자기능력과 얼마나 부합하였는지, 또 개인적인 목표를 얼마나 성취하였는지 등을 평가할 수 있게 된다.

이 과정에서 자신의 성취에 대한 한계를 깨닫고 어느 정도의 실망을 경험하는 것은 불가피하다. 그러나 이러한 현실을 수용할 수 있어야 하며 자신의 성취와 목표 사이에는 필연적인 차이가 존재한다는 것을 이해해야 한다. 자신의 지나간 삶을 받아들이는 과정은 개인적으로 어려운 도전으로 자기가 적합하지 못했었다는 느낌에 의해 크게 부담스러워하지 않으면서 실패, 위기, 실망스러운 영역들을 자신의 자아상에 통합할 수 있어야 한다(Newman & Newman, 2006: 493). 그리고 자신의 성취가 자신의 기대에 못 미친다 하더라도 성취한 바에 대해 자부심을 가질 수 있어야 한다.

이러한 과제에 대해 노인들은 여러 가지 반응을 보일 수 있다. 어떤 노인들은 과거를 돌아보면서 극도로 우울해져서 이것이 장래의 불행으로 연결되기도 한다. 즉, 과거의 실패, 위기, 질병이 그들을 지배하며 어떠한 현재의 경험도 이를 보상할 수 없다. 반면에 어떤 노인들은 철저한 자신감으로 반응한다. 이들은 자신의 삶을 젊은이들의 모델처럼 생각하며 실패를 의미하는 어떠한 흔적도 인정하지 않으려고 한다. 이 두 반응은 다 노년기의 적응을 어렵게 하는 것들이다. 보다 바람직한 반응은 노인이 실망이나 위기의 영역을 자신의 성취에 균형을 취하여 받아들이는 것이다. 대부분의 노인들에게 이러한 반응은 자부심으로 나아가는 전체적 균형을 가져온다(Newman & Newman, 1991: 378).

#### ④ 사회복지실천의 관심 대상이 되는 노년기 전기의 문제

노년기 전기에는 사회적 역할의 축소에 따른 자부심의 저하, 고독과 소외, 은퇴로 인한 소득감소 등이 주요한 문제로 등장한다.

노년기 전기에 사회적 역할의 축소와 그에 따른 자부심의 저하를 경험할 수 있다. 이 시기에는 장년기 동안에 차지했던 사회적으로 중요한 역할과 지위로부터 물러난다. 로소우(Rosow, 1985)는 제도적 역할은 장년기를 정점으로 감소하는 반면에 희박한 역할은 증가한다고 지적하였다. 적절한 준비가 없는 가운데 맞게 되는 노년기 전기의 이러한 역할 변화를 노인들은 흔히 고통스러운 상실로 받아들인다. 또한 현대사회는 젊음에 가치를 부여하기 때문에 노인들은 사회로부터의 무시에 직면한다. 그 밖에 구식 사고나 생활방식, 증가하는 의존성과 무능력에 대해 가족성원들이나 사회의 젊은이들이 표시하는 부정적 태도는 노인으로 하여금 자신의 가치가 매우 낮다고 느끼도록 만든다. 그리고 이 시기에 일어나는 신체적 능력의 점진적 쇠퇴도 사회적 역할의 축소에 따르는 노인의 좌절감과 사기저하를 촉진한다.

이러한 변화들은 노인의 자부심을 크게 저하시키고 스스로 쓸모없는 사람으로 낙인찍게 만들기도 한다. 자신을 쓸모없고 무능한 사람으로 받아들이는 것은 노년기의 적응과 사회적 관계, 역할수행을 매우 어렵게 만든다.

사회적 역할의 축소에 따르는 자부심의 저하를 막기 위해서는 역할 변화에 준비하는 프로그램을 통해 정년퇴직 이후의 삶에 대비하도록 하고, 노인 스스로 자신을 능력 있는 존재로서 인식하도록 자신감을 고취하며, 활용할 수 있는 기존의 능력이나 새로운 기술을 개발하도록 도와주고, 노년기의 변화를 부정적으로 보는 사회의 인식을 개선하여야 할 것이다.

노년기 전기에 사회적 역할의 축소는 고독과 소외도 초래한다. 핵가족화로 점점 더 자녀와 동거하는 노인의 비율이 줄고 있는 점, 자녀나 손자녀와의 세대 차이로 인한 대화의 단절 등도 노인을 소외시키는 중요한 요인들이다. 또한 노부모에 대한 부양의식의 약화로 점점 더 가족부양보다는 사회부양에 대한 요구도 커지고 있다. 정부는 노인부양 가족에 대한 혜택을 보장하여 노인부양에 대한 동기를 유발하고 재가 노인복지서비스를 강화하는 것 등을 통해 노인에 대한 수발부담도 완화해 주어야 할 것이다.

노년기 전기에 퇴직으로 인한 경제적 문제를 경험할 수 있다. 퇴직 후 소득감소는 필연적이며 이에 대해 사회적 · 개인적인 대비가 없을 때에는 경제적으로 어려움을 겪게 된다. 이 시기에 노인은 아직 건강 하고 그동안 쌓아온 경험과 기술이 있으므로 일할 기회를 제공하여 경제적 욕구를 충족하고 노후에 시간을 유용하게 쓰도록 할 필요가 있다. 이러한 취지에서 최근에 노인복지정책이 노인을 위한 일자리 창출 등 고용기회 증대를 추구하는 것은 바람직하다. 또한 노후의 경제적 안정을 위해 많은 나라들이 사회보장제도를 갖추고 있다. 우리나라에서도 1999년부터 국민연금제도가 전국민을 대상으로 확대 실시되고 있다. 국가 차원에서 이러한 사회보험제도와 공공부조의 확충을 통해 노년기에 경제적 안정을 보장할 수 있도록 해야 할 것이다.

## 2. 노년기 후기

### 1) 신체적 변화

학자들은 건강의 쇠퇴와 그에 따른 일상생활 활동능력(activities of daily living, ADL)의 감소가 75세 이후에 가속화되며, 특히 85세 이후에 두드러지는 것으로 나타나고 있다(Clark et al., 1998; Garfein & Herzog, 1995).

우리나라의 경우 75세 이상 노인의 4분의 1 이상이 건강문제로 대부분의 시간을 누워서 보내고 이들 중 10%가 넘는 노인들은 전혀 외출을 할 수 없는 것으로 보고하고 있다. 또한 건강에 대한 주관적 인식도 노년기 후기로 갈수록 부정적이어서 자신의 건강상태가 좋다고 보고한 비율이 노년기 전기에 비해 후기에 낮은 것으로 보고되었다. 그러나 노년기 후기에 있는 노인들의 건강이 다 쇠약하고 의존적 상태에 있는 것은 아니다. 사실상 75세 이후에도 건강과 활기, 능력을 유지하는 사람들의 숫자가 더 많다. 따라서 75세 이후의 노인들은 아직 활동적인가 아니면 활동할 수 없는가, 건강한가 아니면 병들었는가, 지구력이 있는가 아니면 쇠약한가 등에 따라 건강상태가 다양하다고 할 수 있다.

노년기 후기에는 신체기관의 능력이 더 감소한다. 예를 들면 순환기, 호흡기의 능력이 보다 더 저하되고 그에 따라 심장이나 근육조직에 산화된 피를 공급하는 능력도 저하된다. 그 결과로 갑자기 자세를 바꾸면 어지러운 증세를 경험한다. 이것에 적응하기 위해 노인은 천천히 움직이고 자세를 바꿀 때 조심한다. 이와 같이 이 시기에 눈에 띄는 움직이는 속도의 변화가 쇠약의 증거로 간주될 수 있으나 실제로 어지러움에 대처하기 위한 방법일 수도 있다(Newinan & Newman, 2006: 507).

뿐만 아니라, 신진대사의 저하는 칼로리의 필요량을 감소시키며, 따라서 음식 섭취량도 줄어든다. 음식 섭취량의 감소는 노인에게 필수적인 영양소의 결핍을 가져온다. 이것이 영양실조를 초래할 수 있으며, 영양상태가 불량한 경우에 노인은 보다 더 쇠약해진다. 그러므로 노년기 후기에는 건강을 위해 필요한 영양을 갖춘 음식을 선택하는 의도적 노력이 필수적이다.

이 시기의 노인들은 나이가 많아지면서 어떤 사람들은 앉아 있기만 하려는 경향이 있으며 육체적 활동에 흥미를 잃게 된다. 그러나 최적의 기능을 유지하고 노화에 따르는 기능 저하를 막기 위해서는 아주 나이가 많은 노인들도 육체적 활동에 대한 빈번하고 규칙적인 기회를 계속해서 유지할 수 있도록 해야 한다.

이 시기의 노인들은 흔히 만성질환을 갖고 있으며 이것이 활동을 저해할 가능성이 있고 지구력도 감소한다. 그러나 이러한 여러 가지 불리한 조건에도 불구하고 활동적 상태로 유지하고자 하는 의도적 노력이 노년기 후기의 건강 및 기능유지에 필수적이라 하겠나.

## 2) 심리적 발달

### (1) 인지적 변화

노년기 후기에는 정보를 과정화시키는 속도(speed of processing)가 더욱 감소하는 경향이 있으나 주론능력(reasoning abilities) 등 경험의 축적을 통해 습득된 능력은 유지된다(Garfein & Hrezog, 1995). 70세 전후에 언어와 추상적 사고의 능력이 감소한다는 견해도 있다.

그러나 신체적 건강과 마찬가지로 인지적 능력에서도 개인차가 존재하며 노년기 후기에도 높은 수준의 인지적 능력을 유지하는 노인들이 많다. 한 연구에서는 지능검사 결과 80세 이상 노인들의 20~30%가 30대나 40대와 같은 수준의 성취를 보인 것으로 확인되었다. 이 시기에 인지적 능력의 유지는 실제로 교육 수준, 건강, 활동 수준과 같은 여러 가지 변수에 의해 영향을 받는다. 교육수준이 높고 건강하며 활동적일수록 노인의 인지적 능력은 높은 것으로 알려져 있다.

또한 노인의 인지적 능력은 훈련에 의해 향상될 수 있지만, 이러한 훈련의 효과는 노년기 후기보다는 노년기 전기에서 더 높은 것으로 보고되고 있다(Rowe, 1986). 예를 들면, 귀납적 추론, 공간개념 등을 포함하는 결정성 지능은 노인들에게 그러한 측면의 문제해결을 훈련하는 교육을 통해 향상되었는데 실제로 그 효과는 노년기 후기로 갈수록 감소하였다(Kliegl, Smith, & Baltes, 1990).

## 3) 사회적 발달

노년기 후기의 사회적 측면에 관한 연구들은 주로 이 시기에 발생하는 부정적인 삶의 사건들과 사회적 지지에 초점을 맞추고 있다.

### (1) 부정적인 삶의 사건들

삶의 사건들은 모든 발달단계에서 일어날 수 있지만, 노년기 후기에 발생하는 사건들은 예측 불가능하고 바람직하지 않은 성격이 더 강하다. 반면에 이에 대처하는 데 필요한 자원이나 능력은 현저하게 감소하여 특별한 관심이 요청된다. 특히 노년기 후기는 다른 연령층보다 더 쇠약한 상태이므로 부정적인 삶의 사건들로 인한 스트레스의 영향은 더 크다고 봐야 할 것이다.

노년기 후기에 주로 경험하는 삶의 사건들은 기능손상 등으로 인한 건강의 상실, 퇴직 후 지속적인 소득감소로 인한 빈곤, 배우자나 친지의 죽음 등이며 이러한 사건들은 만성적인 긴장이나 고통을 유발한다. 또한 이러한 사건들은 서로 연관될 수 있다. 예를 들면, 노인의 만성질환이나 기능손상 치료에 대한 지속적 비용부담으로 빈곤이 심화되거나 배우자의 죽음으로 인하여 육체적·심리적 건강의 상실이 일어날 수도 있다. 그리고 자녀나 다른 가족성원에 관련된 문제들도 경험할 수 있는데 노년기 후기의 노인들은 이러한 사건들의 부정적 영향에 더 취약한 것으로 알려져 있다.

### (2) 사회적 지지

사회적 지지는 정서적 차원이나 실제적 생활에서 관심과 도움을 주고받으며, 개인의 가치와 존엄성을 확신시켜 주고, 대화와 상호작용의 관계망에 속하게 해 주는 것 등을 포함한다(Dunkle, Roberts, & Haug, 2001). 사회적 지지는 삶의 모든 단계에서 필요하지만, 특히 노년기 후기에 삶의 만족을 유지하고 신체적 한계를 극복하는 데 매우 중요한 역할을 한다.

사회적 지지는 세 가지 방식을 통해서 노인의 건강과 삶의 만족에 이바지한다(House, 1981). 첫째, 의미 있는 관계를 지속시켜 줌으로써 고립을 막아준다. 즉, 사회적 지지가 풍부한 노인은 삶의 만족도가 훨씬 높다. 둘째, 사회적 지지를 제공하는 사람들은 노인의 실제적 일상생활에 도움이 된다. 즉, 이들은 정보, 조언, 교통 편의, 식사, 건강에 관련된 도움과 같은 중대한 자원을 제공한다. 셋째, 사회적 지지의 존재는 건강에 미치는 스트레스의 부정적 영향을 완화해 주며 심각한 질병의 결과로부터 노인들을 보호하는 역할도 한다. 지지적 관계망에 존재하는 사람들은 종종 노인으로 하여금 건강을 위해 필요한 치료작업을 지속하도록 격려하기도 하고 진단이나 의료적 처치를 추구하도록 격려한다(Newman & Newman, 2006). 따라서, 노년기 후기에 의미 있고 지지적인 사회적 관계를 갖는 것은 정신적 · 육체적 건강의 유지에 매우 중요하다.

노년기 후기에는 배우자와 친지의 사망 등으로 인해 사회적 지지가 감소할 가능성이 높아진다(Johnson & Troll, 1994). 즉, 지지적 기능을 수행해 줄 사람이 없는 노인의 비율은 75세 이상에서 훨씬 높은(Dunkle, Roberts, & Haug, 2001) 것으로 나타났다. 또한 사회적 지지의 근원과 유형에서도 노년기 후기에 나타나는 특징이 있다. 이 시기에 사회적 지지의 근원으로는 가족의 지지가 증가하고, 사회적 지지의 유형으로는 도구적 지지가 증가하는 경향이 있다(Rogers, 1996). 이는 노년기 후기에 증가하는 신체적 건강 악화나 기능 손상에 대한 수발은 간병, 가사 등을 실질적으로 담당하는 도구적 지지이며, 이것은 친지보다는 가족에 의해 수행되는 것이 보통이기 때문이다.

### 4) 사회복지실천의 관심 대상이 되는 노년기 후기의 문제

노년기 후기에는 기능손상과 만성질환의 위협이 급격하게 증가한다. 실제로 노년기 후기의 삶은 기능손상이나 만성질환의 유무에 의해서 크게 지배를 받는다고 보아야 한다. 즉, 이 시기의 많은 노인들이 만성질환의 존재와 기능의 상실 등으로 일상생활에 제약을 받는 경우가 많다.

노인들이 신체적 · 정신적 기능을 상실하거나 만성질환을 앓게 되면 투약을 비롯한 건강에 관련된 시중, 식사와 목욕 등의 일상생활에 대한 수발, 심리적으로 좌절하지 않도록 정서적 지지가 필요하게 된다. 장기간에 걸쳐 지속적으로 이와 같은 서비스를 제공하는 것을 장기적 보호(long-term care)라고 한다. 노인들은 질병의 정도나 기능손상의 수준이 다양하며, 따라서 노년기 후기의 쇠약한 노인을 보호하는 데는 매우 개별화된 접근이 요구된다.

노년기 후기의 만성적 질병과 기능상실은 장기적 보호를 요하기 때문에 지속적인 의료비 부담, 간병, 의료시설 활용 등의 어려움이 따르며, 이러한 문제들을 다루기 위한 사회복지정책이 요구된다.

## 3. 죽음과 애도

삶의 최종단계는 죽음이다. 죽음은 생물학적으로는 유기체가 생존능력을 상실한 것을 의미하며 신체기능의 정지로 간주된다. 즉, 일정기간 심장박동이나 뇌의 활동이 멈출 때 죽었다고 판정할 수 있다. 심리적으로는 다가오는 자신의 죽음에 대해 어떻게 느끼고 가까운 사람의 죽음에 어떻게 반응하는가 하는 정서적 과정에 관련된다. 사회적으로는 장례와 사후 재산의 처리와 같은 죽음에 관련된 종교적 · 법적 과정이 포함된다(정옥분, 2004).

### 1) 죽음에 대한 태도

노년기에는 죽음에 대한 심각하고 두려운 의문에 사로잡히게 된다. 장년기에는 대부분의 사람이 부모의 죽음을 경험하고 노년기에는 동료들의 죽음을 경험하게 된다. 이러한 죽음은 노인을 슬픔과 애도라는 정서적 과정과 죽음을 받아들이고 이해하려는 인지적 긴장에 놓이게 하는 스트레스의 근원이다. 죽음에 대한 태도를 확립하는 것은 자신의 죽음과 더불어 가까운 친지들의 죽음을 받아들일 수 있는 능력을 요구한다.

죽음에 대한 두려움은 자연스러운 현상이다. 죽음을 두려워하는 이유는 두 가지로 구분할 수 있다. 첫째, 죽는 과정에 관련된 두려움의 원인으로는 죽음이 고통스러울 것이라는 생각, 혼자서 죽음을 맞게 될지도 모른다는 걱정, 자신이 고통받는 것을 다른 사람들이 보는 것, 자신의 사고와 신체에 대한 지배력을 잃게 되는 것 등이다. 둘째, 죽음의 결과에 관련된 공포는 죽음 이후 미지의 세계에 대한 두려움, 자기가 잊힐 것이라는 점, 가족이나 친지들이 자신의 죽음에 대해 겪을 슬픔, 신체가 소멸되는 것, 사후세계에 존재할지도 모르는 벌과 고통 등이다(Tomer & Eliason, 2000).

노인들은 죽음에 대해 두려움과 거부감을 갖는 반면 수용하는 태도도 갖고 있어서 부정적 감정과 긍정적 감정이 교차하는 것으로 볼 수 있다. 퀴블러-로스(Kübler-Ross, 1975)는 사람이 죽음에 직면해서 보이는 반응을 다음과 같이 다섯 단계로 구분하였다.

- 1단계–부정단계: 자신에게 죽음이 임박한 사실에 충격을 받고 이를 부정하는 단계이다.
- 2단계–분노단계: 더 이상 죽음을 부정할 수 없음을 깨닫고 분노, 적개심 등을 보이는 단계이다.

- 3단계–타협단계: 신 또는 초자연적 존재에 탄원하여 죽음을 연기하고자 시도하는 단계이다.
- 4단계–우울단계: 죽음이 피할 수 없음을 알고 체념과 절망으로 우울을 보이는 단계이다. 이렇게 자신에게 다가온 죽음에 대해 슬픔을 표현하는 것은 죽음을 수용하는 데 도움이 되므로 이는 필요한 과정이다.
- 5단계–수용단계: 자신의 죽음에 동의하고 순응을 보이는 수용의 단계이다.

이러한 다섯 단계는 차례대로 일어날 수도 있지만 동시에 일어나거나 두세 단계가 혼합되어 나타나기도 한다(최성재 · 장인협, 2006). 그러나 임종에 관한 연구들 가운데 이러한 다섯 단계를 발견하지 못하고 유일하게 우울만 일관성 있게 존재하는 것으로 보고한 연구도 있어서 이를 모든 사람에게 적용하기는 어려운 것으로 보인다(조복희 · 정옥분 · 유가효, 1988).

## 2) 편안한 죽음

사회복지사를 비롯해서 임종을 돕는 전문가들은 노인의 편안한 죽음(good death, dying well)에 관심을 가진다. 미국 호스피스 교육기관(2001)은 이상적 임종을 위한 케어가 갖추어야 할 요소로 ① 고통을 제거하거나 완화할 것, ② 노인을 보호하는 데 심리적 요소와 영적 · 종교적 요소들을 통합시킬 것, ③ 노인이 임종까지 가능한 한 적극적으로 살도록 돕기 위해 지지체계를 형성하거나 제공할 것, ④ 노인의 가족들에게 노인의 투병 기간과 사별 후 슬픔에 잘 대응하도록 도울 것 등을 제시하고 있다(Newman & Newman, 2006).

### (1) 호스피스 케어

호스피스 케어(hospice care)는 죽음을 앞둔 노인과 그 가족을 위한 의학, 간호, 상담, 영적 케어가 통합된 지원체계이다. 이것은 노인의 육체적 · 정서적 고통을 최소화하고 가족으로 하여금 노인이 죽는 과정과 사별 후 슬픔에 잘 대응하도록 그들의 강점을 지지함으로써 임종을 앞둔 노인과 그 가족에게 가능한 가장 높은 수준의 삶의 질을 성취하고자 하는 활동이다. 호스피스의 대상에는 노인뿐만 아니라 불치의 병으로 죽음을 앞둔 사람들이 다 포함되며 병원, 시설, 가정에서 다 이루어질 수 있다. 호스피스에 개입하는 전문가들은 의사, 간호사, 사회복지사, 심리학자, 성직자, 가족, 친구, 자원봉사자들이다.

호스피스 케어는 단순히 질병의 치료나 삶의 연장을 위해서 개입하는 것이 아니라 개입의 초점이 노인이나 환자의 삶의 질을 향상시키는 데 있다는 점에서 병원치료와 차이가 있다. 임종을 앞둔 노인들은 인지적 능력과 건강이 허락하는 한 그들에 대한 케어에 가능한 많은 면에서 적극적 역할을 하도록 격려된다. 즉, 자신의 죽음에 관해서 이야기하고 또 가족과 충분히 상호작용할 수 있도록 지지된다. 호스피스 케어는 말기환자들에게 많은 장점을 가지고 있다. 가족이나 가까운 친지가 없는 노인은 혼자 죽지 않도록 배려다. 또한 정서적 · 영적 · 신체적으로 안락하게 해 주어서 환자로 하여금 편안하게 죽음을 맞이하도록 하며, 그 결과 더 자연스럽고 가족적인 분위기에서 임종하게 된다(Newman & Newman, 2006).

## 3) 사별과 애도

노인들은 자신의 죽음뿐만 아니라 가족이나 친지의 죽음에 대해서도 대응해야 한다. 배우자의 죽음은 스트레스 지수가 가장 높은 사건이며 성인 자녀의 죽음, 노부모의 죽음도 큰 슬픔(grief)을 남긴다. 이러한 정서적 고통의 강도와 지속되는 기간에는 개인차가 있지만 대략 4단계를 통과하는 것으로 보인다(정옥분, 2004).

- **1단계-충격 단계**: 분노, 죄책감, 당황, 혼란스러움 같은 정서적 증상과 답답하고 숨이 가쁜 신체적 증상 등이 나타난다.
- **2단계-그리움 단계**: 죽은 사람에 대한 그리움으로 그 사람이 살아 있는 것처럼 느끼고 돌아올 수 있으면 무엇이라도 하겠다는 타협의 마음을 보인다. 불면, 불안, 심할 경우 자살에 대한 생각을 보이기도 한다.
- **3단계-절망 단계**: 강한 슬픔은 감소하나 죽은 사람을 다시 만날 수 없다는 것을 깨달으면서 절망, 우울에 빠진다.
- **4단계-회복 단계**: 사별 후 1년 이내에 나타나며 일상 활동을 재개하고 평온한 감정으로 죽은 사람을 회상할 수 있게 된다.

사랑하는 사람의 죽음에 따른 전체적 적응과정을 애도(bereavement)라고 부른다. 이것은 분노, 슬픔, 불안, 우울 등의 감정들의 경험과 더불어 신체적 건강의 악화와 역할상실 등을 가져온다. 노년기에 겪는 애도는 질병을 유발하며, 이것이 죽음으로 이어지기도 한다. 즉, 슬픔으로 인한 우울과 혼란은 남은 사람으로 하여금 자신의 신체적 건강에 대한 감각을 무디게 만든다. 또한 자신이 쓸모없는 존재라는 생각은 건강상 문제가 있어도 대책을 추구하지 않게 한다. 슬픔에 대응하기 위해 약물이나 술에 의존하는 경우도 있으며 그밖에 슬픔으로 인한 식욕상실과 수면장애 등도 모두 건강을 해치는 원인이 된다. 그러므로 사람들이 애도를 통과해 나가는 정상적 과정에서 다음과 같은 세 가지 측면을 고려해야 한다. 첫째, 죽은 사람과의 유대로부터 자신을 해방시켜야 한다. 이것은 자기가 죽은 사람에게 잘못해 주었다든지 또는 해를 끼쳤다든지 하는 죄의식으로부터 벗어나는 것을 포함한다. 둘째, 이제 죽은 사람이 존재하지 않는 환경의 여러 측면에 대해 적응해야 한다. 셋째, 새로운 관계를 형성하기 시작해야 한다.

### 4) 죽음과 애도에 대한 사회복지실천

죽음과 사별은 매우 고통스러운 사건으로 사회복지실천에서 관여하지 않을 수 없다(최성재 · 장인협, 2006). 사회복지사는 죽음을 앞둔 사람을 위한 호스피스 팀의 전문가로 참여할 수 있고 배우자나 성인자녀와 사별한 노인이 슬픔을 극복하도록 도울 수 있다.

사회복지사는 임종에 직면한 노인의 관심사에 대하여 경청하고 수용해야 하며 정서적 지지를 제공해야 한다. 무엇보다도 죽음에 대한 노인의 공포나 불안을 완화시키고 죽음에 대해서 준비할 수 있도록 돕는 것이 주된 과제이다. 자신의 죽음에 지배력이 없는 것에 대한 노인의 분노, 절망 등을 표현할 수 있도록 하고 이를 비심판적으로 수용해야 한다. 이렇게 하기 위해서 노인환자들과 의사소통을 위해 특별히 필요한 대화능력과 기술을 갖출 필요가 있다.

사회복지사는 사별로 인한 슬픔과 애도의 과정에 있는 노인들로 하여금 정서적 고통을 극복하고 슬픔, 죄책감으로 인해서 건강을 상실하지 않도록 지지해야 한다. 재스트로와 커스트-애시만(Zastrow & Kirst-Ashman, 2007)은 사별로 인한 슬픔과 애도를 극복하기 위한 다음과 같은 전략들을 제시하였다.

첫째, 상실감을 표현하고 이를 극복하기 위한 계획에 대하여 이야기하도록 한다. 이는 구체적으로 가족, 친구, 전문가와 슬픔을 공유하게 하고 애도를 경험한 사람들로 구성된 집단 프로그램에 참여하도록 하는 것 등을 통해 이루어진다.

둘째, 우울이 찾아올 때 여기에 빠지지 말고 자신의 삶에서 일어나는 여러 가지 일들에 능동적으로 참여하게 한다.

셋째, 죽은 사람뿐만 아니라 누구든지 다 죽을 수밖에 없는 존재라는 죽음의 불가피성에 대하여 수용할 수 있도록 해 본다.

넷째, 죽은 사람을 떠올리게 하는 생일, 기념일 등은 견디기 힘든 시간이므로 혼자 있지 말고 노인을 지지해 줄 수 있는 가족이나 친구들과 함께 보내도록 한다.

다섯째, 살아야 할 이유가 없어졌다고 느끼면 자살의도가 생길 수 있다. 그러므로 당장 공허하게 느껴지더라도 삶의 목표와 의미가 되돌아올 것을 믿고 노력하도록 유도한다.

여섯째, 심한 스트레스는 종종 육체적 질병으로 이어진다. 아플 때는 반드시 의사의 진료를 받고 병이 사별의 어려움에 관련되었을지도 모른다는 것을 의사에게 이야기하도록 한다.

일곱째, 슬픔은 식생활과 수면 등 생활 양식도 어지럽힐 수 있으므로 의도적으로 균형 잡힌 식사와 적당한 운동, 휴식을 취하도록 한다.

여덟째, 중대한 결정들은 감정이 고조되어있는 상태에서 잘못된 선택을 하기 쉬우므로 정서적으로 안정될 때까지 연기하는 것이 좋다.

### Note 노년기의 발달 이슈

펙(Peck, 1968)은 노년기의 발달에 관련된 다음과 같은 세 가지 이슈를 제시했다.

#### 1) 자아 분화 대 직업역할에 대한 몰두

이것은 은퇴의 영향에 관한 것으로 오랫동안 종사해 온 직업에서 떠나 새롭게 시작하는 활동들에서 만족을 얻을 수 있도록 개인적 가치가 재정의되어야 한다. 직업역할 이후의 활동들에서 자신의 가치를 느끼는 것은 은퇴라는 상실로 고통스러워하는 대신에 지속적으로 활기 있는 삶을 확립하기 위해 매우 중요하며 성공적인 노화에 필수적이다.

#### 2) 신체 초월 대 신체 몰두

은퇴시기가 되면 대부분의 사람은 신체적 약화를 경험하는데, 삶의 안락을 신체적 건강과 동일시해 온 사람들은 건강의 쇠퇴를 큰 충격으로 받아들인다. 그러나 쇠퇴하는 건강에도 불구하고 삶을 즐기는 사람들도 있다. 이들은 만족스러운 인간관계나 창조적 정신능력에서 행복을 정의하는 것을 배운 것으로 보인다. 즉, 이들의 가치체계에서는 삶의 만족에 대한 사회적·정신적 요소들이 신체적 요소를 초월한 것이다.

### 3) 자아 초월 대 자아 몰두

노년기에 자신이 죽을 것이라는 사실을 이해하고 받아들여야 한다. 이러한 적응은 소극적 후퇴나 자아의 부정이 아니며, 오히려 후손을 위하여 자신의 삶을 좀 더 의미 있는 것으로 만들고자 하는 적극적 노력이다. 그러므로 성공적으로 노화하는 사람은 자아를 초월하여 인간의 문화를 영속화하고자 열심히 활동하는 사람이며, 또한 이렇게 함으로써 자신의 생활에서 의미 있고 적극적인 참여가 가능한 것이다.

**Note 성공적인 노화**

'성공적인 노화(successful aging)'가 최근에 중요한 이슈로 등장했는데 분리이론과 활동이론은 이를 설명하는 대표적 이론들이다. 노년기의 특징인 사회적 활동의 감소에 대해 두 이론은 대조적 입장을 보인다. 분리이론에 의하면 노인의 사회적 후퇴는 사회의 요구에 반응하는 것이라기보다는 본질적이고 발달적인 속성을 지닌다(Cumming, 1961). 즉, 감소된 사회적 상호작용은 사회와 노인이 서로 후퇴하는 일종의 상호적 과정(mutuality)으로 노인은 사회적 활동의 축소에 대해 수용적이고 나아가서 그것을 소망하는 것으로 보인다. 다시 말해서 사회적 후퇴는 자신에 대한 몰두의 증가, 환경에 존재하는 대상에 대한 정서적 관심의 감소와 같은 노년기의 발달적 성향에 동반하거나 뒤따라 일어난다는 것이다. 이러한 설명에 따르면 노인의 사회적 활동으로부터의 분리는 사회에 의해서 강요된 과정이라기보다는 자연스러운 현상이다. 그러므로 심리적으로 만족을 느끼는 노인은 주위 사람들로부터 증가된 심리적 거리, 감소된 사회적 상호작용을 특징으로 하는 새로운 심리적 균형(equilibrium)에 도달한 사람인 것이다.

반면에 활동이론은 노인이 생물학적 측면과 건강상의 불가피한 변화를 제외하고는 장년기의 사람들과 똑같은 심리적 · 사회적 욕구를 가진 사람들이라고 본다. 따라서 노년기의 특징인 사회적 상호작용의 감소는 사회가 노인으로부터 후퇴하기 때문에 일어나며, 이것은 사회적 활동에 계속 참여하고 싶어 하는 노인의 소망에 상반되게 진행되는 것으로 간주한다. 그러므로 최적의 상태로 노화하는 노인은 계속해서 활동적으로 남아 있으며 그의 사회적 세계는 축소되지 않는다. 즉, 장년기에 하던 활동들을 가능한 한 유지하고 그러한 활동을 그만둘 수밖에 없게 되면 그것에 대한 대체 활동을 찾는 것이 성공적으로 노화하는 노인이다. 요컨대 '성공적인 노화'에 관한 이슈에서 분리이론과 활동이론은 상반된 견해를 제시한다고 볼 수 있다.

## Tip 노년기와 사회복지실천 영역

### [신체적 발달]

- 만성질환에 따르는 불안과 부양부담 완화를 위한 상담, 서비스 정보 제공
- 노년기 식생활 관리, 건강관리 정보 제공
- 재활치료 등

### [인지적 발달]

- 노인대학 프로그램 제공
- 치매예방 프로그램, 치매노인을 돌보는 부양자 대상 치매노인 이해 교육
- 치매진단서비스 정보 제공 및 지역사회 치매센터 연계 등

### [사회정서적 발달]

- 치매노인 부양가족의 부양부담 완화를 위한 상담 및 프로그램 제공
- 노인 취업지원 서비스 연계
- 죽음을 앞둔 말기 환자를 위한 호스피스 지원
- 죽음 준비, 자아통합 교육 프로그램 제공
- 노인의 고독, 외로움, 우울 등에 관한 상담 및 지원 서비스 연계 등

### [주요 사회적 이슈]

- 노인의 우울과 자살
- 치매
- 노인 학대
- 노인 빈곤
- 노인의 만성질환
- 노인의 성문제 등

## Tip 사회복지사 1급 시험 기출 문제

**01 노년기(65세 이상)의 특징으로 옳은 것은? [12회]**

① 심리적 · 사회적 위기는 친밀감 대 고립감이다.
② 결정할 일이 너무 많아 심리적 유예기간이 필요한 시기이다.
③ IQ 검사에서 젊은 사람과 점수 차이를 보이지 않는다.
④ 단기기억보다 장기기억의 감퇴 속도가 느리다.
⑤ 경제적으로 안정된 시기이므로 심리적 위기를 경험하지 않는다.

**02 큐블러-로스(E. Kübler-Ross)의 죽음에 이르는 5단계에 관한 설명으로 옳지 않은 것은? [17회]**

① 1단계: 죽음을 사실로 받아들이지 않고 부정한다.
② 2단계: 주변 사람들에게 화를 내며 분노한다.
③ 3단계: 죽음의 연기를 위해 특정 대상과 타협을 시도한다.
④ 4단계: 의사의 오진이라고 생각하며 죽음을 회피한다.
⑤ 5단계: 죽음을 수용하고 임종을 준비한다.

정답: 01 ④ 02 ④

## 참고문헌


강문희, 김매희, 유정은(2011). **아동발달론**. 경기: 공동체.

강상경(2018). **인간행동과 사회환경**. 경기: 나남출판.

고영복(1997). **사회심리학**. 서울: 사회문화연구소.

공세권 외(1994). **한국가족의 기능과 역할변화**. 서울: 한국보건사회연구원.

권석만 역(2007). **아론 벡**. 서울: 학지사.

권석만(2003). **현대이상심리학**. 서울: 학지사.

권석만(2015). **이상심리학의 기초**. 서울: 학지사.

권중돈(2012). **노인복지론**. 서울: 학지사.

권중돈(2014). **인간행동과 사회환경: 이론과 실천**. 서울: 학지사.

권중돈, 김동배(2005). **인간행동과 사회환경**. 서울: 학지사.

김교헌, 심미영, 원두리(2005). **성격심리학**. 서울: 학지사.

김규수 외 공역(2002). **인간행동과 사회환경**. 서울: 나눔의 집.

김동배, 권중돈(2010). **인간행동이론과 사회복지실천**. 서울: 학지사.

김보경, 조현춘, 정대영, 박영균 공역(1990). **아동기 행동장애**. 서울: 성원사.

김양희(1991). **가족관계학**. 서울: 수학사.

김연옥, 유채영, 이인정, 최해경(2005). **가족복지론**. 경기: 나남출판.

김영모(1990). **한국가족정책연구**. 서울: 한국복지정책연구소 출판부.

김정자(1985). 편부모가족의 지원방안에 관한 연구. **여성연구**, 3(1).

김종옥, 권중돈 편(1993). **집단사회사업 방법론**. 서울: 홍익재.

김종새(1985). **조직행위론**. 서울: 박영사.

김태련 외(2004). **발달심리학**. 서울: 학지사.

김형섭 역(1997). **한 권으로 읽는 융**. 서울: 푸른숲.

남세진(1992). **인간과 복지**. 서울: 한울.

노안영, 강영신(2003). **성격심리학**. 서울: 학지사.

박경애, 김혜원, 주영아(2017). **청소년 심리 및 상담**. 경기: 공동체.

사회복지교육연구센터(2019). **인간행동과 사회환경**. 서울: 나눔의 집.

서병숙(1988). **노후적응에 관한 연구**. 동국대학교 박사학위논문.

서봉연 역(1983). **발달의 이론**. 서울: 중앙적성출판사.

서봉연, 이순형(1983). **발달심리학**. 서울: 중앙적성출판사 .

성정현, 송다영, 한정원(2003). 이혼가족 및 사별가족 아동에 대한 교사의 인식. **한국가족사회**

**복지학**, 11호.
송명자(2008). **발달심리학**. 서울: 학지사.
오경자 외 공역(2014). **이상심리학**. 서울: 시그마프레스.
원호택 외 공역(1997). **우울증의 인지치료**. 서울: 학지사.
원호택(1997). **이상심리학**. 서울: 법문사.
유상우 역(2010). **프로이트 심리학 입문**. (Calvin S. Hall 저). 서울: 홍신문화사.
윤영효(1993). **이혼, 그 이후. (사잇소리 편). 이혼 또 하나의 선택**. 서울: 여성사.
윤진(1996). **성인 ·노인심리학**. 서울: 중앙적성출판사.
이가옥, 이원숙(1990). 노인의 심리사회적 욕구에 관한 연구. **사회복지**, 겨울호.
이봉건 역(2005). **이상심리학**. 서울: 시그마프레스.
이윤정(2020). **인간행동과 사회환경**. 서울: 동문사.
이인정(1994). 노년기의 삶의 사건들, 사회적 지지가 노인의 건강에 미치는 영향에 관한 연구. **한국사회복지학**, 28호.
이인정, 최해경(2017). **인간행동과 사회환경**. 경기: 나남출판.
이현수(2001). **성격과 행동**. 서울: 학지사.
이혜성 역(1982). **성장심리학**. 서울: 이화여자대학교출판부.
이효선, Garz, D.(2006). **사회복지실천을 위한 인간행동과 사회환경의 이해: 인간발달과 사회구조**. 경기: 공동체.
이훈구 역(1993). **성격심리학**. 서울: 법문사.
임영식, 한상철(2000). **청소년심리의 이해**. 서울: 학문사.
장순복 외(2001). 십대 여학생의 성행태와 성경험 관련 요인. **대한간호학회지**, 31(5).
장인협 외 공역(1990). **인간행동과 사회환경**. 서울: 집문당.
장인협, 오정수(1993). **아동 및 청소년복지론(전정판)**. 서울: 서울대학교출판부.
장휘숙(2013). **발달심리학**. 서울: 박영사.
정영숙, 안현의, 유순화 공역(2005). **성격심리학**. 서울: 박학사.
정옥분 역(1991). **인간발달의 이론**. 서울: 교육과학사.
정옥분(2004). **발달심리학**. 서울: 학지사.
정옥분(2013). **성인· 노인심리학**. 서울: 학지사.
정옥분(2014). **발달심리학: 전생애 인간발달**. 서울: 학지사.
조미숙 외(2020). **사회복지실천기술론**. 서울: 동문사.
조복희, 정옥분, 유가효(1988). **인간발달: 발달심리적 접근**. 서울: 교문사.
조흥식, 김혜래, 신은주, 우국희, 오승환, 성정현, 이지수(2010). **인간행동과 사회환경**. 서울: 학지사.
최성재, 장인협(2006). **노인복지학**. 서울: 서울대학교출판부.

최순남(1997). **인간행동과 사회환경(개정판)**. 서울: 한신대학교출판부.

최영희, 이정흠 공역(1999). **인지치료: 이론과 실제**. 서울: 하나의학사.

최옥채, 박미은, 서미경, 전석균(2002). **인간행동과 사회환경**. 서울: 양서원.

최윤미, 박희경, 손영숙, 정명숙, 김혜원, 최해림, 백화정, 강순화, 이은경, 이규미, 이은순, 정현희(2000). **현대청년심리학**. 서울: 학문사.

최일섭, 최성재 공편(1995). **사회문제와 사회복지**. 경기: 나남출판.

최재석(1983). **한국가족연구**. 서울: 일지사.

최재현 역(1988). **현대사회학 이론**. 대구: 형설출판사.

하석철, 홍경준(2014). 조부모의 손자녀 돌봄이 성인 자녀와의 호혜적 관계 기대에 미치는 영향에 관한 연구: 돌봄 지속 유형에 따른 경제적 지원 기대를 중심으로. **사회복지정책**, 3, 51-77.

홍동식, 강대기, 민경희 공역(1995). **인간생태학: 지역공동체 이론**. 서울: 일지사.

홍숙기 역(1992). **성격심리학**. 서울: 박영사.

Abramson, L. Y., Seliginan, M. E. P. & Teasdale, J. D.(1981). Learned Helplessness in Humans: Critique and Reformulation. *Journal of Abnormal Psychology, 87,* 49-74.

Adams, B. N.(1986). *The Family: A Sociological Interpretation, 4th ed.*, San Diego: Harcourt Brace Jovanovich.

Adams, R. G. & Blieszner, R.(1995). Aging Well with Friends and Family. *American Behavioral Scientist*, *39*(2), 209-224.

Adler, A.(1965). Influence or Model's Reinforcement Contingencies on the Acquisition of Initative Responses. *Journal of Personality and Social Psychology, 1*, 589-595.

Adler, A.(1969). *Principles of Behavior Modification*. New York: Holt, Rinehart & Winston.

Adler, A.(1977). *Social Learning Theory*. Englewood Cliffs, N. J.: Prentice-Hall.

Adler, A.(1982). Self-Efficacy Mechanism in Human Agency. *American Psychologist, 37*, 122-147.

Adler, A.(1986). *Social Foundations of Thought and Action: A Social Cognitive Theory*. Englewood Cliffs, N. J.: Prentice-Hall.

Ainsworth, M. D.(1973). *The Development of Infant-mother Attachment*. In B. M.

Ainsworth, M. D.(1979). *Patterns of Attachment*. New York: Halsted Press.

Allport, G. W.(1961). *Pattern and Growth in Personality*. New York: Holt, Rinehart & Winston.

Alwin, D. F. & Otto, L. B.(1977). High School Context Effects on Aspirations. *Sociology of Education, 50*, 259-273.

Amato, P. R.(1987). Family Processes in One-parent, Stepparent, and Intact Families: The Child's Point of View. *Journal of Marriage and the Family, 49*, 327–337.

American Psychiatric Association.(2013). *Diagnostic and Statistical Manual of Mental Disorder-5th edition*(DSM-V). Washington. D.C.: American Psychiatric Publishing.

Anderson, R. E. & Carter, I. E.(1990). *Human Behavior in the Social Environment: A Social Systems Approach, 4th ed.*, Chicago: Aldine.

Ansbacher, H. L.(1971). Alfred Adler and Humanistic Psychology. *Journal of Humanistic Psychology, 11*, 53–63.

Ansbacher, H. L. & Ansbacher, R. R.(1995). *Alfred Adler Individual Psychology*. Ernst Reinhardt Verlag.

Ashford, J. B., Lecroy, C. W. & Lortie, K. L.(2006). *Human Behavior in the Social Environment: A Multidimensional Perspective, 3rd ed.*, California: Thompson Brooks/Cole.

Atchley, R. C.(1988). *Social Forces and Aging: An Introduction to Social Gerontology, 5th ed.*, Belmont, CA: Wadsworth Publishing Co.

Balch, R. W. & Kelly, D. H.(1979). Reactions to Deviance in a Junior High School: Student Views of the Labeling Process. in D. H. Kelley(Ed.). *Deviant Behavior*. New York: St. Martin's Press.

Bales, R. F.(1970). *Personality and Interpersonal Behavior*. New York: Holt, Rinehart & Winston.

Balon, R.(1999). Successful Aging. *The American Journal of Psychiatry, 156*(5), 791-792.

Baltes, P. B. & Schaie, K. W.(1974). Aging and the IQ: The Myth of the Twilight Years. *Psychology Today, 7*, 35–40.

Bandura, A. & Kupers, C. J.(1965). The Transmission of Patterns of Self Reinforcement through Modeling. *Journal of Abnormal and Social Psychology, 69*, 1–9.

Bandura, A. & Rosenthal, T. L.(1966). Various Classical Conditioning as a Function of Arousal Level. *Journal of Personality and Social Psychology, 3,* 54–62.

Bandura, A. & Walters, R. H.(1963). *Social Learning and Personality Development*. New York: Holt, Rinehart & Winston.

Bandura, A.(1989). Regulations of Cognitive Precesses through Perceived Self Efficacy. *Developmental Psychology, 25*, 729–735.

Bandura, A.(1997). *Self-efficacy: The Exercise of Control*. New York: Freeman.

Bandura, A., Ross, D. & Ross, S. A.(1961). Transmission of Aggression through Imitation of Aggressive Models. *Journal of Abnormal and Social Psychology, 63*, 575-582.

Barker, R. L.(1995). *Social work dictionary, 3rd ed.*, Washington, DC: NASW Press.

Barker, R. L.(1999). *The Social Work Dictionary, 4th ed.*, Washington DC: NASW Press.

Baumrind, D.(1991). Effective Parenting during the Early Adolescent Transition. in P. A. Cowan & E. M. Hetherington(Eds.). *Advances in Family Research, Vol. 2.* Minneapolis: Univ. of Minnesota Press.

Beard, R.(1969). *An Outline of Piaget's Developmental Psychology*. New York: Basic Books.

Beck, A. T.(1976). *Cognitive Therapy and the Emotional Disorders*. New York: International University Press.

Beck, A. T.(1985). *Anxiety Disorders and Phobias: A Cognitive Perspective*. New York: Basic Books.

Beck, A. T., Rush, A. J., Shaw, B. F. & Emery, G.(1979). *Cognitive Therapy of Depression.* New York: Guilford Press.

Becker, H. S.(1979). Career Deviance. in D. H. Kelley(Ed.). *Deviant Behavior*. New York: St. Martin's Press.

Bem, D. J. & Allen, A.(1974). On Predicting Some of the People Some of the Time: The Search for Cross-Situational Consistencies in Behavior. *Psychological Review, 81*, 506-520.

Bengtson, V. L., Reedy, M. N. & Gordon, C.(1985). Aging and Self-Conceptions: Personality Processes and Social Contexts. in J. E. Birren & K. W. Schaie(Eds.). *Handbook of the Psychology of Aging*. New York: Van Nostrand Reinhold Co.

Benne, K. D. & Sheats, P.(1948). Functional Roles of Group Members. *Journal of Social Issues, 2*, 42-47.

Berger, R. L., Federico, R. C. & McBreen, J. T.(1991). *Human Behavior: A Perspective from Helping Professions*. New York: Longman.

Berkman, L. F.(1986). Social Networks, Support, and Health: Taking the Next Step Forward. *American Journal of Epidemiology, 123*, 559-562.

Berman, W. H. & Turk, D. C.(1981). Adaptation to Divorce: Problems and Coping Strategies. *Journal of Marriage and the Family, 43*, 179-189.

Bernard, J.(1973). *The Sociology of Community*. Glenview, Ill: Scott, Foresman & Co.

Bijou, S. W. & Baer, D. M.(1961). *Child Development, Vol. 1*, Englewood Cliffs, N. J.: Prentice-Hall.

Birren, J. E.(1974). Translations in Gerontology - from Lab to Life: Psychophysiology and Speed of Response. *American Psychologist, 29*, 808-815.

Blau, P. M. & Scott, W. R.(1962). *Formal Organization*. San Francisco: Chandler.

Borkman, T.S.(1990). Experientia, professional. and lay frames of reference. In T.J. Powell(Ed.), *Working with self help*(pp. 3-30), Silver Spring, MD: NASW.

Botwinick, J.(1984). *Aging and Behavior, 3rd ed.*, New York: Springer.

Bower, T. G. R.(1974). *Development in Infancy*. San Francisco: Freeman.

Bowlby, J.(1980). *Attachment and Loss: Loss, Sadness, and Depression*. New York: Basic Books.

Bowles, S. & Gintis, H.(1976). Educational and Personal Development: The Long Shadow of Work. in S. Bowles & H. Gintis, *Schooling in Capitalist America*. New York: Basic Books, 125-148.

Brehm, S. S. & Brehm, J. W.(1981). *Psychological Reactance: A Theory of Freedom and Control*. New York: Academic Press.

Bronfenbrenner, U.(1979). *The Ecology of Human Development*. Cambridge, MA: Harvard University Press.

Brown, G. W. & Birley, J. L. T.(1968). Crises and the Life Changes and the Onset of Schizophrenia. *Journal of Health and Social Behavior, 9*, 203-214.

Brown, G. W. & Harris, T.(1978). *Social Origins of Depressions*, London: Tavistock.

Buckley, W.(1967). *Sociology and Modern Systems Theory*. Englewood Cliffs, N. J.: Prentice-Hall.

Burns, D. D.(1980). *Feeling Good: The New Mood Therapy*. New York: William Morrow & Co.

Buys, C. J.(1978). Humans Would Do Better without Groups. *Personality and Social Psychology Bulletin, 4*, 123-125.

Caldwell & H. N. Ricciuti(Ed.).(연도 누락). *Review of Child Development Research, 3*, 8-75. Chicago: University of Chicago Press.

Cantor, M. & Little, V.(1985). Aging and Social Care. in R. H. Binstock & E. Shanas(Eds.). *Handbook of Aging and the Social Sciences*. New York: Van Nostrand Reinhold Co.

Carson, R. C., Butcher, J. N. & Mineka, S.(2000). *Abnormal Psychology and Modern Life, 11th ed.*, Boston: Allyn and Bacon.

Carter, B. & McGoldrick, M.(1989). *The Changing Family Life Cycle: A Framework for Family Therapy*. Boston, MA: Allyn and Bacon.

Carver, C. S. & Scheier, M. F.(2000). *Perspectives on Personality, 4th ed.*, Boston, MA: Allyn and Bacon.

Cavanaugh, J. C. & Blanchard-Fields, F.(2006). *Adult Development and Aging, 5th ed.*,

California: Wadsworth Thomson Learning.

Cernoch, J. M. & Porter, R. H.(1985). Recognition of Maternal Axillary Odors by Infants. *Child Development, 56*, 1593-1598.

Chess, W. A. & Norlin, J. M.(1988). *Human Behavior and the Social Environment: A Social Systems Model*. Boston, MA: Allyn and Bacon.

Chetkow-Yanoov, B.(1992). *Social Work Practice: A Systems Approach*. Binghamton, NY: Haworth Press.

Clark, T. O., Stump, T. E., Hui, S. L. & Wolinsky, F. D.(1998). Predictors of Mobility and Basic ADL Difficulty among Adults Aged 70 Years and Older. *Journal of Ageing and Health, 10*(4), 422-440.

Clausen, J. A.(1975). The Social Meaning of Differential Physical and Sexual Maturation. in S. E. Dragastin & G. H. Elder(Eds.). *Adolescence in the Life Cycle: Psychological Change and Social Context*. Washington, DC: Hemisphere.

Cloward, R. A. & Ohlin, L. E.(1961). *Delinquency and Opportunity*. Glencoe, 111: Free Press.

Cohane, G. H. & Pope, H. G. Jr.(2000). Body Image in Boys: A Review of the Literature. *International Journal of Eating Disorders, 29*, 373-379.

Cohen, 1. & Steketee, G.(1998). Obsessive-compulsive Disorder. In B. A.Thyer & J. S. Wodarski (Eds.), *Handbook of empirical social work practice: Vol. 1: Mental Disorders*(pp. 343-364). New York: John Wiley & Sons.

Cole, C. L. & Cole, A. L.(1985). Husbands and Wives Should Have an Equal Share in Making the Marriage Work. in H. Feldman & M. Feldman(Eds.). *Current Controversies in Marriage and Family*. California: Sage.

Coles, R. & Erikson. H.(1970). The Growth of His Work, Boston: Little, Brown & Co. Compton, B. R. & Galaway, B.(1989). *Social Work Processes, 4th ed.*, Belmont, CA: Wadsworth Publishing Co.

Compton, B. R. & Galaway, B.(1989). *Social Work Processes, 4th ed.*, Belmont, CA: Wadsworth Publishing Co.

Connolly, K., Furman, W. & Konarski, R.(2000). The Role of Peers in the Emergence of Heterosexual Romantic Relationship in Adolescence. *Child Development, 71*, 894-912.

Cooley, C.(1909). *Social Organization*, New York: Charles Scribner's Sons.

Cooper, C.(1976). The House as Symbol of the Self. in H. M. Proshansky, W. H. Ittelson & L. G. Rivlin(Eds.). *Environmental Psychology*. New York: Holt, Rinehart &

Winston.

Cottrell, L.(1976). The Competent Community. in B. H. Kaplan, R. N. Wilson & A. H. Leighton(Eds.). *Further Explorations in Social Psychiatry*. New York: Basic Books.

Coyne, J. & Gotlib, I. H.(1983). The Role of Cognition in Depression: A Critical Appraisal. *Psychological Bulletin, 94*, 472–505.

Craig, J. C. & Baucum, D.(1999). *Human Development, 8th ed.*, Englewood Cliffs, N. J.: Prentice-Hall.

Craig, J. C.(1996). *Human Development*. Englewood Cliffs, N. J.: Prentice-Hall.

Crain, W. C.(1985). *Theories of Development: Concepts and Applications*. Englewood Cliffs, N. J.: Prentice-Hall.

Cumming, E. & Henry, W.(1961). *Growing Old: The Process of Disengagement*. New York: Basic Books.

Cunningham, F. G., Gant, N., Gilstrap, L., Leveno, G., Hauth, J. & Wenstrom, K., Williams.(2001). *Obstetrics, 21st ed.*, Boston: McGraw Hill.

Dacey, J. S. & Travers, J. F.(1999). *Human Development: Across the Lifespan, 4th ed.*, Boston: McGraw-Hill College.

Dale, D., Norlin, J. M. & Smith, R.(2010). *Human Behavior and the Social Environment: Social Systems Theory, Moorpark*, CA: Academic Publishers.

Davey, G. & Cullen, C.(1988). *Human Operant Conditions and Behavior Modification*. New York: Wiley.

Davis, K.(1949). *Human Society*. New York: Macmillan Co.

Davison, G. C. & Neale, J. M.(2001). *Abnormal Psychology, 8th ed.*, New York: John Wiley & Sons, Inc.

Denney, N. W.(1982). Aging and Cognitive Changes. in B. B. Wolman(Ed.). *Handbook of Developmental Psychology*. Englewood Cliffs, N. J.: Prentice-Hall.

Dennis, W.(1966). Creative Productivity between the Ages of Twenty and Eighty Years. *Journal of Gerontology, 21*, 325–336.

Diagnostic and Statistical Manual of Mental Disorders, 4th ed.(1994). Washington, DC: American Psychiatric Association,

Dohrenwend, B. S., Krasnoff, L., Askenasy, A. R. & Dohrenwend, B. P.(1978). Exemplification of a Method for Scaling Life-Events: The PERI Life Events Scale. *Journal of Health and Social Behavior, 19*, 205–229.

Dreeben, R.(1967). The Contribution of Schooling to the Learning of Norms. *Harvard Educational Review, 37*, 23-49.

Dreikurs, R.(1950). *Fundamentals of Adlerian Psychology*. N. Y.: Greenberg.

Duck, S.(1988). *Handbook of Personal Relationships: Theory, Research, and Intervention*. New York: Wiley.

Dunkle, R., Roberts, B. & Haug, M.(2001). *The Oldest Old: Self Perception, Coping, and Stress*. New York: Springer Publishing Company.

Durkheim, E.(1951). *Suicide, 2nd ed.*, J. A. Spaulding & G. Simpson(Trans.). New York: Free Press.

Duvall, E. M.(1977). *Family Development, 5th ed.*, Philadelphia: Lippincott.

Egeland, J. A. & Hostetter, A. M.(1983). Amish Study, I: Affective Disordersamong the Ainish, 1976-1980. *American Journal of Psychiatry, 140*, 56-61.

Elkind, D.(1974). *Children and Adolescents*. N. Y.: Oxford University Press.

Ellis, A.(1962). *Reason and Emotion in Psychotherapy*. N. Y.: Lyle Stuart.

Emmerich, W.(1973). Socialization and Sex-Role Development, in P. Baltes & K. W. Schaie(Eds.), *Life-Span Developmental Psychology: Personality and Socialization*, New York: Academic Press.

Emmerich, W.(1973). Socialization and Sex-Role Development. in P. Baltes & K. W. Schaie(Eds.). *Life-Span Developmental Psychology: Personality and Socialization*. New York: Academic Press.

Epstein, S.(1973). The Self-Concept Revisited: Or, a Theory of a Theory. *American Psychologist, 28*, 404-416.

Epstein, S.(1979). The Stability of Behavior: On Predicting Most of the People Much of the Time. *Journal of Personality and Social Psychology, 37*, 1097-1126.

Erikson, E. H.(1959). *Identity and the Life Cycle: Selected Papers*. New York: International University Press.

Erikson, E. H.(1963). *Childhood and Society, 2nd ed.*, New York: W. W. Norton.

Erikson, E. H.(1968). *Identity: Youth and Crisis*. New York: W. W. Norton.

Erikson, E. H.(1980). *Identity and the Life Cycle*. New York: Norton.

Erikson, E. H.(1982). *The Life Cycle Completed: A Review*. N. Y.: Norton.

Etzioni, A.(1964). *Modern Organizations*. Englewood Cliffs, N. J.: Prentice-Hall.

Evans, R. B. F.(1968). *Skinner: The Man and His Ideas*. N. Y.: Dutton.

Feld, S. & Radin, N.(1982). *Social Psychology for Social Work and the Mental Health Professions*. New York: Columbia University Press.

Femia, E. E., Zarit, S. H. & Johansson, B.(1997). Predicting Change in Activities of Daily Living: A Longitudinal Study of the Oldest Old in Sweden. *The Journal of*

*Gerontology, 52B*(6), 294-302.

Fenson, L., Dale, P. S., Reznick, J. S., Bates, E., Thal, D. J. & Pethick, S. J.(1994). Variability in Early Communicative Development. *Monographs of the Society for Research in Child Development, 59*(Serial 5).

Flavell, J. H.(1977). *Cognitive Development*. Englewood Cliffs, N. J.: Prentice-Hall.

Florian, V. & Kravetz, S.(1983). Fear of Personal Death: Attribution Structure, and Relation to Religeous Belief. *Journal of Personality and Social Psychology, 44*, 600-607.

Freud, A.(1895/1962). *A Reply to Criticisms of My Paper on Anxiety Neurosis*. London: Hogarth Press.

Freud, A.(1900/1953). *The Interpretation of Dreams*. London: Hogarth Press.

Freud, A.(1903/1978). Selected Papers on Hysteria. A. A. Brill(Trans.). in *The Major Works of Sigmund Freud*. Chicago: Encyclopedia Britannica.

Freud, A.(1905/1938). *Three Contributions to the Theory of Sex, the Basic Writings of Sigmund Freud*. New York: Modern Library.

Freud, A.(1910/1978). The Origin and Development of Psycho-Analysis, H. W. Chase(Trans.). in *The Major Works of Sigmund Freud*. Chicago: Encyclopedia Britannica.

Freud, A.(1911/1950). Formulations Regarding the Principles of Mental Functioning. *Collected Papers, Vol. IV*. New York: Basic Books.

Freud, A.(1915/1959). *The Unconscious, Collected Papers, Vol. IV*. New York: Basic 19 Books.

Freud, A.(1923/1961). *The Ego and the Id*. London: Hogarth Press.

Freud, A.(1926/1936). *Inhibitions, Symptoms and Anxiety*. London: Hogarth Press.

Freud, A.(1969). Adolescence as a Developmental Disturbance. in G. Caplan & S. Lebovici(Eds.). *Adolescence: Psychological Perspective*. New York: Basic Books.

Freud, A.(1978). The Origin and Development of Psycho-Analysis, H. W. Chase (Trans.), in *The Major Works of Sigmund Freud*, Chicago: Encyclopedia Britannica.

Friedman, L. J.(1999). *Identity's Architect: A Biography of Erik H. Enlcson*, New York: Scribner.

Garfein, A. J. & Herzog, A. R.(1995). Robust Aging among the Younger Old, Old-Old, and Oldest-Old. *Journal of Gerontology, 50*, 77-90.

Gecas, V.(1981). Context of Socialization, in M. Rosenberg & R. H. Turner(Eds.). *Social Psychology*. New York: Basic Books.

Germain, C. & Gitterman, A.(1996). *The Life Model of Social Work Practice: Advance in Theory and Practice, 2nd ed.,* New York: Columbia University Press.

Germain, C. B. & Gitterman, A.(1987). Ecological Perspectives. in Minanhan et al. (Eds.). *Encyclopedia of Social Work*. MD: National Association of Social Workers.

Germain, C. B.(1970). Casework and Science: A Historical Encounter. in R. W. Roberts & R. H. Nell(Eds.). *Theories of Social Casework*. Chicago: University of Chicago Press.

Germain, C. B.(1986). The Life Model Approach to Social Work Practice. in F. J. Turner, *Social Work Treatment*. New York: Free Press.

Germain, C. B.(1991). *Human Behavior in the Social Environment: An Ecological View*. New York: Columbia University Press.

Giddens, A.(1989). *Sociology*. London: Polity Press.

Gilligan, C.(1982). *In a Different Voice: Psychological Theory and Women's Development*. Cambridge, MA: Harvard University Press.

Giovacchini, P. L., Psychoanalysis. in R. J. Corsini(Ed.).(1977). Current Personality Theories, Itasca, 111: F. E. Peacock Publishers.

Glick, P. C.(1977). Updating the Life-Cycle of the Family. Journal of Marriage and the *Family, 39*, 5-13.

Goetting, A.(1981). Divorce Outcome Research: Issues and Perspectives. *Journal of Family Issues, 2*, 350-378.

Goffman, E.(1961). *Asylums: Essays on the Social Situation of Mental Patients and Other Inmates*. Garden City, NY: Doubleday & Co.

Goode, W. J.(1982). *The Family*. Englewood Cliffs, N. J.: Prentice-Hall.

Gould, S. J.(1978). *Transformations, Growth and Change in Adult Life*. New York: Simon & Schuster.

Gouldner, A. W.(1959). Organizational Analysis. in R. K. Merton et al. (Eds.). *Sociology Today*. New York: Harper & Row.

Gouldner, A. W.(1961). Metaphysical Pathos and the Theory of Bureaucracy. in A. Etzioni(Ed.). *A Sociological Reader on Complex Organizations*. New York: Holt, Rinehart & Winston.

Greene, R. R. & Ephross, P. H.(1991). *Human Behavior Theory and Social Work Practice*. New York: Aldine de Gruyter.

Greene, R. R.(1991a). General Systems Theory. in R. R. Greene & P. H. Ephross, *Human Behavior Theory and Social Work Practice*. New York: Aldine De Gruyter.

Greene, R. R.(1991b). The Ecological Perspective. in R. R. Greene & P. H. Ephross, *Human Behavior Theory and Social Work Practice*. New York: Aldine De Gruyter.

Greer, S. M. & Pettingale, K. W.(1979). Psychological Response to Breast Cancer: Effect on Outcoine. *The Lancet, I*, 785–787.

Grossman, H. J.(Ed.).(1975). *Manual on Terminology and Classification in Mental Retardation*. Washington, DC: AAMD.

Grusec, J. E. & Lytton, H.(1988). *Social Development: History, Theory, and Research*. New York: Springer Verlag.

Gupta, V. & Korte, C.(1994). The Effects of a Confidant and a Peer Group on the Well-Being of Single Elders. *International Journal of Ageing and Human Development, 39*(4), 293–302.

Hage, J. & Aikin, M.(1970). *Social Change in Complex Organizations*. New York: Random House.

Hage, J. Hagestad, G. O. & Neugarten, B. L.(1985). Age and the Life Course. in R. H. Bistock & E. Shanas(Eds.). *Handbook of Aging and the Social Sciences*. New York: Van Nostrand Reinhold Co.

Hall, C. S.(1954). *A Prime of Freudian Psychology*. New York: New American Library.

Hamilton, G.(1958). A Theory of Personality: Freud's Contribution to Social Work. in H. J. Parad(Ed.). *Ego Psychology and Casework Theory*. New York: Family Service of America.

Havighurst, R. J.(1972). *Developmental Tasks and Education, 3rd ed.*, New York: David Mckay.

Heath, S. B.(1989). Oral and Literate Traditions among Black Americans Living in Poverty, *American Psychologist, 44,* 367-372.

Hetherington, E. M., Cox, M. & Cox, R.(1977). The Development of Children in Mother-Headed Families, Paper Presented at the *Conference of Families in Contemporary America*, Washington, DC: George Washington University.

Higgins, E. T., Ruble, D. N. & Hartup, W. W.(1985). *Social Cognition and Social Development: A Sociocultural Perspective*. New York: Cambridge University Press.

Hilleras, P. K., Jorm, A. F., Herlitz, A. & Winblad, B.(1998). Negative and Positive Affect among the Very Old: A Survey on a Sample of 90 Years or Older. *Research on Aging, 20*(5), 593–610.

Hoffman, M. L.(1979). Development of Moral Thought, Feeling and Behavior. *American Psychologist, 10*, 958–966.

Holland, T. P. & Petchers, M. K.(1987). Organizations: Context for Social Service Delivery. in A. Minahan(Ed.). *Encyclopedia of Social Work*. Silver Spring, MD: NASW.

Hollon, S. D. & Kendall, P. C.(1980). Cognitive Self-Statements in Depression: Development of an Automatic Thoughts Questionnaire. *Cognitive Therapy and Research, 4*, 383–395.

Holmes, T. H. & Rahe, R. H.(1967). The Social Readjustment Rating Scale. *Journal of Psychosomatic Research, 11*, 213-218.

House, J. S.(1981). *Work Stress and Social Support*. Addison-Wesley.

Jacobi, J.(1959). *Complex/Archetype/Symbol in the Psychology of C. G. Jung, Princeton*, N. J.: Princeton University Press.

Jacobson, D. S.(1979). Step Families: Myths and Realities, *Social Work, 24,* 202–207.

Johnson, C. L. & Troll, L. E.(1994). Constraints and Facilitators to Friendships in Later Life. *The Gerontologist, 34*, 79–87.

Jung, C. G.(1959). *Psychological Types, or the Psychology of Individuation*. New York: Pantheon Books.

Jung, C. G.(1961). *Memories, Dreams, Reflections*. A. Jaffe(Ed.). New York: Vintage Books.

Kadushin, A.(1990). *The Social Work Interview*. New York: Columbia University Press.

Katz, A. H. & Bender, E. I.(1976). *The Strength in the U. S.* New York: New Viewpoints.

Keating, D. P.(1980). Thinking Processes in Adolescence, in J. Adelson(Ed.). *Handbook of Adolescent Psychology*. N. Y.: John Wiley.

Keating, D. P.(2004). Cognitive and Brain Development. in R. M. Lerner & L. Steinberg(eds.). *Handbook of Adolecent Psychology, 2nd ed.*, New York: Wiley.

Kelley, D. H.(1979). *Deviant Behavior: Readings in the Sociology of Deviance*. New York: St. Martin's Press.

Kessler, R. C.(1997). The Effects of Streeful Life Events on Depression. *Journal of Annual Review of Psychology, 48*, 191–215.

Kessler, R. C., Price, R. H. & Wortman, C. B.(1985). Social Factors in Psychopathology. *Journal of Personality and Social Psychology, 45*, 830–850.

Kleigl, R., Smith, J. & Baltes, P.(1990). On the Locus and Process of Magnification of Age Differences during Mnemonic Training. *Developmental Psychology, 26*, 894–904.

Kohlberg, L.(1964). Development of Moral Chracter and Moral Ideology. in M. L. Hoffman & L. W. Hoffman(Eds.). *Review of Child Development Research, Vol. 1*, California: Sage.

Kohn, M. L.(1980). Job Complexity and Adult Personality. in N. J. Smelser & E. H. Erikson(eds.). *Themes of Work and Love in Adulthood*. Cambridge, MA: Harvard University Press.

Kring, A. M., Davidson, G. C., Neale, J. M. & Johnson, S. L.(2007). *Abnormal Psychology, 10th ed.*, New York: John Wiley & Sons, Inc,.

Kubler-Ross, E(eds.).(1975). *Death: The Final Stage of Growth*. Englewood Cliffs, N. J.: Prentice Hall.

Kuhn, A. & Beam, R. D.(1982). *The Logic of Organization: A System-Based Social Science Framework for Organization Theory*. San Francisco: Jossey-Bass.

Kurzman, P. A. & Akabas, S. H.(1993). *Work and Well-Being: The Occupational Social Work Advantage*. Washington, DC: National Association of Social Workers.

Laszlo, E.(1972). *The Systems View of the World*. New York: Braziller.

Lau, R. R.(1979). Dynamics of the Attribution Process. *Journal of Personality and Social Psychology, 46*, 1017-1028.

Lazarus, R. S.(1980). The Stress and Coping Paradigm. in L. A. Bond & J. C. Rosen(Eds.). *Competence and Coping during Adulthood*. NH: University Press of New England.

Leonard, G.(1983). Abrahain Maslow and the New Self. *Esquire*, 326-336.

Levinson, D.(1978). *The Seasons of a Man's Life*. N. Y.: Ballantine Books.

Levy, L. H.(1970). *Conceptions of Personality*. N. Y.: Random House,

Lewin, K.(1961). Quasi-Stationary Social Equlilibria and the Problem of Permanent Change. in W. G. Bennis et al. (Eds.). *The Planning of Change*. New York: Holt, Rinehart & Winston.

Liang, J.(1994). Social Networks, Social Support, and Mortality among Older Persons. *Journal of Grontology, 49*(1), 3-17.

Litwak, E., Meyer, H. J. & Hollister, D.(1977). The Role of Linkage Mechanism between Bureaucracies. in R. Liebert & A. W. Imershien(Eds.). *Power, Paradigms and Community Research*. London: Sage.

Lowenstein, S. F.(1985). Freud's Metapsychology Revisited. *Social Casework, 6*, 139-151.

Maccoby, E. E. & Jacklin, C. N.(1974). What We Know and Don't Know about Sex Differences. *Psychology Today*, 109-112.

Maccoby, E. E.(1992). The Role of Parents in the Socialization of Children: An Historical Overview. *Developmental Psychology, 28*, 1006-1017,

Maduro, R. J. & Wheelwright, J. B.(1977). Analytical Psychology. in R. J. Corsini(Ed.). *Current Personality Theories*. Itasca, Ill: F. E. Peacock Publishers.

Maier, H.(1969). *Three Theories of Child Development: The Contributions of Erik H. Erikson, Jean Piaget, Robert R. Sears, and Their Applications*. New York: Harper & Row.

Marcia, J.(1980). Identity in Adolescence. in J. Adelson(Ed.). *Handbook of Adolescent Psychology*. New York: John Wiley.

Marlatt, G. A. & Gordon, J. R.(1980). Determinants of Relapse: Implications for the Maintenance of Behavior Change. in P. O. Davidson & S. M. Davidson(eds.). *Behavioral Medicine: Changing Health Lifestyles*. New York: Brunner/Mazel.

Martin, G. & Pear, J.(1988). *Behavior Modification: What It Is and How To Do It, 3rd ed.*, Englewood Cliffs, N. J.: Prentice-Hall.

Martin, P. Y. & O'Connor, G. G.(1989). *The Social Environment: Open Systems Applications, White Plains*. NY: Longman.

Maslow, A.(1968). *Toward a Psychology of Being, Princeton*. N. J.: D. Van Nostrand Co.

Maslow, A.(1970). *Motivation and Personality*. New York: Harper & Row.

Maslow, A.(1971). *The Farther Reaches of Human Nature*. N. Y.: Viking.

Masters, W. H., Johnson, V. E. & Kolodny, R. C.(1985). *Human Sexuality, 3rd ed.*, Boston: Little, Brown & Co.

Messinger, L.(1984). *Remarriage: A Family Affair*. N. Y.: Plenum Press.

Meyer, C. H. & Mattaini, M. A.(Eds.).(1995). *The Foundations of Social Work Practice: A Graduate Text*. Washington, DC: NASW Press.

Meyer, C. H.(Ed.).(1983). *Clinical Social Work in the Ecosystems Perspective*. New York: Columbia University Press.

Miller, P. H.(1989). *Theories of Developmental Psychology*. New York: W. H. Freeman & Co.

Mischel, W., Shoda, Y. & Rodriguez, M. L.(1989). Delay of Gratification in Children. *Science, 244*, 933-938.

Munro, G. & Adams, G. R.(1977). Ego Identity Formulation in College Students and Working Youths. *Developmental Psychology, 13*, 523-524.

Murdock, G. P.(1949). *Social Structure*. New York: Free Press.

Neugarten, B. L.(1977). Personality and Aging, in J. Birren & K. W. Schaie(Eds.), *Handbook of the Psychology of Aging*, New York: Van Nostrand Reinhold Co.

Newman, B. M & Newman, P, R.(1988). *Development through Life: A Psychosocial Approach, 4th ed.*, (Chicago: Dorsey Press, 1987). New York Times, January 28.

Newman, B. M & Newman, P, R.(1991). *Development through Life: A Psychosocial Approach, 5th ed.*, California: Brooks/Cole Publishing Co.

Newman, B. M & Newman, P. R.(2006). *Development through Life: A Psycho social Approach, 9th ed.*, California: Brooks/Cole Publishing Co.

Norlin, J. M. & Chess, W. A.(1997). *Human Behavior and the Social Environment: Social Systems Theory, 3rd ed.*, Boston, MA: Allyn and Bacon.

Norlin, J. M., Chess, W. A., Dale, O. & Smith, R.(2003). *Human Behavior and the Social Environment: Social Systems Theory, 4th ed.*, Boston, MA: Allyn and Bacon.

O'Connor, B. P.(1995). Family and Friend Relationships among Older and Younger Adults: Interaction Motivation, Mood and Quality. *International Journal of Aging and Human Development, 40*(1), 9-29.

O'Neil, J. M., Ohlde, C., Tollefson, N., Barke, C., Piggott, T. & Watts, D.(1980). Factors, Correlates, and Problem Areas Affectiong Career Decision Making of a Cross-Sectional Samples of Students. *Journal of Counselling Psychology, 27*, 571-580.

Parsons, T.(1961). An Outline of a Social System, in T. Parsons et al. (Eds.), *Theories of Society,* New York: Free Press.

Pavlov, I. P.(1927). *Conditioned Reflexes: An Investigation of the Physiological Activity of the Cerebral Cortex*, G. V. Anrep(Trans.). London: Oxford University Press.

Payne, J. S. & Patton, J. R.(1981). *Mental retardation*. Columbus. OH: Merrill.

Pearlin, L. I. & Skaff, M. M.(1996). Stress and the Life Course: A Para digmatic Alliance. *The Gerontologist, 36*(2), 239-253.

Peck, R. F.(1968). Psychological Developments in the Second Half of Life. in B. Neugarten(Ed.). *Middle Age and Aging*. Chicago: University of Chicago Press.

Perlman, H. H.(1957). *Social Casework: A Problem Solving Process*. Chicago: University of Chicago Press.

Peterson, C. & Seligman, M. E. P.(1987). Explanatory Style and Illness. Special Issues: Personality and Physical Health. *Journal of Personality, 55*, 237-265.

Petr, C. G.(1988). The Worker-Client Relationship: A General Systems Perspective. *Social Casework, 69*, 620-626.

Piaget, J.(1963). *The Origins of Intelligence in Children*. New York: Norton.

Piaget, J.(1973). *The Child and Reality: Problems of Genetic Psychology*. New York: Grossman Publishers.

Piaget, J.(1985). *The Equilibration of Cognitive Structures: The Central Problem of Intellectual Development*. Chicago: University of Chicago Press.

Quinn, R. P. & Staines, G. L.(1979). The 1977 Quality of Employment Survey, Ann Arbor: Institute of Social Research.

Rice, M. L.(1989). Children's Language Acquisition. *American Psychologist, 44*, 149–156.

Richmond, M.(1917). *Social Diagnosis*. New York: Russell Sage Foundation.

Robinson, B. E. & Fields, N.(1983). Casework with Invulnerable Children. *Social Work, 28*, 63–65.

Roche, A. F. & Davila, G, H.(1972). Late Adolescent Growth in Stature. *Pediatrics, 50*, 874–880.

Rogers, C. R.(1951). *Client-Centered Therapy: Its Current Practice, Implications, and Theory*. Boston: Houghton Mifflin Co.

Rogers, C. R.(1959). Theory of Therapy, Personality, and Interpersonal Relationships, as Developed in the Client-Centered Framework. in S. Koch(Ed.). *Psychology: A Study of Science. Vol. 3*. New York: McGraw-Hill.

Rogers, C. R.(1961). *On Becoming a Person: A Therapist's View of Psychotherapy*. Boston: Houghton Mifflin Co.

Rogers, C. R.(1980). *A Way of Being*. Boston: Houghton Mifflin Co.

Rogers, R. G.(1996). The Effects of Family Composition, Health, and Social Support Linkages on Mortality. *Journal of Health and Social Behavior, 37*(4), 326–338.

Rosenberg, M. & Brody, R.(1974). *Systems Serving People: A Break-Through in Service Delivery*. Cleveland: Case Western University Press.

Rosenberg, M.(1981). The Self-Concept: Social Product and Social Force. in M. Rosenberg & R. H. Turner(Eds.). *Social Psychology*. New York: Basic Books.

Rosenhan, D. L. & Seligman, M. E. P.(1989). *Abnormal Psychology, 2nd ed.*, New York: W. W. Norton.

Rosow, I.(1985). Status and Role Change through the Life Cycle. in R. H. Binstock & E. Shanas(Eds.). *Handbook of Aging and the Social Sciences*. New York: Van Nostrand Reinhold Co.

Row, J. W. & Kahn, R. L.(1996). Successful Aging. *The Gerontologist, 37*(4), 433–440.

Rowe, W.(1986). Client-Centered Theory, in F. J. Turner(Ed.), *Social Work Treatment*, New York: Free Press.

Rutter, M.(1983). School Effects on Pupils Progress: Research Findings and Policy Implications. *Child Development, 54*, 1–29.

Ryckman, R. M.(2004). *Theories of Personality, 8th ed.*, Belmont, CA: Wadsworth/Thomson Learning.

Schaie, K. W. & Herzog, C.(1983). Fourteen-Year Cohort-Sequential Analysis of Adult Intellectual Development. *Developmental Psychology, 19*, 531–543.

Schaie, K. W. & Willis, S.(2002). *Adult Development and Aging, 5th ed.*, New Jersey: Prentice Hal.

Schaie, K. W.(1996). *Intellectual Development in Adulthood: The Seattle Longitudinal Study.* New York: Cambridge University Press.

Schriver, J. M.(1995). *Human Behavior and the Social Environment: Shifting Paradigms in Essential Knowledge for Social Work Practice.* Boston: Allyn and Bacon.

Settersten, Jr., R. A.(1997). Adulthood and Aging: Research on Continuities and Discontinuities/The Human Elder in Nature, Culture, and Society/The Meanings of Age: Selected Papers of Bernice L. Neugarten. *The Gerontologist, 37*(5), 693-698.

Shaffer, D. R.(2002). *Developmental Psychology: Childhood and Adolescence*, Belmont, CA: Wadsworth Thomson Learning.

Sharf, R. S.(2000). *Theories of Psychotherapy & Counseling, 2nd ed.*, Pacific Grove: Brooks/Cole Publishing Company.

Shaw, S.(1991). The Conflicting Experiences of Lone Parenthood, In M. Hardey & G. Crow (Eds.), *Lone Parenthood*, Toronto: University of Toronto Press.

Sigelman, C. K.(1999). *Life-Span Human Development, 3rd ed.*, Brooks/Cole Publishing Co.

Simonton, D.(1990). Creativity and Wisdom in Aging. in J. Birren & K. Schaie(eds.). *Handbook of the Psychology of Aging, 3rd ed.*, San Diego: Academic Press.

Skinner, B. F.(1953). Walden Two(New York: Macmillan Co., 1962). *Science and Human Behavior.* New York: Macmillan Co.

Skinner, B. F.(1974). *About Behaviorism.* New York: Alfred A. Knopf.

Skinner, B. F.(1983). Intellectual Self-Management in Old Age. *American Psychologist, 38*, 239-244.

Skinner, B. F.(1990). *Beyond Freedom and Dignity.* N. Y.: Bantam Book.

Skogstad, M. B. A.(1998). The Oldest Old, ADL, Social Network, and Loneliness. *Western Journal of Nursing Research, 20*(3), 325-343.

Skolnick, A. S.(1983). *The Intimate Environment.* Boston: Little, Brown & Co.

Soldo, B. J., Hurd, M. D., Rodgers, W. L. & Wallace, R. B.(1997). Asset and Health Dynamics among the Oldest Old: An Overview of the AHEAD Study. *The Journal of Gerontology, 52B*, 1-15.

Spanier, G. B.(1977). Sexual Socialization: A Conceptual Review. *International Journal of Sociology of the Family, 6*, 121-146.

Specht, R. & Craig, G. J.(1987). *Human Development: A Social Work Perspective, 2nd ed.*, Englewood Cliffs. N. J.: Prentice Hall.

Stack, C. B.(1974). *All Our Kin: Strategies for Survival in a Black Community,* New York: Harper Colophon.

Thomas, R. M.(1985). *Comparing Theories of Child Development*, Belmont, CA: Wadsworth.

Thompson, R. A.(1997). Social Support and The Prevention of Child Maltreatment. In G. B. Melton & F. D. Barry (Eds.), *Protecting Children from Abuse and Neglect: Foundations for a New National Strategy.* New York: Guilford.

Thomson, N. F.(1997). Coping with Job Loss: An Attribution Model. *The Journal of Psychology, 131*(1), 73–81.

Tomer, A. & Eliason, G.(2000). Attitudes about Life and Death: Toward a Comprehensive Model of Death Anxiety. in A. Tomer(eds.). *Death Attitudes and Older Adult: Theories, Concepts, and Applications*. New York: Brunner-Routledg.

Turner, F. Jo(1976). *Differential Diagnosis and Treatment in Social Work, 2nd ed.*, New York: Free Press.

Turner, F. Jo(1984). *Adult Psychopathology: A Social Work Perspective.* New York: Free Press.

Turner, F. Jo(1989). *Child Psychopathology: A Social Work Perspective.* New York: Free Press.

Turner, J. S. & Helms, D. B.(1983). *Lifespan Development, 2nd ed.*, New York: Holt, Rinehart & Winston.

Udry, R.(1971). *The Social Context of Marriage.* New York: Lippincott.

Valentine, B. L.(1978). *Hustling and Other Hard Work.* N. Y.: Free Press.

Weiss, L. & Lowenthal, M.(1975). Life-Course Perspectives on Friendship. in M. Lowenthal, M. Thurner & D. Chiriboga(Eds.). *Four Stages of Life.* San Francisco: Jossey-Bass.

Whitbourne, S. K.(1985). The Psychological Construction of the Life Span. in J. E. Birren & K. W. Schaie(Eds.). *Handbook of the Psychology of Aging.* New York: Van Nostrand Reinhold Co.

White, R. W.(1959). Motivation Reconsidered: The Concept of Competence. *Psychological Review, 66*, 279–333.

Wilson, W. J.(1987). *The Truly Disadvantaged: The Inner City, The Underclass and Public Policy.* Chicago: University of Chicago Press.

Woodroofe, K.(1971). *From Charity to Social Work in England and the United States.* Toronto: University of Toronto Press.

Zastrow, C. & Kirst-Ashman, K. K.(1987). *Understanding Human Behavior and the Social*

*Environment*, Chicago: Nelson-Hall Publishers.
Zastrow, C. & Kirst-Ashman, K. K.(2004). *Understanding Human Behavior and the Social Environment, 5th ed.*, Belmont, CA: Cole-Thomson Learning.
Zastrow, C. & Kirst-Ashman, K. K.(2007). *Understanding Human Behavior and the Social Environment*, 7th ed., California: Thomson Brooks/Cole.

한국 MBTI 연구소 홈페이지(2021). http://www.mbti.co
ASSESTA 심리평가연구소(2021). http://www.career4u.net/tester/mbti_intro.asp
네이버 지식백과(2020). 보보인형실험 내용 일부 발췌 및 재정리.

## 저자소개

■ 조미숙

서울여자대학교 대학원 사회복지학 박사
미국 University of Washington 교환교수
독일 Friedensau대학 교환교수
독일 VoithSchule & OstSchule 학교사회사업담당관

현 삼육대학교 사회복지학과 교수
한국임상사회사업학회 수석부회장
글로컬사회공헌연구소 소장

# 최신 인간행동과 사회환경

**초판 1쇄 인쇄** / 2021년 12월 20일
**초판 1쇄 발행** / 2021년 12월 24일

**저 자** / 조 미 숙
**발행인** / 이 중 수
**발행처** / **동 문 사**

서울특별시 서대문구 홍제원 1길 12
(홍제동 137-8)
Tel: 02)736-3718(대), 736-3710, 3720
Fax: 02)736-3719
**등록번호:** 1974.04.27. 제9-17호
**가격:** 22,000원

ISBN: 979-11-6328-376-8(93330)
E-mail: dong736@naver.com
www.dongmunsa.com